MOEWIG

KLASSISCHES ABENTEUER

Zum Buch

Sklavenkrieg führt in die Zeit des amerikanischen Bürgerkriegs. Der Roman schildert die Grausamkeiten der weißen Südstaatler gegenüber ihren schwarzen Sklaven und die Bemühungen und Schwierigkeiten der Schwarzen, nach Aufhebung der Sklaverei von den Weißen akzeptiert zu werden und ein neues Leben aufzubauen. Zudem verfolgt er die Schicksale deutscher Auswanderer, die in Amerika, dem Land der unbegrenzten Möglichkeiten, durch Fleiß, Wagemut oder zwielichtige Geschäfte ihr Glück suchen und eine neue Existenz gründen. In einer Fülle von spannenden Ereignissen und bewegenden Einzelschicksalen entwirft *Sklavenkrieg* ein Bild vom Amerika in der zweiten Hälfte des 19. Jahrhunderts.

Zum Autor

Der deutsche Schriftsteller Friedrich Gerstäcker, der am 10. Mai 1816 in Hamburg geboren wurde, wanderte 1837 nach Amerika aus, wo er ein abenteuerliches Leben als Jäger, Holzfäller, Farmer und Fabrikant führte. Von 1849 bis 1852 bereiste er Südamerika und Australien, und in den 60er Jahren durchforschte er Ägypten und Abessinien (Äthiopien).
Gerstäcker schrieb eine Vielzahl von spannenden Romanen und Reiseberichten, in denen er seine Erlebnisse und Eindrücke in fremden Ländern verarbeitete. Berühmt wurde er u. a. durch *Die Flußpiraten des Mississippi* (1848), *Die beiden Sträflinge* (1856) und *Gold* (1858). Gerstäcker, der ab 1868 als freier Schriftsteller in Deutschland lebte, starb am 31. Mai 1872 in Braunschweig.

KLASSISCHES
ABENTEUER

Friedrich
Gerstäcker:

Sklavenkrieg

MOEWIG Band Nr. 2562
Verlag Arthur Moewig GmbH, Rastatt

Neubearbeitung unter Verwendung einer frühen Ausgabe
des 19. Jahrhunderts
Mit Illustrationen von S. Monhart

Umschlagentwurf und -gestaltung: Werbeagentur Zeuner, Ettlingen
Verkaufspreis inkl. gesetzl. Mehrwertsteuer
Auslieferung in Österreich:
Pressegroßvertrieb Salzburg, Niederalm 300, A-5081 Anif
Printed in Germany 1988
Druck und Bindung: Ebner Ulm
ISBN 3-8118-2562-3

Inhaltsverzeichnis

Menschenjagd

„Faß' ihn, faß' ihn! So ist's recht, Bull! Such, Nigger! Die Kanaille kann nicht mehr weit sein, Gentlemen. Er scheint hier im Zickzack gelaufen zu sein, um uns irrezuführen. Das ist immer ein gutes Zeichen. In einer Stunde haben wir ihn."

„Glauben Sie, Sherard?" rief ein junger Mann mit einem breitrandigen Panamahut auf dem Kopf, eine riesige Peitsche in der Hand und zwei Revolver mit Elfenbeingriffen in seinem Gürtel. Er zügelte seinen braunen Hengst unmittelbar neben Sherard. „Zehn Dollar leg ich noch zu, wenn Sie recht haben."

„Keine Angst, Mister Harper", sagte Sherard lachend. Er sah nicht aus wie ein Südstaatenpflanzer, sondern schien seinem Aussehen wie seinem Dialekt nach eher aus einem der Yankee-Staaten im Norden zu kommen. „Am besten, wir jagen ihn gleich auf den Baum. Da geht Nigger wieder . . . Er ist rechts weitergelaufen."

„Aber die Hunde haben die Spur schon wieder verloren!" rief der junge Harper, indem er mit Blicken den Boden absuchte, als ob er imstande wäre, eine Fährte zu erkennen.

„Halt, Gentlemen!" rief der Yankee, indem er den Arm hob und vier oder fünf Reiter, die angesprengt kamen und offensichtlich zu dem Zug gehörten, zurückzuhalten suchte. „Wir dürfen nicht weiterreiten, sonst machen wir die Hunde unsicher. Nur einen Augenblick Geduld, wir werden die Spur gleich wieder haben."

Waren es Jäger?

Keiner von ihnen trug ein Gewehr, und die Hunde waren keine Bracken, wie man sie sonst häufig zur Hetzjagd in diesen Wäldern benutzte, sondern prachtvolle Rüden, im Körperbau den glatthaarigen Hühnerhunden ähnlich, nur mit schwererem Behang und etwas höheren Läufen, mehr eingedrückter Nase und einem Gebiß wie eine Bulldogge.

Der eine von ihnen, Nigger, war rabenschwarz, mit einem kleinen weißen Stern auf der Stirn und einem weißen Vorderfuß. Bull, rotbraun und schwarz gefleckt, hatte merkwürdigerweise ebenfalls das Zeichen am linken Vorderfuß. Es schienen wilde Bestien zu sein, auf den Mann dressiert. Die rotfunkelnden Augen blitzten haßvoll, wenn sich auf der Suche ihre Wege kreuzten, und schärfer als ein Wolfsgebiß kamen dann die langen weißen Fänge zum Vorschein.

Die Hunde schweiften eine Strecke rechts ab, aber keineswegs auf der Spur, die da jedenfalls wieder verlief, als der eine der alten Siedler, der die Hetze begleitete – einer der reichsten Plantagenbesitzer in der Gegend – ausrief: „Hallo, Mister Sherard, sehn Sie mal hier die niederhängende Rebe. Wenn der Schuft dort hinüber gelaufen ist und die Rebe ein Stück mitgenommen hat, kann er sich recht gut einen Schwung nach der Richtung gegeben haben. Die Kanaillen sind ja mit allen Wassern gewaschen."

„By God, das ist möglich", sagte der Yankee, indem er näher an die Stelle herantrat.

„Dann rufen Sie Ihre Hunde zurück und bringen sie dort hinüber. Wir vertrödeln zuviel Zeit, und wenn er das Wasser erreicht, können wir gleich nach Hause zurückkehren."

Die Hunde kamen schon von selber. Sie hatten in einem Kreis doppelt gesucht und sich überzeugt, daß es nach jener Seite hin keine Fährte mehr gab. Kaum aber mochten sie zwanzig Schritt über den Kreis nach der anderen Richtung hinaus sein, an dem sie vorhin irritiert worden waren, knurrte Nigger und fuhr mit der Nase dicht am Boden hin.

„Faß' ihn, mein Hund!" schrie der Yankee, sich hoch im Sattel aufrichtend. Mit seiner gellenden, weithin durch den Wald schallenden Stimme setzte er hinzu: „Jetzt haben wir ihn, Gentlemen – vorwärts!"

Er stieß seinem Pferd den nur am linken Absatz angeschnallten Sporn in die Flanke und galoppierte, von den Gefährten dicht gefolgt, hinter den dahinrasenden Hunden her.

Der Wald von Georgia, einem der südlichen, mit der Union Krieg führenden Staaten von Nordamerika, stand in voller herbstlicher Pracht so still und scheinbar unberührt, als ob nicht droben im Norden, in dem ganzen weiten Land, die Kriegsfurie wütete und die blutgetränkten Berge das Echo donnernder Feuerschlünde widergäben.

In dem herrlichen Wald herrschte Ruhe. Freilich huschte wohl dann und wann ein kleines graues Eichhörnchen durch das trokkene Laub am Boden, oder ein Blauhäher ahmte den Ruf des Falken nach, der hoch in der Luft über die Hänge strich.

Schwere Schritte näherten sich im Laub, und aus dem Dickicht brach, Angst und Entsetzen in den braunen, jetzt aber fast aschgrauen Zügen ein gehetzter Mensch hervor, dessen Verbrechen darin bestand, daß er statt einer weißen eine schwarze Haut hatte. Der Mann war etwa vierzig Jahre alt, kein Vollblutneger, sondern ein Mulatte, von ziemlich dunkler Färbung allerdings, mit einem intelligenten, nun freilich von Angst und Todesfurcht entstellten Gesicht.

Er war keine kräftige, muskulöse Erscheinung, hatte aber schier Übermenschliches geleistet. Der Unglückliche blieb stehen und stützte sich mit der Hand an einen der Magnolienstämme, wie um einen Augenblick zu rasten und Luft zu schöpfen. Solange seine Muskeln und Sehnen in Bewegung geblieben waren, mochte ihn die Aufregung immer weiter getrieben haben. Nun jedoch, wo ihnen, wenn auch nur für kurze Zeit, Ruhe gegönnt wurde, erschlafften sie, und halb bewußtlos sank der Verfolgte am Fuß des Stammes, an dem er lehnte, zusammen.

Eine Viertelstunde mochte er so gelegen haben. Seine Brust hob und senkte sich ruhiger, und aus einem neben ihm liegenden Rindenstück, in dem der letzte Regen etwas Wasser zurückgelassen hatte, schlürften die trockenen Lippen die Feuchtigkeit.

Plötzlich fuhr er hoch. Gehetzte Augen wandten sich der Richtung zu, aus der er gekommen war. Sekundenlang horchte er und wandte nur einmal rasch, erschreckt den Kopf, als dicht neben ihm, im nächsten Busch, eine Eidechse blitzschnell über die Wurzel des Baumes glitt und darunter verschwand.

Da war er wieder, der langgezogene, wenn auch noch weit entfernte Laut.

„Großer Gott!" Der unglückliche Mann stöhnte, barg sein Gesicht für Sekunden in den Händen – nur für Sekunden, denn wieder klang der Ton durch den Wald, der das Blut in seinen Adern erstarren ließ.

Er raffte sich auf und rannte in wilder Hast ins Dickicht hinein.

Wieder lag der Wald so still wie zuvor; die Grillen zirpten, der Häher kreischte, und aus dem Wipfel eines Pekannußbaumes fielen die Schalen der Früchte in das dürre Laub, die sich ein Eichhörnchen gepflückt und aufgeknackt hatte. Aber deutlicher schallten jetzt die Menschenstimmen durch die Wildnis – und bald auch das Winseln der auf der Fährte heranhetzenden Bluthunde.

Äste brachen und knackten, der Häher strich kreischend ab, das Eichhörnchen hielt mitten in seiner Beschäftigung inne und horchte auf die fremdartigen Laute, und aus dem Dickicht sprangen die Hunde, die Nasen dicht am Boden, bis zu dem Baum, unter dem der Mulatte gelegen hatte. Hier hielten sie an, die Spur war frisch und warm, und sie bohrten ihre Schnauzen in das Laub hinein, als ob sie das Opfer darunter hervorwühlen könnten.

Dicht hinter ihnen kamen die Reiter.

„Hallo!“ Harper richtete sich im Sattel auf. „Ist der Schuft da hochgeklettert?“

Der Yankee schüttelte den Kopf.

„Nein, er hat nur hier im Laub gelegen. Ich denke, er ist müde und nur aufgesprungen, als er uns in der Ferne hörte. Jetzt haben wir ihn bald, Gentlemen. Ich garantiere Ihnen, daß es keine Viertelstunde mehr dauert. Und nun ist er auch nicht mehr imstande, den Fluß zu erreichen, ehe wir ihm auf den Fersen sitzen. Los, meine Hunde, vorwärts!“

Während Nigger noch mit offensichtlicher Gier den warmen Geruch des Feindes einschnüffelte, hatte Bull schon den Kreis um den Baum abgesucht, aber auch rasch wieder die Fährte gefunden. Als er den ersten Laut gab, war auch Nigger an seiner Seite, und hinter ihnen her, mit jauchzendem, gellendem Jubelruf, folgten die berittenen Truppen der Henker.

Die Jagd dauerte in der Tat nicht mehr lange. Das abgehetzte menschliche Wild konnte seinen schnellfüßigen Verfolgern nicht länger ausweichen, so oft es auch noch versucht zu haben schien, an passenden Plätzen seitab zu springen und dadurch die entsetzlichen Bluthunde wenigstens eine Zeitlang irrezuführen. Nach ein paar Kreuz- und Quersprüngen trafen sie immer gleich wieder den richtigen Punkt und brachen, je wärmer die Fährte wurde, um so wütender hinterdrein.

„Wenn die Hunde mit ihm aufkommen“, sagte der junge Harper, der mit dem alten Taylgrove an Sherards Seite galoppierte, „werden wir nichts von ihm haben, denn sie reißen ihn in Stücke.“

„Tot oder lebendig, das war der Kontrakt, Gentlemen“, sagte der Yankee, der sich hier in den südlichen Staaten ein halbes Dutzend Bluthunde hielt*.

Auf die Neger war kein rechter Verlaß mehr, deshalb ging man gegen die flüchtenden Sklaven unnachsichtig vor.

„Tot oder lebendig?“ Harper lachte. „Richtig, Sherard, das war der Kontrakt, und so soll er bleiben. Glauben Sie, daß ich mich um eine braune Haut sorge?“

„Es ist auch nur ein freier Neger“, warf Taylgrove ein, „der überhaupt in diesen Distrikten gar nichts zu suchen hat. Es geschieht deshalb keinem Menschen einen Schaden, als ihm selber ... Was haben die Hunde? Die Spur ist doch nicht schon wieder verloren?“

„Sie sind unsicher geworden“, sagte Sherard. Er ritt zu den Bluthunden hin. „Was gibt's, Nigger? Was habt ihr Bestien? Komm, Bull, such! Faß', mein Hund – du sollst dir auch ein richtiges Maul voll aus ihm herausnehmen dürfen.“

Die Hunde schienen wirklich die Fährte erneut verloren zu haben, und Sherard winkte seinen Begleitern, die vorher zurückgeblieben waren, mit erhobenem Arm, damit sie die hier unsicher gewordenen Spuren nicht zerstörten. Plötzlich richtete sich Nigger mit beiden Vorderfüßen am nächsten Baum empor und sog die Luft ein. Im selben Augenblick schrie einer der herankommenden Reiter: „Dort ist er! Da oben sitzt er! Wir haben die Kanaille!“

Im Nu warfen die Reiter ihre Pferde herum und ritten ein Stück zurück, um einen besseren Überblick über den bezeichneten Baum zu gewinnen. Es dauerte denn auch nur kurze Zeit, bis sie in der Krone eines Maulbeerbaumes die dunkle, zusammengekauerte Gestalt des Mulatten erkannten.

---

* Zur Zeit der Sklaverei in den Vereinigten Staaten wurden Bluthunde zum Zweck des Einfangens entsprungener Neger in den Zeitungen empfohlen. Der Preis belief sich für jeden Hund auf fünf Dollar je Tag und fünfzehn Dollar Prämie, wenn der Flüchtige gefaßt wurde.

„He, Bursche!“ rief Taylgrove, indem er einen seiner Revolver aus dem Gürtel riß und mit der gespannten Waffe auf den Gejagten zielte. „Soll ich dich wie einen wilden Truthahn herunterschießen, oder steigst du freiwillig herab und ergibst dich in dein Schicksal? Du kannst uns nicht mehr entkommen, und Widerstand bringt dir nichts ein.“

„Massa, Massa!“ rief der Unglückliche oben im Baum mit matter, flehender Stimme. „Was habe ich denn getan, daß Sie mich mit den schrecklichen Hunden durch den Wald hetzen, als ob ich einen Menschen totgeschlagen hätte – was habe ich denn getan, was verbrochen?“

„Was du verbrochen hast?“ rief der junge Harper, indem er nun ebenfalls mit seinem Revolver unter dem Baum Posten faßte. „Hast du nicht den Aufruhr unter unseren Negern in Belleville gepredigt? Hast du ihnen nicht erzählt, daß sie frei wären und machen könnten, was sie wollten, also auch ihre bisherigen Herren totschlagen und ihre Pflanzungen plündern?“

„O nein, nein, Massa!“ rief der Mulatte entsetzt. „Gepredigt habe ich zu ihnen gestern, am heiligen Sonntag, aber nur gute Worte. Ich habe ihnen gesagt, daß die weißen Männer im Norden erklärt hätten, sie sollten frei sein.“

„Du sagst es doch selbst, du Schuft!“ schrie Taylgrove voller Wut. „Und du fragst noch, was du getan hast?“

„Aber ich habe sie ermahnt, Massa, daß sie ruhig ausharren und gehorsam ihre Arbeit tun sollten, bis das Gesetz im Land geregelt ist.“

„Das ist eine Lüge!“ rief der junge Harper. „Du hast ihnen gesagt, es könnte sie niemand mehr zu unbezahlter Arbeit zwingen.“

„Aber trotzdem sollten sie sie verrichten, Massa, habe ich ihnen gesagt“, entgegnete der arme Teufel in Todesangst, „um keine Ursache zur Klage zu geben und in Frieden mit ihrem bisherigen Herrn zu leben.“

„Brauchen wir dich dazu, du Lump“, schrie einer der anderen Pflanzer, „um unsere Leute gegen uns aufzuhetzen und ihnen Phantastereien und Lügen zu erzählen? Kümmert uns das, was die schuftigen Yankees im Norden befehlen? Verdammt sei der Neger, der seinen Gehorsam verweigert. Gerade solche Kanaillen, wie du, sind es, die unsere Leute zu Rebellen machen wollen!“

„Massa, Massa", bat der Unglückliche, „ich habe es ja nicht so böse gemeint und geglaubt, daß ich Gutes damit stifte. Ich sprach doch auch zu ihnen vom lieben Gott, wie er so lange die Sklaverei geduldet habe, und daß sie nicht mit eigener frevelnder Hand seinem Willen und Ziel vorgreifen sollten."

„Herunter mit dir vom Baum", schrie Taylgrove mit erhobenem Revolver, „oder ich schieße dich herunter wie ein Faultier."

Die Hunde hatten, als der Mulatte den ersten Laut von sich gab, in wilder Wut vergebliche Versuche gemacht, an dem Baum hinaufzuspringen. Jetzt kratzten sie die Rinde, bissen in die Wurzeln und verrieten deutlich, wie sie den Verfolgten behandeln würden, wenn er in ihren Bereich käme.

„O Massa", rief der Mulatte, „ich will ja hinunterkommen. Ich weigere mich ja nicht – aber nehmen Sie erst die schrecklichen Hunde fort!"

Über Taylgroves Züge huschte ein verächtliches Lächeln. Er schob seinen Revolver wieder in den Gürtel zurück und sagte: „Wir müssen den Burschen lebendig mit nach Belleville hineinbringen. Nehmen Sie Ihre Hunde an die Leine, Sherard, sonst reißen sie ihn in Stücke, und wir haben nachher nicht den Spaß, ihn hängen zu sehen."

„Sollen wir uns mit der Bestie überhaupt noch lange herumschleppen?" fragte Urguard, einer der anderen Pflanzer.

„Schon des Beispiels für unsere Leute wegen", erwiderte Taylgrove. „Wenn er vor ihren Augen gehängt wird, macht das einen viel besseren Eindruck auf sie, als wenn wir ihn hier im Wald abfertigen, so daß sie ihn nicht mehr sehen und es am Ende nicht einmal glauben."

„Es wird schwer sein, die Hunde jetzt zurückzuhalten", meinte Sherard. „Wir haben sie gehetzt, und wenn man ihnen dann einmal ihren freien Willen läßt, gehen sie das nächstemal um so feuriger auf eine frische Fährte."

„Das geht uns nichts an, Mister Sherard", sagte Taylgrove finster. „Wir sind nicht herausgekommen und bezahlen Sie nicht dafür, um Ihre Hunde zu dressieren, sondern wir wollen so handeln, wie es unseren Interessen am besten dient, und die erfordern diesmal, daß wir den Burschen lebendig nach Belleville hineinschaffen. Hätten sie ihn im offenen Wald erwischt und niedergerissen – nun gut, dann ließe sich an der Sache nichts mehr ändern, und wir würden uns mit dem Kadaver begnügt haben. Jetzt aber ist's besser so, und ich bitte Sie deshalb, die Hunde festzunehmen."

Die Bitte war mit einem so befehlenden Ausdruck gegeben, daß sie keinen Widerspruch duldete. Sherard, der nur ärgerlich die Zähne zusammenbiß, wußte recht gut, daß die hochmütigen Pflanzer mit Verachtung auf ihn herabsahen und daß es keinem von ihnen eingefallen wäre, ihn je in ihr Haus einzuladen. Er wurde nur benutzt, wenn man ihn brauchte – aber gleiches Interesse leitete ja auch ihn.

Einen Augenblick lang zögerte er noch, aber er sah keinen anderen Ausweg. Endlich stieg er langsam von seinem mit weißem Schaum bedeckten Tier, warf dessen Zügel um einen Busch, knüpfte von seinem Sattel die daran befestigten Leinen los und suchte die Hunde wieder anzubinden, was sich aber als schweres Stück Arbeit zeigte. Die Bestien waren voller Wut; sie witterten ihre Beute, und sie wußten, daß sie von da oben herunter mußte, denn sie hatten viele unglückliche Opfer schon so gestellt. Die bereit gehaltenen Leinen kannten sie aber ebenso genau, und als Sherard sich Nigger näherte, wandte das Tier sich gegen ihn, fletschte die Zähne und nahm eine drohende Haltung ein. Die blutunterlaufenen, tückischen Augen blitzten den eigenen Herrn an.

Sherard wandte sich dem anderen zu, und es gelang ihm endlich, den phlegmatischeren Bull an die Leine zu legen. Nigger wollte sich noch nicht fügen, und der Yankee mußte schließlich in den Sattel steigen und Bull mit fortführen, bevor endlich dessen Gefährte folgte und weit drinnen im Wald, außer Sicht seines Opfers, ebenfalls angelegt werden konnte.

Der Mulatte getraute sich indessen noch immer nicht herunter. Taylgrove hatte aber die Geduld verloren. Auf seine erneute Drohung hin ließ sich der unglückliche Neger, der sich rettungslos in der Gewalt seiner erbarmungslosen Feinde sah, an einer der an dem Baum niederhängenden Reben zu Boden gleiten, wo er von zwei Männern gefaßt und gefesselt wurde. Mit auf den Rücken geschnürten Armen mußte er zwischen zwei Pferden den Heimweg antreten.

Als die Hunde von ihm Witterung bekamen, rissen sie wieder heftig an der Leine. Sherard wäre im Sattel wohl kaum imstande gewesen, die starken Tiere, die mit vereinter Kraft anzogen, zurückzuhalten, hätte er nicht das Ende der Leine in dem großen Ring seines spanischen Sattelgurtes befestigt. Jetzt stemmte sich das Pferd selber gegen den Druck, und die beiden Tiere waren nicht mehr imstande, auch nur einen Fußbreit Raum zu gewinnen.

Für den Augenblick war der gefangene Mulatte der Gefahr entgangen – aber auch nur für einen Augenblick, denn was ihn in Belleville erwartete, wenn er dort vor einer Jury der Sklavenhalter abgeurteilt wurde, wußte er gut genug. Was lag diesen Herren des Südens an einem Menschenleben, wo in der Sklavenfrage ihre ganze Existenz, ihr ganzes Eigentum auf dem Spiel stand?

In Belleville

Belleville war ein reizendes kleines Städtchen im Süden des Staates Georgia, das nur aus sehr wenigen Wohnungen weißer Insassen bestand, um die sich aber größere Komplexe von Negerhütten reihten, so daß es mit diesen, wie auch mit den Zuckerfabriken und Baumwollmaschinen, mit Rathaus, Hotel, Apotheke und einigen Privathäusern einen ziemlich bedeutenden Flächenraum einnahm.

Das Rathaus, hier Court House genannt, bildete den Mittelpunkt, dicht daran schloß sich das Gefängnis, und ein breiter grüner, aber nicht gepflegter Rasenplatz dehnte sich davor aus und wurde von einzelnen Büschen der Wunderblume oder des Rizinusbusches, der zu hohen Sträuchern emporwuchs, mehr überwuchert als geziert.

Das Hotel war ein sehr anständiges und natürlich nur von Weißen besuchtes und benutztes Gebäude. Eigentlich diente es nur der Aristokratie des Landes zum Verkehr, denn die wenigen weißen Ansiedler, die teils aus dem Norden hergezogen waren, nahmen nur eine sehr untergeordnete Stellung neben den stolzen Pflanzern ein. Sie wurden an solchen Stellen, wo die Pflanzer ihre Zusammenkünfte hielten, nicht gern gesehen und stets zurückgesetzt. Jene südlichen „Herren" verachteten grundsätzlich die arbeitende Klasse, welcher Farbe sie auch angehörte, und kannten nur den Unterschied zwischen schwarzen und weißen Sklaven: die ersteren wurden als „Eigentum" betrachtet, die letzteren aber – leider – nicht.

Unmittelbar um Belleville reihten sich drei bedeutende Pflanzungen; sie umschlossen mit ihren Baumwoll- und Zuckerfeldern, in denen Fabriken und Maschinen standen, die ganze Stadt, während die Wohngebäude oder vielmehr „Herrenhäuser" alle so gebaut waren, daß sie durch ihren großen, prächtigen Garten von den Außengebäuden der Stadt selber getrennt blieben und dadurch förmlich im Grünen und mit der Aussicht auf ihre Negerhütten und Felder lagen.

Man errichtete diese Gebäude in den südlichen Teilen der Vereinigten Staaten fast alle nach einem einzigen Muster, selten übermäßig groß. Sie boten nur der Familie selber genügenden Raum und enthielten noch ein paar Fremdenzimmer, denn Gastfreundschaft – aber selbstverständlich nur unter ihresgleichen – herrschte überall.

Ein Arbeiter, selbst ein weißer Farmer, würde nie dort Aufnahme gefunden haben, solange er selber die Hand an seinen Pflug legte. Hielt er sich Sklaven, war das etwas anderes; aber eine gewisse Menge Ballen Baumwolle für die Ernte gehörte immer dazu, um ihn als gleichberechtigt in die Gesellschaft einzuführen.

Das Haus Mr. Taylgroves – eines der reichsten Pflanzer in der ganzen Gegend – lag am Eingang des Ortes, wenn man ihn von Nordosten her erreichte. Zuerst führte eine breite Straße, die nur von den Umzäunungen der Zucker- und Baumwollfelder eingefaßt wurde und weit über eine englische Meile nicht den geringsten Schatten bot, gerade auf Belleville zu. Das erste Laub, das man traf, war eine mächtige Orangenhecke, die nach Norden zu das ganze Negerdorf einfaßte. Dann kamen diese Hütten, kleine, von außen ziemlich wohnlich aussehende Gebäude, jedes mit einem Miniaturgarten daran, der aber gut gepflegt wurde und nicht allein Gemüse und Früchte, sondern auch Blumen trug. Diese Hütten – etwa zwanzig an der Zahl – waren in einem Viereck gebaut und wurden von drei ordentlichen Straßen durchschnitten.

Südlich an die Negerhütten schloß sich wieder ein schmaler Streifen Garten an, der noch zum Herrenhaus gehörte und von niedrig gehaltenen Granatbäumen, Orangen- und Pfirsichbäumen eingefaßt war. Nun kam die Wohnung selber, die fast unmittelbar an der Hauptstraße lag und von dieser nur durch vier weitästige Chinabäume getrennt wurde. Im Sommer trugen diese Bäume dichtes Laub und prachtvolle lila Blüten, die duftend in Trauben niederhingen. Jetzt hatte der Spätherbst die Blätter von den Bäumen geschüttelt; die Äste standen kahl, und nur dicke Bündel runder, gelblicher Beeren hingen noch daran und erhöhten das wunderliche Aussehen der Wipfel, durch die man deutlich die Form des Hauses erkennen konnte.

Es war, wie alle diese Häuser, ein einstöckiges Holzgebäude, freundlich angemalt und mit grünen Fensterläden versehen. Rechts und links befanden sich die beiden Schornsteine zu den Kaminen im Innern, vorn lief vor dem unteren Geschoß eine Piazza oder Galerie, auf der dann die durch das vorspringende Dach des Hauses geschützte Veranda der oberen Räume lag. Hier befanden sich die Wohnzimmer der Damen.

Trotz der vorgerückten Jahreszeit brannte die Sonne in dieser südlichen Breite noch heiß genug auf die Erde. Aber auf der Galerie bot eine Hecke prachtvollster Topfgewächse hinlänglichen Schatten, und buschige Lianen rankten an den Pfeilern hinauf, zwischen denen zwei Hängematten schaukelten. In der einen lag ein bildschönes junges Mädchen von vielleicht siebzehn Jahren, in der anderen ihre Mutter – eine Dame, die kaum viel älter als die Tochter aussah und in der Tat kaum dreiunddreißig Jahre zählte. Neben jeder stand ein Negermädchen, beide fast noch Kinder, mit einem breiten Pfauenfächer in der Hand und fächelte den Damen Kühlung zu. Es war Herbst, aber die Sonne stach noch heiß herunter, und der Schwarm von Negern, der draußen in den Baumwollfeldern etwas verspätete Nachlese hielt, schaffte mit nasser Stirn die schweren Körbe zur Reinigungsmaschine.

Die Freiheit aller Sklaven war in Washington proklamiert worden, die Sklaverei aufgehoben. Aber hier im Innern der Rebellenstaaten, deren Territorium trotz des schon dreieinhalb Jahre dauernden Kriegs noch kein Unionssoldat, außer als Gefangener, betreten hatte, verhöhnte man das im Norden gegebene Gesetz.

Unterliegen? Der Süden konnte nicht unterliegen, wie die Herren meinten. Sie hatten schon so oft die nördlichen Armeen geschlagen und sogar die Hauptstadt der Union, Washington, ein paarmal ernstlich bedroht, daß sie auch diesmal wieder auf einen Wechsel zu ihren Gunsten hofften. Zuletzt würde man ihre Rechte anerkennen und sie selber als souveräne Macht betrachten.

In der oberen Piazza des Hauses, im Schatten duftender Blütenbüsche, schaukelten die weißen Damen in ihren Hängematten, drunten im Baumwollfeld, auf das die Sonne ihre sengenden Strahlen niedersandte, keuchten ebenso zarte Wesen wie sie, nur mit schwarzer oder gelber Haut, von Reihe zu Reihe, und die Peitsche des Negeraufsehers oder Negertreibers, wie er ganz richtig genannt wurde, zog breite Striemen über ihre Schultern, wenn sie einen Augenblick ermattet in ihrer Arbeit innehielten.

Eine Staubwolke erhob sich in der Allee, die zwischen den Feldern und an dem Haus vorüber in die Stadt führte, und lautes Lachen und Hufschlag wurde von dorther gehört. Die Sklaven blickten scheu von ihrer Arbeit auf. Sie wußten nur zu gut, was der Lärm bedeute; sie wußten, weshalb die „Herren" heute morgen ausgeritten waren und den bösen Buckra mit seinen schrecklichen Hunden zu ihrer Begleitung genommen hatten. Der Farbige, der am letzten Sonntag zu ihnen gepredigt und ihnen „gute Worte" gesagt hatte, war von irgendeinem Verräter unter ihnen bei den Weißen verklagt worden und dann nur durch rasche Flucht seiner Verhaftung entgangen. Was aber half dem Unglücklichen die Flucht, wo sie die furchtbaren Hunde auf seine Fährte hetzen konnten. Das Lachen, das aus der Staubwolke tönte, verkündete nur zu deutlich den gelungenen Fang.

Selbst der „Negertreiber" war neugierig geworden und zur Fenz geeilt, während die Sklaven ihre Arbeit einstellten und zur Straße hinüberstarrten. Dort kam der kleine Zug, voran ihr Herr, Mr. Taylgrove, mit seinem Nachbarn, dem wegen seiner Grausamkeit gegen seine Sklaven berüchtigten Urguard. Neben Urguard lief mit bloßem Kopf und triefender Stirn, die Arme auf den Rücken geschnürt, die Kleider in Fetzen am Leib, der unglückliche Gefangene. Dann kamen die übrigen „Herren", die sich der Jagd wie einem Vergnügen angeschlossen, unter ihnen auch der Doktor von Belleville, eine lange, hagere Gestalt mit einem bösen Gesicht und zum Überfluß auch einem schielenden Auge. Etwas zurück folgte der Yankee Sherard mit seinen beiden Bluthunden. Die Tiere hatten ihre Schuldigkeit getan und ihrem Herrn an diesem Morgen etwa fünfunddreißig Dollar Silber verdient, und ein Menschenleben war jetzt der Willkür dieser übermütigen Baumwollbarone verfallen.

Taylgrove bemerkte, daß seine Neger herüberstarrten. Zu jeder anderen Zeit würde er sie streng gerügt haben; unter diesen Umständen aber war ihm ihr Verhalten recht, denn sie gerade sollten sehen, wie die Weißen in allem, was ihr „Eigentum" betraf, keinen Spaß verstanden.

Der Zug näherte sich dem Haus, auf dessen Balkon die Damen

schon aufmerksam geworden waren. Sie waren aufgestanden und an die Rampe des Balkons getreten. Es gab kaum einen lieblicheren Anblick als diese reizenden Frauengestalten, zu denen sich auch noch die zweite Tochter Taylgroves gesellt hatte.

„Habt ihr ihn?“ rief Mrs. Taylgrove ihrem Mann entgegen.

„Ja“, entgegnete Taylgrove fröhlich, „die Hunde waren vortrefflich.“

„Bravo, bravo!“ Die beiden jungen Damen klatschten vor Freude in die Hände. „Und was geschieht mit ihm, Mama?“

„Was mit ihm geschieht?“ sagte die Dame verwundert, als ob darüber kein Zweifel mehr bestehen könne. „Nun, er wird gehängt. In dieser Zeit müssen abschreckende Beispiele gegeben werden, oder die Herren Nigger wachsen uns über den Kopf.“

„Ach, wenn wir das nur auch mitansehen könnten!“ rief Lucie, die ältere der Töchter. „Darf ich mir mein Pferd satteln lassen, Mama?“

„Dann gehe ich mit!“ rief Jenny, die jüngere.

„Wir wissen ja noch gar nicht, wann und wo das geschieht, Kinder“, sagte die Mutter. „Jedenfalls stecken sie den Menschen jetzt erst ins Gefängnis, sie hätten ihn sonst gar nicht mit hereingebracht, und bis dahin kommt dann auch Vater nach Hause. Hören wir nachher etwas Bestimmtes, so lasse ich anspannen, und wir fahren alle zusammen.“

Die Damen blickten dem Zug nach, solange sie den unglücklichen Mulatten in Sicht behalten konnten.

Unterdessen hatte der herbeigerufene Vize-Sheriff von Belleville, ein heruntergekommener Franzose, der früher ebenfalls Sklaven gehalten hatte, dann aber bankrott machte und durch den Alkohol so tief sank, daß er zuletzt froh war, diesen Posten zu bekommen, den Gefangenen übernommen und in eine Zelle abgeführt. Die Reiter zügelten vor dem Hotel ihre Pferde, um dort einen frischen Trunk – Claret mit Eis – zu nehmen und dabei das Schicksal des Unglücklichen zu beraten. Was mit ihm überhaupt geschehen müsse, darüber herrschte nicht die geringste Meinungsverschiedenheit unter ihnen. Es verstand sich von selbst, daß er gehängt wurde, aber es war trotzdem nötig, ein gewisses Verfahren dabei zu beachten, daß sich die Betreffenden nicht später den Vorwurf verübten Mordes zuzogen. Es lag noch nicht einmal eine Anklage gegen den Gefangenen, sondern nur eine Denunziation, noch dazu eines Negers vor, und gerade deshalb war es nötig, die weiße Bevölkerung des Ortes zu dem Urteil heranzuziehen.

Bei alledem machte man sich einer Unregelmäßigkeit gegen die Gesetze schuldig, denn das ordentliche Gericht tagte jetzt nicht, und dem regelmäßigen Gang der Geschäfte nach hätte der Gefangene für die gesetzlichen Verhandlungstage aufgehoben werden müssen; aber wer kümmerte sich um die genaue Verfolgung solcher Vorschriften im Krieg! Jetzt herrschte Ausnahmezustand, und daß sich die Pflanzer, überdies gereizt und erbittert, eine solche Gelegenheit nicht entgehen ließen, verstand sich von selbst.

Das Hotel de Belleville hatte früher das Sternenbanner im Schild gehabt. Gleich nach Ausbruch der Revolution und nachdem die Rebellen bei der Einnahme von Fort Sumter die „Sterne und Streifen" in den Staub getreten und ihre eigene Flagge gehißt hatten, hielt es der Wirt für unumgänglich, auch sein Schild zu wechseln, und vertauschte es natürlich mit der neugewählten Flagge der Aufständischen.

Das Hotel war, wie die meisten in diesen südlichen Staaten, dem Klima angemessen eingerichtet. Gleich am Eingang befand sich ein fast das ganze Haus einnehmender Salon, der einen Kamin hatte (im Januar und Februar gab es manchmal kalte Tage, und die Südländer liebten dann ein Feuer), sonst aber hohe Fenster und weite Türen zeigte, so daß in der heißen Jahreszeit der Luftzug durch das ganze Gebäude strich.

Hinter dem Frontsalon lag der Speisesaal, rechts davon das Büro, links die Wohnung für den Wirt und seine Familie, während die oberen Räume nur Fremdenzimmer zu sein schienen. Die Bar befand sich im Speisesaal. Er konnte nachts durch eine Doppeltür verschlossen werden, während sein Fenster nach außen hin mit einem eisernen Gitter versehen war. Spirituosen waren nämlich in Negerdistrikten ein sehr verlockendes Getränk; sie mußten besonders gegen Einbruch oder Veruntreuungen geschützt werden.

Die ganze Gesellschaft begab sich in den Speisesaal, wo die Bar lag, um dort den Fall zu beraten. Sherard, der seine Hunde einem in seinen Diensten stehenden Irländer übergeben hatte, um sie zu Hause füttern und abwaschen zu lassen, schloß sich den „Gentlemen" an, obgleich es ihnen nicht angenehm war. Aber man brauchte Sherard eben bisweilen und konnte ihn deshalb nicht vor den Kopf stoßen. Freilich ließ man ihn fühlen, daß er in diesem Kreis entbehrt werden könne. Der Yankee merkte es nicht oder wollte es vielleicht nicht merken. Was die „stuck up folks" zu sein glaubten, dünkte er sich auch: ein freier Amerikaner, und denen mußte er deshalb erst recht zeigen, daß er ihnen nicht gestattete, über ihn hinwegzusehen.

Vor allen Dingen wurde an der Bar ein „glass all around", das heißt für alle getrunken, an dem Sherard ebenfalls teilnahm. Dann aber sprach Taylgrove ein paar Worte mit dem Wirt, ließ sich von ihm Geld geben, weil er gerade keines bei sich führte, und nahm den Yankee auf die Seite, um ihn auszuzahlen.

„Mister Sherard", sagte der alte, vornehme Herr, „ich möchte Ihre kostbare Zeit nicht länger als nötig in Anspruch nehmen und gleich hier unsere Schuld abtragen. Hier sind die zehn Dollar für Ihre Tiere – denn daß sie es in kürzerer Zeit als einem Tag beendet haben, ist ja doch nur unser Vorteil –, hier die fünfzehn Dollar Prämie für den Fang und hier die zehn Dollar, die Ihnen Mister Harper extra zugesichert hat."

„Sehr schön, Mister Taylgrove", sagte der Yankee, indem er das Geld in guten mexikanischen Dollars in sein seidenes Taschentuch strich und es darin fest zusammenknotete. „Es stimmt wie eine Kirchenrechnung. Die Hunde stehen Ihnen allzeit zu Diensten."

„Hoffentlich haben wir nicht so bald wieder Gebrauch dafür."

„Wäre mir nicht lieb." Sherard lachte. „Mit dem Handel ist es jetzt eine verteufelte Geschichte. Der Henker traue den Schuften im Norden. Sie gehen mit dem Kopf drauf los, und wenn ihnen Lee nicht tüchtig auf den Hacken sitzt . . ."

„Er wird es schon besorgen", meinte Taylgrove, der sich mit dem Mann nicht in ein langes Gespräch einlassen wollte, und schritt dann zu seinen Freunden zurück, um mit ihnen das weitere Vorgehen zu beraten. Der Yankee ließ sich aber nicht so bald abschütteln. Seinen Geldballen in der linken Hand, schlenderte er langsam hinter Taylgrove her, rückte sich einen Stuhl heran und nahm ruhig zwischen den übrigen Platz. Er hatte hier dasselbe Recht wie sie und gedachte Gebrauch davon zu machen.

Die Pflanzer sahen ihn von der Seite an, aber es mochte und konnte ihn keiner fortweisen. Der Fall interessierte sie auch alle zu sehr, um ihn länger zu beachten. Er hatte seine Schuldigkeit getan und war dafür bezahlt worden, weiter wünschte aber keiner von ihnen einen näheren Verkehr mit ihm.

Taylgrove, Harper, Urguard, Dr. Simms, der Apotheker, Mr. Bool und drei andere Pflanzer aus der Umgebung, zwei hier ansässige Advokaten, Lesley und Johns sowie Richter Rodgers hatten sich hier eingefunden. Das waren alle „weißen Männer", die in der Nachbarschaft aufgetrieben werden konnten, und sie bildeten zugleich die Jury, wenn sie zusammenkamen. Daß niemand mit Negerblut in den Adern, oder selbst nur die weißen Aufseher, die aber „in Diensten" standen, dazu genommen werden durften, verstand sich von selbst.

„Gentlemen", sagte Urguard, der die Verhandlung eröffnete, „den Schuft haben wir jetzt, und ich glaube, es bedarf kaum einer Frage, was mit ihm geschehen soll. Er hat versucht, unsere Sklaven zur Empörung aufzureizen, und unserer eigenen Sicherheit sind wir es schuldig, daß wir kurzen Prozeß mit ihm machen. Eine lange Verhandlung wird da keinesfalls nötig sein."

„Wir selber können nur", bemerkte Lesley, „keinen Beschluß darüber fassen, ohne eine Jury abgehalten zu haben, und dazu wäre hier nicht der passende Platz. Wir müssen hinüber ins Gerichtshaus gehen. Meinen Sie nicht, Mister Rodgers?"

„Ja, allerdings." Mr. Rodgers nickte etwas verlegen, denn er liebte seine Bequemlichkeit, und er hätte den Platz, wo er sich gerade wohl fühlte, nicht gern gleich wieder verlassen. „Übrigens leben wir jetzt in einem Ausnahmezustand. Wir sind mitten im Krieg, und wo es das Beste des eigenen Landes gilt, weiß ich nicht, ob da nicht jeder Platz dieselbe Berechtigung hat, um eine so wichtige Sache zu behandeln."

„Mister Rodgers", sagte Lesley, „man könnte uns nachher den Vorwurf machen, daß wir die Sache im Weg der Lynchjustiz beseitigt hätten, und ich weiß nicht, ob wir wohl daran täten. Ich möchte mich selber wenigstens dagegen verwahren."

Der Richter schüttelte etwas ungeduldig den Kopf, erwiderte aber nichts darauf, denn er wußte, daß der Advokat recht hatte, und überlegte sich gerade, wie die Sache am besten und einfachsten zu betreiben sei, als in der schon offenen Tür der Sheriff, Mr. Bolling, erschien und dem Gespräch eine andere Wendung gab.

„Gentlemen“, sagte er, als er die Gesellschaft begrüßt hatte und dann ohne weiteres an die Bar ging, um sich ein Glas Brandy und Wasser geben zu lassen, „es ist etwas im Wind. Ich habe eben einen alten Bekannten aus den oberen Ansiedlungen gesprochen, und der behauptet, daß Sherman, von dem wir so lange nichts gehört haben, direkt auf Charleston losrücke und den Hafen bedrohe.“

„Unsinn, Mann.“ Urguard lachte. „Sherman, der Popanz, mit dem sie hier schon seit Wochen die Kinder erschrecken, wird froh sein, wenn er unbehelligt aus dem Norden von Georgia wieder hinauskommt. Er denkt gar nicht daran, seinen Hals in eine solche Schlinge zu stecken. Wer hat Ihnen das Märchen aufgebunden?“

„Mister Urguard“, sagte Bolling, indem er den Rest in seinem Glas schwenkte und dann austrank, „General Sherman ist einer der gefährlichsten Gegner, die wir haben, und noch frisch bei der Stange. Ja, wenn es McClellan wäre, dann wollte ich nichts sagen, und das Ganze würde keine besondere Gefahr darstellen, aber der Teufel traue dem Burschen. Die Besatzung von Charleston mag nur auf der Hut sein, bis unsere Truppen nachrücken können, sonst bekommen sie einmal eines Nachts unwillkommenen Besuch.“

„Wer fürchtet sich denn vor Sherman“, sagte auch Taylgrove. „Er wird sich hüten, sich ohne Reserve so weit nach Süden zu wagen.“

„Und wenn er es doch täte?“ meinte der Sheriff. „Haben wir hier etwa Truppen, die wir ihm entgegenstellen könnten? Hol's der Henker, die ganze Geschichte hier kommt mir beinahe so vor wie so ein Laden in den Städten drunten, wo sie alle ihre Waren in den Schaufenstern liegen und keinen Vorrat haben, aus dem sie das Verkaufte ergänzen können. Hier bei uns könnte er mit der größten Ruhe durchmarschieren, und wir wären wahrhaftig nicht imstande, ihn zu hindern.“

„Unsinn!“ sagte Bool, der Apotheker. „Aller Wahrscheinlichkeit nach existiert Sherman mit seiner ganzen Bande gar nicht mehr, sonst müßten sie doch wenigstens im Norden wissen, wo er geblieben ist. Die letzten neuen Zeitungen, die wir von dort bekommen haben, stellen aber selber die Frage, wo er stecken könne, und suchen einander über sein Schicksal zu beruhigen. Zehn gegen eins will ich wetten, daß wir in den nächsten Tagen Nachricht bekommen, wie er vom Volk unterwegs gefaßt und aufgerieben worden ist. Wenn wir hier etwas von ihm zu sehen bekommen, werden es Gefangene sein, die unsere Truppen vielleicht nach Savannah transportieren."

„Ich will's wünschen", sagte Lesley, „aber recht trauen kann ich ihm auch nicht. Es soll ein zäher, rücksichtsloser Geselle sein, dem sein eigenes Leben keinen Pfifferling wert ist. Ein Kunststück wär's wahrhaftig nicht, hier durch das Land zu ziehen, wenn einer nur den Mut dazu mitbringt."

„Ach, laßt den Unsinn", sagte Taylgrove, „was kümmern uns die albernen Gerüchte, die schon seit Wochen im Staat umlaufen und nur von solchen Leuten geglaubt werden, die vielleicht ein Interesse an der Sache haben. Den Negern wäre es vielleicht erwünscht, das glaube ich, aber denen müssen wir jetzt dafür auch desto fester den Daumen aufs Auge drücken, daß sie nicht wagen, aufzumucken oder sich zu rühren, denn allein schon ihre Zahl ist uns hier gefährlich, und unser einziger Schutz ist bis jetzt gewesen, daß sie selber nicht an den Sieg des Nordens geglaubt haben. Helfen wir selber aber noch solche Gerüchte verbreiten, dann sind wir natürlich keinen Augenblick mehr sicher und dürfen uns auf das Schlimmste gefaßt machen."

„Bah!" sagte der Sheriff verächtlich, indem er ein Streichholz an seiner Hose anstrich und dann seine Zigarre damit anbrannte. „Was wir von denen zu fürchten hätten . . . Haben sie denn Waffen? Zehn oder zwölf entschlossene Männer schießen die ganze Bande zusammen."

„Ich danke Ihnen", sagte Taylgrove freundlich, „aber damit wäre uns verwünscht wenig gedient, denn ich habe Neger, die ihre tausendzweihundert bis tausendvierhundert Dollar wert sind, und wer trägt den Schaden, wenn wir sie zusammenschießen müssen – wer anders als die Eigentümer? Nein, da ist es besser, daß wir ein mögliches Übel gleich im Keim ersticken, und deshalb bin ich auch dafür, diesen Hills, wie sich der schuftige Mulatte nennt – ich glaube sogar Reverend Hills, hol' der Teufel seine Ehrwürden! – ohne weiteres an dem nächstbesten Baum aufzuhängen. Dann wissen die Kanaillen nachher, was sie zu erwarten haben, wenn sie auch nur eine verdächtige Stellung einnehmen, und fremde Vagabunden werden sich in Zukunft zweimal besinnen, ehe sie sich in solche Gefahr begeben. Muß es sein und verlangt es die Form, dann laßt uns hinüber in das Gerichtshaus gehen, um dort die Sache zu erledigen. Meiner Meinung nach könnten wir es aber hier bei einem Glas Sherry ebenso gültig fertigbringen und hätten die Umstände nicht nötig.“

„Ja, Mister Taylgrove“, sagte jetzt Johns, der andere Advokat, „das ist alles recht schön und gut, aber was ich bis jetzt über den Fall habe erfahren können, so liegen eigentlich keine weiteren Beweise von Schuld gegen den Mulatten vor, als was der Neger Benjamin gegen ihn ausgesagt hat, und das ist eine so nichtswürdige, durchtriebene und boshafte Kanaille, wie nur je eine dem Boden von Georgia ihre Spuren eingedrückt hat. Der Schuft war früher mein Eigentum und kein schlechter, sogar ein recht geschickter Arbeiter. Ich habe ihn nur deshalb verkauft, weil er auf meiner Plantage nichts als Stänkereien machte, bald den, bald jenen verdächtigte und zahllose Male dabei überführt und gepeitscht wurde. Ich selber möchte kein Wort von dem glauben, was der Schuft aussagt.“

„Darauf kommt es hier aber gar nicht an“, rief Urguard heftig. „Haben wir dem Nigger Erlaubnis gegeben, auf offenem Platz zu predigen und eine Ansprache an unsere Sklaven zu halten, und sollen wir verpflichtet sein, solche Versuche, die Leute abtrünnig zu machen, zu überwachen oder uns der Gefahr eines solchen frevelhaften Erfolges aussetzen?“

„Das ist alles wohl wahr“, bemerkte Lesley, „aber ein gewisses Verfahren muß jedenfalls stattfinden, und irgendeine Klage muß gegen ihn vorgebracht und – bewiesen werden, denn wir dürfen einen Menschen nicht allein deshalb hängen, weil er eine schwarze Haut und keinen Eigentümer hat.“

„Mister Lesley“, bemerkte Urguard ziemlich scharf, „Sie haben nun schon ein paarmal, auch neulich bei einer ähnlichen Gelegenheit, Äußerungen getan, die aus dem Mund eines südlichen Gentleman – und dafür gelten Sie doch – zumindest wunderlich klingen.“

„Mister Urguard“, sagte Lesley ruhig, „ich bin Advokat und gehe allein vom Rechtsstandpunkt aus. Hat sich der Gefangene gegen unsere Gesetze versündigt, dann wäre ich der letzte, der für ihn ein Wort einlegen würde. Wollten Sie aber, ohne genügenden Grund, einfach ein Exempel an ihm statuieren, nur der anderen Sklaven wegen, dann würde ich seine Verteidigung übernehmen und Ihnen keine Gelegenheit geben, ihn durch ein Lynchgericht an seinem Leben zu schädigen. Ich glaube, Judge Rodgers ist darin ebenfalls meiner Meinung."

„Oh, sicher – sicher", sagte der Richter etwas verlegen. Da er selber einen Sklavenstand besaß, lag ihm am wenigsten daran, große Umstände mit dem Mulatten zu machen. Lesley gegenüber, der Aussicht hatte, in nächster Zeit zum Staatsanwalt ernannt zu werden, mochte er sich aber auch keine Blöße geben. „Auch wenn es ein Nigger ist, so muß seine Schuld erst bewiesen werden."

„Aber unterdessen haben Sie den Burschen mit Bluthunden gehetzt", sagte Johns lachend.

„Wenn er sich nicht schuldig fühlte, hätte er nicht die Flucht ergriffen", rief Taylgrove, dem die Ironie in den Worten nicht entging, heftig. „Sollten wir hier erst lange untersuchen und ihm Zeit lassen, seine Haut in Sicherheit zu bringen? Verdammt, nein! Übrigens glaube ich fast", setzte er finster und drohend hinzu, „daß ihm eine Verteidigung verwünscht wenig Nutzen bringen würde. Wenn wir, die wir unsere Pflanzungen hier haben, seine Schuld einsehen und ihn verurteilen, dann könnten sämtliche Advokaten östlich vom Mississippi zusammenkommen und würden seinen Hals doch nicht aus der Schlinge retten."

„Sie sind jetzt aufgeregt, Mister Taylgrove", sagte Lesley ruhig, „und glauben deshalb selber, was Sie behaupten. Aber ich denke, die eigene Klugheit müßte Sie davor bewahren, gerade jetzt die beunruhigten Schwarzen durch eine entschiedene Ungerechtigkeit vielleicht zu Gewalttätigkeiten zu reizen, die für uns alle verderblich werden könnten."

„Dann dürfen Sie aber auch nicht davon reden, einen Nigger zu verteidigen", rief Taylgrove, der sich augenscheinlich Gewalt antun mußte, um sich nicht stärker und beleidigender auszudrücken, „denn dadurch würden die schwarzen Kanaillen nur noch in ihrem Übermut bestärkt. Es ist jetzt kaum, ausgenommen mit unerbittlicher Strenge, mit ihnen auszukommen. Laßt sie aber erst einmal merken, daß sie selbst Weiße auf ihrer Seite haben, dann brechen sie in offene und blutige Revolution aus."

„Laß ihn doch, Taylgrove", flüsterte Urguard mit einem spöttischen Lächeln dem Freund zu. „Es ist nun einmal sein Beruf, sich auf die Hinterbeine zu setzen und mit Gesetz und Recht zu drohen. Ihm macht es Spaß, und uns schadet es nicht. Sollte er sich aber ernstlich widersetzen, dann machen wir ihn zahm, darauf gebe ich dir mein Wort. Und nun, Gentlemen, denke ich, verlieren wir unsere kostbare Zeit nicht mit nutzlosen Redensarten. Wir haben einen Nigger eingefangen, der den Versuch gemacht hat, unsere Sklaven zu verführen. Ich habe nichts dagegen, daß wir ihn vorher einem Verhör unterwerfen, aber wir wollen keine lange Gerichtspflege dabei einschlagen. Wir befinden uns hier im Kriegszustand. Die frechen Yankees haben gewagt, unsere Neger, unser wohlerworbenes Eigentum, für frei zu erklären. Jeder Bürger hat aber das Recht, sich selbst und seinen eigenen Herd zu schützen, und ich schlage deshalb vor, daß wir ohne faule Bedenken, ob wir damit ein Gesetz verletzen, das in den uns feindlichen und von uns ausgestoßenen nördlichen Staaten gilt, gleich hier an Ort und Stelle Gericht halten. Ich glaube nicht, daß einer von Ihnen etwas dagegen einzuwenden haben wird."

„Verzeihung, Mister Urguard", rief Lesley, „ich selber müßte dagegen auf das entschiedenste . . ."

„Bitte, Sir", unterbrach ihn Urguard scharf, „Sie selber haben hier keine Besitzung und kommen deshalb gar nicht in Betracht. Wenn unsere Gesetze erst einmal geregelt sein werden, führen wir auch wohl wieder juristische Spitzfindigkeiten ein und machen Prozesse von der Zungenfertigkeit der verschiedenen Herren abhängig. Unter den gegenwärtigen Umständen ziehen wir es aber vor, unser eigenes Recht zu sprechen, und – wer sich dem widersetzen will, tut es nur auf seine eigene Gefahr hin."

Lesley biß sich auf die Lippen, aber er wußte gut genug, in welchen Kreisen er sich hier befand. Er ging zu dem Richter hinüber, um diesen zu bitten, nicht der Gewalt seinen Namen zu leihen. Rodgers aber zuckte wieder mit den Schultern und wandte nun selber ein, daß sie sich gegenwärtig in einem Ausnahmezustand befänden, in dem sie sich nicht an die in den nördlichen und jetzt feindlichen Staaten geltenden Gesetze binden könnten. Der Fall solle untersucht werden, aber auf die Form brauchten sie, wie er meine, nicht so genau zu sehen. Er schlüge deshalb vor, den Gefangenen und seinen Ankläger hierherzubringen. Ein Schwarzer könne allerdings nicht – den Gesetzen des Südens nach – gegen einen Weißen Zeugnis ablegen, aber mit jeder Berechtigung gegen einen Genossen seines eigenen Stammes, gegen einen Mulatten. Je eher die Sache zu einem Ende geführt würde, desto besser.

Urguard hatte bereits durch Bolling, der nicht die geringsten Schwierigkeiten machte, einen Boten zu dem Deputy Sheriff gesandt, um den Gefangenen und seinen Ankläger zu holen.

Während der Bote seinen Auftrag ausführte, waren die Herren noch einmal an den Schenkstand getreten, um ein frisches Glas zu trinken. Über den Fall selber wurde nicht weiter gesprochen.

Noch standen die Herren plaudernd in dem großen Saal – selbst Sherard hatte sich ihnen, ohne dazu aufgefordert zu sein, wieder angeschlossen –, als Mr. Taylgroves weißer Verwalter, seine Reitpeitsche in der Hand, offensichtlich in außergewöhnlicher Aufregung das Gemach betrat, den Blick umherschweifen ließ und dann auf seinen Dienstherrn zueilte.

„Hallo, Mister Hall!“ rief Taylgrove. „Was haben Sie? Sie sehen so verstört aus, daß Sie selbst Ihren Hut vergessen haben.“

„Bitte um Verzeihung, Mister Taylgrove“, sagte Hall, nicht gerade erfreut über diese Zurechtweisung, indem er aber doch seinen Hut abnahm und in der Hand hielt, „ich wollte Ihnen nur melden, daß die Yankees eingetroffen sind.“

„Die Yankees?“ Taylgrove sah seinen Aufseher verwundert an. „Was faseln Sie da? Wer ist eingetroffen?“

„Die Yankees“, sagte der Aufseher trocken, „die nordischen Soldaten – General Shermans Vorhut.“

„Unsinn, Mann!“ rief Taylgrove unwillig. „Haben Sie vielleicht einen flüchtigen Soldaten gesehen und schließen daraus, daß die ganze Armee anrückt?“

„Ich schließe gar nichts, Mister Taylgrove“, erwiderte der Aufseher weit schärfer, als er sonst zu seinem „Herrn“ zu sprechen wagte; eine unbestimmte Ahnung mochte ihm wohl sagen, daß seine Stellung hier so gut wie aufgehoben sei. „Vor Ihrer Plantage halten an die sechzig Reiter der Unionsarmee, und ich habe mich ohne Zögern auf mein glücklicherweise schon gesatteltes Pferd geworfen, um Ihnen die Meldung zu machen.“

„Die Unionsarmee?“ Taylgrove wurde dabei totenbleich.

Schon hatten sich die übrigen um den Berichterstatter gesammelt, während Urguard lachend ausrief: „Unfug, Mann! Es werden unsere Reiter sein, die das Land von dem Feind reinfegen, und Sie, vor lauter Angst und Schrecken, haben sie für Unionstruppen gehalten. Hahaha – wie sollten die hierherkommen!"

Hall, ein baumlanger Kentuckier mit einem langen Bart, sah den Pflanzer trotzig an. „Ich bin ja auch so ängstlich, daß ich mich in blindem Schrecken davonjagen lasse! Was ich mit meinen eigenen Augen sehe und mit meinen eigenen Ohren höre, weiß ich. Es ist Shermans Vorhut – die Flagge kenne ich gut genug."

„Und wo haben Sie sie gesehen, Hall?" fragte Taylgrove, dessen Gesicht leichenblaß geworden war.

„Vor Ihrem Haus, Mister Taylgrove, zügelten sie ihre Tiere", erwiderte der Aufseher. „Als ich davonsprengte, unterhielten sie sich gerade mit den Damen, und die ganze Negerbande drängte aus dem Feld herein."

Das Wort zündete, denn wie sich bisher der Stolz und Trotz dieser übermütigen Baumwoll-Barone dagegen gesträubt hatte, auch nur die Möglichkeit eines Sieges der Nordstaaten zuzugeben, so trafen sie jetzt die Wirklichkeit und die daraus entspringenden Folgen um so empfindlicher, und mitten aus ihrem Sicherheitsgefühl heraus wurden sie in Furcht und Entsetzen hineingeschleudert.

Die Neger! Wenn die Unionstruppen wirklich diesen entfernten und vom Kriegsschauplatz abgelegenen Teil der Staaten erreicht hatten, dann war auch das ganze übrige Land schon von ihnen überschwemmt, und erhoben sich dann die plötzlich freigewordenen Neger gegen ihre bisherigen Herren, waren die Folgen nicht abzusehen.

Der am meisten bei der Nachricht erschrak, obgleich er keinen direkten Verlust zu fürchten brauchte, war Jim Sherard, der Eigentümer der Bluthunde, denn wie ihn die Neger liebten, wußte er. Aber beruhte das Ganze nicht vielleicht auf einem Irrtum?

Es blieb ihm freilich keine Zeit, sich darüber mit den Herren auszusprechen, denn in diesem Augenblick drängte es jeden, sein Heim aufzusuchen und zu sehen, wie es dort stand.

Die Überraschung

Die Zeit des Mittagessens war herangerückt, und Mrs. Taylgrove war mit ihren Töchtern schon in den Speisesaal hinabgegangen, um dort ihren Gatten zu erwarten. Er war stets pünktlich, und nur der besondere Fall mit dem gefangenen Mulatten konnte ihn heute etwas über seine Zeit zurückgehalten haben.

Der Tisch war gedeckt, hinter den Stühlen wartete an jeder Seite eines der jungen Negerkinder in schneeweißen Kleidern und mit einem Pfauenwedel in der Hand, um den Damen, sobald sie sich setzten, Kühlung zuzufächeln. So munter die Mädchen aber sonst auch waren und so sorglos und gedankenlos sie in den Tag hineinlebten, heute standen sie scheu und furchtsam auf ihren Plätzen, denn sie hatten den unglücklichen „farbigen Mann" vorhin gesehen und wußten nur zu gut, was ihn erwartete.

Den Mädchen gingen dabei die wunderlichsten Gedanken im Kopf herum – Sachen, die sie nicht begreifen konnten und die sich ihnen gerade heute immer wieder aufdrängten. Allerdings gehörten sie mit ihrem Dienst in das Herrenhaus und kamen mit den eigentlichen Arbeitsnegern in keine Berührung, ja durften nicht einmal den Teil des Grundstücks, auf dem deren Wohnungen standen, betreten. Aber im Herrenhaus wußte die schwarze Dienerschaft genausogut, was in der Welt vorging, wie draußen im Baumwollfeld, und daß da oben im Norden Krieg geführt wurde, um die Sklaven hier im Süden zu befreien, war oft und oft von ihnen, wenn auch nur ganz scheu und heimlich, besprochen worden. Und doch schien es den armen schwarzen Kindern undenkbar, daß sich die Weißen da oben um sie kümmern und nur ihretwegen aufeinander schießen sollten. Vor kaum mehr als drei Jahren waren sie selber mit Vater und Mutter von einem der schlechten weißen Menschen aus dem Norden gekauft, dann von den Eltern heimlich in der Nacht getrennt und weit, weit in das Land hineingeschafft worden.

Und das sollte jetzt anders werden? Weshalb schleppten dann die weißen Männer wieder einen armen farbigen Mann, der keinem von ihnen etwas zuleide getan hatte, gebunden in die Stadt? Und wollten sie ihn da nicht aufhängen, wie die alte Köchin gesagt hatte? Wenn sie frei werden und die Eltern wiedersehen sollten, durften dann die Weißen noch so grausam handeln? Es war alles nicht wahr, was man ihnen davon erzählte. Für sie gab es keine Rettung und sie blieben Sklaven, wie sie es stets gewesen waren.

Die armen Kinder waren Schwestern, vielleicht zehn und elf Jahre alt, mit ebenholzschwarzer Haut, aber zart und schlank gebautem Körper und lieben Gesichtern. Aber recht traurig sahen beide aus, denn wenn sie auch kein Wort miteinander austauschten – „Missus", die Frau des Hauses, hätte sonst böse werden können –, so dachten sie doch beide das gleiche.

„Das ist sehr unangenehm und – rücksichtslos", sagte Mrs. Taylgrove, die ihren Gatten ungeduldig zum Essen erwartete. „Wenn Papa nicht rechtzeitig kommen kann, wäre nichts leichter, als uns durch jemand Nachricht zu geben, daß wir nicht auf ihn zu warten brauchten."

„Ach, Mama", sagte Jenny, „wenn sie nur nicht die Gerichtssitzung gehalten und den Nigger bereits gehängt haben . . . es wäre zu schade!"

Liddy, das ältere der beiden Negermädchen, warf der Schwester einen scheuen Blick zu und schauderte. Polly, die jüngere, sah still zu Boden, und eine Träne hing ihr an den langen Wimpern.

„Nein, das glaube ich nicht", sagte die Mutter. „Da hätte Papa jedenfalls erst zu uns herausgeschickt und auch ein paar von unseren Leuten dazu beordert, damit sie sich ein Beispiel daran nehmen können."

„Da kommen sie, Mama!" rief Jenny und sprang auf. „Ich höre Hufschlag. Sie bringen ihn gewiß gleich mit."

Mrs. Taylgrove lauschte und sah dabei auf die Straße hinaus.

„Nein, Kind", sagte sie, „die Pferde kommen von der entgegengesetzten Seite die Lane herunter. Da hinten kannst du auch schon die Staubwolke sehen. Wer kann das sein?"

Die harte Straße dröhnte von den donnernden Hufen, und aus der Staubwolke blitzte und funkelte es hier und da, wenn ein Sonnenstrahl dazwischendrang.

„Soldaten!“ rief Jenny, als sie kurze Zeit hinübergeschaut hatte. „Ich kann ihre Säbel in der Sonne glänzen sehen. Eine ganze Truppe ...“

„Ja, wahrhaftig, das müssen Soldaten sein“, rief jetzt auch Mrs. Taylgrove, „jedenfalls eine Abteilung unserer Kavallerie, die nach Savannah vorrückt, um eine Landung des Feindes zu verhindern.“

„Das ist ein gutes Zeichen, Mama.“ Lucie lachte. „In dem Fall sind sie auch mit jenem Mr. Sherman und seiner Bande fertig geworden. Vielleicht bringen sie sogar ein paar Dutzend gefangene Yankees mit ... Aber die Uniform kenne ich ja gar nicht!“

„Da weht eine kleine Fahne in der Mitte“, rief Jenny. „Aber das – das ist doch nicht ... Allmächtiger Gott, das ist die Unionsflagge!“

„... die sie erbeutet haben“, sagte Mrs. Taylgrove, indem ein verächtliches Lächeln um ihre Lippen spielte. „Du bist doch nicht töricht genug, zu glauben, daß von dorther und aus dem Landesinneren der Feind gegen uns anrücken könnte?“

„Das ist Unionskavallerie, Mama!“ rief Lucie entsetzt. „Ich kenne sie aus den Abbildungen, die wir hierher bekommen. Um Himmels willen, der Feind! Jetzt sind wir alle verloren!“

Mrs. Taylgrove war leichenblaß geworden, und einen Augenblick lang schien es in der Tat, als ob sie, starr vor Schrecken, das Furchtbare mehr über sich hereinbrechen sah als fühlte. Wenige Sekunden später erschallte ein Kommandoruf, und zugleich hielten die ersten Reiter – unmittelbar von der kleinen, niederen Gartenpforte und kaum zehn Schritt von der Veranda entfernt, auf der sich die Damen befanden. Ein Offizier – die Uniformauszeichnung ließ sich durch den Staub kaum erkennen – ritt dicht an die kleine Tür heran, und militärisch, aber freundlich grüßend, sagte er: „Ladies, ungemein erfreut, nach einem langen, heißen Ritt endlich wieder einmal menschliche Wohnungen und so holde Gesichter zu finden. Das ist ein gutes Zeichen. Aber eine Bitte hätte ich: ist es wohl möglich, hier ein Glas frische Milch oder kaltes Wasser zu bekommen? Die Zunge klebt uns allen am Gaumen.“

Mrs. Taylgrove war in der Tat durch den ersten Schreck wie gelähmt gewesen. Da sie aber ihrer ganzen Natur nach eine äußerst resolute Frau war, sammelte sie sich bald wieder. Das war der Feind, der böse Feind, der mit ihr sprach, der ihnen ihre Sklaven nehmen und selber über ihr Land gebieten wollte. Ihre großen schwarzen Augen blitzten ihn an, und ein trotziges, verächtliches Lächeln zuckte um die immer noch schönen Lippen. Mit schneidender Stimme erwiderte sie: „Das Hotel ist in der Stadt, Sir. Truppen mit der Flagge können nicht erwarten, daß sie von den Bewohnern des Südens verpflegt werden."

„Oh!" Der Offizier lachte leise vor sich hin. „Stehen wir auf einem solchen Fuß miteinander, Mylady? Ja, da wird's wohl nicht bei einem Glas Milch bleiben. Sam" – er wandte sich an einen hinter ihm haltenden Neger –, „wie weit ist es bis in die Stadt und zum Hotel?"

Der Neger, barfuß, nur mit Hemd, Jacke und Hose bekleidet, trieb sein Tier an die Seite des Offiziers. „Kaum zehn Minuten scharf zu reiten, Massa. Sie können die Häuser schon da drüben durch die Bäume sehen."

„Gut, Sam. Mister Sight, haben Sie die Güte, Ihren Zug in die Stadt zu führen und dort Quartier zu besorgen. Nehmen Sie in Beschlag, was Sie finden, und schlagen Sie Ihr Hauptquartier gleich im Court House auf – es ist doch eins dort, Sam?"

„Mächtig groß, Sir", sagte der Neger vergnügt.

„Ich komme in etwa einer Stunde nach. Ich will hier der Dame nur erst Respekt vor unserer Flagge beibringen. Die Proklamation haben Sie bei sich, wie?"

„Gewiß, Sir!"

„Gut. Sie wissen, was Sie zu tun haben. Quartier für den General in dem besten Haus, das Sie finden – selbstverständlich."

„Jawohl, Sir!" rief der junge Offizier, laut gegebene Befehle folgten, und wenige Minuten später trabten etwa zwei Drittel der Vorhut die Straße entlang gegen Belleville zu, während die Zurückgebliebenen auf Kommando ihres Hauptmanns absaßen, die Gartentür, die nicht aufbleiben wollte, aus den Angeln hoben und dann ihre Pferde um das Haus herum auf den Hof führten, der aber auch mehr einem Garten glich.

Der Hauptmann war so lange zurückgeblieben, bis er seine Leute dort drinnen wußte – sechs oder acht Neger hatte er ebenfalls in seiner Begleitung –, dann folgte er nach. Kaum betrat er den inneren Raum, sah er sich Mrs. Taylgrove gegenüber.

„Sir", sagte sie, „wer gibt Ihnen ein Recht, das Eigentum eines freien Bürgers ohne seine Erlaubnis, ja ohne seine Anwesenheit zu betreten? Sind Sie ein Gentleman, daß Sie es wagen, hier von unbeschützten Frauen ein Haus zu nehmen und Ihre ganze Mannschaft einzuquartieren? Ich habe wahrlich bis jetzt noch keinen hohen Begriff von den Yankee-Truppen gehabt, aber es scheint mir fast, als ob sie sich selber übertreffen."

Der junge Offizier hatte ihr lächelnd zugehört, jetzt erwiderte er mit spöttischer Höflichkeit: „Madame, ich selber habe nie daran gedacht, daß uns der Süden guten Willen und Gastfreundschaft entgegenbringen sollte, denn wir sind eben damit beschäftigt, seinen Stolz und Übermut zu brechen, und das ist stets ein undankbares Geschäft. Ich habe aber wenigstens geglaubt, daß die Bewohner dieser Gegenden die gewöhnliche Klugheit beachten und sich in das Unvermeidliche fügen würden. Doch auch das scheint nicht der Fall zu sein, und wir werden es deshalb übernehmen müssen, den südlichen Herrschaften nicht allein unsere Gesetze, sondern auch unsere Sitten aufzuzwingen."

„Eher könnten Sie das Land zu einer Wüste machen", rief die Frau erregt und leidenschaftlich.

„Vielleicht doch nicht", entgegnete der Offizier lächelnd. „Aber Sie wissen, Madame, daß nur Erfahrung – und oft eigene bittere Erfahrung – den Menschen klug macht, und davon möchte ich Ihnen jetzt eine Probe geben. Sie wären mich vorhin mit etwas Milch, ja nur mit ein paar Eimern frischen Wassers losgeworden, sobald Sie es nur freundlich und sich den Umständen eben fügend geboten hätten – jetzt ersuche ich Sie um zwei Dutzend Flaschen Medoc und einen kleinen Imbiß für meine Leute – frisches Wasser versteht sich von selbst."

„Nicht ein Glas Wein, das ich Ihnen freiwillig gebe!" rief Mrs. Taylgrove empört aus.

„Also wollen Sie noch mehr Erfahrungen sammeln?" Der Offizier lachte. „Wenn die Flaschen nicht in zehn Minuten hier sind, schicke ich meine Leute los. Aber ich garantiere Ihnen dafür, Madame, daß sie ganz ungeahnte Schätze zutage fördern, denn sie haben darin ein außerordentliches Geschick."

Damit lenkte er sein Pferd, ohne die Frauen, die ihm Dolchblicke zuwarfen, weiter zu beachten, um das Gebäude herum und fand, daß sich seine Leute dort schon ganz häuslich eingerichtet hatten – aber nicht etwa aus eigenem Antrieb, sondern von den Plantagennegern dabei auf das eifrigste unterstützt.

Die Schwarzen, die er in seinem Zug mitführte, hatten sich nämlich nicht allein unter die Dienstboten des Hauses gemischt, sondern einer von ihnen war auch schon draußen an der Fenz des Baumwollfeldes abgestiegen und zu den dort arbeitenden Leuten hinübergeklettert. Allerdings eilte dort der gelbbraune Negertreiber herbei und war eben im Begriff, ihn mit seiner wuchtigen Peitsche zu empfangen, als der fremde Schwarze ihm mit ein paar wohlgezielten Boxhieben bewies, daß seine Herrschaft hier aus sei und er an seine eigene Sicherheit denken müsse.

Im ersten Augenblick standen die übrigen Neger starr vor Entsetzen, denn sie wußten, was ihre Strafe gewesen wäre, wenn sie sich den Befehlen des Negertreibers auch nur mit einem Wort, geschweige denn mit einem Schlag widersetzt hätten. Doch mit der Tat dämmerte ihnen das Bewußtsein ihrer oft besprochenen, aber noch immer nicht geglaubten Freiheit. Das waren die Soldaten des Nordens, die ihrem Elend Hilfe brachten. Der fremde Neger stand, sich seiner Kraft bewußt, als freier, unabhängiger Mann vor ihnen. Und als er dann noch mit beredten Worten verkündete, daß sie keine Sklaven mehr wären, daß General Sherman mit seiner ganzen Armee heranrücke, und wer von ihnen wolle, ihm folgen könne, ohne seinen „Master“ um Erlaubnis zu fragen, da sie keinen Master mehr hätten und nicht mehr verkauft und mißhandelt werden dürften, da brach der Jubel unter der herandrängenden Schar aus. Sie zertraten ihre Körbe und streuten die Baumwollflocken in den Wind, tanzten jubelnd und jauchzend in dem Feld herum, in dessen Furchen früher ihr Schweiß geflossen war, und zähneknirschend, mit zerschlagenem Gesicht kroch ihr sonst so gefürchteter Driver aus dem Weg, denn seine Rolle war hier ausgespielt.

Welch wunderbares Bild gestaltete sich nun in dem eigentlichen Hofraum der Plantage, auf dem die Plantagenneger sonst nur Zutritt hatten, wenn sie dorthin zu einer Arbeit beordert wurden!

General Sherman hatte befohlen, daß die durchziehenden Truppen die Häuser der Pflanzer nicht betreten durften. Aus gutem Grund, denn bei jedem Armeekorps, welcher Nation es auch angehöre, findet sich immer rohes und wildes Volk, für dessen Betragen nachher der Feldherr einstehen soll. Doch obgleich der Befehl gegeben war, wurde nicht so streng auf seine Ausführung gesehen, weshalb auch? Der Süden hatte wahrlich nicht verdient, daß große Rücksichten auf seine Bevölkerung genommen wurde. Wie niederträchtig waren die Gefangenen behandelt worden, wie grausam waren die südlichen Barone gegen die Unglücklichen verfahren, die in ihre Hände fielen. Wozu da jetzt noch Rücksichten, die überdies schon den furchtbaren Krieg so lange Jahre hinausgezögert hatten. Der Süden sollte fühlen, daß seine Macht gebrochen war und er sich dem Sieger unterwerfen mußte, und wenn er sich nicht gutwillig fügte, dann mochte er auch die Folgen dafür tragen.

Das Gebäude hatte zum Hof hin eine ähnliche Front wie nach der Straße, nur ohne Veranda. Links lagen die Küche, das Waschhaus und ein weit ausgedehnter Vorratsraum, rechts lagen die Ställe, gegenüber befand sich ein langes, den ganzen inneren Raum abschließendes Gebäude, in dem die Haussklaven, besonders die Mädchen, einquartiert wurden. Hinter der Küche und den daranstoßenden Gebäuden lag noch ein kleiner Gemüsegarten.

Auf dem glatt und hart getretenen Hof hatte sich die Nordtruppe niedergelassen. Mit Hilfe der willigen Neger war ein mächtiges Feuer in der Mitte entzündet worden, und auf Befehl des Offiziers war durch die Hausdiener ein Tisch herausgetragen und ein weißes Leintuch darüber gedeckt worden. Jetzt brachten die bisherigen Sklaven auch noch Gläser und Teller, um die – wenigstens ihnen willkommenen – Gäste zu bedienen.

Mrs. Taylgrove wollte in ihrer heftigen Weise dagegen Einspruch erheben, aber Lucie, die sich in dem Entsetzen über das entschiedene und strenge Auftreten der Fremden auf einmal scheu und eingeschüchtert fühlte, bat die Mutter dringend, nur jetzt nicht auf ihrem starren Sinn zu beharren, wenigstens so lange nicht, bis der Vater zurückkehrte, und ordnete dann selber an, daß der befohlene Wein hinausgebracht wurde, um den „schrecklichen Menschen" wenigstens keine Ursache zur Unzufriedenheit zu geben.

Der junge Offizier hatte ihr imponiert. Bis jetzt waren ihr alle jungen Leute, die nur den geringsten Anspruch auf Bildung erheben konnten und eine Stellung im Leben hatten, mit der größten

Bewunderung und Ehrerbietung genaht. Nur ein Wink ihrer Augen war für sie Befehl und Gesetz gewesen, und jeder kaum ausgesprochene Wunsch wurde erfüllt. Der junge Offizier, der seinem ganzen Äußeren nach unzweifelhaft den besseren Ständen angehörte, beachtete weder sie noch Jenny. Die jungen Mädchen, die ihm anfangs allerdings auch nur verächtliche Blicke zugeworfen hatten, schienen für ihn gar nicht zu existieren.

Im Nu war draußen auf dem Hofraum unter ein paar mächtigen Orangenbäumen nicht allein ein Tisch gedeckt (Hauptmann Helldorn, wie der Offizier hieß, hatte es abgelehnt, das Haus zu betreten), sondern auch alles mögliche an Wein und Getränken aufgetragen, und die Herren begannen eben zuzulangen, als Mr. Taylgrove, der schon dem Hauptzug begegnet war, in den Hof einritt, staunend sein Pferd zügelte und die Szene betrachtete, die sich seinen Blicken bot.

Den Mittelpunkt bildete ein Teil der Unionssoldaten, die sich Bänke und Stühle an den Tisch gerückt hatten und sich zum Zulangen wahrlich nicht nötigen ließen. Einige von ihnen kamen auch schon aus dem benachbarten Zuckerrohrfeld zurück, von wo sie tüchtige Schulterladungen des noch grünen Zuckerrohrs herbeischleppten und von den Plantagennegern so willig dabei unterstützt wurden, daß die Tiere bald in Futter schwelgten, während andere wieder die Zisterne abzapften, um ihnen Wasser zu geben.

Links, auf der inneren Veranda, stand die Lady mit ihren beiden Töchtern, keiner Bewegung mehr fähig. Unweit von ihnen saß ein Unteroffizier auf einem umgedrehten hohen Zuckerfaß, hielt ein bedrucktes Blatt in der Hand und las den Inhalt den ihn umdrängenden Negern vor.

Sie hörten ihm zu, das Weiße blitzte in den großen rollenden Augen, jeder Zug ihrer dunklen Gesichter verriet die Spannung, in der sie sich befanden, und nur noch mit Mühe hielten sie den Jubel zurück, der jeden Augenblick auszubrechen drohte.

Dort stand es gedruckt – gedruckt von den weißen Männern, die ihre Armee zu ihnen gesandt hatten: sie sollten von jetzt an frei sein, so frei wie die Weißen –, sie sollten nicht mehr verkauft werden dürfen und keine Arbeit tun müssen, für die sie nicht wie freie Arbeiter bezahlt würden. Kein Weißer hätte mehr das Recht, sie zu peitschen oder einzukerkern, und wer jetzt von ihnen in das

Heer der Union als Soldat eintreten wollte, um die letzten Reste der Rebellen und Sklavenhalter zu vernichten, der konnte nicht mehr von irgendeinem „Master“ daran gehindert werden. Das Dokument war von Präsident Abraham Lincoln unterzeichnet worden. Als der Unteroffizier geendet hatte, brach der Jubel los. Da schrien und jauchzten die Männer vor Lust und Seligkeit, da standen den Frauen, die ihre Kinder fester an sich drückten, zum erstenmal in ihrem Leben Freudentränen in den Augen, da kreischten und lachten die Kinder, und ein Hurra donnerte durch die Plantage, daß die Blätter an den Bäumen erzitterten.

Taylgrove saß auf seinem braunen Hengst, die Unterlippe mit den Zähnen gepackt, die Augen in Haß und ohnmächtiger Wut auf seine Neger gerichtet. Der alte Pflanzer hielt noch immer für unmöglich und für die Ausgeburt furchtsamer Phantasien, was vor seinen Augen geschah.

Ruiniert, verloren, zu Boden getreten der ganze Süden, vor ihm die Räuber, während ihnen allen die Kraft fehlte, sie zu vernichten. Wo war Lee mit seiner riesigen Armee, wo waren alle die tapferen Generale des Südens, daß eine Handvoll frecher Yankees es wagen durfte, ihren Boden zu betreten, ihre Wohnungen zu brandschatzen und ihre heiligen Gesetze umzustoßen?

Sobald der erste Jubel unter den Negern vorüber war, entdeckten einige der früheren Sklaven „Massa“, wie er noch immer von ihnen genannt wurde, und dicht hinter ihm Hall, den gefürchteten Aufseher. Die Kinder waren in ihrem wilden Umhertollen seinem Pferd fast zwischen die Hufe gelaufen, und scheu flüchteten sie zu den Müttern. Ein Flüstern ging durch den Hof – „Massa“ –, und unwillkürlich drängten die ihm zunächst Stehenden von ihm fort. Die alte Furcht und Scheu lag noch in ihnen, konnte natürlich so rasch nicht abgeschüttelt werden.

Die mit dem nördlichen Korps reitenden Neger, die rasch erfuhren, wer der Weiße war, kannten diese Scheu nicht mehr. Einer von ihnen nahm ein Glas Wein vom Tisch und schritt damit auf den Weißen zu, der regungslos wie eine Statue auf dem Pferd saß.

„Hallo, Massa – trinken Sie ein Glas Wein mit uns?“ rief er ihm lachend entgegen. Da konnte sich der alte Herr nicht länger beherrschen. Blitzschnell hob er den Arm mit der schweren Peitsche – aber der Neger war auf der Hut. Während er zurücksprang, warf er das Glas von sich, riß einen Revolver aus der Jacke und schrie: „Nur zu! Aber das wäre der letzte Schlag, den Sie führten."

Die Frauen auf der Veranda kreischten vor Entsetzen. Wer würde jetzt die Neger hindern, über sie alle herzufallen und in ihrem Blut die lange Knechtschaft abzuwaschen? Aber Hauptmann Helldorn, dem der Zwischenfall nicht entgangen war, mochte selber etwas Ähnliches fürchten, denn rasch sprang er auf, stieß den Neger zurück und sagte finster: „Wer ohne meinen Befehl eine Waffe gebraucht, wird nach den Kriegsgesetzen erschossen. Du hast gestern gesehen, daß wir Disziplin zu wahren wissen. Und Sie, Mister . . . Mit wem habe ich das Vergnügen?"

„Mein Name ist Taylgrove", sagte der Pflanzer, „und bis vor einer Stunde war ich Besitzer dieser Plantage."

„Sie sind es noch, Mister Taylgrove", erwiderte Helldorn, „soweit es die Plantage betrifft. Sie sind es nur nicht mehr über die Neger, deren Eigentumsrecht der Süden durch diese blutige Rebellion verscherzt hat."

„Und wer gibt dem Norden das Recht, uns unser Eigentum zu nehmen?" fragte Taylgrove wild.

„Mein werter Herr", sagte der junge Hauptmann abwehrend, „Sie können nicht von mir verlangen, daß ich mich mit Ihnen in politische Streitfragen einlasse. Das ist Sache der Regierung in Washington, wenden Sie sich an die. Wenn Sie aber einen Rat von mir annehmen wollen, so seien Sie von diesem Augenblick an außerordentlich vorsichtig in der Behandlung der Neger, denn ob sie ihre Freiheit mäßig gebrauchen oder vielleicht gar mißbrauchen werden, hängt nur von der Klugheit ihrer früheren Besitzer ab."

„Sie sind sehr gütig mit Ihrem Rat", sagte Taylgrove scharf.

„Und Sie finden hier gleich die Illustration dazu", entgegnete der Hauptmann. „Hätten die Damen sich freundlich herbeigelassen, mir auf meine Bitte ein Glas Wasser zu reichen, wären wir gar nicht zu Ihnen hereingekommen. Aber der Übermut des Südens muß erst gedemütigt sein, und nachher, hoffe ich, können wir wieder recht gute Freunde werden."

„Sie scheinen mir in Ihren Hoffnungen etwas überspannt zu sein", sagte Taylgrove. „Der Süden kann für den Augenblick zurückgeschlagen, aber nie besiegt werden, und der Norden wird schließlich eine hübsche Kostenrechnung zu bezahlen haben."

„Warten wir es ab", meinte der Hauptmann. „Glauben Sie wirklich, daß Sie die Burschen je wieder in Ihren Dienst und in Sklavenketten zwingen können? Selbst der Versuch müßte schlimm enden, wenn es auch sonst ein harmloses Volk ist. Sehen Sie selber, wie sie sich jetzt nur ihrer Freude hingeben."

Der Zwischenfall mit dem fremden Neger war in der Tat fast unbeachtet geblieben. Der leichte, harmlose Sinn der Neger, der ihrer ganzen Erziehungsweise entsprang und nie eine Sorge für die Zukunft in ihnen aufkommen ließ, da für sie ja ihr Herr einstehen mußte, setzte sie bald über alles andere hinweg und ließ sie nur den Augenblick erfassen, der ihnen alles gebracht hatte, was sie nur je erwünschten und erhofften: Freiheit.

Der Neger liebt leidenschaftlich jedes Musikinstrument von der Maultrommel bis zur Violine, von der großen Trommel bis zur Ziehharmonika. Sobald es ihm seine Mittel erlaubten, suchte er sich das eine oder das andere zu verschaffen. Auf Mr. Taylgroves Plantage befanden sich zwei Violinen – fiddles, wie sie die Schwarzen nannten –, ein paar Dutzend Maultrommeln, eine Trompete, eine Trommel und eine Ziehharmonika. In ihrem ersten Siegestaumel griffen die Neger nicht nach Messern oder Gewehren, um sich an ihren oft so harten und grausamen Herren zu rächen, sondern nach Harmonika und Violine, mit denen sie freilich kaum minder grausam umsprangen. Jeder Neger hat indessen ein Gefühl für Takt, und wenn die Melodie selber auch furchtbar genannt werden konnte, hielten die Spieler doch wenigstens das richtige Tempo, und einige jüngere Paare traten bald zu einem der gewöhnlichen Negertänze vor.

Der junge Hauptmann hatte sich zu einem der Unteroffiziere gewandt, als er sich plötzlich leise und schüchtern am Arm berührt fühlte. Als er den Kopf wandte, erkannte er ein kleines bildhübsches Negermädchen in einem schneeweißen Kleid, das scheu zu ihm aufsah und dann wieder angstvoll zur Seite blickte, ob „Missus", ihre Herrin, sie wohl beobachtete und ob sie böse darüber sein würde.

„Nun, Kleine, was gibt's?" fragte der Offizier freundlich.

„Sir", flüsterte Liddy verschämt und furchtsam, „ist es wahr, was Bob da drin erzählt?"

„Was erzählt Bob?"

„Daß wir alle frei wären und hingehen könnten, wohin wir wollten."

„Das ist wahr – aber willst du nicht bei deinen Eltern bleiben?"

„Gern, Sir", klagte Liddy, „wenn ich nur wüßte, wo sie sind."

„Sind sie nicht hier?"

„Nein, Massa – weit, weit oben im Land, irgendwo an einem großen Fluß habe ich sie zum letztenmal gesehen, und dann wurden wir – meine Schwester und ich, hierhergebracht und verkauft."

„Und wo war das?"

„Auf einem Dampfboot . . ."

„Nein, in welchem Staat?"

„Das weiß ich nicht, Massa, ich kannte das Land nicht. Wollen Sie uns dahin bringen, Massa?"

„Ja, mein Herz", sagte Helldorn, „wenn ich könnte, wie ich wollte. Ich darf die Truppe nicht verlassen. Wo wohnen denn deine Eltern jetzt? Bei welchem Herrn sind sie? Gib mir den Namen, und ich will mich danach erkundigen."

„Den Namen?" sagte die Kleine ängstlich. „Ich heiße Liddy, meine Schwester Polly – mein Vater hieß Sip und meine Mutter Sarah – weiter habe ich nie einen Namen gehört. Der Herr, bei dem wir waren, hieß Mister Boyd in Kentucky. Wie sie uns aber erzählten, hatte er eines Nachts sein Geld verspielt und mußte einen Teil von uns verkaufen, und da nahm uns der böse Mann mit fort und brachte uns auf ein Boot, das den Fluß hinunterging. Was aus Mutter und Vater geworden ist und wo sie jetzt sind, weiß keines von uns Kindern."

„Ihr seid zwei?"

„Ja, da drüben die Schwester und ich. Oh, wenn wir nur erfahren könnten, wo unsere Mutter jetzt lebt! Was hilft uns die Freiheit, wenn wir unsere Eltern nie wiedersehen sollten?"

Hauptmann Helldorn nickte schweigend. Wenn ihm auch das Leid des Kindes zu Herzen ging, was konnte er tun, wie helfen? Es war nicht möglich, denn Familiennamen hatte man, wahrscheinlich absichtlich, bei den Negern nie geduldet, um es nicht zu auffällig zu machen, wenn gerade solche Familien auseinandergerissen wurden. Der Mann hieß Scipio, Nero, Bob oder sonstwie, die Frau Nelly oder Sarah. Diesen Namen behielt sie auch nach ihrer Verheiratung mit einem der anderen Neger von der Plantage. Heiraten unter Sklaven von verschiedenen Plantagen wurden nie geduldet, weil die Ehegatten mit Hin- und Hergehen zuviel Zeit versäumt haben würden. Waren aber die Eltern der Kinder, wie es hier der Fall zu sein schien, von dem Dampfboot ab an irgendeinen anderen Landungsplatz verkauft worden – wer hätte sie dann wiederfinden wollen, und wer konnte sagen, ob die Betreffenden nicht Hunderte von Meilen ins Land hineingeschleppt worden waren?

Der Offizier konnte dem Kind keine Hoffnung machen, seine Leute erforderten ebenfalls wieder seine Aufmerksamkeit, und Liddy zog sich scheu und traurig zurück. Die anderen Neger jubelten und jauchzten – doch was half ihr und der Schwester die Freiheit. Sie standen allein und verlassen in der Welt, und eine Sorge, die sie früher nie gekannt hatten – die Sorge um die Zukunft, das Gefühl gänzlicher Verlassenheit –, zitterte durch ihre jungen Herzen.

Die Reiter brachen auf, um sich wieder dem Haupttrupp anzuschließen. Nun kam auch Leben in die Neger. Der Verdacht stieg in ihnen auf, daß ihr alter Massa nach Abzug der Truppen am Ende wieder Gewalt anwenden könnte, um sich ihre Arbeit zu sichern und sein bisheriges Eigentum nicht zu verlieren, und so gingen sie gemeinschaftlich daran, ihre Sachen zu packen und sich den nördlichen Truppen anzuschließen. Ihr Gepäck war ja auch wahrlich nicht groß und rasch zusammengeschnürt. Wirkliches Eigentum besaßen sie nicht, wo selbst die Jacke, die sie auf dem Leib trugen, dem Recht der südlichen Staaten nach von ihrem Herrn beansprucht werden konnte, wie auch ihr Körper sein gesetzliches Eigentum war.

Mr. Taylgrove sah plötzlich, wie alle seine besten und kräftigsten Arbeiter aufbrachen und die Flantage verließen. Er war wie gebrochen, und als Hall, sein Aufseher, seinen Unmut nicht unterdrücken konnte und ihn fragte, ob er das dulden wolle, winkte er ihm mit der Hand, stieg langsam von seinem Pferd, führte es selber – was er noch nie getan hatte – in den Stall, ging ins Haus und in sein Zimmer und schloß sich dort ein.

General Sherman

Wildes Leben herrschte in Belleville, als der durch wenigstens zwanzig Sklaven vermehrte Zug dort eintraf und Hauptmann Helldorn vor dem Court House anhielt.

Die Schwarzen, die sein Leutnant mitführte, hatten sich bereits auf die benachbarten Plantagen und in dem kleinen Ort verteilt, und wie ein Lauffeuer verbreitete sich die Nachricht von der Befreiung.

Die Neger auf Taylgroves Plantage waren wohl mit Strenge, aber nie mit Grausamkeit zu ihren Arbeiten angehalten worden, so daß sie bis dahin wohl Furcht vor ihrem Herrn gehabt und nie Liebe zu ihm gefühlt hatten, aber gerade auch keinen Haß, der in diesem Augenblick zum Ausbruch hätte kommen können. Anders war das hier im Ort und mit der traurigen Szene, die sich erst am Morgen abgespielt hatte. Kaum war der erste Freudentaumel verraucht, der die ganze schwarze Bevölkerung erfaßte, gab ein einzelner Ruf der aufgeregten Masse ein bestimmtes Ziel und trieb sie ihm wie ein losgebrochener Katarakt entgegen.

„Die Bluthunde!" schrie eine Frau. „Unseren frommen Prediger haben sie mit den Hunden gehetzt, und jetzt liegt er in Ketten. Macht den Mann frei und schlagt die Hunde tot!"

„Und den weißen Schuft auch!" rief ein alter weißhaariger Mann dazwischen. Wie eine Lawine drängte die Menge dem Gefängnis zu, das im Nu gestürmt wurde. Als sie aber den Gefangenen in seiner engen, schmutzigen Zelle zusammengeschnürt auf dem nackten Boden hingestreckt fanden, brach der Zorn in ihren Herzen wie helles Feuer aus.

Man hatte nun auch erfahren, wer der Mann gewesen war, der ihn den Weißen verraten hatte – einer der Negertreiber auf Urguards Plantage namens Benjamin, ebenfalls Mulatte, der seine schwarzen Brüder erbarmungsloser gepeitscht hatte, als zwanzig Weiße es wohl je gekonnt hätten.

Es bedurfte nur der Andeutung, um den Strom der Rächer gerade dorthin zu lenken, denn Urguard selber war der verhaßteste und gefürchtetste von allen Weißen im ganzen Distrikt. Tatsache war außerdem, daß ihn selbst die Weißen als einen unverantwortlich grausamen Mann kannten und ihm oft Vorhaltungen deswegen gemacht hatten. Mehrmals hing es an einem Haar, daß sich seine Neger gegen ihn empörten, und ein solches Beispiel konnte dann anstecken und namenloses Elend über viele Familien bringen. Ein paarmal hatte er, auf Klagen des Staatsanwaltes hin, seiner Unmenschlichkeit wegen gegen die Schwarzen vor Gericht gestanden, da aber immer nur „Farbige" Zeugen gewesen waren und diese den Gesetzen nach nicht vor Gericht gegen einen Weißen aussagen durften, mußte er jedesmal „mangelnder Beweise wegen" entlassen werden. Und doch lagen in drei Fällen zu derselben Zeit die scheußlich mißhandelten Opfer auf ihrem blutigen Lager, aber – es waren eben Nigger, und das Gesetz konnte sie nicht schützen oder selbst ihre blutigen Leiber als „Beweise" gelten lassen.

Die Schwarzen waren erregt, die bewaffneten Neger aus dem Soldatentrupp schlossen sich ihnen an, und da die Soldaten vollauf beschäftigt waren, für die nachrückende Hauptmacht Quartiere und Lagerplätze auszusuchen, kümmerte sich niemand um die für den Augenblick ohne Aufsicht gelassenen Neger.

Der Zug wälzte sich gerade Urguards Plantage zu, als der befreite Mulatte, der nur an die qualvoll durchlebten Stunden dachte, ausrief: „Die Hunde! Wo sind die Bestien? Wir müssen erst sie unschädlich machen, denn sie sind nur auf Negerblut angelernt!"

„Die Hunde! Die Hunde!" schrie die Menge, während die ersten rasch in die nächste, links abführende Straße einbogen. „Die Hunde und der Schuft, der sie hält! Vorwärts, damit er uns nicht entgeht!" Wie ein Sturmwind, der die Straße räumt, fegte die Schar hinab, um das Haus des Yankee aufzusuchen.

Jim Sherard war sich der Gefahr, in der er sich befand, wenn das Negerelement hier die Oberhand gewann, wohl bewußt. Daß ihn die schwarzen oder „farbigen" Burschen nicht liebten, wußte er nur zu gut. Trotzdem glaubte er nicht, daß sie so rasch wagen würden, ihn anzugreifen. Deshalb packte er nur seine Wertsachen zusammen, um im Notfall bereit zu sein, und ließ die Hunde in seinem eingefriedigten Hofraum los. Er wußte, daß kein Neger den inneren Raum betrat, denn weit mehr als die Peitsche des Aufsehers fürchteten sie das furchtbare Gebiß der Bestien.

Jim Sherard stand gerade in seinem Zimmer in der oberen Etage eines kleinen Häuschens, das er mit zwei jungen Sklavinnen, die seine Dienerschaft bildeten, bewohnte. Er war beschäftigt, seine Wäsche und sonstigen Gegenstände zusammenzupacken. Nur das eine ging ihm im Kopf herum, wohin er sich von hier aus wenden solle. Waren diese Soldaten wirklich nur eine versprengte Patrouille, wie er noch immer glaubte, wäre es nicht nötig gewesen, weit fortzugehen, denn er konnte dann recht gut in der Nachbarschaft bleiben. Rückte aber wirklich Shermans ganze Macht nach, dann wäre es am besten, sich so rasch als möglich dem Norden zuzuwenden, denn dann war die Geschichte hier unten für eine Weile ausgespielt, und er konnte seine Zeit viel ruhiger im Norden abwarten. Menschen seiner Art fand er da oben noch immer genug.

Jauchzendes Gebrüll draußen auf der Straße, das näher kam, trieb ihn rasch und erschreckt ans Fenster. Aber er sah nur eine dunkle Masse, die sich den Weg herunterwälzte und allem Anschein nach sein Haus zum Ziel hatte. Wollten sie zu ihm?

Panische Angst ergriff ihn, denn was ihm in dem Fall bevorstand, wußte er gut genug, schon seiner gefürchteten Hunde wegen – aber gerade diese konnten ihm auch Sicherheit geben. In ihren Bereich wagte sich keiner der Schwarzen, denn sie wären von ihnen zerrissen worden. Durch seinen Hof konnten die Neger aber nicht, ohne die frei herumlaufenden Bestien zu passieren, und hinten war sein Haus mit Eisengittern versehen. Ein Einbruch war dort also nicht möglich. Außerdem befanden sich eine lange Büchse und zwei Revolver im Haus, und Schußwaffen hatten die Nigger ja nicht, durften sie überhaupt nicht führen, verstanden deshalb auch nicht damit umzugehen – wie Mr. Sherard dachte. Er wußte nicht, daß auf jeder Plantage wenigstens ein Neger war, der von dem Besitzer gewöhnlich für die Jagd gehalten wurde und Schnepfen, Enten und Kaninchen und dann und wann einmal einen Hirsch für die Küche lieferte.

Es blieb ihm keine Zeit zum Überlegen, denn wie eine Sturmflut wälzte sich die Masse heran und hielt wenige Minuten später vor seiner Umzäunung. Nigger und Bull, die beiden Bluthunde, sowie vier andere Bestien sprangen in rasender Wut gegen die Umzäunung an und suchten die draußen haltenden Neger zu erreichen und zu fassen.

Daß die Wütenden da draußen hielten, schrieb Sherard ihrer Furcht vor den Hunden zu. Im nächsten Augenblick aber knallten acht bis zehn Schüsse, und heulend und winselnd brachen die Hunde zusammen, während einzelne, nur verwundet, zum Haus zurückzukriechen suchten. Noch ein Schuß und noch einer – dann streckten auch die letzten alle viere von sich, und die in Jubel aufheulende Rotte wälzte sich wie eine schwarze Lawine über die Fenz und dem Haus zu.

Mehr sah Sherard nicht. Seine Gedanken wirbelten. Sein Pferd ... Wo aber wäre ihm Zeit geblieben, es zu satteln. Sein Gepäck ... Den Mantelsack, den er schon geschnürt hatte, nahm er auf. Er wußte, daß ihm nur noch Minuten blieben, sich zu retten.

So floh er die Treppe hinunter, um durch die Hintertür die Straße zu erreichen, die in die Berge führte. Kaum war er aber am hinteren Garten angelangt, sah er auch dort lauernde dunkle Gestalten. Der Weg dahin war ihm abgeschnitten, jetzt blieb ihm als einzige Rettung das noch nicht geschnittene Zuckerfeld auf der linken Seite, das allerdings nur einen schmalen Streifen bildete, an das sich aber ein sumpfiger, noch nicht urbar gemachter Teil des Waldes anschloß.

Da entdeckten ihn in seiner hellen Kleidung die dort draußen stehenden Neger und stießen ein wildes Geheul aus, während sie zugleich versuchten, die Hoftür zu sprengen. In Todesangst warf sich Sherard gegen die nächste Fenz, um sie zu überklettern. Schon war er oben, als sein Mantelsack an einem vorragenden Splitter hängenblieb und zurückfiel. Er warf einen ratlosen Blick auf seine Verfolger. In diesem Augenblick brach die Hoftür zusammen, und jetzt lag seine Rettung nur noch in verzweifelter, hastiger Flucht. Sein Eigentum mußte er zurücklassen, sein Geld führte er in der Brusttasche bei sich. Als er sich von der Fenz in das Zuckerrohrfeld warf, verschwand er rasch in dessen dichten Schatten.

Die Verfolger suchten ihn allerdings auch dort, aber er hatte schon vor ihnen das Dickicht erreicht.

Während ein Teil der Neger die Wohnung des verhaßten Sklavenhändlers erst plünderte und dann anzündete, machte sich der größte Teil der Gruppe schon auf den Weg zu Urguards Plantage. Seine bisherigen Sklaven, die er oft schlimmer als Tiere behandelt hatte, waren plötzlich Menschen geworden – Menschen, die nicht mehr im Staub kriechend der Peitsche demütig ihre Rücken beugten, sondern, von Grimm und Rache erfüllt, der jahrelangen Mißhandlungen wegen die Kräfte benutzten, um sie nun gegen ihn – und Gott weiß, mit welcher Wonne – zu verwenden.

Der Weg zur Plantage hinaus mochte kaum eine halbe englische Meile lang sein, und eine Weile hatten sich die Meuterer auch bei dem Haus des Yankees aufgehalten. Inzwischen war aber Mr. Urguard schon gewarnt worden, und zwar durch seinen Niggerdriver Ben, der draußen herumspionierte und sich selber, nicht allein in seiner ziemlich guten Stellung, sondern auch an seinem Leben bedroht sah, wenn die Nigger die Oberhand erhalten sollten. Urguard lachte trotzig, als ihm Ben seine Befürchtung mitteilte. Seine Leute hatte er sich, wie er meinte, „gezogen" und wußte recht gut, daß keiner von ihnen auch nur ein freches Wort gegen ihn wagen würde. Die Truppe fremder Reiter, die versprengt sein mochten, mußten zusehen, daß sie von hier wieder fortkamen, und wie es nachher den rebellischen „Niggern" ergehen mochte, konnten sie sich wohl denken.

Zur Vorsicht lud er seine sämtlichen Gewehre, und vier von seinen Negern, auf die er sich glaubte verlassen zu können, nahm er in sein Haus – falls sie doch gebraucht werden sollten. Dann aber trotzte er viel zu sehr auf sein Recht als Sklavenhalter, um sich weiteren Befürchtungen hinzugeben. Die Schwarzen waren „vor Gott und den Gesetzen" sein Eigentum. Er konnte damit schalten und walten, wie er wollte, und er hätte den sehen mögen, der es wagte, ihm auch nur ein einziges Wort hineinzureden.

Er befahl Ben, seine Neger zusammenzurufen und sie, solange die Soldaten in der Nachbarschaft waren, fest in ihren Wohnungen zu halten, daß sie mit den Soldaten nicht in Verbindung treten konnten. Aber wo steckten die Neger? In dem Feld, in dem sie gearbeitet hatten, war keiner mehr zu sehen. Nur die Frauen und Kinder hatten in angeborener Scheu ihre Arbeit nicht verlassen; armes, gedrücktes Volk, das keine wirkliche Freiheit für möglich hielt und stets nur die Folgen seines Ungehorsams fürchtete.

Die Straße herunter kam eine lärmende Gruppe. Die Damen saßen gerade im unteren Salon bei ihrem Kaffee. Sie hatten gehört, daß Unionskavallerie in Belleville eingerückt sei, teilten aber die Meinung Mr. Urguards, daß es nur ein durch Lees Armee versprengtes Korps sein könne, das auf der Flucht sich genötigt gesehen hatte, hier eine kurze Rast zu suchen, um ihren Tieren die notwendige Ruhe zu gönnen. Je weniger man sie deshalb beachtete, desto besser, denn sie mußten und sollten fühlen, daß der Süden sie haßte und nichts mit ihnen zu tun haben wollte.

„Was ist das für ein Lärm?" fragte Mrs. Urguard, als ihr Gatte ins Zimmer trat. „Ist das die Nordbande? Ich begreife unsere Truppen nicht, daß sie uns hier solchen Überfällen aussetzen."

Urguard war ans Fenster getreten, und er wurde wachsbleich, als er die dunkle Schar erkannte, die gegen sein Wohnhaus anstürmte. Es waren Neger und Mulatten, bunt gemischt, und ehe er seiner Frau antworten konnte, erkannte er auch einen Teil seiner eigenen Leute unter der Truppe.

„Verschließt die Türen!" rief er mit heiserer Stimme, indem er ins Zimmer zurücksprang und zum Eingang eilte. „Türen und Läden, rasch! Es ist eine Revolte ... Ben! Hierher! Wo bist du – sind die Leute oben? An eure Plätze!"

„O Massa!" rief Ben, der ihm mit fahlem Gesicht entgegenstürzte. „Der gelbe Nigger ist unter ihnen, den wir heute gehetzt haben."

Urguard erwiderte kein Wort. In nervöser Hast stürmte er die Treppe hinauf, ergriff dort eins der doppelläufigen Gewehre und feuerte es im nächsten Augenblick auf jenen Mulatten ab, den er für den Rädelsführer hielt. Der Schuß war aber wohl zu hastig gezielt gewesen; der Mulatte knickte zusammen, war aber rasch wieder auf den Füßen, und ehe Urguard einen zweiten Schuß feuern konnte, hinderten ihn seine eigenen Leute daran. Die vier Neger nämlich, die er zu seinem Schutz mitgenommen hatte, wußten gut genug, um was es hier ging, und dachten nicht daran, ihren grausamen Herrn jetzt, wo ihn der Lohn für seine Schandtaten erwartete, zu schützen oder gar noch eine Anzahl ihrer Stammesgenossen durch ihn abschlachten zu lassen. Als er das Gewehr anlegte, sprangen sie auf ihn zu und griffen ihn von hinten an. Der zweite Schuß ging in die Luft. Von den vier starken Burschen in die Höhe gehoben und von dem Gewehr behindert, vermochte Urguard in der ersten Überraschung und dem Entsetzen, das ihn packte, keinen Widerstand zu leisten. Es war auch schon zu spät. Nach vorn geschoben und mit einem Mark und Bein durchschneidenden Angstruf stürzte er aus der ersten Etage in den Hof, wo sich die Menge mit einem Jubelgebrüll auf ihn warf und ihn im wahren Sinn des Wortes zertrat.

Ben, der „Niggerdriver", wollte seinem Herrn zu Hilfe kommen, aber er hätte besser an seine eigene Sicherheit denken sollen, denn gerade er war schon seiner Abstammung wegen, trotz der er sich dazu hergegeben hatte, seine eigenen Brüder mit durchdachter Grausamkeit zu mißhandeln, der Verhaßteste auf der ganzen Plantage. Der leblose Körper flog seinem Herrn nach auf den Hof, und der schwarze Mob, der erst einmal Blut gekostet hatte, war jetzt losgebrochen und würde vielleicht die furchtbarsten Grausamkeiten verübt haben, wenn nicht zu rechter Zeit eine Truppe Unionssoldaten mit gezogenem Säbel in den Hof gesprengt wäre, um der Rache der Sklaven Einhalt zu tun.

Man hatte in Belleville die Schüsse gehört, und da Sherman selber sein Quartier da genommen hatte und die Offiziere wußten, daß strenger Befehl gegeben worden war, keine Negerempörungen und Metzeleien in ihrem Bereich zu dulden, stellten sie rasch eine Patrouille dorthin ab, um die Sache womöglich noch im Keim zu ersticken. Der Abteilung gelang es denn auch, wenigstens die Frauen vor Mißhandlungen zu schützen. Den Pflanzer selber hatte freilich seine Strafe ereilt, und jauchzend strömten die rasch besänftigten Neger, die ihre Wut wenigstens an ihren beiden schlimmsten Peinigern ausgelassen hatten, nach Belleville hinein, um sich dort den weißen Truppen anzuschließen.

General Sherman war wirklich in Belleville eingerückt und auf dem Weg zum Hafen Savannah, während man bis jetzt geglaubt hatte, daß er sich gegen das weit mehr nördlich gelegene Charleston in Südkarolina wenden würde. Angst und Schrecken eilten vor ihm her durch die ganzen Südstaaten.

Durch die Flotte im Atlantischen Meer und die Eroberung aller Orte am Mississippi, auf dem jetzt die Kanonenboote der Union kreuzten, war die Armee der Rebellen bereits auf nur wenige Staaten eingeengt worden. Nun hatte der Nord-General mit einer

Zähigkeit und Kühnheit, die ihresgleichen suchte, auch diese Staaten noch einmal von Nord nach Süd durchschnitten und die Verbindungen nicht allein zerstört, sondern sich Gewißheit verschafft, daß die Rebellion ihre letzte verzweifelte Kraft schon aufgeboten und an die Grenzen geworfen, im Innern aber keine weiteren Hilfsmittel und Reserven zurückbehalten hatte. Die vollständige Unterwerfung der halb vernichteten und auseinandergerissenen Truppenkörper konnte deshalb nur eine Frage der Zeit sein.

Schon als die Nord-Offiziere das Hotel in Beschlag nahmen, zogen sich die weißen Insassen von Belleville scheu daraus zurück und suchten ihre eigenen Wohnungen auf.

Da durchlief das Gerücht von Urguards Ermordung den kleinen Ort, und nun beschlich die übrigen Pflanzer, die sämtlich Sklaven hielten, die Furcht, daß das einmal vergossene Blut nur das Signal zu weiteren Mordtaten sein könne und keiner von ihnen mehr seines Lebens sicher wäre. Gingen doch die einzelnen Soldaten schon jetzt überall herum, um Lebensmittel aufzutreiben, und wurden von den „Niggern" dabei unterstützt. Hier galt es also, den Kommandierenden selber aufzusuchen und ihn auf die Gefahr, der er das ganze Land aussetze, aufmerksam zu machen. Während Dr. Simms die Sache in die Hand nahm und durch Boten die Freunde einlud, sich in seinem Haus zu versammeln, schickte er selber ein paar Zeilen an General Sherman, um ihn von den bisher verübten Gewalttätigkeiten in seinem und im Namen seiner Freunde in Kenntnis zu setzen.

Er sollte auch nicht lange auf Antwort warten – Antwort sehr lakonischer Art, denn der General schrieb weiter nichts als:

Kommen Sie mit Ihren Freunden zum Hotel. Ich habe mit Ihnen zu reden.

Sherman.

Anfangs sträubte sich der Stolz der Baumwoll- und Zuckerbarone, der Aufforderung – Einladung konnte man nicht sagen – eines Nord-Offiziers zu folgen. Eigentlich hätte er, wie sie meinten, vor ihnen erscheinen müssen, aber das Schreiben Shermans war zu entschieden abgefaßt, es duldete keinen Widerspruch. In seiner Macht lag es außerdem, die schon wachgerufene Leidenschaft der Sklaven noch mehr aufzustacheln.

Harper, Taylgrove, der Doktor, die beiden Advokaten Lesley

und Johns, der Apotheker, der Richter – sie alle hatten sich eingefunden. Die weißen Aufseher auf den verschiedenen Plantagen hätten auch hinzugezogen werden müssen – als Weiße natürlich –, aber sie waren Dienstpersonal. Wie diese stolzen Sklavenhalter selbst den weißen Ansiedler verachteten, der sich nicht schämte, selber Hand an die Arbeit zu legen, würden sie nie ihren Dienern gestattet haben, irgendwelche Gleichberechtigung mit ihnen zu beanspruchen.

Die Straßen der Stadt wimmelten von Unionssoldaten, und mitten zwischen ihnen trieben sich die Nigger beiderlei Geschlechts herum. Aber das nicht allein – gerade als sie den Platz vor dem Hotel erreichten, kam ein Trupp der Reiter, von Negern geführt, in die Stadt geritten und trieb eine ganze Herde kräftiger Stiere und guter Pferde vor sich her, deren Weideplätze anscheinend die Sklaven verraten hatten.

Taylgrove biß grimmig die Zähne zusammen, denn die meisten Tiere gehörten ihm, und zwei von seinen Sklaven erkannte er ebenfalls in der Gruppe. Im Augenblick konnte er nichts tun. Sie befanden sich auf dem Weg zum General. Der mußte da Abhilfe schaffen, oder das ganze Land würde gegen ihn aufstehen und weder er noch einer seiner Truppen würde je wieder den Boden ihrer Heimat erreichen.

Vor dem Hotel angelangt, wollten sie in das Gastzimmer treten, fanden jedoch den Vorraum so mit Soldaten angefüllt, daß es kaum möglich gewesen wäre, vorzudringen, selbst wenn sie Lust verspürt hätten, sich unter diese Menschenklasse zu mischen. Taylgrove rief deshalb den Wirt heraus und fragte ihn, wie sie in das Zimmer des Generals kämen, worauf Sellkirk, der Wirt, schulterzuckend sagte: General Sherman hätte ihm streng verboten, irgend jemand – wenn es nicht einer seiner eigenen Offiziere sei – zu ihm hinaufzulassen. Verlange jemand nach ihm, solle er es ihm melden, und er werde dann weiter darüber bestimmen.

Taylgrove nahm erneut die Unterlippe zwischen die Zähne, aber wie sich sein Stolz auch dagegen empörte, gegen die augenblickliche Gewalt der Feinde ließ sich nicht ankämpfen.

„Gut, Sellkirk“, sagte er deshalb nach kurzer Überlegung und mit zusammengezogenen Brauen, „dann sagen Sie dem General, daß die ganze weiße Einwohnerschaft von Belleville, aber nur die

‚besitzende' Klasse, auf seinen Wunsch hierher gekommen sei, um ihn zu sprechen – ihre Zeit sei aber sehr knapp bemessen, und die Herren wünschten, daß die Sache bald erledigt würde."

Sellkirk schaute ihn, während Taylgrove sprach, ein wenig zweifelhaft von der Seite an, denn wie der General eine solche Botschaft aufnehmen würde, konnte er sich nach dem, was er hier von ihm gesehen hatte, beinahe denken. Es fiel ihm aber nicht ein, irgendwelche Einwände dagegen zu erheben. Wie er die Worte wählen würde, war ja ihm überlassen. Kaum einige Minuten später kehrte er mit der Antwort zurück: Die Herren müßten sich einen Augenblick gedulden, der General würde gleich zu ihnen herunterkommen.

„Das ist eine Unverschämtheit ohnegleichen", rief Simms empört, „uns hier unten auf der Straße warten zu lassen, wo er da oben seine eigenen Gemächer hat! Was sagen Sie dazu, Rodgers?"

„Was ich dazu sage?" Der Richter zuckte mit den Schultern. „Daß ich mich einer derartigen Frechheit nicht füge, sondern einfach meiner Wege gehe. Hole den Yankee der Teufel!"

„Das schlimmste ist", sagte Lesley, der Advokat, „daß es gar kein Yankee ist. Die besten Männer haben die Schufte doch nur aus unseren Staaten. Aber bleiben Sie lieber da, Rodgers. Er hat nun mal die Macht, und unsere Zeit kommt auch wieder, wo wir es der verwünschten Bande heimzahlen können. Denken Sie nur an die Kostenrechnung, die wir ihnen dann machen werden."

„Ja", sagte Taylgrove düster, „wenn wir die nur nicht aus unserer eigenen Tasche bezahlen müssen."

„Verdammt", rief Rodgers, „wenn ich mir vorstellen müßte, daß die Kerle wirklich siegreich blieben, schösse ich mir heute noch eine Kugel durch den Kopf. Wie haben wir sie in den ersten Jahren geschlagen, als sie uns stets in der Übermacht gegenüberstanden ... Wie sind sie gelaufen, und wieviel Tausende von Gefangenen haben wir noch jetzt in unseren Feldkerkern ... General Sherman ist bis hier herunter vorgedrungen und hat uns an der schwachen Seite gefaßt. Aber ob er oder einer seiner Truppen je den Norden wiedersieht, ist eine andere Frage. Ich für meinen Teil glaube es nicht."

„Der General bleibt lange", warf Harper ein, der unablässig zur Tür gesehen hatte.

„Verdammt will ich sein, wenn ich länger auf ihn warte!“ rief Rodgers. „Sollte er nach mir fragen, dann sagt ihm nur, wenn er etwas von mir will, soll er zu mir kommen.“ Trotzig wandte er sich zum Gehen.

„Rodgers, bleiben Sie hier“, rief ihm Taylgrove nach, aber der alte Herr schüttelte unwillig den Kopf und verließ den Hof.

Die Geduld der übrigen Herren wurde allerdings auf die Probe gestellt, denn fast eine halbe Stunde ließ der General sie warten. Er war gerade bei seinem Mittagessen gewesen und hatte es nicht für nötig gefunden, die Mahlzeit zu unterbrechen. Jetzt trat er in die Tür, mit bloßem Kopf, die Serviette noch in der Hand.

William Tecumseh Sherman war ein durchaus militärischer, gerader und derber, aber auch offener und ehrlicher Charakter, der, was wahrlich viel sagen will, keinen Feind in den Vereinigten Staaten hatte als jetzt die Männer, die ihm gegenüberstanden.

Sherman war etwas über Mittelgröße, eine kräftige Natur, aber mehr Knochen und Sehnen als Fleisch – ein Körper, wie gemacht, um Strapazen und Mühseligkeiten zu ertragen, dabei von oft geprüftem Mut, der zuweilen an Kühnheit grenzte und Gefahren eher suchte, als daß er sie vermied. Er trug seine einfache Generalsuniform, nur mit den Achselstücken als einzige Auszeichnung; kein Orden schmückte die Brust des Siegers in vielen Schlachten.

Toilette hatte er nicht gemacht, das Haar schien wenigstens seit einer Woche nicht gekämmt. Aber er wäre ebenso dem Präsidenten oder dem Oberbefehlshaber der Armee wie hier den rebellischen Pflanzern entgegengetreten. Hier aber dachte er gar nicht daran, Rücksichten zu nehmen, denn er kannte die Menschenklasse, die er vor sich hatte. Er ging auch nicht zu ihnen hinaus. Auf der steinernen Schwelle des Hauses blieb er, die Zigarre im Mund, stehen, und eine einfache Bewegung seiner Hand sagte den Herren, daß er sie dort erwarte.

Taylgrove zögerte, einer solchen Aufforderung Folge zu leisten. Lesley, dem daran lag, das zu hören, was ihnen der General zu sagen hatte, trat zuerst vor, und als ihm die anderen nun folgten, wartete Sherman, bis auch die letzten herangekommen waren.

„General“, ergriff Lesley das Wort, „Sie haben den Wunsch ausgesprochen, uns hier zu sehen.“

„Gentlemen", sagte Sherman, „ich habe Sie herrufen lassen, um Ihnen mit wenigen Worten den Stand der Dinge klarzumachen. Der Feind ist besiegt, seine Macht und sein Trotz gebrochen. Der Rest Ihrer Armee ist in drei Teile zersprengt, und wir sind eben dabei, den Gegner vollständig aufzureiben."

„General", sagte Taylgrove, der sich nicht länger zurückhalten konnte, „Lees Armee steht noch ungebrochen . . ."

„Ich habe Sie nicht rufen lassen, um Ihre Ansichten über den Stand des Krieges zu hören", unterbrach ihn der General, „sondern Ihnen einfach Tatsachen mitzuteilen, die Sie glauben können oder nicht. Jedes Wort unserer Konstitution ist jetzt Wahrheit geworden: Alle Menschen sind frei, es gibt keine Sklaven mehr, und ehe wir diesen Ort wieder verlassen, wird der farbigen Bevölkerung das neue Gesetz mitgeteilt, wie auch, daß jeder Neger oder Farbige den freien Willen hat, sich unserem Zug anzuschließen."

„Aber der Süden hat das Gesetz nicht anerkannt!" rief Harper heftig.

Sherman antwortete ihm nicht. Nur seine grauen Augen richteten sich eine Weile auf ihn, dann fuhr er ruhig fort: „Treten Sie noch, nachdem wir den Ort verlassen haben, gewalttätig gegen Ihre Gegner auf, dann haben Sie sich die Folgen selber zuzuschreiben. Schon heute haben Sie eine Probe davon erhalten, was dieses bisher geknechtete Volk vermag, wenn es sich erst seiner Freiheit und Macht bewußt ist. Folgen Sie meinem Rat, so stellen Sie sich mit den Leuten auf guten Fuß. Erkennen Sie die Tatsachen an, es bleibt Ihnen nichts anderes übrig. Und jetzt ersuche ich Sie nur noch, für diese Nacht für den Unterhalt meiner Truppe zu sorgen, denn morgen früh werden wir unseren Marsch fortsetzen. Tun Sie das gutwillig, wird es mit keinen großen Unbequemlichkeiten verbunden sein. Muß ich aber meine Leute zum Herbeischaffen von Lebensmitteln ausschicken, kann ich nicht für kleine Überschreitungen einstehen. Wir sind nun einmal im Krieg und in feindlichem Land."

„Aber, General . . ."

„Ich habe Ihnen nichts weiter zu sagen. Ich schicke Ihnen meinen Quartiermeister, mit dem Sie das übrige besprechen können. Guten Abend." Mit einer Bewegung der Serviette drehte er sich um und schritt ins Haus zurück.

Auf der Farm

Jubelgeläute und Böllerschüsse im ganzen Land. Flaggen mit den siegreichen Sternen und Streifen wehten in den größeren Städten fast an jedem Haus. Siegestaumel vom Atlantischen Ozean bis zum Stillen Meer.

„Frieden! Frieden!“

Der freudige Ruf hallte durch Palast und Hütte, die Herzen der Ärmsten und Reichsten mit Dank und Wonne erfüllend.

Es war ein langer, blutiger Krieg gewesen, der in fast vier Jahren weit über hunderttausend Menschenleben gekostet hatte. Tränen und Schmerz hatte er den Hinterbliebenen gebracht und Tausende von Krüppeln über das weite Land gestreut, aber auch ein großes Ziel erreicht und die Schmach und den Fluch der Sklaverei vom „freiesten Land der Erde“ genommen.

Ein großes Opfer forderte er noch zuletzt: Abraham Lincoln, der tüchtigste Präsident, den die Vereinigten Staaten seit Washington und Jefferson gehabt hatten, fiel durch die Kugel eines Meuchelmörders. Was half es der Nation, daß der Mörder bald darauf gefaßt wurde und seine Strafe erlitt, der Verlust des Mannes blieb unersetzlich, noch dazu, da ihm der unfähige Vizepräsident Johnson in der Regierung folgte. Aber General Grant, der Oberbefehlshaber der Nordarmee, hatte schon den entscheidenden Schlag geführt. Lee, der beste General, den der Süden je gehabt, mußte sich zuletzt, halb aufgerieben und von allen Seiten bedrängt, mit seiner Armee ergeben, und die Rebellion war unterdrückt und zu Ende.

Grant und Lee schlossen den Vertrag ab. Die Kapitulation lautete im wesentlichen, daß die Soldaten der ehemaligen Armee von Virginia auf Ehrenwort entlassen werden sollten. Die Offiziere behielten ihren Degen. „Solange sie ihr Wort und die Gesetze des Ortes, in dem sie fortan leben, beachten, werden die Vereinigten Staaten sie nicht stören“, hieß es in dem Vertrag.

Nicht sehr weit nördlich vom Ohio im Staat Indiana lag ein kleines, neugegründetes aber betriebsames Städtchen, Donnersville genannt, das heute, am Feiertag der Union, ein wahres Meer von Flaggen war, während eine jubelnde Schar von Menschen, fast alles Deutsche, mit der amerikanischen Fahne durch die Straßen zogen und laute Hochrufe auf die Union und die siegreiche Armee ausbrachten. Als der Umzug beendet war, gingen viele der Leute, die besonders dazu eingeladen waren, auf eine etwa eine englische Meile vor der Stadt liegende Farm, wo ein kleines Fest zur Krönung des Tages gefeiert werden sollte.

Die Farm gehörte dem Sohn eines Predigers aus Deutschland, der sie vor einer Reihe von Jahren mit seinem Schwiegervater, dem alten Professor Lobenstein, gemeinschaftlich übernommen hatte. Damals war es freilich ein sehr vernachlässigter Platz gewesen, zwar mit urbar gemachtem Boden, aber mit teilweise niedergebrochenen Fenzen und zerrütteten Verhältnissen. Georg Donner brachte die Farm durch Fleiß und Ausdauer bald wieder hoch, und da er das Glück hatte, auf seinem Land Kohle zu finden, und sofort, ehe der Fund bekannt wurde, noch größere angrenzende und damals ziemlich wertlose Flächen Landes dazu kaufte, sicherte er sich ein wertvolles Besitztum. Die Kohlenminen erwiesen sich als so reich, daß sie eine Masse Leute in die Nachbarschaft zogen, und als Donner an einer günstigen Stelle, unweit seiner Farm, eine kleine Stadt anlegte, verkaufte er bald die einzelnen Baustellen fast zu demselben Preis, den er damals für den ganzen Distrikt gegeben hatte.

Die Farm selber war, wie man sehen konnte, eine Musterfarm geworden. Ein großes, behagliches Backsteingebäude mit einer Veranda zum vortrefflich angelegten Garten hin bildete den Mittelpunkt, ein geräumiger Hof schloß sich auf der Rückseite an, der von großen Scheunen, den Ställen, der Branntweinbrennerei, einer Dampfmühle und einer Ziegelbrennerei eingeschlossen wurde. In einem mächtigen Haus mit Glasfenstern standen die verschiedenen Maschinen, die zum Ackerbau verwendet wurden, und der Hof selber lebte förmlich von Truthühnern, Gänsen, Enten, Hühnern und Tauben. Der Reichtum des Eigentümers zeigte sich mehr in all diesen nützlichen Dingen als in der prächtigen Einrichtung der Gebäude selber.

Allerdings war alles hübsch und außerordentlich sauber ausgestattet, aber nirgends fand sich der geringste Luxus, der nicht auch zugleich zur Bequemlichkeit der Hausbewohner diente. Keine kostbaren und prunkenden Gemälde zierten die Zimmer, keine wändegroßen Spiegel mit vergoldeten Rahmen, keine prachtvoll gepolsterten Möbel. Aber alles war trotzdem solide und wohnlich eingerichtet. Die schneeweißen Gardinen, der gebohnerte Fußboden, die guten Mahagonimöbel, die Wände mit den Photographien sämtlicher Familienmitglieder gaben dem Ganzen etwas Freundliches, Heimisches, und eine Schar von Kindern in fast jedem Alter, die dazwischen herumsprang, machte die Farm zu einem kleinen Paradies.

Heute war ein doppelter Festtag für die Farm: zum einen die Friedensfeier, sodann der Willkommensschmaus, den Georg Donner seinen Eltern gab, die auf seine wiederholten drängenden Bitten endlich zu ihm nach Amerika übergesiedelt waren und heute den Nachbarn und Freunden vorgestellt werden sollten.

Aus Donnersville, der kleinen Stadt, waren dazu eine Menge Gäste erschienen, unter ihnen auch Ezra Ludkins, der Wirt der „Meermaid“ und eigentlich, wenn auch unbewußt, der Gründer von Georg Donners Glück.

Ezra Ludkins hatte vor Jahren dem Professor Lobenstein die Farm verkauft, ohne von dem reichen Kohlenlager etwas zu wissen, das freilich auch erst längere Zeit später gefunden wurde. Ludkins führte damals eine Taverne unter demselben Namen am Ohio. Da aber gerade jenes Ufer von Jahr zu Jahr mehr versandete, verfiel die neuangelegte Stadt wie hundert ähnliche in den Staaten, die nur auf Spekulation gegründet waren. Aus Dankbarkeit aber – die freilich unbegründet war, denn Ezra Ludkins hatte bei dem Verkauf der damals abgelegenen, nicht besonders wertvollen Farm nur auf seinen eigenen Nutzen gesehen und auch einen verhältnismäßig guten Preis – schenkte ihm Georg Donner einen wertvollen Bauplatz in der Stadt, um dort wieder ein Hotel anzulegen – mit der Bedingung jedoch, daß er sein altes Aushängeschild beibehalte. Die Seejungfrau, die mit ihrem gebogenen Schweif über das Meerwasser hinlief und sich zugleich mit einem riesigen Kamm frisierte und von der Ezra Ludkins erzählt hatte, sein Sohn habe sie mit einer Zahnbürste gemalt, wurde so erhalten und fand aufrichtige Bewunderung. Fremde gingen wenigstens nie vorbei, ohne das merkwürdige Bild zu betrachten, und wurden oft dadurch veranlaßt, einzukehren, um Näheres über dessen Ursprung zu erfahren.

Das war ein Jubel, als die kleine Gesellschaft die Farm erreichte. Die Glocken läuteten noch in Donnersville, und Glück und Freude kündeten sie ganz besonders dieser Familie, die, nach schwerer Trübsal und langer Trennung wieder vereinigt, einer sorglosen Zukunft entgegensehen durfte.

In dem wohnlichen Gebäude wimmelte es von Gästen, auf der Veranda des Hauses und in dem kleinen reizenden Blumengarten, der sich davor ausbreitete und jetzt, Ende Mai, in vollem Blütenschmuck prangte. Gäste, alte liebe Freunde des Hauses, befanden sich dabei, die zehn und zwanzig Meilen aus der Nachbarschaft herübergeritten waren, um dem heutigen Fest beizuwohnen und das Friedensfest gemeinschaftlich zu feiern.

Wie es gewöhnlich in Amerika der Fall ist, daß Einwanderer, denen es gutgeht, Verwandte und Freunde nachziehen und dadurch kleine Kolonien bilden, so war es auch hier der Fall. Jakob Kellmann, der früher ein Kürschnereigeschäft in Deutschland führte, hatte um Professor Lobensteins älteste Tochter, da er mit der Familie lange Jahre befreundet war, angehalten und nun hier mit Georg Donner, seinem Schwager, die Bewirtschaftung gemeinschaftlich übernommen.

Aber auch aus Donnersville waren eine Menge Freunde gekommen. Unter ihnen war ein etwas wunderlicher Kauz, der sich als „Chirurg und Barbier" in der kleinen Stadt niedergelassen und bald mit Georg Donner, der in ihm einen tüchtigen Kern erkannte, eng befreundet hatte. Donner war davon überzeugt, daß der Mann mehr von Medizin verstand, als er zugeben mochte, und suchte ihn zu überreden, hier zu praktizieren, da es an einem deutschen Arzt in Donnersville fehlte. Er war allerdings selber Arzt und half gelegentlich auch aus, hatte aber mit seinen eigenen Geschäften zuviel zu tun und konnte sich seinem früheren Beruf nicht mehr widmen.

Jakob Roßwein, wie der wunderliche Mensch hieß, lehnte entschieden jede solche Aufforderung ab, konnte sogar wütend werden, wenn ihn einmal jemand „Doktor" nannte.

Alles, was in das chirurgische Fach reichte, behandelte er nicht allein mit der größten Geschicklichkeit, sondern war darin den neuesten Forschungen der Wissenschaft gefolgt und studierte noch immer die halbe Nacht hindurch, konnte aber nie bewogen werden, irgendwelche inneren Mittel zu verschreiben oder anzuwenden.

Er lebte schon einige Jahre in den Vereinigten Staaten, hatte sich aber in keiner Weise amerikanisiert. Selbst sein Schild in Donnersville war – der sonst üblichen Form in den Vereinigten Staaten entgegen – nicht im geringsten marktschreierisch. Es hieß da:

J. Roßwein
Bader und Barbier

mit dem Zusatz: „Hier werden Haare geschnitten". Wer zu ihm in den „shop" trat, den bediente er mit der größten Gewissenhaftigkeit und machte, da er mäßige Preise nahm, ganz gute Geschäfte. Er wurde grob, wenn jemand Patent-Medizinen, mit denen die Vereinigten Staaten überschwemmt wurden, bei ihm suchte oder gar sein Erstaunen äußerte, daß er sie, „als Doktor", nicht führe.

„Wenn Sie angeschmiert werden wollen", pflegte er dann zu sagen, „gehen Sie hinüber in die Grocery zu dem Gewürzkrämer, der hat den Schund in Massen und verkauft Ihnen, was Sie in einer anständigen Apotheke für fünf Cents bekommen können, hübsch eingepackt, für ein oder zwei Dollar – aber mich lassen Sie ungeschoren."

Allerorts war er als braver, rechtschaffener Mann bekannt. In Donnersville hatte er nur einen, allerdings auf wunderbare Art erworbenen Feind, und zwar den einzigen „Adeligen" im Ort.

Freiherr von Passedow, der, Gott weiß aus welchem Grund, in das Städtchen gekommen war und keinen ersichtlichen Broterwerb hatte, lebte dort mit einer erwachsenen Tochter und einer halbblinden Wirtschafterin. Er ließ sich von Jakob Roßwein jeden Tag rasieren, wobei es ihn nicht wenig geärgert hatte, daß der „Barbier" nicht zu ihm ins Haus kam, sondern daß er zu ihm hinübergehen mußte. Allerdings wohnten sie einander gegenüber, und es konnte für keinen eine Unbequemlichkeit genannt werden. Roßwein erklärte aber, wenn er einen seiner Kunden im Haus rasiere, so könne er es auch keinem andern abschlagen, und dann verliefe er sich mit der „lumpigen Kundschaft" den halben Tag.

Das war der angebliche Grund des Barbiers, in Wirklichkeit ging er nur nicht zu ihm hinüber, weil er ihn als einen adelsstolzen Narren kannte. Irgendeinen anderen armen Teufel würde er mit Vergnügen aufgesucht haben, tat es auch dann und wann, aber der „Freiherr" durfte anderen nichts voraus haben und mußte deshalb, wenn er sich nicht selber rasieren wollte, zu ihm herüberkommen.

Roßwein hatte beim Rasieren eine außerordentlich leichte und sichere Hand, aber eines Tages – wie es gekommen war, wußte er selber nicht – schnitt er den Freiherrn, worüber dieser so wütend wurde, daß er ihn einen Esel nannte.

Roßwein war gerade in diesem Augenblick mit der einen Gesichtshälfte des Barons fertig geworden. Aber kaum hörte er das Wort, wischte er sein Messer ruhig ab und zog dem Freiherrn, der ihn erstaunt betrachtete, den Stuhl mit so plötzlicher Gewalt fort, daß dieser sich mitten im Raum auf die Erde setzte. Dem empört aufspringenden Baron erklärte Roßwein, er möge sich rasieren lassen, von wem er wolle, wenn er ihm aber noch einmal ins Haus käme, werfe er ihn zum Fenster hinaus.

Das war für den Freiherrn von Passedow ein wenig zuviel. Zum Duell fordern konnte er, seiner Meinung nach, seinen Barbier nicht, denn er hielt ihn nicht für satisfaktionsfähig, aber mit halb rasiertem und halb eingeseiftem, außerdem blutendem Gesicht eilte er über die Straße seiner eigenen Wohnung zu, und von dem Augenblick an hatte er einen grimmigen Haß auf den „Bader" geworfen, dem dieser aber mit der größten Gemütsruhe begegnete. Was lag ihm an dem Freiherrn von Passedow oder irgendeinem anderen Freiherrn der ganzen Welt!

Desto lieber besuchte er aber das Haus Donners, und niemand war lieber dort gesehen als er. Besonders die Kinder jubelten jedesmal, wenn er die Schwelle überschritt. Wenn es irgend jemand verstand, ihnen neue und überraschende Spielsachen anzufertigen, so war es Roßwein. Er schnitt ihnen aus Knotenpappe alle möglichen Gerätschaften: Schlitten, Wagen, Stühle, Tische und Figuren. Den Mädchen machte er Puppen aus Corcobs und Hülsen, mit aus Rüben geschnitzten Gesichtern, den Jungen Steckenpferde, Pfeile und Bogen und tausend andere Dinge. „Onkel Roßwein" war die beliebteste Persönlichkeit auf Donners Farm.

Georg Donner hatte eine sehr bunt gemischte Gesellschaft eingeladen.

Das Essen war vorüber. Im Garten tummelten sich die Gäste, auf der Veranda des Hauses stand eine Gruppe in Glück und Seligkeit und schaute auf das Treiben da unten mit lächelnden Blikken, aber doch tränenfeuchten Augen nieder.

Es war Georg Donner, den Vater an der Seite, der den Arm um seine Schultern legte, während er selber die dicht an ihn geschmiegte Mutter fest und innig umschlungen hielt. Während die Kinder da unten tollten und jubelten, hatte er die Mutter an sich gepreßt und flüsterte ihr zu: „Oh, wenn du wüßtest, Mutter, wie glücklich ich jetzt bin!"

„Georg – mein guter Georg", sagte der Vater, „Gott sei gelobt und gedankt, daß er uns hier wieder zusammengeführt hat. Wenn auch nicht in der alten liebgewordenen Heimat, blüht hier doch ein neues Leben für uns auf in den Kindern."

„Wir sehen die alte Heimat wieder, Vater", sagte Georg. „Noch haben wir Jahre des Schaffens vor uns. Wenn wir aber erst einmal unser Ziel erreicht haben und einer sorgenfreien Zukunft entgegensehen können, dann kehren wir in die Heimat zurück."

„Und die Kinder?" sagte die Mutter zweifelnd. „Werden sie Amerika verlassen wollen? Ist es ihnen nicht das geworden, was uns Deutschland geblieben ist?"

„Sorg dich nicht um das, Mutter", sagte Georg herzlich. „Jetzt gehen wir noch fröhlichen Jahren entgegen, und für die Zukunft wird der liebe Gott sorgen. Uns ist ja nur der heutige Tag gegeben – den aber wollen wir genießen und nicht traurige und trübe Bilder im vollen warmen Sonnenschein heraufbeschwören. Sieh mal, wie die Kinder da unten sich ihres Lebens freuen. Wie wir hier, im reiferen Alter, das Bewußtsein eines erworbenen Besitzes haben, ebenso blüht auch ihnen in diesem großen, freien Land eine schöne und fröhliche Zukunft."

Mit den Kindern spielte auch Katharina, Pastor Donners jüngstes Töchterchen, jetzt aber zu einer hübschen jungen Dame herangewachsen und das – wenn man so sagen will – veredelte Bild ihres Bruders Georg. Ein reizenderes Bild hätte man sich nicht denken können als das junge, wirklich bildschöne, lebensfrische Mädchen, wie es da mütterlich unter den Kindern waltete.

An der Gartenpforte stand eine schlanke, wettergebräunte Gestalt, ein junger Mann von höchstens dreißig bis zweiunddreißig Jahren, einen Panamahut auf, wohl leicht, aber auch sehr elegant gekleidet, mit Glacéhandschuhen, die man hier selten zu sehen bekam. Der junge Fremde hatte die Tür wohl geöffnet, aber den Garten noch nicht betreten, denn vor ihm tobte und jubelte die muntere Schar, und mit dem Mädchen dazwischen war es ein so entzückender Anblick, daß er sich scheute, die Gruppe zu stören, und ihr lächelnd eine ganze Weile zuschaute. Da hetzten ein paar der Jungen bis dicht an ihn heran, so daß der eine fast gegen ihn anrannte und dadurch den Alarm gab, nach dem sich auch die übrigen ihm zuwandten.

Katharina blickte erstaunt zu ihm hinüber, der Fremde aber, der nun wohl einsah, daß er kein stiller Zeuge der so lebensfrohen Gruppe mehr sein konnte, lüftete gegen die junge Dame den Hut und fragte, ob er sich hier auf der Farm eines Herrn Georg Donner befinde, mit dem er in früheren Jahren einmal zusammen – wie er lächelnd hinzusetzte – „eine Reise gemacht habe".

„Georg Donner ist mein Bruder", sagte das junge Mädchen errötend. „Er steht dort oben auf der Veranda. Soll ich ihn rufen?"

Der Fremde warf einen Blick hinauf. „Das ist der Rechte", sagte er. „Nein, bitte, mein Fräulein, lassen Sie sich nicht stören, ich werde ihn selber aufsuchen und sehen, ob er mich noch kennt."

Er setzte seinen Hut wieder auf, damit man von oben aus sein Gesicht nicht erkennen konnte, und schritt dem Haus zu, in dem er gleich darauf verschwand.

Georg hatte ihn von oben aus bemerkt, aber nicht weiter auf ihn geachtet. Es kamen so viele Fremde, teils in Geschäften, teils mit Anfragen zu ihm, daß er sie unmöglich alle kennen konnte. Er war aber fest entschlossen, heute, an diesem doppelten Feiertag, nichts Geschäftliches zu erledigen. Wer etwas von ihm wollte, konnte morgen wiederkommen. Befremdet sah er aber auf, als der junge Fremde, der ungeniert durch die Zimmer schritt, jetzt zu ihm auf die Veranda heraustrat und mit untergeschlagenen Armen, aber lächelnd vor ihm stehenblieb.

Georg sah ihn etwas überrascht und forschend an. Es lag etwas in dem Gesicht, das alte Erinnerungen in ihm weckte. Er hatte diese Züge schon einmal gesehen, aber wo und wann?

„Kennen Sie mich nicht mehr, Donner?“ fragte der Fremde lächelnd. „Es ist allerdings schon eine Reihe von Jahren her, daß wir uns gesehen haben. Oder sollten Sie die ‚Backwoods Queen‘ und unser ‚Geschäft‘ an Bord vergessen haben?“

„Wolf – bei allem was lebt!“ rief Georg. Er sprang auf ihn zu, ergriff seine Hand und schüttelte sie herzlich. „Wolf! Wo kommen Sie her, und was treiben Sie? Aber vor allem tausendmal willkommen in meinem Haus!“

„Mein lieber Donner“, sagte der junge Fremde mit fast bewegter Stimme, „ich kann Ihnen gar nicht sagen, wie ich mich freue, Sie hier gefunden zu haben. Ihr Bild, Ihre Stimme weckt eine Fülle von Erinnerungen an gemeinsam verlebte Stunden.“ Lächelnd setzte er hinzu, als er sich in den wohnlichen Räumen umschaute: „Sie scheinen Ihre Verhältnisse, seit wir uns zum letztenmal gesehen, wesentlich verbessert zu haben. Sie benutzen wohl jetzt mehr die Feder als die Schürstange?“

„Wahrhaftig, ja“, sagte Georg. „Aber ich nenne Sie noch immer Wolf, wie damals vor den glühenden Kesseln der ‚Backwoods Queen‘. Seien Sie mir nicht böse, Herr Graf.“

„Halt!“ rief der junge Mann. „Kein Wort weiter! Wer so wakker, wie wir beiden, unter demselben Kessel gefeuert und die Glut geschürt hat, bis wir das alte Ding in die Luft bliesen, der darf den anderen nicht mit Titeln ärgern. Ich weiß, daß Sie Arzt sind, aber den Titel ‚Doktor‘ brächte ich deshalb doch nicht über die Lippen, denn es klänge mir zu fremd. Wolf und Georg haben wir uns damals genannt, und dabei bleibt's, solange wir uns im Leben treffen und uns schreiben.“

Die beiden Männer schüttelten sich die Hände, und Georg stellte nun seinen alten Freund Graf Wolf vom Berge vor, mit dem er vor langen Jahren als Feuermann auf einem Dampfer gearbeitet habe. Wolf, mit seinem offenen, heiteren Wesen, war bald mit allen befreundet, selbst mit den Kindern, die jetzt unter Katharinas Leitung heraufkamen, um ihren Kaffee zu trinken.

Erst gegen Abend kam er dazu, mit Georg eine halbe Stunde ungestört zu plaudern. Sie schritten durch die lauschigen, mit frischem, duftendem Grün bedeckten Gänge des Garten, und Georg mußte vor allen Dingen erzählen, wie es ihm gegangen war. Er tat das mit lebendigen Worten. Seine erste schwere Zeit hatte ja Wolf selber miterlebt. Dann begünstigte ihn das Glück, er heiratete seine jetzige Frau, seine Verhältnisse besserten sich, bis der Krieg ausbrach. Er ging im zweiten Jahr bei einem Indiana-Regiment als Arzt mit, wurde aber vor acht Monaten verwundet und kehrte nach Hause zurück. Sein linkes Bein behielt indes eine Schwäche, so daß er keinen längeren Marsch mehr aushalten konnte, und er mußte, sehr zur Zufriedenheit seiner Frau, zu Hause bleiben. Nun war der Krieg glücklich und siegreich beendet, und sie durften einer frohen und glücklichen Zukunft entgegensehen.

Wolfs Schilderung seines bisherigen Lebens klang etwas romantischer. „Sie wissen, Georg", sagte er, „daß ich damals, als wir Abschied voneinander nahmen, schon den Plan gefaßt hatte, die schwere Arbeit aufzugeben und mich auf irgendeine Spekulation zu werfen. Das ist das einzige, womit man es hier in Amerika rasch zu etwas bringen kann, und viel Geduld habe ich nie gehabt. Als leidenschaftlicher Jäger interessierte ich mich für den Pelzhandel, denn mit der Jagd selber ist verwünscht wenig zu verdienen. Wo es viel Wild gibt, hat es keinen Wert, wo es selten ist, lohnt es der Mühe nicht, ihm nachzulaufen. Vortreffliche Geschäfte machte ich aber im Nordwesten, im oberen Teil von Missouri, Kansas und Arkansas. Ich kaufte die Felle und Pelze von den Indianern zu mäßigen Preisen, schaffte sie dann nach St. Louis und dehnte meine Tätigkeit sogar bis in die Felsengebirge aus, von wo ich zwei wertvolle Ladungen an Biberfellen mitbrachte. Aber ich ließ mich von da ab nicht mehr darauf ein, sie hier zu verkaufen, sondern schickte sie hinüber nach Deutschland. Hier hatte ich einmal Unglück. Ein Geschäftshaus, mit dem ich mich ein wenig stark eingelassen hatte, machte bankrott. Dem Geschäft selber schadete das allerdings nicht, denn die Schufte wurden reich dabei, aber ich bekam fünf Prozent ausgezahlt und wurde dadurch natürlich länger hier zurückgehalten."

„Sagten Sie mir damals nicht, daß Sie eine Braut in Deutschland hätten und nur deshalb so hart arbeiteten, um selbständig und nicht von Ihrem Vater abhängig einen Hausstand zu gründen?"

„Sie haben ein gutes Gedächtnis, Georg", bestätigte Wolf lächelnd, „es war und ist so, und schon vor Jahren hätte ich vielleicht das langersehnte Glück gewinnen können. Als aber der Krieg ausbrach, wollte ich den Staaten, die ich mir zu meiner künftigen

Heimat auserwählt hatte, nicht meinen Arm entziehen. Das Volk arbeitete daran, seine Unabhängigkeit zu sichern und den Fluch der Sklaverei abzuschütteln, und da durfte ich nicht fehlen."

„Sie haben den Krieg mitgemacht?"

„Zweieinhalb Jahre. Am Anfang hatte ich gar nichts davon gehört, denn ich steckte bei einem Stamm der Blackfeet weit oben in den Felsengebirgen."

„Und jetzt wollen Sie nach Hause?"

„Sofort, Georg!" rief Wolf mit leuchtenden Augen. „So rasch mich der Dampfer, der von New Orleans am Zehnten nächsten Monats hinüber nach Europa geht, dorthin bringen kann."

„Und wie haben Sie mich hier gefunden?"

„Auf die zufälligste Weise von der Welt. Ich war in Cincinnati, um einige Geschäfte zu regeln, und saß bei der Table d'hôte zwei Tage lang neben einem Deutschen, mit dem ich ins Gespräch kam und bekannt wurde. Am zweiten Tag trifft mich da zufällig der damalige zweite Buchhalter der alten ‚Blackwoods Queen', ebenfalls ein Deutscher ... Erinnern Sie sich noch des kleinen buckligen Menschen, der uns immer Vorschuß gab, wenn wir etwas brauchten?"

„Gewiß!" rief Georg. „Er hieß, wenn ich nicht irre, Lorenz."

„Ganz recht – derselbe. Er setzte sich zu mir, und selbstverständlich lenkte sich unser Gespräch sofort auf unser früheres Leben an Bord. Wir gedachten des armen Berger, der damals verunglückte, und natürlich auch Ihrer, und ich äußerte, daß ich viel darum geben würde, Ihnen noch einmal im Leben zu begegnen. Da fragte mein Nachbar, der Ihren Namen gehört hatte, ob Sie der Sohn eines Pastors und schon längere Zeit in Amerika wären, was ich ihm bestätigen konnte. ‚Dann bin ich imstande, Ihnen den Aufenthaltsort des Herrn zu nennen', sagte er freundlich, ‚und zwar finden Sie ihn auf Ihrem Weg nach New Orleans, gar nicht so weit von hier entfernt und ziemlich dicht am Ohio. Ich habe sogar erst heute einen Brief an seine Frau, als Einlage, von Deutschland bekommen.'"

„Einen Brief an meine Frau?" fragte Georg erstaunt.

„Und jetzt hätte ich ihn tatsächlich vergessen abzugeben, wenn wir nicht zufällig darauf gekommen wären!" sagte Wolf. Er griff hastig in seine Brusttasche und holte das gefaltete Schreiben heraus. „Wie ich aber hörte, daß Sie ganz in der Nähe wohnten, erklärte ich, Sie am nächsten Tage aufzusuchen, und er bat mich dann, den Brief hier an Sie zu bestellen."

„Von wem ist denn der Brief?"

„Von Frau von Hopfgarten."

„Ja, wahrhaftig, das ist ihre Handschrift!" sagte Georg. „Und wie hieß der Herr – kenne ich ihn oder kennt er mich?"

„Das weiß ich nicht", sagte Wolf, „aber vermutlich doch. Grüße hat er mir allerdings nicht aufgetragen. Sein Name ist Fortmann."

„Fortmann? Fortmann?" wiederholte Georg nachdenklich. „Ich kenne keinen Fortmann, soviel ich mich erinnern kann, und doch ist es mir so, als ob ich den Namen schon öfter gehört hätte. Fortmann . . ."

„Übrigens ist dieser Fortmann, wie er mir erzählte, Friedensrichter in Covington, einer kleinen Stadt, die Cincinnati gerade gegenüber auf dem Kentuckyufer liegt. Ich bin ihm unendlich dankbar dafür, daß er mich auf Ihre Spur geführt hat."

„Aber dann bleiben Sie jetzt auch wenigstens so lange bei uns, als es Ihre Zeit erlaubt."

„Die wird knapp bemessen sein", sagte Wolf. „Sie wissen, was alles an Bord eines Dampfers und unterwegs geschehen kann, aber es fährt sich bequemer als auf der Bahn. Nur der Gefahr darf ich mich nicht aussetzen, meinen Anschluß zu versäumen."

„Ihre Braut weiß, daß Sie kommen?"

„Ich hoffe es", sagte Wolf, und ein leiser Schatten flog über seine sonst so offenen Züge. „Aber seit Jahren schon habe ich keinen Brief von daheim, obgleich ich fleißig geschrieben habe."

„Keinen Brief?" sagte Georg erstaunt.

„Nein", erwiderte Wolf kopfschüttelnd. „Ich habe mich in der Zeit ja auch umhergetrieben. Ich konnte ihnen keine bestimmte Adresse angeben und hatte nur noch gehofft, in Cincinnati postlagernde Briefe anzutreffen – umsonst. Ob sie verlorengegangen sind? Es sollen zwei Dampfer in dem Jahr gescheitert sein – ob sie von der Blockade nicht durchgelassen wurden, ich weiß es nicht, will mir aber jetzt meine Antwort selber holen, und das ist jedenfalls das sicherste. Georg, mir will das Herz vor Freude in der Brust zerspringen, wenn ich mir den Augenblick ausmale, wo ich wieder zum erstenmal zu ihr in die Stube trete."

„Es sind lange Jahre darüber hingegangen, Wolf", sagte Georg.

„Bah, was tun die Jahre!" Wolf lachte. „Wir waren damals beide zu jung, sie noch nicht einmal sechzehn, ich zweiundzwanzig, das tut selten gut. Nun haben wir beide unsere Prüfungszeit bestanden, und ich bin meines Glückes sicher."

Ihr Gespräch wurde hier gestört, denn die Familie wollte ebensowenig Georg wie den jungen Fremden so lange entbehren. Daß er bei ihnen übernachtete, verstand sich von selbst.

Georg ging der Name Fortmann nicht aus dem Kopf. Während Marie, seine Frau, glücklich über den Brief, für kurze Zeit in ihr Zimmer eilte, um ihn zu lesen, schritt er nachdenklich auf und ab.

„Na, Georg, was gibt's?" fragte Kellmann, der zu ihm trat. „Was haben Sie? Ist etwas vorgefallen?"

„Nein, aber ein Name geht mir im Kopf herum. Kennen Sie einen gewissen Fortmann?"

„Ich kenne ihn nicht", sagte Kellmann, „aber Hopfgarten gab mir damals, als ich nach Amerika ging, einen Brief an einen Herrn dieses Namens mit nach New Orleans."

„Das ist er!" rief Georg erfreut. „Über den haben wir gesprochen. Sie konnten den Herrn damals, wenn ich nicht irre, nirgends antreffen."

„Aus dem Grund, weil er New Orleans verlassen und keinem Menschen gesagt hatte, wohin er sich wenden würde."

„Dann kann ich Sie jetzt auf die Spur bringen", sagte Georg. „Wolf vom Berge hat ihn in Cincinnati gesprochen. Er soll Friedensrichter in Covington, Cincinnati gegenüber, sein."

„Dann suche ich ihn demnächst dort auf, denn in einigen Tagen muß ich ohnehin nach Cincinnati, um verschiedene Maschinenteile zu holen und andere zu bestellen. Aber da haben wir Musik . . . sehen Sie, Ihr Freund und unser Käthchen. Der Herr hat eine prachtvolle Stimme, hören Sie nur!"

Wolf sang ein Lied so seelenvoll und mit solchem Feuer und einer solch herrlichen Tenorstimme, daß er bald alle um sich versammelte und Katharina ihn immer leiser und leiser begleitete, damit sie nur ja nicht die Stimme übertönte. Lauter Jubel brach aus, als er geendet hatte. Er ließ sich aber nicht bewegen, ein zweites Lied zu singen. Doch es dauerte nicht lange, und es drehten sich die Paare, alte und junge, im fröhlichen Kreis beim Tanz.

In Donnersville

Da Wolf an diesem Abend seinen Entschluß mitgeteilt hatte, mit seiner jungen Frau wieder nach Amerika zurückzukehren, sollte er, ehe er diese Gegend verließ, das Städtchen Donnersville besuchen. Seinen künftigen Wohnsitz hatte er noch nicht fest bestimmt. Sie kamen überein, daß Georg ihn in die Stadt begleiten sollte. Nach einer solchen Feierlichkeit, wie sie der gestrige Tag geboten hatte, konnte man von den Leuten nicht viel Arbeit verlangen. Sie hielten gewissermaßen einen blauen Montag, um sich zu erholen, und Georg Donner gestattete ihnen diesen Tag gern. Übrigens waren ihm neue Einwanderer angemeldet worden, die Abgeordnete nach Donnersville geschickt hatten, um sich die Gegend einmal anzusehen. Es lag ihm daran, sie selber zu sprechen und ihnen die Bedingungen mitzuteilen, unter denen sie in der Nachbarschaft das Land, das er zum größten Teil selber angekauft hatte, bekommen könnten. Fielen sie Zwischenhändlern in die Hände, wurden sie gewöhnlich um eine Menge Geld geprellt.

Die beiden jungen Leute ritten munter auf ein paar vortrefflichen Rappen in die Stadt hinein, stiegen vor der „Meermaid" ab und ließen ihre Tiere dort einstellen.

Ezra Ludkins, der Pennsylvanier mit seiner wunderlichen, halb deutschen, halb englischen Sprache, stand, mit den Händen in den Hosentaschen – seiner Lieblingsstellung – in der Tür.

„Hallo, Mister Donner!" rief er seinem Gönner schon von weitem entgegen. „Nun, wie geht's? Komm nur herein und nimm deinen Bittern, denn der Morgen ist ein bißchen kalt."

„Hallo, Ludkins!" rief Georg. Er sprang aus dem Sattel und reichte ihm die Hand. „Immer munter?"

„Nun, well", sagte der Pennsylvanier, „viel Druvel ist in dem Nest. In Grahamstown hatte ich easiere Zeit."

„Das glaube ich", sagte Georg lachend. „Da stand das Wirtshaus zuletzt allein und fünf Meilen davon keine Wohnung."

„Oho“, bemerkte Ludkins, „der Reverend Mister Snodgraß . . .“

„Der gehörte zum Mäßigkeitsverein“, meinte Georg grinsend.

„Aber er juhste* powerful viel Brandy zum Einreiben“, bemerkte Ezra mit einem drolligen Zug um den Mund. „Er machte eine Kur.“

„Na, Ludkins“, meinte Georg, „solche Kurgäste haben wir hier in Donnersville auch. Aber kommen Sie mit hinein, Wolf. Übrigens, Ludkins, heute morgen sollen Einwanderer angekommen sein. Sind sie zu Hause?“

„Ein paar, yes“, sagte der Wirt. „Die übrigen hat sich der Yankee schon gecasht und gibt sich viel Mühe, sie hinunter in den Süden zu schicken. Dort werden sie's ihnen schon fixen, denn da sie keine Niggers mehr kiepen dürfen, brauchen sie Leute, die ihnen die Felder worken.“

„Welcher Yankee, Ludkins?“ fragte Georg, aufmerksam geworden.

„Well, Mister Sherard, glaub ich, heißt er, der bei mir vierzehn Tage gelodgt und sich jetzt bei dem deutschen Schneider einquartiert hat und alle Menschen in die Südstaaten direkten möchte. Eine Klapperschlange, wie sie nur je unsere States zertreten hat, und wenn es von dem dependete, hätten wir morgen Niggerauktionen bis zu den Lakes hinauf.“

„Und warum schickten Sie die Leute nicht zu mir hinaus?“

„Ich bin doch kein Narr!“ sagte der Wirt lachend. „Solange jemand bei mir Durst hat und seine Drinks bezahlen kann, schicke ich ihn nicht aus dem Haus. Übrigens sind die Leute ihre eigenen Herren und alt genug, um zu wissen, was ihnen gut tut.“

„Alt genug, ja“, sagte Georg, „da haben Sie recht, Ludkins, aber trotzdem noch in vielen Dingen kleine Kinder. Der deutsche Bauer hat überhaupt einen ganz eigentümlichen, merkwürdigen Charakter. Man muß wissen, wie er bei uns daheim erzogen ist und seine eigenen Kinder erziehen läßt, um ihn zu begreifen.“

„Es sind manchmal komische Kerle“, stimmte der Pennsylvanier zu, „und dickschädlig wie ein Buffalo.“

„Das sind sie“, bestätigte Georg, „und außerdem mißtrauisch gegen jeden, der einen besseren Rock trägt als sie, oder es nicht

* To use, benutzen.

versteht, ihnen nach dem Mund zu reden. Es könnte einen manchmal zur Verzweiflung treiben. Wer es aber versteht und einen bestimmten Zweck dabei verfolgt, der kann sie um den Finger wickeln und zu den größten Dummheiten verleiten. Mit welchen albernen Versprechungen werden sie manchmal daheim zur Auswanderung getrieben. Und trotz aller Warnungen von Leuten, die es wirklich gut mit ihnen meinen, lassen sie sich von Landschachern betrügen und kaufen daheim in Deutschland noch für ihr gutes Geld Grundstücke und Äcker, die entweder gar nicht existieren oder im günstigsten Fall an Stellen liegen, die ein vernünftiger Mensch nicht umsonst haben möchte, in keinem Fall aber selber beziehen könnte."

„Wunderliches Volk", sagte Ezra Ludkins. „Ihr Deutschen seid doch noch höllisch hinter uns zurück – aber was ich dir gleich sagen wollte, Mister Donner – gestern abend spät ist noch ein Doktor bei mir angekommen, der die Aufforderung in der Zeitung gelesen hat und sich bei uns niederlassen will. Er muß wohl was verstehen, denn er schwatzt eine Masse Zeug, das wohl lateinisch ist. Ich habe ein paarmal nicht herausgekriegt, was er wollte."

„Hm", sagte Donner, dem die Empfehlung nicht besonders gefiel, „und wo ist er jetzt?"

„Er wird jetzt wohl noch schlafen", meinte der Pennsylvanier. „Ich wollte just about hinaufgehen und ihn wecken."

„Und wie heißt er?"

„Das weiß ich nicht. Er hat mir seinen Namen genannt, aber er klang so eigentümlich, daß ich ihn wieder vergessen habe. Aber nun trinkt auch einmal, Leute, und dann wollen wir sehen, ob wir den neuen Doktor herausshaken können."

Wolf hatte sich in das Gespräch, das ihn nicht besonders interessierte, nicht eingemischt, mit desto größerer Aufmerksamkeit aber die im Zimmer hängenden „Gemälde" betrachtet.

Es waren sechs sogenannte Ölgemälde mit vorherrschend roter und grüner Farbe, von denen letztere schon sehr giftig aussah. Neben zwei Landschaften stellten die Bilder Szenen aus dem amerikanischen Leben auf dem Land dar, oder es schien zumindest diese Absicht dabei vorgeherrscht zu haben. Ein Bild sah so aus wie ein Schenkstand, mit einer Figur, die, sich ein Knie haltend, auf dem Schenktisch saß. War das vielleicht der Platz, an dem sie sich gerade befanden? Wolf konnte sich nicht beherrschen, er mußte den Namen dieses „Künstlers“ erfahren. Er wandte sich an Ludkins:

„Wo haben Sie eigentlich die Bilder her?“

Georg Donner kannte die Geschichte, und ein Lächeln spielte um seine Lippen. Eine merkwürdige Veränderung ging aber in Ludkins' Zügen vor. So heiter und sorglos er vorher gewesen war, so ernst und fast wehmütig schaute er jetzt die Gemälde an.

„Armer Junge“, seufzte er, „wer weiß, wo er jetzt modert und ob er ein ehrliches Soldatengrab bekommen hat!“

„Ihr Sohn?“ rief Wolf.

„Yes“, sagte Ludkins, „der hat sie gemalt. Er war ein talentvoller junger Mensch, und ich hatte schon Lust, ihn auf die Akademie zu tun, da kam dieser unglückselige Krieg, der Hunderttausende von Menschenleben gekostet hat, und nun – ist alles vorbei!“

„Ist er gefallen?“ fragte Wolf teilnahmsvoll.

Ezra Ludkins zuckte mit den Schultern. „Ich weiß es nicht.“ Er seufzte. „Seit zwei Jahren habe ich keine Nachricht von ihm. Damals wurden gerade die furchtbaren Schlachten in Virginia geschlagen, und auf dem ‚blutigen Grund‘ werden sie ihn wohl mit Tausenden von anderen wackeren Burschen notdürftig eingescharrt haben, sonst hätte er doch längst nach Haus geschrieben.“

Wolf bedauerte schon seine Frage, aber die Wehmut dauerte bei Ezra Ludkins nicht lange. Er liebte seinen Sohn, aber ob er sich schämte, das zu zeigen, oder ob er sein Gefühl gewaltsam hinunterzwang. Jedenfalls dauerte es keine zwei Minuten, während die beiden Freunde nicht wagten, das peinliche Schweigen zu unterbrechen, da sagte er selber mit wieder ganz ruhiger Stimme: „Aber wir haben noch keinen getrunken, Gentlemen, und deshalb sind wir doch eigentlich hereingekommen. Was nimmst du, Mister Donner, was nimmst du, Fremder?“

Das war eine erwünschte Gelegenheit, das Gespräch in eine andere Richtung zu lenken, und Georg nahm sie wahr. Sie standen eben an der Bar, um ihren Morgentrunk zu nehmen, als die Tür aufging und der „neue Doktor“, den Ludkins hatte rufen lassen, auf der Schwelle erschien.

Er trug einen „kaiseraugenblauen“ Frack mit gelben, blanken Knöpfen, eine Filzröhre, grau und blau karierte Beinkleider und eine schneeweiße Weste, dazu eine schwere Uhrkette, eine Tuchnadel mit einem großen, mit Perlen eingefaßten Amethyst, einen schweren Siegelring am rechten Zeigefinger und eine Anzahl kleinerer an den anderen, außerdem Hemdknöpfe, die einem Taubenei an Größe nicht viel nachstanden, und – wie sich später herausstellte – ein gesticktes Taschentuch.

„Ach", rief Ezra vergnügt, „unser Doktor! Komm her, Doktor, du hast dein Bitteres* noch nicht gehabt, wie?"

„Nein, noch nicht", erwiderte der Doktor. „Aber Sie ließen mir sagen, daß der Herr . . . Habe ich vielleicht das Vergnügen?" Er wandte sich an Wolf vom Berge.

„Bitte um Entschuldigung", erwiderte vom Berge, „ich bin hier selber fremd. Ich glaube, daß dieser Herr der sein wird, an den Sie sich zu wenden wünschen."

Georg Donner hatte den fremden Doktor mit etwas erstaunten Blicken betrachtet. Sein Gesicht kam ihm bekannt vor, und trotzdem konnte er sich nicht besinnen, wo er die Gestalt schon gesehen hatte. Der Anzug störte ihn wesentlich dabei. Der Fremde aber, an die richtige Quelle gewiesen, sagte mit einer Verbeugung gegen Georg: „Sie werden entschuldigen, mein Herr, aber einer Aufforderung der ‚Westlichen Post', der ‚New Yorker Staatszeitung' und des ‚Cincinnater Volksfreund' entnehme ich, daß Sie in Donnersville einen tüchtigen deutschen Arzt suchen. Da ich seit mehreren Jahren die Absicht hatte, Milwaukee, wo ich eine bedeutende Praxis besitze, zu verlassen – ich kann das kalte Klima dort nicht vertragen –, hielt ich es für zweckmäßig, einmal hier anzufragen und die Verhältnisse erst selber kennenzulernen."

„Sehr angenehm, Herr Doktor", sagte Georg, aber immer noch mit einer gewissen Verlegenheit. „Wenn ich mich nicht sehr irre, sind wir schon ältere Bekannte und haben sogar die erste Seereise miteinander gemacht. Ist Ihr Name nicht Hückler?"

„Hückler – allerdings", sagte der Fremde erstaunt. „Doktor Hückler, Milwaukee – aber . . . Ich glaube nun auch . . . Wir hatten an Bord im Zwischendeck einen jungen Mann namens Donner – einen Studenten der Medizin, wenn ich nicht irre."

---

* Have you had your bitters? „Haben Sie Ihr Bitteres schon gehabt?" war eine gewöhnliche Frage in Amerika, da man häufig vor dem Kaffee einen Schluck Branntwein oder Whisky mit etwas Bitterem darin nahm.

Georg lächelte. „Ich hatte schon damals mein Doktorexamen gemacht.“

„Ah“, rief Doktor Hückler erfreut, „das ist mir sehr angenehm, eine so alte liebe Bekanntschaft zu erneuern“ (er hatte an Bord als Kajüten-Passagier selten oder nie ein Wort mit dem Zwischendeck-Passagier gewechselt). „Wie ich sehe, geht es Ihnen gut, lieber Donner.“ Er schüttelte Georg die Hand. „Donner – Donner . . . Der Name fiel mir gleich auf, als ich ihn in der Zeitung las, aber ich hatte natürlich keine Ahnung, daß ich Sie persönlich und so genau kannte.“

„Und Sie beabsichtigen also, sich hier als Arzt niederzulassen?“

„Wenn mir die Verhältnisse zusagen“, bemerkte Hückler etwas vornehm. „Es wurde ein kleines Wohnhaus zugesichert, das müßte ich vorher in Augenschein nehmen, denn meine Frau ist etwas verwöhnt.“

„Und glauben Sie auch, alle die gestellten Bedingungen erfüllen zu können, verehrter Herr?“ bemerkte jetzt Georg, indem er den „Doktor“ scharf ansah. „Wir brauchen in erster Linie einen tüchtigen Arzt für innere Krankheiten, denn die beiden amerikanischen Pfuscher, die sich hier niedergelassen haben, genügen uns nicht, und besonders die deutschen Frauen können kein Vertrauen zu ihnen fassen.“

„Sie brauchen auch einen tüchtigen Wundarzt?“ warf Hückler ein.

„Den weniger“, sagte Georg. „Wir haben in dem Fach einen sehr tüchtigen Mann.“

„Wie heißt er, wenn ich fragen darf.“

„Roßwein.“

„Roßwein?“

„Jakob Roßwein“, sagte Georg. „Kennen Sie ihn?“

„Allerdings“, sagte Hückler. „Er hielt sich eine Weile in Milwaukee auf. Aber das“, setzte er mit einem etwas wegwerfenden Lächeln hinzu, „ist nur ein gewöhnlicher Barbier, der in Milwaukee gar nicht praktizieren durfte. Ich glaube nicht einmal, daß er ein Rezept schreiben kann.“

„In der Tat?“ sagte Georg. „Ihr Doktor-Diplom haben Sie doch, nicht wahr? Sie wissen, daß in der Aufforderung die Bedingung gestellt wurde.“

„Gewiß – ich erinnere mich", sagte Hückler. Wolf, der bis jetzt kein Auge von ihm gewandt hatte, schien es, als ob er dabei nicht mehr so zuversichtlich aussähe wie vorher. „Es ist mir nur leider einer meiner Koffer bei meiner damaligen Reise nach Milwaukee gestohlen worden. Ich habe aber schon wieder nach Deutschland geschrieben, um mir ein Duplikat kommen zu lassen, und der Form kann ja später genügt werden, noch dazu, da Sie mich kennen und ich außerdem eine Reihe von Jahren eine sehr bedeutende Praxis in Milwaukee gehabt habe. Die Amerikaner sind überhaupt praktischer Natur – ein Papier gilt ihnen gar nichts, und sie sehen nur darauf, was der Mann wirklich versteht."

„Sie haben recht, lieber Herr Doktor", erwiderte Georg ruhig, „wir Deutschen sind darin vielleicht manchmal ein wenig zu peinlich, aber die Bewohner von Donnersville haben sich damals in einer eigens einberufenen Versammlung dafür ausgesprochen und werden nicht davon abgehen."

„Es wäre merkwürdig", sagte Hückler etwas gereizt, „wenn Sie hier in Amerika wirklich an einer so kleinlichen Form hängen wollten, wo Ihnen doch gerade meine Kenntnisse mehr gelten sollten. Ich habe ganz erstaunliche Kuren in Milwaukee gemacht und bin oft zwanzig Meilen weit ins Land hinein gerufen worden, um Leute wiederherzustellen, die von anderen Ärzten schon aufgegeben waren, und ich kann Ihnen Zeugnisse von dort bringen, die . . ."

„Hallo, Doktor!" rief da ein Mann, der eben in die Tür trat, die kleine Gruppe einen Augenblick betrachtete und Hückler erkannte. Es war Jakob Roßwein, der „Barbier", wie er von den Bauern genannt wurde, denn gegen den Doktor-Titel hatte er sich verwahrt.

Doktor Hückler hatte sich nach dem Anruf rasch umgedreht, schien aber, als er Roßwein erkannte, nicht besonders erfreut zu sein über die Begegnung und sagte, nur mit einem Kopfnicken die Begrüßung erwidernd: „Ach, Herr Roßwein, ich habe schon gehört, daß Sie hier eine ‚Stube' etabliert haben."

„Wirklich?" bemerkte Roßwein trocken. „Wie kommen Sie hier an den Ohio – von Geschäften zurückgezogen, wie? Sie wollen sich wohl zur Ruhe setzen und die Menschen von jetzt ab am Leben lassen?"

Hückler antwortete ihm nicht mehr. Er wandte sich wieder an Georg, wobei ihn jedoch die Gegenwart des „Barbiers" offensichtlich störte, und sagte: „Ich hoffe, wir werden uns darüber einigen, Herr Donner. Sie müssen zugeben, daß es mit der Wahrung einer solchen Form nicht eilt. Ich versichere Ihnen, wenn ich erst einmal festen Fuß hier gefaßt habe und bekannt geworden bin, werden Sie einsehen, wie vollkommen ich meinen Platz ausfülle."

„Alle Wetter!" Roßwein lachte. „Sie wollen wohl Ihr Gerippe hier in Donnersville ausstellen? Das ist gefährlich. Sie wissen wohl noch, wie jene Frau in Milwaukee, die in Ihre Apotheke trat, vor Schreck beinahe tot umfiel und fortgetragen werden mußte."

„Herr Roßwein", sagte Hückler verächtlich, „verbreiten Sie nicht solche albernen Lügen. Die Frau bekam einen Schlaganfall, als sie in die Tür trat."

„Es bleibt dabei, lieber Herr Doktor", sagte Georg, „ehe ich Sie wenigstens hier vorschlagen kann, müssen Sie Ihr Diplom bekommen. Wenn es zu lange auf sich warten ließe, könnte ich nicht mehr dafür garantieren, daß der Posten bis dahin nicht besetzt ist. Bitte entschuldigen Sie mich, ich habe einen Freund hier, mit dem ich einige Geschäfte erledigen muß. Guten Morgen. Wir sehen uns wohl nachher noch, Roßwein? Sie sind doch zu Hause?"

„Gewiß. Ich bin nur herüber gekommen, um ein Glas von Ludkins' Brandy wegzutrinken, damit der Schund bald alle wird und wir besseren kriegen."

Georg und Wolf hatten das Lokal schon verlassen und schritten zusammen die Straße hinab.

„Der Herr scheint wenig Aussicht zu haben, hier Arzt zu werden", meinte Wolf.

„Ich kenne den Burschen zu genau", erwiderte Georg. „Roßwein versteht mehr im kleinen Finger von schwierigen Krankheiten als er im ganzen Kopf. Übrigens wird er uns nicht lange lästig fallen, denn das Diplom kann er schon aus dem Grund nicht herbeischaffen, weil er gar keins hat. Er war in Deutschland Barbier und hat sich hier, wie tausend andere in Amerika, eigenhändig zu einem „berühmten Arzt" gemacht. Aber lassen wir den unangenehmen Menschen, Wolf. Wir wollen dafür lieber einmal die Auswanderer aufsuchen, die, wie ich gehört habe, im deutschen Wirtshaus drüben sitzen."

„Doktor“ Hückler blieb bei Ezra Ludkins zurück und hatte sich schon das dritte Glas Brandy geben lassen. Er war durch die nicht gerade übermäßig aufmerksame Behandlung Donners, des früheren Zwischendeck-Passagiers, in seinem Stolz gekränkt und beleidigt worden. Besonders aber ärgerte ihn, daß der Barbier Zeuge der Abweisung gewesen war. Wenigstens dem mußte er beweisen, daß er sich nicht viel daraus mache und überall mit Kußhand aufgenommen würde.

„Nun, Roßwein“, sagte er, nachdem er getrunken hatte, „Sie haben sich also ganz in Donnersville niedergelassen und leben hier Ihrer Kunst?“

Roßwein schmunzelte vor sich hin, sagte aber dann mit einem Seufzer: „Ach, Herr Doktor, die Kunst allein nährt hier in Amerika ihren Mann nicht, und wenn sie es tut, bringt sie ihn wenigstens nicht vorwärts. In Deutschland sagt man freilich:

Ein Kerl, der spekuliert,
Ist wie ein Tier auf dürrer Heide,
Von einem bösen Geist im Kreis herumgeführt,
Und rings umher liegt schöne grüne Weide.

Das paßt aber nicht für Amerika, und gerade die Kerle, die spekulieren, bringen es hier zu etwas und werden reiche und damit angesehene Leute.“

„Das Spekulieren hat mich sehr viel Geld gekostet, Roßwein.“

„Dann haben Sie es nicht beim richtigen Zipfel angefaßt“, bemerkte Roßwein. „Ich selber beschäftige mich mit einer sehr bedeutenden Spekulation, an der Sie sich vielleicht beteiligen könnten.“

„Und die wäre?“ fragte Hückler gespannt.

„Ich beabsichtige oben am Erie-See eine Störzucht anzulegen.“

„Eine Störzucht?“ sagte Hückler verwundert. „Aber wo wollen Sie denn hier die Eier bekommen?“

„Ich nehme Kaviar“, sagte Roßwein und sah den Doktor dabei mit einem so gutmütigen Gesicht an, daß Hückler, in der Naturwissenschaft sehr vernachlässigt, ganz verwundert zu ihm aufschaute.

„Geht das denn?“ fragte er.

„Warum soll es nicht gehen. Ich sage Ihnen, lieber Herr Doktor, daß in der Natur noch Kräfte verborgen liegen, von denen wir nichts wissen. Ahnungslos birgt unser eigener Geist die größten Schätze, die wir selber nicht einmal kennen und von denen wir nur in lichten Augenblicken überrascht werden. Sehen Sie zum Beispiel nur einmal den Ochsen da drüben, der vor dem Wagen steht – bemerken Sie, wie ihm die Zunge heraushängt? Das dumme Vieh hat das ganze Jahr die delikateste Ochsenzunge im Maul und weiß nicht einmal, wie sie schmeckt."

„Hm ..." Der Doktor lächelte verlegen. „Das mag wohl wahr sein – aber was ich Sie fragen wollte, Roßwein: eignet sich Donnersville für einen Arzt?"

„Wenn sich der Arzt für Donnersville eignet, warum nicht?"

„Aber die Gegend ist doch sehr gesund."

„Was hilft einem deutschen Bauer eine gesunde Gegend", meinte Roßwein. „Er läßt sich doch jedes Jahr ein paarmal zur Ader oder braucht Schröpfköpfe, bis er sich so herunterbringt, daß er einen Arzt nötig hat. Die Menschen werden nicht klug!"

„Kann mir Herr Donner verwehren, mich hier niederzulassen? Ich bin amerikanischer Bürger und darf wohnen, wo es mir gefällt."

„Wenn Sie mir meine Kundschaft nehmen, vergifte ich Sie!" drohte Roßwein.

„Haben Sie keine Angst, mein guter Roßwein", erwiderte der Doktor mit einem halb mitleidigen Lächeln, „ich rasiere mich nicht einmal selber, viel weniger andere."

„Sie rasieren sich nicht selber?" fragte Roßwein.

„Ich – habe keine geschickte Hand dazu."

„Na, wenn das keine Lüge war", brummte der Barbier, schob beide Hände in seine Hosentaschen und verließ das Haus.

Georg und Wolf hatten sich dem deutschen Wirtshaus zugewandt, wo Einwanderer aus Deutschland eingetroffen waren, die in Donnersville großenteils Verwandte oder Freunde hatten und beabsichtigten, sich in der ihnen als gut geschilderten Gegend niederzulassen. Andere, die sie auf dem Schiff getroffen und mit denen sie darüber gesprochen hatten, schlossen sich ihnen an, und so waren es acht Familien geworden, die sich zusammengefunden hatten.

Die Männer saßen unten an der Bar, und als die beiden jungen Leute den Raum betraten, war ein Amerikaner zwischen ihnen gerade eifrig beschäftigt, irgendein Schriftstück, wahrscheinlich einen Kontrakt, aufzusetzen, nach dem er sie später irgendwohin dirigieren konnte. Er hatte einen Deutschen zum Dolmetscher.

Georg ließ sich mit den Leuten in ein Gespräch ein, er stellte sich ihnen dabei als Eigentümer des benachbarten Grund und Bodens vor und sagte ihnen, welches die Bedingungen wären, unter denen sie Land erwerben könnten, die Ärmeren sogar zu günstigen Kreditbedingungen.

„Entschuldigen Sie, Mister Donner“, fiel ihm da der Yankee ins Wort, jener Mr. Sherard, dem in Belleville der Boden unter den Füßen zu heiß geworden war, „wenn ich mir erlaube, hier etwas einzuwenden. Ich bin des Deutschen nicht mächtig, habe aber doch verstanden, was Sie wollen: nämlich Ihre Landsleute hier oben im ausgesogenen Norden zu halten, während der Süden mit seinem fruchtbaren Boden und den augenblicklich gedrückten Verhältnissen ihnen Vorteile bietet, von denen sie, nach ihren heimischen Vorstellungen, keine Ahnung haben können. Ein sehr bedeutender Pflanzer in Georgia, der Sohn eines von Negern ermordeten Gentleman, der sich als Amerikaner nicht mehr getraut, unter den plötzlich frei gewordenen Niggern zu leben, will seine Plantage mit allen kostbaren Einrichtungen und Maschinen verkaufen. Im ganzen ist das unter den jetzigen unglückseligen Verhältnissen natürlich nicht möglich, daher hat er sich entschlossen, das Land zu parzellieren. Er besitzt ausgedehnte Ländereien und ist bereit, entweder eine bestimmte Summe Geldes für die einzelnen kleinen Grundbesitze zu nehmen, oder auch, wenn die Einwanderer nicht über bares Geld verfügen, mit ihnen gemeinschaftlich auf Gewinnbasis abzuschließen. Außerdem haben sich, wie ein Brief besagt, den ich heute erst erhalten habe, auch noch mehrere andere Pflanzer dort zu einem solchen Verfahren entschlossen, da sie beabsichtigen, die Vereinigten Staaten zu verlassen und nach Yukatan auszuwandern. Sie wollen in Georgia eine deutsche Kolonie gründen, aus der alle Iren ferngehalten werden, und die Spekulation ist insofern richtig, als sie wissen, wie rasch die Deutschen ein Land vorwärtsbringen. Sie behalten natürlich einen Teil ihrer Grundstücke zurück und dürfen für spätere Jahre fest damit rechnen, ihren Wert auf das Zehnfache erhöht zu bekommen. Den Leuten hier ist das durch meinen Dolmetscher, einem sehr tüchtigen, mit den amerikanischen Verhältnissen genau bekannten Deutschen, klargemacht worden, und ich hoffe, daß sie ihren Vorteil erkennen und danach handeln werden."

Der Dolmetscher, auf den sich der Yankee berief, mochte alles das sein, was Sherard sagte, aber sein Äußeres bot dafür wenig Empfehlenswertes. Es war eine kleine, gedrungene, etwas aufgeschwemmte Gestalt mit einem aufgedunsenen roten Gesicht, was vielleicht daher rührte, daß er sich seine Krawatte fester als nötig zuschnürte. Die großen blauen, aber ausdruckslosen Augen standen ihm etwas aus dem Kopf, und die ehedem braunen Haare wurden schon grau, obgleich er eigentlich noch nicht so alt sein konnte. Er hatte ein gemeines, glattes Gesicht, zu dem der unechte Schmuck, den er reichlich trug, gut paßte. Er nickte einzelnen der Auswanderer, mit denen er früher schon verhandelt hatte, verstohlen, aber mit einem vertraulichen Blinzeln zu, das etwa ausdrücken sollte: Der hat's ihnen aber jetzt gesagt, die werden den Mund nicht wieder auftun.

Georg hatte den Yankee ruhig ausreden lassen, dann wandte er sich an die Auswanderer und sagte freundlich: „Leute, es werden euch da verlockende Vorspiegelungen der südlichen Länder gemacht. Ich will gar nicht abstreiten, daß es dort außerordentlich fruchtbaren Boden, ein warmes Klima und für den Augenblick auch wohl günstige Bedingungen für den Einwanderer gibt – günstigere vielleicht in manchen Fällen, als sie ihm hier geboten werden können, denn viele der Pflanzer sind durch die Freisprechung der Neger ruiniert und müssen verkaufen. Andere dagegen, die sich vielleicht zu tief in die Rebellion eingelassen haben, fühlen sich unter der Herrschaft des Nordens, unter den jetzigen Verhältnissen und zwischen den freien Negern nicht wohl und gedenken deshalb eine große Kolonie im südlichen Mexiko zu gründen. Aber ihr kennt den eigentümlichen Charakter der Leute nicht, die doch noch zurückbleiben und zwischen denen ihr leben müßtet. Es ist dort nicht so wie im Norden, wo die Arbeit ehrt. Der südliche Pflanzer verachtet jeden weißen Mann, der selber den Pflug führt, und wird euch immer über die Schulter ansehen. Das könnte man als unbedeutend betrachten; das Schlimmste bleibt, daß noch viele, viele Jahre vergehen müssen, ehe die entthronten „Herren" den Haß vergessen werden, den sie dem Norden und auch uns

Deutschen geschworen haben, weil wir so treu zur Union gestanden und uns so wacker für sie geschlagen haben. Ihr würdet wenig frohe Stunden dort unten im Süden erleben und mancher Gefahr ausgesetzt sein. Ich selber habe kein Interesse dabei, ob ihr im Norden bleibt oder in den Süden geht. Wenn ihr aber meinem Rat folgen wollt, so besinnt euch zweimal, ehe ihr den Ohio überquert. Wer etwas Näheres darüber von mir hören will, der mag mich aufsuchen, und ich will ihm gern Rede und Antwort stehen. Ich heiße Donner und bin auf der Lobenstein-Farm zu finden. Nun Gott befohlen! Kommen Sie, Wolf, wir wollen unseren Spaziergang fortsetzen."

„Warten Sie noch einen Augenblick", sagte Wolf, der den Dolmetscher des Yankees aufmerksam betrachtet hatte und jetzt auf ihn zuging.

„Verzeihung, Mister", sagte er, „wie ist Ihr Name?"

„Mein Name?" sagte der Angeredete, anscheinend etwas in Verlegenheit gebracht.

„Ich bat Sie darum." Wolf lächelte. „Ihr Gesicht kommt mir bekannt vor, aber wenn Ihnen das unangenehm ist . . ."

„Bitte", sagte der Dolmetscher, wurde aber bis hinter die Ohren rot, „wie kann mir das unangenehm sein? Mein Name ist Weigel – F. G. Weigel, Esquire."

„Hatten Sie nicht eine Auswanderer-Agentur in Deutschland?"

„Allerdings, aber schon vor einigen Jahren."

„Und hielten Sie sich nachher einige Jahre in New York auf?"

„Drei Jahre, ja. Aber mit wem habe ich das Vergnügen?"

„Mein Name ist vom Berge", sagte Wolf. „Sie werden mich wohl kaum kennen, aber ich glaube, wir sind uns dort begegnet." Er nickte ihm zu, wandte sich um und verließ mit Georg das Lokal.

„Kannten Sie den Burschen?" fragte Georg, als sie hinüber zu ihren Pferden gingen.

„Allerdings", sagte Wolf. „Meiner Meinung nach ist er einer der größten Schurken, die jemals den Fuß auf amerikanischen Boden gesetzt und Tausende von Menschen um ihr Geld betrogen haben. Er hatte in New York ein Landverkaufsbüro errichtet, aber sie kamen ihm auf die Schliche, und ich war einst Zeuge, wie ihn zwei handfeste junge Burschen aus seiner Bude holten und auf der Straße dermaßen durchprügelten, daß er vier Wochen das Bett hüten mußte. Danach wurde ihm die Stadt wahrscheinlich zu warm, und er machte, daß er fortkam. Niemand erfuhr, wohin er sich gewandt hatte, und es scheint jetzt, daß er hier im Westen sein Asyl aufgeschlagen hat. Es muß ihm schlecht gehen, daß er nicht mehr auf eigene Rechnung, sondern für andere arbeitet. Gnade Gott den armen Teufeln, die sich durch ihn verleiten lassen, eine Heimat zu gründen, denn Gewissen soll der Schuft so wenig haben wie eine Klapperschlange!"

„Der Yankee hat ebenfalls ein polizeiwidriges Gesicht", sagte Georg, „aber derartiges Gesindel, menschliche Blutegel, gibt es überall in den Staaten, und sie lassen sich ebensowenig ausrotten, wie unsere biederen Landsleute davon abzubringen sind, sich ihnen anzuvertrauen."

„Aber es schadet ihnen auch nichts, wenn sie einmal angeführt werden", sagte Wolf. „Es ist eines der wahrsten Sprichwörter im ganzen Land, daß niemand einen Dollar in Amerika verdient, bevor er nicht die letzte, von der alten Heimat herübergebrachte Mark verzehrt hat. Die Leute wollen und müssen erst durch Schaden – wenn auch nicht klug werden, denn dazu gehört noch mehr – wenigstens zu der Überzeugung kommen, daß sie bis dahin furchtbar dumm gewesen sind, und das bleibt immer der Anfang zum Besseren. Also wollen wir das Volk seinem Schicksal überlassen. Sie haben Ihre Pflicht getan und sie gewarnt, und wenn sie jetzt mit beiden Füßen in einen heißen Brei hineinspringen – nun, dann mögen sie auch selber zusehen, wie sie wieder herauskommen."

Eine Negerversammlung

Die kleine, betriebsame Stadt Covington liegt der Königin des Westens, dem großen Cincinnati, genau gegenüber im Staat Kentucky, und die schönste und damals längste Brücke der Welt verbindet die beiden Orte miteinander*.

Hier wurden zuerst größere Vereine gegründet und die Mittel besprochen, wie sich die farbigen Menschen am besten und leichtesten in das neue Leben fänden. Die Versammlungen hielt man in der selben Art und Weise ab, wie man es früher der bevorzugten Rasse abgesehen hatte.

Ein alter Neger mit schneeweißen Haaren wurde zum Präsidenten gewählt; er war früher gewissermaßen Haushofmeister im Haus des Gouverneurs in Lexington gewesen und jetzt in seinen Geburtsort zurückgekehrt. Als Schriftführer hatte sich ein von Cincinnati herübergekommener freier Mulatte, der dort eine Barbierstube betrieb, angeboten, und die gut besuchte Versammlung, die in einem der größten Tanzlokale des Ortes abgehalten wurde, war insofern bemerkenswert, als sich auch die „Ladies" dabei beteiligten und der ganze Raum von bunten Kleidern wimmelte.

Es ist eine eigentümliche Tatsache, daß alte Negerinnen, die oft viel Fett ansetzen, eine auffallend tiefe Baßstimme bekommen und mit einem klangvollen Organ begabt sind. Sie genossen nicht allein in den kleinen Städten oder in den größeren in ihrer Straße, sondern auch in den einzelnen Pflanzungen eine gewisse Autorität, und es gab kaum etwas Eigenartigeres als eine solch alte, dicke Dame, die nach Feierabend, ihre kurze Tonpfeife rauchend, beide Hände auf die gespreizten Knie gestemmt, im stärksten Baß ihre Orakelsprüche aufsagte – und ich hätte keinem der „farbigen Leute" raten wollen, ihr darin zu widersprechen. Daß sich diese Damen nicht von einer Versammlung abhalten ließen, in die sie mit Farbe und Geist gehörten, verstand sich von selbst.

* Die Brücke wurde als Kettenbrücke von dem Deutschen Röbling gebaut.

Merkwürdigerweise und doch leicht erklärbar haben sämtliche Schwarze, wenn auch in Amerika geboren, einen besonderen Negerdialekt, der sich aber meist nur in der Verstümmelung der Worte äußert. So niedrig und für den Sklaven passend den Weißen diese Ausdrucksweise auch erscheinen mochte, so würdevoll wurde sie von den Versammelten behandelt. Als der Präsident nach einer etwas unruhigen Einleitung, in der jeder, besonders der anwesende Damenflor, das Wort haben wollte, mit energischer Handhabung der großen Glocke die Sitzung eröffnete und mit donnernder Stimme hinausschrie „Ladies und Gemmen!" (Negerwort für Gentlemen), senkte sich feierliche Stille über den Saal. Der würdige Präsident hätte jetzt seine Rede beginnen können, wenn ihm etwas eingefallen wäre. Durch die Mühe aber, die er sich geben mußte, um den Tumult zu beschwichtigen, schien er die Einleitung, wie er sie sich vorher überlegt hatte, gründlich vergessen zu haben, und zwei- bis dreimal stotterte er wieder sein Ladies und Gemmen, bis das Publikum unruhig wurde.

„Ladies und Gemmen", begann er, ärgerlich geworden, noch einmal, „ich bin kein Redner, und kein Mensch kann es von mir verlangen, denn ich habe es nicht gelernt, aber ich wollte nur mitteilen, daß diese Versammlung einberufen ist, um einige wichtige Sachen zu beraten."

Er war jetzt in Schuß gekommen, und das Ganze ging ihm nun fließend, wenn auch in einem schauerlichen Negerenglisch, von den Lippen.

„Geehrte Gemmen besonders", fuhr er fort, „Sie wissen, das unsere bisherigen Massas, die jetzt gottlob nicht mehr über uns zu bestimmen haben, uns, wie es ihnen einfiel, Namen gaben. Mich nannten sie Scipio oder Sip – da sitzt Bob, dort Pluto, dort Othello, da drüben Missus Lydia, Missus Euphrosine, Missus Coeleste, und wie sie alle heißen, aber Ladies und Gemmen, das genügt nicht mehr, denn wir treten jetzt als Staatsbürger in andere Rechte. Wir werden zum Beispiel das Recht und die Pflicht bekommen, unsere Stimme nicht allein für die Gesetzgebung abzugeben – nein, wir können auch selbst hineingewählt werden ..."

„O Lord à Massy!" (Lord have mercy) schrie eine dicke Negerin auf.

„Und wie würde das klingen", fuhr der Redner unbeirrt fort,

„wenn wir bei der Wahl oder als Erwählte keinen andern Namen anzugeben wüßten als Sip, Bob, Dick, Othello oder sonstwie. Ja, die Behörden der Weißen haben sogar bestimmt . . .“

„Ich möchte den geehrten Redner darauf aufmerksam machen“, sagte plötzlich, während alles lachte, eine feine Stimme, „daß wir nicht mehr ‚Behörden der Weißen‘ sagen dürfen, da diese Behörden jetzt ebensogut für das farbige wie für das weiße Volk da sind.“

„Bravo – bravo!“ schrie es von verschiedenen Seiten. „Unsere Behörden!“

„Gemmen“, sagte der alte Neger demütig, „ich nehme den Verweis hin, ich gestehe ein, daß ich unrecht habe, es heißt unsere Behörden.“

„Bravo, Sip!“ schrie der Chor. „Unsere Behörden!“

„Unsere Behörden“, fuhr der Redner geduldig fort, „haben sogar angeordnet, daß wir uns jetzt – farbige Gemmen und Ladies – natürlich familienweise Namen zulegen sollen – Vor- und Zunamen, wie wir wollen. Um Ihnen das, Ladies und Gemmen, durch ein Beispiel klarzumachen, heiße ich nicht mehr Scipio, wie ich bisher gerufen wurde, sondern Alfred Henderson, Esquire, denn wir haben das nämliche Recht, das Esquire hinter unseren Namen zu setzen, wie die Buckras. Meine Frau heißt Eurora Henderson, und meine beiden Kinder heißen Gustav und Hulda Henderson. Ich bitte deshalb die verehrte Versammlung, sich ebenfalls für irgendeinen Namen zu entscheiden und denselben gleich unserem verehrten Schriftführer, Gentleman James Jefferson, Esquire, zu Protokoll . . .“

„Ich bitte ums Wort!“ unterbrach ihn eine Stimme aus der Menge.

„Entschuldigen Sie, ich bin noch nicht fertig“, sagte Alfred Henderson, indem er sich etwas beleidigt reckte, „. . . zu Protokoll zu geben. Dann, Ladies und Gemmen, erlaube ich mir, Ihnen noch anzuzeigen, daß in allen südlichen Staaten Büros errichtet werden sollen, die den Namen ‚freed man's Bureaus‘ erhalten, wohin wir uns wenden können, wenn wir irgendein Anliegen haben. Viele von uns sind leider in die Lage gekommen, solange die Sklaverei dauerte, einzelne Familienmitglieder durch Verkauf zu verlieren. Die weißen Gemmen wollen sich Mühe geben, Nachforschungen zu halten, und wer von einem der Seinigen keine Nachricht hat, der kann sich dort melden, um die nähere Beschreibung der Vermißten zu geben."

„O Lord – o Lord", kreischte eine Anzahl von Frauenstimmen, „o bless my soul – meine Livia, mein Nero – meine Lucy, mein Bob! Wo sind sie hin, Gentleman Sip – können wir es erfahren?"

Der alte Neger zuckte mit den Schultern. „Ich weiß es nicht, Ladies", sagte er, „aber das ‚freed man's Bureau' wird sich Mühe geben, es herauszubekommen, wenn Sie mit einiger Bestimmtheit angeben können, wohin sie geschafft worden sind."

„Aber woher sollen wir das wissen!" rief eine dicke Negerin. „Massa hat meine beiden Töchter an einen Yankee verkauft, der hat sie auf ein Dampfboot geschafft und den Strom hinabgeführt."

Wilder Protest erhob sich im Saal: „Es gibt keinen Massa mehr! Niemand darf das Wort mehr gebrauchen! Ladies sollten vorsichtiger mit ihren Ausdrücken sein!"

„Nein, kein Massa!" schrien andere. „Wir sind jetzt selber Massa! Massa soll der Teufel holen!"

„O Gemmen", bat die Frau erschreckt, „es fuhr mir nur so heraus, wir haben es ja von Kind auf so gesagt, und es klingt wie ein Name."

„Aber wir wollen keine Massas mehr haben!" schrie eine kleine, hagere Negerin, indem sie mit der dünnen Faust vor sich auf den Tisch schlug, „und wer noch einmal das Wort gebraucht, soll die ganze Gesellschaft traktieren oder den Saal verlassen."

„Das ist recht", schrien wieder andere, „wir wollen keine Massas!"

„Ladies", bemerkte Mr. Alfred Henderson, wie er sich eben selber getauft hatte, „das schöne Geschlecht hat nur einen Sitz, aber keine Stimme."

„Oho, Gentlemen Sip", schrie eine alte Negerin, „und ob wir Stimmen haben! Sie rede ich noch in Grund und Boden und behalte noch genug für drei andere übrig."

„Ich habe ums Wort gebeten!" rief die feine Stimme wieder, und ein breitschultriger, baumstarker Neger erhob sich, um durch seine Erscheinung seinen Worten Nachdruck zu verleihen.

„Was wünschen Sie, Gentleman Kolibri?"

„Ich mache den Vorschlag", sagte der Breitschultrige, „daß wir hier erst morgen wieder zusammenkommen, um unsere neuen Namen anzugeben. Wir müssen uns doch erst zu Hause bereden, wie wir von jetzt an heißen wollen, und so auf dem Fleck fällt einem das ja doch nicht ein. Es muß auch ordentlich eingeschrieben werden, damit man den Namen, wenn man ihn wieder vergißt, erfragen kann."

„Ja, das ist wahr – das ist wahr!" rief es von einer Seite, während von der anderen der Vorwurf gemacht wurde, daß man seinen eigenen Namen doch nicht vergessen könne. Die Mehrzahl schien sich in der Hinsicht nicht ganz sicher zu fühlen – kurz, es wurde darüber abgestimmt, und die Mehrheit entschied sich in der Tat dafür, daß sie erst den morgigen Tag für die Abgabe des künftigen Namens ansetzen wollten. Die Damen waren überhaupt noch lange nicht mit sich einig, welchen sie wählen sollten, denn recht hübsch mußte er klingen, sie hatten ja die freie Wahl.

Während die farbige Gesellschaft abstimmte, hatten zwei weiße Herren den Saal betreten und waren anfangs mißtrauisch betrachtet worden. Bald erkannten die in Covington Ansässigen aber den Friedensrichter, der überall als braver, tüchtiger Mann und Freund der Neger galt, und die Leute grüßten ihn und ließen ihn ruhig gewähren.

Nun hatte Alfred Henderson allerdings geglaubt, daß der ganze Nachmittag mit dem Aufschreiben der Namen vergehen würde, nach dem gestellten Antrag aber, die Sache auf morgen zu verschieben, war ihm der Stoff ausgegangen, und er kam dadurch einigermaßen in Verlegenheit. Die Versammlung hätte aufgelöst werden müssen, und in einem letzten, eigentlich verzweifelten Versuch wandte er sich noch einmal an die Anwesenden und sagte: „Gemmen, für heute liegt allerdings kein wichtiger Gegenstand mehr vor" – die parlamentarischen Phrasen hatte er sich bei früheren Gelegenheiten gemerkt –, „hätte aber jemand von Ihnen noch einen Antrag zu stellen, der sich auf unsere gegenwärtige bürgerliche Stellung bezieht, würden wir ihm sehr dankbar sein, wenn er jetzt damit herauskäme."

Alles schwieg. Die farbigen Gentlemen sahen sich etwas verdutzt an. Sie waren nur hierher gekommen, um Anträge zu hören und nicht selber welche zu stellen. Dadurch entstand eine etwas lange, fast schon beängstigende Pause. Die benutzte aber der

Schriftführer, der Mulatte Barbier, um aufzustehen und den Saal zu verlassen, während Alfred Henderson seine Frage wiederholte, um dann, als keine Antwort erfolgte, die Sitzung für heute zu schließen. Alfred Henderson alias Sip hatte außerordentlich viel parlamentarischen Takt; aber er kam trotzdem fast aus seiner parlamentarischen Fassung, als sich plötzlich, dicht hinter ihm, die schrillen Töne einer Violine hören ließen, die unmittelbar darauf auch schon in eine lebendige „Jig“ übergingen.

Rasch drehte er den Kopf danach und fühlte sich aufs tiefste empört, als er keinen anderen als seinen eigenen Schriftführer entdeckte, der mit geübter Hand und ohne sich weiter um die Versammlung zu kümmern, seinen Bogen strich und auf die Versammelten jedenfalls einen wahren Zauber ausübte.

„Gentleman Jefferson!“ rief der Präsident aufgeregt, kam jedoch nicht weiter. Die junge farbige Bevölkerung, die draußen vor den Fenstern des Lokals stand und mit gespannter Aufmerksamkeit dieser neuen Erscheinung – einer Debatte von farbigen Leuten – gelauscht und die verschiedenen Gruppen beobachtet hatte, hörte kaum die berauschenden Töne, als sie im Nu jede Schranke niederwarf. Bei dem, was nun im Saal vorging, konnten sie ebenfalls ein Wort mitsprechen. Sie stießen die Tür auf und drängten herein. Im nächsten Augenblick war die ganze Versammlung gesprengt, so daß an eine weitere Verhandlung nicht mehr gedacht werden konnte.

Die beiden Weißen, die Zeugen dieser Szene gewesen waren, hatten lächelnd dem wunderlichen Schluß der Versammlung zugeschaut. Erst als der Tanz in vollem Gang war und überall die Paare antraten und den Boden stampften, daß das ganze Haus erzitterte, verließen sie den Saal. Durch die starke Bewegung entwickelte sich außerdem eine Atmosphäre, die ihren Geruchsnerven widerstrebte, und es drängte sie, hinaus in die frische Luft zu kommen.

Beide waren schlanke, hochgewachsene Männer, in ihrer Kleidung fast gleich, und doch hätte man lange suchen müssen, ehe man zwei Menschen fand, die im Ausdruck ihrer Züge so verschieden waren wie diese beiden. Der Unterschied lag nicht etwa in dem großen und starken Bart, den der eine von ihnen trug. Der Bärtige war ein Deutscher namens Fortmann, stark und breitschultrig gebaut, mit einem guten, ehrlichen Ausdruck in den Zügen und ein Paar klaren blauen Augen, die jedem, mit dem er sprach, fest und treuherzig begegneten.

Ganz anders war sein Begleiter, ein Amerikaner, dessen vollkommen glatt rasiertes, markantes Gesicht ihn deutlich als Kind der nordöstlichen oder Neu-England-Staaten verriet. Seine Haltung war ungeniert, fast nachlässig. Die Kleider hingen ihm nur so am Körper, der Hut saß weit zurück im Nacken. Die Daumen hatte er in die Armlöcher der Weste gesteckt.

Während sein Begleiter, der Deutsche, nicht einmal einen Goldring an der Hand trug, schleppte der Amerikaner eine große Tuchnadel, emaillierte Hemdknöpfchen, eine schwere Uhrkette aus kalifornischem Gold und fünf, sechs Ringe mit sich herum, schwerlich aus Prunksucht, denn der Mann sah nicht so aus, als ob er irgend etwas ohne einen bestimmten Zweck getan hätte. Er war Arzt in Cincinnati, trieb einen einträglichen Handel mit Patentmedizinen und hatte stets ein paar außerordentliche Kuren zur Hand. Ob sie unfehlbar waren, blieb allerdings die Frage, doch Bill Taylor schien nicht der Mann zu sein, der dadurch in Verlegenheit geriet. Seine scharfen grauen Augen sahen alles, was um ihn her vorging; er studierte jeden Menschen, mit dem er in Berührung kam, und war dieser zu irgend etwas für ihn zu verwenden, ließ er nicht nach, bis er es aus ihm heraus hatte.

Nur zu Fortmann war sein Verhältnis anders. Er hatte ihn bald durchschaut – nichts war leichter –, daß er ein braver, ehrlicher Kerl war, und da er selbst oft mit den Gerichten zu tun bekam, schloß er sich ihm bald in freundschaftlicher Weise an. Fortmann dagegen amüsierte der spekulative, nie ruhende Geist des Mannes, und da der Doktor oft nach Covington kam, er andererseits häufig in Cincinnati zu tun hatte, trafen sie jede Woche ein paarmal zusammen.

Nur in der Politik waren sie nicht einer Meinung, aber das schadete nichts und würzte eher die Unterhaltung. Fortmann war viel zu gutmütig, um es je zu einem wirklichen Streit kommen zu lassen.

„Well, Fortmann", sagte der Yankee-Doktor, als sie die Straße betraten, „Gott sei Dank, daß wir wieder im Freien sind. Dieser äthiopische Geruch fing an, mir den Atem zu rauben. Wie gefällt Ihnen übrigens die Art und Weise, in welcher die Nigger eine Versammlung beschließen? Parlamentarisch, nicht wahr, aber jedenfalls praktisch, denn sie verbinden das Nützliche mit dem Angenehmen." Er lachte. „Und die Bande soll in den Kongreß wählen dürfen!"

„Finden Sie in dem Betragen dieser armen Teufel etwas Außerordentliches?" fragte Fortmann. „Es ist von Natur ein sorgloses, leichtfertiges Volk, sonst hätte es nicht viele Jahre hindurch die drückende Last der Sklaverei ertragen. Jetzt sind ihm kaum die Fesseln abgenommen, schon springt es in so übermütiger Freude in das neubegonnene Leben hinein, als ob es von jetzt ab für sie nur eine ununterbrochene Reihe von Feiertagen gäbe. Und doch sollen diese Menschen von heute an etwas tun, was sie in ihrem ganzen Leben nicht gekannt haben: für sich selber und ihre Familien sorgen und nützliche Mitglieder der menschlichen Gesellschaft werden. Eben deshalb liegt etwas Ergreifendes in der eben gesehenen Szene."

„Sind Sie Dichter, Fortmann?" fragte ihn der Freund und sah ihn lächelnd von der Seite an.

„Nein." Fortmann schüttelte ernst den Kopf. „Jedes unglückliche, verkaufte Negerkind ist ein Schmähgedicht auf die Bildung und Zivilisation der Weißen, und gerade dieser erbärmliche Handel hat den Süden in Grund und Boden hinein demoralisiert."

„Sie übertreiben, Freund."

Fortmann entgegnete heftig: „Wenn Sie wie ich Zeuge gewesen wären, wie junge, gebildete Damen in New Orleans und aus den besten Familien über die ‚Zucht der Sklaven' sprachen und ohne Scheu und Scham von einer jungen Mulattin erklärten, daß sie nichts wert wäre, da sie keine Kinder würfe, dann würden auch Sie mir recht geben. Pfui Teufel über diese Gentlemen und Ladies aus dem Süden. Ich habe eine mächtige Wut auf sie bekommen."

„Sie müssen bedenken", sagte Taylor, „daß der Süden den Neger nie als vollberechtigten Menschen anerkannt, sondern ihn eher als einen Übergang vom Tier zum Menschen betrachtet hat, wobei er diese Übergangsperiode benutzte, um ihn sich dienstbar zu machen."

„Und finden Sie das nicht unwürdig?"

Taylor zuckte mit den Schultern. „Solch ein Glaube", sagte er, „kommt bei verschiedenen Volksstämmen vor, sogar unter Ihren

Landsleuten. Ich habe drüben in meinem Haus einen etwas schmächtigen Landsmann von Ihnen, aber noch in den besten Jahren, der davon überzeugt ist, daß sämtliche Menschen von den Vögeln abstammen. Er versicherte mir sogar eines Tages, als er sich nicht ganz wohl fühlte, daß er selber in der ‚Mauser' sei."

„Das ist ja eine Vogelkrankheit", sagte Fortmann lachend.

„Ja, jetzt weiß ich das auch", erwiderte der Doktor. „Ich habe mich später bei anderen Deutschen danach erkundigt, da mir das Wort noch nicht vorgekommen war. Anfangs begriff ich ihn aber nicht, und es brauchte lange Zeit, bis wir uns miteinander verständigen konnten. Erst als ich hinter seine tollen Schrullen kam, gelang es mir, indem ich darauf einging, ihn zu heilen – er ist rein verrückt."

„Ein Deutscher, sagen Sie?" fragte Fortmann.

„Ja", bestätigte der Doktor. „Sie kennen ihn wahrscheinlich. Er macht ein bedeutendes Geschäft mit fremden Vögeln, besonders aber mit Papageien und anderen gefiederten Bewohnern der Tropen. Er hat Leute angestellt, die ihm nordamerikanische Vögel, besonders aus Louisiana, die Mockingbirds oder Spottvögel, kleine Papageien, Kardinäle und Blauhäher einfangen, die er dann wieder nach Deutschland schickt. Ich weiß, daß er bedeutende Summen für besondere Vögel bekommen hat."

„Sie meinen meinen Landsmann Schulze", sagte Fortmann lächelnd. „Ich kenne ihn, aber wenn es so ist, wie Sie sagen, scheint er doch nicht ganz verrückt zu sein und wenigstens seinen Vorteil im Auge zu haben."

„Gewiß hat er das, sobald man nicht auf seinen wunden Punkt trifft", bestätigte Taylor, „und für sein eigenes Interesse zeigt er ein ganz warmes Gefühl, tut aber auch viel Gutes und hat schon Leute auf der Straße aufgegriffen, mit nach Hause genommen, photographiert und dann verköstigt und beschenkt wieder entlassen."

„Also ist er auch Photograph?"

„Ja, sogar einer der besten, die wir in Cincinnati haben, kann aber nur sehr selten bewogen werden, Porträts anders als im Profil zu liefern. Wer ihm so nicht sitzen will, den photographiert er erst gar nicht."

Die Straße herunter kam ein ältlicher Herr, der an ihnen vorbeiging und sie mit kleinen grauen Augen musterte. Die Freunde schwiegen, bis er vorüber war, dann sagte Fortmann: „Wenn ich je in meinem Leben ein gemeines Gesicht gesehen habe, trägt es dieser Gentleman – wenn er das wirklich ist – sehr zu seinem Schaden in der Welt herum."

„Ich wollte eben die gleiche Bemerkung machen", sagte der Doktor. „Der Bursche wohnt übrigens seit einiger Zeit drüben in Cincinnati. Ich bin ihm dort einige Male begegnet und habe keine Ahnung, wovon er lebt und woher er stammt. Er hat ein grundgemeines, böses Gesicht und so ordinäre Züge, die vielleicht noch schärfer hervortreten, weil sie zu der ganzen übrigen Erscheinung nicht passen."

„Mir fiel er besonders dadurch auf", sagte Fortmann, „daß unmittelbar hinter ihm ein Mulatte ging, der gegen ihn wie ein Adonis aussah. Wenn ich einem von den beiden fünf Taler borgen sollte, bekäme sie der ‚Gentleman' wahrhaftig nicht."

„Soweit ein Mulatte wie ein Adonis aussehen kann", meinte der Doktor lachend.

„Lachen Sie nicht", sagte Fortmann. „Ich habe in der Tat Schönheiten im strengsten Sinn des Wortes unter den Männern und Frauen der farbigen Rasse gefunden, und besonders um ihren Wuchs könnte sie mancher Weiße beneiden. Sehen Sie das Mädchen an, das uns da entgegenkommt. Ihre Haut ist dunkelbraun, aber was für ein liebes Gesicht hat sie!"

„Und wie geschmackvoll ist sie gekleidet!" spottete der Doktor.

„Dagegen läßt sich nichts einwenden", erwiderte Fortmann. „Geschmack haben die farbigen Damen nicht, und bunte Ausstattung ist nun einmal ihre Leidenschaft. Aber war das nicht auch die einzige Freiheit, die ihnen gegönnt wurde? Lassen Sie mir die Neger zufrieden, Doktor!"

Die Straße herab kam ein schwarzer Stutzer, die wahre Karikatur eines Menschen, nach unseren Begriffen wenigstens. Er war wie ein Gentleman gekleidet, in schwarzem Frack und weißer Hose, mit einer bunten Weste, blauseidenem Halstuch mit hohen Vatermördern, riesig frisierter Wolle und einem Zylinder, der das Ganze krönte. Eine Unmasse falschen Schmuck trug er an sich, eine Lorgnette hing ihm am Hals, und ein feines Spazierstöckchen mit elfenbeinernem Griff hielt er an die wulstigen Lippen.

Als er vorüberging, grüßte er sehr graziös, fast herablassend den Friedensrichter, den er kannte, und tänzelte dann vorüber.

Die beiden Freunde blieben stehen und sahen ihm lächelnd nach. Nur wenige Schritte von ihnen entfernt saß eine alte, dicke Negerin, die Hände in ihrem Schoß gefaltet, die kurze Pfeife im Mund, vor der Tür ihrer Wohnung. Es war eine sogenannte Freie, die sich vor einigen Jahren losgekauft und eine Wäscherei eingerichtet hatte, mit der sie viel Geld verdiente.

„Ah, Missus Karoline“, rief der schwarze Stutzer, indem er ehrfurchtsvoll den Hut zog und eine tiefe Verbeugung machte, „sehr erfreut, Sie wohl und munter zu finden.“

„Gentleman Jupiter!“ rief die alte Dame, indem sie die Hände auseinandernahm und beide vor lauter Erstaunen auf ihre breiten Knie schlug. „Nein, wie sehen Sie denn aus? Ich hatte Sie ja gar nicht gleich erkannt. Aber das tut kranken Augen wohl. Nein, das ist ja eine helle Pracht. Ich glaubte erst, es wäre unser junger Massa, der die Straße herunterkäme, so vornehm und prächtig.“

Der Gentleman lächelte. „Missus Karoline“, sagte er, indem er selbstgefällig mit seiner Lorgnette spielte, „wir müssen den white folks doch zeigen, daß wir zu leben wissen. Kleider machen Leute, und Kleider waren doch das einzige, was sie uns bis jetzt voraus hatten.“

„Kennen Sie den Burschen?“ fragte Fortmann den Doktor.

„Ich habe nicht das Vergnügen“, erwiderte Taylor.

„Er war einer der fleißigsten Neger, die wir im Ort hatten, und er verdiente sich in seiner Freizeit so viel, daß er schon fast das Geld zurückgelegt hatte, das er brauchte, um sich freizukaufen. Jetzt ist er frei geworden, ohne es zu brauchen, und hat nun nichts Eiligeres zu tun, als es durchzubringen, wobei er natürlich nichts mehr arbeitet.“

„Und wenn er damit fertig ist?“

„Ich fürchte, dann wird er weiterhin bummeln und das bleiben, was er augenblicklich ist – ein liederlicher Lump.“

„Schöne Aussichten.“

„Was wollen Sie?“ sagte Fortmann. „Sie können nicht verlangen, daß die plötzlich freigelassenen Sklaven auch ebenso plötzlich freie und vernünftige Menschen werden. Wir müssen ihnen Zeit lassen, sich zu entwickeln und – durch Schaden klug zu werden.“

Ein junger weißer Gentleman, wahrscheinlich der Sohn eines Pflanzers aus der Nachbarschaft, ging an ihnen vorüber. Er sah wüst und übernächtigt aus und schien ein wenig angetrunken zu sein. Vor ihm, mitten auf dem Gehsteig stand Gentleman Jupiter, der mit der alten Dame sprach und auf den Weißen nicht achtete. Der Weiße hätte an ihm vorüber gekonnt, Jupiter aber, um graziös mit der Lorgnette zu spielen, mochte in Gedanken seinen Spazierstock unter den Arm genommen haben, so daß dieser den Durchgang etwas verengte. Der Weiße aber fühlte sich nicht in der Stimmung, einem Nigger auszuweichen. Als er nun an ihn herankam, riß er ihm den Stock unter dem Arm weg und schleuderte ihn auf den Fahrweg, während er den Neger beim Kragen faßte und den Ahnungslosen gegen das Haus und fast über Missus Karoline hinweg warf.

„O Golly! Golly!“ schrie der Schwarze erschreckt.

„Kannst du Nigger nicht beiseite treten?“ rief der Weiße, als er wütend vorüberschritt.

Gentleman Jupiter hätte die ausgemergelte Gestalt des jungen Mannes zwischen seinen Fäusten zerdrücken können, sowie er ihn nur angepackt hätte, aber die alt eingewurzelte Scheu vor der bevorzugten Rasse steckte ihm noch zu sehr in den Gliedern. Sein Hut war ihm entfallen, den hob er zuerst auf, danach holte er seinen Stock von der Straße und bog dann beschämt und gedemütigt in eine Nebengasse ein.

„Da haben Sie den freien Neger“, sagte der Doktor. „Glauben Sie, daß sich diese Rasse je mit der weißen gleichstellen kann oder auf eine Stufe schwingen wird?“

Fortmann zuckte mit den Schultern.

„Es ist immer ein gefährliches Spiel, das diese Baumwoll-Barone mit den jetzt freigelassenen Sklaven treiben.“

„Aber ein ganz natürliches“, erwiderte Taylor. „Sie hassen und verachten den Nigger und werden ihn nie als gleichberechtigt anerkennen.“

„Dann sehen wir hier im Süden noch einer schweren Zeit entgegen“, sagte Fortmann seufzend.

New Orleans

Im St. Charles-Hotel, in der weiten, luftigen Restauration der unteren Säle, hatten sich am Morgen nicht allein eine große Zahl der benachbarten Pflanzer, sondern auch viele aus den Nachbarstaaten, aus Mississippi, Alabama und Arkansas versammelt, um eine Beratung darüber abzuhalten, was nach ihrer Niederlage gegen den Norden zu tun wäre. Erst als mehrere fremde Gäste in das Lokal traten, die sie nicht als Zuhörer wünschten, zogen sie sich in einen der oberen Salons zurück, den ihnen der Wirt bereitwillig zur Verfügung stellte. Die Mehrzahl der Herren waren gute und alte Kunden von ihm, die früher öfter nach New Orleans herunterkamen, ihre Hauptzeit aber beim Verkauf ihrer Baumwolle hatten, wo sie nicht allein ihr Geld für die gelieferte Baumwolle in Empfang nahmen, sondern auch ihre Jahresbedürfnisse für sich wie die Neger an Proviant und sonstigen Dingen einkauften. Dann ließen sie im Hotel natürlich eine bedeutende Rechnung auflaufen. Der Champagner floß in der Zeit wie draußen der Schweiß ihrer Sklaven unter den glühenden Sonnenstrahlen, und die „Herren" führten für etwa acht bis vierzehn Tage ein zügelloses Leben.

Heute rief sie ein ernsterer Zweck in die Hauptstadt des Landes, nicht etwa um ihr jährliches Fest zu feiern, sondern um ihr Unglück, ihren Verfall zu besprechen, hatten sie sich eingefunden. Außerdem wollten sie beraten, wie sie dem unerträglichen Druck der Nordstaaten entgehen und wieder ein eigenes freies Reich gründen könnten – frei natürlich nur in ihrem Sinn, den Sklaven wieder in Banden zu halten und allein von seiner Arbeit zu zehren.

Spekulanten hatten den Plan gefaßt, der mexikanischen Regierung Land in Yukatan abzukaufen, wo ihnen dann zugleich die Hoheitsrechte überlassen werden konnten. Darüber, daß sie auswandern wollten, waren sie so ziemlich einig, nur das Wohin war noch offen, und während einige Yukatan und andere Nordbrasilien vorschlugen, erklärte sich eine nicht unbedeutende Partei für

Havanna, wo sie erstens Sklaven vorfanden und zweitens mit einem tüchtigen Nachschub von Landsleuten die ganze Insel vielleicht für sich gewinnen konnten. Der endlich gefaßte Beschluß lautete dahingehend, zwei Deputierte sowohl nach Yukatan als auch nach Havanna zu senden, denn man war in beiden Ländern den Staaten näher als in Brasilien und konnte leichter zurückkehren, wenn hier wieder einmal günstigere Verhältnisse eintreten sollten.

„Verdammt, wenn ich das Land verlasse", flüsterte einer der jüngeren Leute einem der Freunde zu. „Wie die Yankees lachen würden, wenn wir alle das Feld feige räumten und sie nachher mit unseren Ländereien machen könnten, was sie wollten."

„Aber was bleibt uns sonst übrig?"

„Ihnen das Leben zu vergällen", zischte der erste durch die Zähne, „wo sich nur irgendeine Gelegenheit dazu bietet. Wir in Tennessee sind wenigstens fest entschlossen, der Gewalt nur Schritt für Schritt zu weichen, und daß wir dabei von unseren Richtern unterstützt werden, dessen sind wir sicher."

„Aber in welcher Weise?"

„Du kennst doch die alte Verbindung des Ku-Klux-Klan, nicht wahr?"

„Bah, der hat sich überlebt", sagte der Freund. „Wir müssen etwas Ähnliches neu ins Leben rufen."

„Das alte genügt, wenn es nur noch lebensfähig ist. Ich habe heute Briefe bekommen. In Mississippi, Süd-Karolina, ja, selbst in Georgia gärt's und kocht's, und daß die Louisiana-Boys da nicht zurückstehen, versteht sich von selbst. Ich habe auch schon zugesagt, und wenn unsere Alten nachher fertig sind und den Platz verlassen haben, wollen wir die Verhandlung in die Hand nehmen."

„Kennst du die Statuten des Ku-Klux-Klan genau?"

„Ganz genau nicht, aber wir stellen eine Verbindung her, die sich eine eigene Verfassung, eigene Gesetze gibt und diese mit Leib und Leben aufrechterhält. Vor Gericht darf keiner gegen einen Verbündeten aussagen, oder er wird für vogelfrei erklärt und fällt unter den Messern und Revolvern der Brüder. Jeder Eid, den er schwört, ist gerechtfertigt, wenn es geschieht, unseren Bund zu schützen oder Verräter zu bestrafen."

„Und was werden wir damit ausrichten?"

„Daß sich in kurzer Zeit der ganze Süden diesem Bund anschließt, und dann laß den Norden versuchen, seine wahnsinnigen Gesetze hier bei uns in Kraft zu halten."

„Sie werden uns neue Armeen auf den Hals schicken."

„Gegen wen? Haben sie ein Heer, das sie bekämpfen können? Keinen einzigen Soldaten. Sie werden nirgends einen sichtbaren Feind finden, während sie wissen, welche Gesinnung jeder Bürger im Herzen trägt. Nur einig müssen wir sein, und dann laß es die Nigger wagen, zur Wahlurne zu treten oder sich um ein öffentliches Amt zu bewerben. Mit Hunden hetzen wir sie in den offenen Straßen, und wer sich von den Weißen nicht auf unsere Seite stellt, wäre besser beraten, wenn er unsere Staaten nie gesehen hätte."

„Aber das ist Unsinn, Ned", sagte der Freund. „Du weißt doch, daß viele Pflanzer ihre Plantagen weniger zum Verkauf angeboten haben – wer kauft jetzt große Landstriche –, sondern daß sie sie parzellieren wollen, um nordische Ansiedler zu uns herzuziehen."

„Wer tut das von uns?" rief Ned heftig. „Nur Feiglinge und Deserteure der guten Sache. Was liegt denen am Land, wenn sie nur ihr eigenes Fell in Sicherheit bringen können, und auf die sollen wir Rücksicht nehmen? Wer von den verdammten Sklavereigegnern bei uns Land kauft und die Absicht hat, es zu beziehen, der wird früh genug merken, daß er einen dummen Streich gemacht hat, und wenn wir die Neger nicht mehr als Eigentum behalten sollen, dann wollen wir ihnen auch hier in den Südstaaten einheizen, daß sie ihrem Gott danken werden, wenn sie mit heiler Haut hinauskommen."

„Immerhin ein gefährliches Ding", sagte der Freund kopfschüttelnd. „Es kann gutgehen, kann aber auch einen verwünscht schiefen Verlauf nehmen, und wer dann erst recht den Kürzeren zieht, das sind wir."

Der junge Mann lachte. „Wir werden sie mürbe machen, bis sie froh sind, wenn wir uns endlich auf einen Vergleich einlassen. Gleichgestellt mit einem Nigger? Verdammt, wenn ich mich dem je unterwerfe!"

Die älteren Herren faßten die Sache ruhiger auf. Sie sahen, daß sie in den Staaten in der bisherigen Weise nicht mehr leben konnten; sie wußten aber auch, mit einer besseren Erkenntnis als das junge Volk, daß sie nie wieder mit Gewalt ihre verlorene Stellung erobern konnten, und da sie nicht glaubten, daß sie sich in die neugestalteten und ihnen unnatürlichen Verhältnisse finden würden, sahen sie ihr einziges Heil in der Auswanderung in ein benachbartes Land, von wo aus sie, wenn sie sich dort festsetzten und nach und nach die Oberhand gewannen, den Beginn einer glücklichen Zeit für sich anzubahnen gedachten.

*

Die breite, prächtige Kanalstraße hinab, die zum See Pontchartrain hinausführte und in deren Mitte ein doppeltes Schienengleis für die Straßenbahn lag, rollte eben der ziemlich schwach besetzte Wagen. Nur vier junge Leute der höheren Stände und eine ältere Dame saßen darin. Drei von ihnen waren Amerikaner, Bekannte offenbar, denn sie sprachen viel miteinander, und zwar mit unterdrückter Stimme, der vierte schien ein Fremder zu sein; er saß allein in der einen Ecke des Wagens.

Der Kutscher zügelte die Pferde. In der Allee, neben dem Schienenweg, stand ein junges Mädchen, kaum dem Kindesalter entwachsen, von wunderbarer Schönheit, schlank, mit blonden Haaren und blauen Augen, das, von einem alten Neger begleitet, einzusteigen wünschte.

Der Wagen hielt.

„Alle Wetter, das ist ein wunderhübsches Mädchen“, flüsterte der eine der Amerikaner den Freunden zu.

„Aber ein Nigger*“, sagte der zweite, und zwar so laut, daß es das Mädchen hören mußte. „Ich kenne sie, sie gehörte Owen Karr und spielt jetzt die Dame.“

„He, Mann!“ rief der eine Amerikaner, der das Mädchen hatte passieren lassen, aber dem alten Neger, der ihr eben folgen wollte,

---

* Die lichteste Abstufung der Negerrasse waren die Quadronen, denn die Kinder von diesen und Weißen waren in ihrer Mischung nicht mehr von den Weißen zu unterscheiden und selbst den Gesetzen der Sklavenhalter nach frei. Das einzige erkenntliche Abzeichen von Negerblut blieben bei den Quadronen nur die Fingernägel, die unten an der Wurzel einen schmalen gelben Rand zeigten, und dann das Weiße im Auge, das sich durch seine Färbung aber nur Leuten verriet, die eine solche Abstammung in ihren verschiedenen Formen genau kannten. Unter den Quadronen findet man häufig einzelne, besonders unter den Frauen, mit hellblondem, seidenweichem Haar und blauen oder braunen Augen.

entgegentrat. „Mach, daß du hinauskommst, wenn du nicht willst, daß ich dich mit dem Kopf zuerst hinausschleudere. Halt, Kutscher, hier will ein Nigger mitfahren, und verdammt, wenn das geht!"

„Aber, Massa", rief der alte Mann erschreckt, „ich gehöre zu der Miss hier."

„Du magst gehören, wem du willst, aber du gehörst in keinen Wagen mit weißen Leuten zusammen." Er packte den alten Mann, um ihn aus dem Wagen zu stoßen.

„Laß uns wieder aussteigen, Onkel Pitt!" bat das Mädchen, das kaum mehr als fünfzehn, höchstens sechzehn Jahre zählen konnte, indem sie zurück zum Ausgang drängte.

„Bleiben Sie hier, schönes Kind." Die beiden anderen jungen Amerikaner grinsten und hielten ihre Arme vor. „Lassen Sie den alten Nigger hinaus, wir wollen Sie schon sicher nach Hause geleiten."

„Bitte, lassen Sie mich hinaus – o bitte, lassen Sie mich hinaus!"

„Massa!" schrie zugleich der alte Neger, indem er sich gegen den Griff des jungen Mannes sträubte, „ich habe jetzt dasselbe Recht hier wie Sie – ich bin ein freier Mann und kein Nigger."

„Bestie!" schrie der Amerikaner dagegen. „Willst du Hand an einen Weißen legen?" Mit voller Gewalt warf er sich gegen ihn.

Der Alte hatte auf der Schwelle des Wagens keinen festen Stand. Als er einen halben Schritt zurücktrat, rutschte er aus und verlor den Halt, aber sein Griff wurde um so fester an dem Kragen seines Angreifers, und im Fall selbst riß er ihn herum und brachte ihn so unter sich, daß er vor ihm auf die Bahn kam und seinen eigenen Sturz milderte. Der junge Amerikaner traf mit dem Kopf auf die eiserne Schiene, und vor Schmerz und Wut fast rasend, schnellte er sich empor, da ihn der Neger überdies losließ und riß einen Revolver heraus. Schon im nächsten Augenblick – wie das Ganze überhaupt kaum Sekunden gedauert hatte – schmetterte der Schuß durch die Straße.

„Lassen Sie mich hinaus!" rief das Mädchen in Todesangst.

„Sie können nichts dabei tun – vorwärts, Kutscher!" schrie der eine Amerikaner.

„Gentlemen, mit Ihrer Erlaubnis", sagte da der junge Fremde, der aufgestanden und nach hinten gekommen war. „Gestatten Sie,

Miss, daß ich Sie hinausführe." Er löste den Arm des jungen Mannes in ruhiger, aber sehr bestimmter Weise, wobei er ihm einen Blick zuwarf, der deutlich genug sagte, daß hier Ernst gemeint sei, geleitete er das Mädchen hinaus.

„Go ahead!" rief jetzt der hinten aufstehende Schaffner und gab das Zeichen zum Weiterfahren. Er hatte den Schuß gesehen, von dem der Neger in die Knie brach und auf sein Gesicht fiel, und mochte mit der Sache nichts weiter zu tun haben. Der Mörder warf sich, wohl aus Furcht, zur Rechenschaft gezogen zu werden, rücksichtslos in den Wagen zurück, während der Kutscher seine Pferde wieder antrieb. Ehe sie aber den schweren Wagen in Gang brachten, gelang es dem jungen Fremden, seinen Schützling auf die Seitentreppe zu bringen. Er sprang ab, erfaßte sie und hob sie, während das Fuhrwerk gerade anruckte, auf die Bahn nieder. Wenige Sekunden später stand er mit ihr neben der Leiche des alten Negers und in einer herandrängenden Menschenmasse, die den Schuß gehört und auch wohl die Kämpfenden gesehen hatte und jetzt gern Zeuge des Ausgangs sein wollte.

„O mein Gott!" rief das Mädchen, indem sie sich über die Leiche des alten Negers warf. „Onkel Pitt! Onkel Pitt, sie haben dich totgeschossen! Und nur meinetwegen, weil ich schwach wurde und nicht weiter konnte. Oh, Onkel Pitt, Onkel Pitt, was soll ich ohne dich auf der Welt!"

Der junge Fremde hatte den Erschossenen untersucht. Die Kugel mußte ihm mitten durchs Herz gegangen sein.

„Wo ist Ihre Wohnung, Miss?"

Das junge Mädchen hörte die Frage nicht, und sie mußte zwei-, dreimal wiederholt werden. Endlich sagte sie leise und wehmütig: „Meine Wohnung? Bei dem alten Mann war sie – jetzt habe ich keine Heimat mehr."

Der junge Fremde sah sich um. Eine Droschke fuhr vorbei, und er winkte dem Kutscher, zu halten.

„Ich habe einen Ermordeten hier und ein junges Mädchen, die ich nach Hause fahren will."

„Sir", sagte der Mann, „es ist besser, wenn Sie zuerst die Polizei rufen. Die möchte immer das erste Wort sprechen."

„Die Polizei wird sich wohl wenig um den Mann kümmern", sagte der Fremde. „Es ist ein Neger."

„Ein Nigger?" rief der Kutscher und rümpfte verächtlich die Nase. „Ich fahre weder tote noch lebendige Nigger, Sir." Er gab seinem Pferd die Peitsche und trieb es die Straße hinauf.

Der junge Fremde sah ihm mit einem verbissenen Fluch nach. Was war zu tun? Er hätte fünf, sechs Droschken anrufen können und würde von allen die selbe Antwort erhalten haben. Nigger! Der erbärmlichste Ire würde sich für zu gut gehalten haben, einen Neger auf seinem Karren nach Hause zu fahren, und seine einzige Hoffnung blieb jetzt, farbige Leute zu finden, die den Ermordeten von der Straße schafften.

Unterdessen hatte sich eine große Menschenmenge um die Leiche versammelt, die man aus dem Gleis fortschaffen mußte, da schon wieder ein Wagen angerollt kam und die Verbindung nicht unterbrochen werden durfte. Die Leute standen scheu herum und flüsterten miteinander, was das zu bedeuten habe, daß eine weiße Lady um einen Nigger trauere. Sie wußten nicht, daß die „weiße Lady" eine freigelassene Sklavin war.

Mittlerweile war die Polizei aufmerksam geworden, da eine Hauptstation gar nicht so weit davon entfernt lag. Ein paar Konstabler kamen heran, wandten sich an den eben zurückgekehrten Fremden, der auf das Mädchen einredete, sich zu erheben und nicht noch mehr Aufsehen zu erregen.

„Wer hat den Neger erschlagen?"

„Ein Amerikaner, den ich nicht kenne. Er entkam in der Street car. Es waren drei Herren darin und eine alte Dame."

„Waren Sie Zeuge?"

„Ja – ich befand mich mit darin und sprang ab, um dem unglücklichen jungen Mädchen hier zu helfen, das in Begleitung des Negers kam und einsteigen wollte."

„Gehört sie zu ihm?"

„Allem Anschein nach, ja."

„Sie kennen sie nicht?"

„Nein."

„Sie werden mit auf die Polizei müssen, um Ihre Aussage zu Protokoll zu geben."

„Wenn Sie es verlangen, mit Vergnügen, aber was wird aus der jungen Dame?"

„Wir werden sie bitten, mitzugehen."

Der Polizeidiener schien in derartigen Dingen bewandert zu sein. Er hatte rasch ein paar Neger erspäht, die er wahrscheinlich kannte, und ihnen den Auftrag gegeben, den Leichnam zur nächsten Polizeistation zu schaffen. Dann rief er eine Droschke herbei. Obwohl es einige Mühe kostete, das junge Mädchen zu bewegen, sich von dem Toten zu trennen, brachten einige freundliche Worte des jungen Fremden, der sie darauf aufmerksam machte, wieviel Menschen sich schon sammelten, sie endlich dazu.

Der zweite Polizeidiener hatte unterdessen eine andere Droschke genommen, um den Straßenwagen zu verfolgen und den eigentlichen Mörder aufzufinden. Freilich war inzwischen schon viel Zeit vergangen, und der Verbrecher hatte Zeit genug gehabt, an irgendeiner Straße abzusteigen und in dem Gewirr der dort liegenden Landhäuser und Gärten zu verschwinden.

Bei der Polizei, wo bald darauf die beiden Träger mit dem Toten eintrafen, mußte Hebe, wie das junge, unglückliche Kind hieß, ihre Aussagen zu Prokoll geben – und dabei ihre Lebensgeschichte.

Hebe wußte nicht, wo sie geboren war. Sie erinnerte sich nur noch dunkel einer Frau, die sie gepflegt hatte und die wahrscheinlich ihre Mutter gewesen war. Dann war die Mutter auf einmal nicht mehr zu ihr gekommen, und eine alte Negerin übernahm ihre Pflege. Als sie starb, war Hebe so weit herangewachsen, daß sie leichte Hausdienste übernehmen konnte. Das war im Haus eines reichen Pflanzers am See Pontchartrain, dem sie auch gehörte – dem Herrn Owen Karr. Als sie heranwuchs, wurde ihr der Aufenthalt in dem Haus zur Qual, bis plötzlich die Nachricht kam, daß alle Sklaven frei wären und von ihren Herren nicht zurückgehalten werden dürften. Da floh sie, und ein alter freier Neger, den sie kannte, der unglückliche „Onkel Pitt", nahm sie in sein Haus auf.

Heute war sie mit ihm in der Stadt gewesen, um sich, dem neuen Gesetz nach, unter einem bestimmten Namen eintragen zu lassen, unterwegs aber von der Hitze matt und halb ohnmächtig geworden. Sie hatten die Pferdebahn benutzen wollen, und da sei das Entsetzliche geschehen. Der alte Mann, der sie wie ein Kind aufgenommen hatte, bei dem allein sie ihre Zuflucht gesucht und Schutz gefunden hatte, war ermordet worden.

„Kannten Sie den Menschen, der das getan hat?"

„Nein – er wollte nur nicht dulden, daß ein Neger den Straßenwagen bestiege.“

„Würden Sie ihn wiedererkennen?“

Sie wußte es nicht, er hatte ihr den Rücken zugekehrt.

Dieser Herr sei es nicht gewesen?

Nein, bestimmt nicht; dieser Herr hatte ihr nur geholfen, den Wagen zu verlassen, nachdem der Schuß schon gefallen war, während ein anderer sie hatte zurückhalten wollen.

Hatte der Tote Familie?

Ja, seine Frau lebt noch, und ihre alte Mutter hatte er bei sich. Die alte Frau war auch frei gewesen, denn als sie zu alt wurde, um noch etwas zu arbeiten, hatte sich Onkel Pitt erboten, sie zu sich zu nehmen und für sie zu sorgen, sofern ihr ehemaliger Herr einen Freibrief schreiben wollte, was dieser auch gern getan hatte. Er brauchte von nun an ja nicht mehr für sie zu sorgen, und das war alles, was er ihr für die treuen Dienste eines Lebens gab.

Die Gerichte in den südlichen Staaten hatten einen schweren Stand, denn der Wechsel von Sklaverei zur Freiheit war für die farbige Rasse zu schnell gekommen, um sie mit ihren Rechten und Pflichten vertraut zu machen. Außerdem sympathisierten viele der nördlichen Beamten noch immer mit dem Süden, denn auch sie hatte man von Jugend auf gelehrt, daß die Neger eine untergeordnete Menschenrasse, dem Tier näher als dem Menschen, wären, und die südlichen Geistlichen bewiesen anhand der Bibel, daß Gott selber die Sklaverei eingesetzt und gebilligt habe.

In diesem Fall war also, der Meinung der Herren nach, nichts zu tun, zumal der Schuldige später nicht einmal aufgefunden werden konnte. Die drei jungen Leute hatten, um unangenehmen Erörterungen zu entgehen, die Straßenbahn unterwegs verlassen, und wie wäre es möglich gewesen, sie in der ungeheuer großen Stadt wieder aufzufinden? Ein Neger war auf der Straße erschossen worden – die Tatsache stand fest; der Coroner bestätigte, daß der „Negro“ durch einen Schuß in die Brust zu Tode gekommen sei, der „Negro“ wurde hinausgefahren und begraben, der Mörder konnte nicht aufgefunden werden, die Sache war abgemacht.

Und Hebe? Das Gericht hatte alles von ihr erfahren, was sie wußte – sie konnte gehen. Als sie das Gebäude verließ, folgte ihr der junge Fremde, nahm ihren Arm, obgleich sie sich anfangs scheu von ihm zurückziehen wollte, und sagte herzlich: „Fürchten Sie sich nicht, Miss, ich bin kein Südstaatler, nicht einmal ein Amerikaner, sondern komme weit über das Meer herüber, wo wir den Fluch der Sklaverei lange verdammt und hier auch mitgeholfen haben, ihn von dem schönen und sonst so freien Land zu nehmen. Erlauben Sie mir, daß ich Sie in Ihre Wohnung begleite."

„Ich bin ein Nigger, Sir", sagte das Mädchen, mit Bitterkeit im Ton. „Lassen Sie mich, ich muß meinen Weg fortan ja doch allein finden."

„Ob Sie sich selber Nigger nennen oder nicht", sagte der Fremde gutmütig, „Sie machen dadurch auf mich keinen Eindruck, und ich werde Sie jetzt nicht verlassen, bis ich Sie sicher zu Hause weiß – wo ist das?"

„Mein Zuhause?" sagte das Mädchen wehmütig. „Als Onkel Pitt noch lebte, hatte ich es bei ihm, aber seine Frau ist arm und alt. Er konnte verdienen, aber sie kann es nicht mehr, und ich muß sehen, wo ich jetzt eine Zufluchtsstätte finde – am liebsten auf Pottersfield* neben Onkel Pitt", setzte sie leise hinzu.

„Wäre es Ihnen recht, eine Stelle bei einer fremden Familie anzunehmen – bei Leuten", setzte er rasch hinzu, als er sah, wie sie scheu und fast erschreckt ihn anblickte, „welche die hiesigen Vorurteile nicht kennen und Sie freundlich behandeln und gut zu Ihnen sein werden?"

Hebe wandte sich langsam ab; es schien, als ob sie sich den Vorschlag überlege, aber mit leiser Stimme sagte sie endlich: „Ich helfe mir schon durch. Wenn ich auch keine schwere Arbeit gewohnt bin, kann ich sie doch verrichten, und Arbeit finde ich schon in der Stadt – ich will nichts geschenkt, nichts umsonst haben."

„Das sollen Sie auch nicht", sagte der junge Fremde. „Aber haben Sie kein Eigentum, keine Kleider oder Wäsche?"

„Eigentum!" Das Mädchen seufzte bitter. „Noch vor wenigen Wochen war ich selber Eigentum. Ich durfte nichts mitnehmen, als ich das Haus meines bisherigen Herrn verließ! Was ich bisher brauchte, borgte mir Onkel Pitt von der armen Frau."

„Armes Kind", sagte der junge Mann. „Ich will sehen, ob sich nicht gute Menschen Ihrer annehmen. Lassen Sie mich mit zu Ihrem Haus gehen. Sie haben dort noch die schwere Pflicht zu erfül-

* Pottersfield, der Friedhof für die Armen.

len, der armen Frau die traurige Nachricht mitzuteilen und sie zu trösten."

Das Mädchen sah zu ihm auf.

„Sie sind kein Amerikaner?" fragte sie endlich. „Ihre Sprache klingt anders."

„Nein, ich bin ein Deutscher."

„Onkel Pitt hat mir immer gesagt, die Deutschen wären viel besser mit den Negern als die Amerikaner. Wenn Sie sich nicht vor den Negern scheuen und mit zu der armen alten Frau kommen wollten . . . Ich fürchte mich, allein zu ihr zu gehen und ihr das Schreckliche zu erzählen."

„Ich gehe mit Ihnen."

„Und Onkel Pitt – was – was wird aus dem armen alten Mann?"

„Sie kannten ihn auf der Polizei und werden dort das Nötige verfügen. Ich verspreche Ihnen, daß er ein anständiges Begräbnis haben soll."

„Geschieht dem Mörder gar nichts? Darf er ungestraft entkommen?"

Der junge Deutsche zuckte mit den Schultern. „Ich fürchte fast, die Polizei wird sich keine übergroße Mühe geben, ihn herauszufinden", sagte er. „Es sind hier noch ungeregelte Zustände. Aber eine bessere Zeit bricht für euch an. Wie der Norden jetzt eure Freiheit erkämpft und gesichert hat, so müßt ihr nun selber daran fortbauen. Die Kinder eurer Rasse dürfen jetzt Schulen besuchen und sich zu tüchtigen Leuten heranbilden. Der Fluch eures Volkes wird mit der Zeit schwinden, und ein neues Leben wird für euch beginnen."

„Wenn wir im Grab liegen", sagte das Mädchen düster.

Die Begegnung

In der Kanalstraße und bei der Straßenbahn hatte sich die Kunde von dem niederträchtigen Mord rasch unter der farbigen Bevölkerung verbreitet.

Man hatte einen Neger erschossen, weil er es gewagt hatte, in einen Straßenwagen zu steigen. Waren sie denn nicht durch die Gesetze der Vereinigten Staaten den Weißen in jeder Hinsicht gleichgestellt worden? Wollten die Weißen schon wieder beginnen, sie zu unterdrücken?

Überall auf den offenen Plätzen sammelten sie sich, kräftige dunkle Gestalten. Viele von ihnen versteckten jetzt noch ihre Waffen unter der Jacke, andere trugen kühn die Revolver und Messer offen vorn im Gürtel, und drohende Worte fielen, so daß sich die Weißen, die von der Ursache dieser Zusammenrottung gehört hatten, ängstlich in die Seitenstraßen zurückzogen.

Einige alte Neger gaben sich allerdings die größte Mühe, den aufsteigenden Sturm zu beschwichtigen, denn sie sahen darin nichts Gutes entstehen. Man solle Geduld haben; man müsse erst genau erfahren, wer den Streit begonnen habe, wie er geführt sei und wer die Schuld trage. Onkel Pitt war eine bekannte und unter den Negern geachtete Persönlichkeit in New Orleans, und die gereizten Schwarzen zweifelten nicht daran, daß der alte Mann ermordet worden war. Der Mob wälzte sich der Fahrstrecke der Straßenbahn zu. Dort beschloß man, die verschiedenen Straßenwagen zu benutzen, um den Weißen zu zeigen, daß niemand ein Recht habe, sie abzuweisen, wenn sie ebensogut wie die Weißen ihr Fahrgeld bezahlten. Die beiden von verschiedenen Seiten ankommenden Wagen wurden augenblicklich besetzt, und die paar weißen Passagiere, die sich zufällig schon im Innern befanden, dankten Gott, als sie sich endlich bis zur Tür durchgearbeitet hatten und ins Freie gelangen konnten. An einen Widerstand gegen die dunkle, drohende Schar dachte niemand.

Es blieb einstweilen bei dieser Demonstration.

Die Neger hatten nur beweisen wollen, daß sie ebensogut auf diesen Wagen fahren durften wie die „Buckras“, und dieses Ziel hatten sie erreicht. Von ihrem Siegesgefühl angetrieben, beschlossen sie zu trinken und wählten dazu das an der Straße gelegene, große und hauptsächlich von Pflanzern besuchte Café, dessen Wirt, ein Franzose, jedoch den Fehler beging, ihnen den Eintritt zu verweigern.

„Boys“, rief er ihnen entgegen, „hier nicht, da drüben ist Restauration für euch – hier nicht für Farbige.“

„Was sagt er?“ riefen die Schwarzen, die die Worte nicht verstanden hatten, aber merkten, daß man sie nicht einlassen wollte. „Haut doch dem verdammten Franzosen eins über den Kopf.“

Die Spitze der Gruppe war weniger darüber verbittert, daß man sie nicht einließ, als durch die Anrede. „Boys“ – so hatte man sie früher nennen dürfen, als sie noch unter der Peitsche des Aufsehers standen. Jetzt waren sie, wie ihnen das die alten farbigen Damen Tag für Tag vorgehalten hatten, Gentlemen geworden, und kein Weißer durfte sich das Recht anmaßen, sie Boys zu nennen. Außerdem war dies ein öffentliches Lokal, wo man für Geld zu essen und zu trinken bekommen konnte. Weshalb wollte sie, die sie hier im Land geboren waren, der Fremde, der Franzose, abweisen?

„Hallo, Gentleman!“ schrie der Wortführer, ein großer, derbknochiger Neger. „Wo sind hier Boys? Hier sind alle Gentlemen – coloured gentlemen – verstanden?“ Er drückte den Franzosen nur vorn ein bißchen auf die Brust, daß der Mann gleich ein paar Schritte zurücktaumelte.

„Gentlemen!“ rief der Franzose, doch etwas eingeschüchtert durch das entschiedene Auftreten der Burschen, denn bis jetzt war er nur gewohnt gewesen, daß sie ihm auf das Wort folgten, und wehe dem, der das nicht getan hatte. „Dies ist kein Platz für coloured Schentelmen, dies hier . . .“

„Oh, geh zu Gras!“ rief ein breitschultriger Mulatte. Er warf ihn wie einen Sack beiseite und drängte sich, von den übrigen gefolgt, in den Saal. Die Kellner, größtenteils Mulatten, wollten ihr Hausrecht anwenden, denn sie waren meist freie Leute, und es ärgerte sie, daß ihre Stammesgenossen, noch dazu „Plantagenneger“, hier so patzig auftreten wollten. Das aber hätten sie viel besser gelassen, denn es verschlimmerte den Zusammenstoß und machte die Sache eigentlich bös. Hätte man sie ruhig gewähren lassen, so wären die Neger hereingeströmt, um sich breitspurig, wie es die weißen Gentlemen taten, an die Tische zu setzen, und würden auch für die Getränke bezahlt haben. Sie wollten weiter nichts, als sich ihr Recht und ihre Gleichstellung mit den Weißen sichern. Jetzt aber nahm die Sache einen ernsten Charakter an. Blut war geflossen, die Menge war überhaupt erregt und gereizt, und die dienstbaren Geister im Innern des Cafés bereuten nur zu bald, ihre Stammesgenossen nicht freundlicher empfangen zu haben.

Als die Masse nun gegen die Tür drängte, wurden die wenigen, die sich ihnen dort entgegenstellen wollten, einfach beiseitegedrängt. Sämtliche Stühle wurden zerbrochen, die Stuhlbeine als Waffen benutzt. Einer der Anführer stützte den Arm auf den Ladentisch, ahmte einen Kellner nach und sagte: „Gentlemen, was wollen Sie trinken? Bordeaux, Champagner, Brandy, Whisky, Cocktail, Mint Julep?"

„Champagner", brüllte die Menge, „Champagner und Brandy! Hurra für Endymion!"

Endymion hieß der Mann mit dem wüsten Gesicht. Andere unterstützten ihn bald, denn da er selber fleißig trank, konnte er die übrigen nicht rasch genug bedienen. In kaum zehn Minuten war das große, prächtige Lokal, aus dem sich die weißen Gäste durch eine Hintertür jedem Zusammenstoß mit den „Niggern" entzogen hatten, von jubelnden Negern gefüllt, die die Vorräte plünderten und übermütig Flaschen und Gläser zerschlugen. Man kannte den Wirt als entschiedenen Negerfeind und hatte ihm schon lange, weil er keine Farbigen als Gäste in seinem Lokal dulden wollte, einen Besuch zugedacht.

Der Lärm in den Straßen ging ebenfalls weiter. Die „Nigger", die überall vor und in den Schenklokalen der Stadt lungerten, vertranken das wenige Geld, das sie sich früher unter den ungünstigsten Verhältnissen erspart hatten.

Endlich wurde die Polizei aufgeboten und Militär herbeigerufen. In der breiten Kanalstraße stellte sich die Mannschaft auf, um von dort langsam vorzurücken und die Bahn zu räumen. Die ersten Neger wichen auch willig zurück. Sie waren überhaupt in keiner bestimmten Absicht hierhergekommen und hatten nicht daran gedacht, sich den Behörden zu widersetzen. Nur ihr Recht wollten sie sich wahren, und die Nüchternen unter ihnen glaubten das erreicht zu haben und leisteten wenigstens nirgends Widerstand. Anders gestaltete sich das aber, als die Polizei gegen das Kaffeehaus anrückte, von wo aus ihnen der Franzose entgegengestürzt war und wütend die Meldung machte, daß ihm das ganze Haus geplündert würde. Das war nun allerdings nicht der Fall, nur der Getränke hatten sich die Farbigen bemächtigt und dabei des Guten mehr getan, als ihnen allen wohl nützlich war. Durch eine ruhige Aufforderung, zu gehen, wäre die Sache ohne weiteres Blutvergießen abgelaufen; aber die Weißen waren erbittert, und die Polizisten holten einige der lautesten Burschen aus der Masse heraus, um sie zu verhaften und für den Schaden verantwortlich zu machen.

Unter ihnen befand sich Endymion, ein stolzer Mensch, der nicht daran dachte, sich gutwillig zu fügen und keinen Widerstand zu leisten. Der Neger besaß eine wahrhaft riesige Kraft: zwei der Burschen, die auf ihn zu traten und ihn zu gleicher Zeit faßten, nahm er blitzschnell und mit beiden Händen am Hals und stieß sie dermaßen mit den Köpfen zusammen, daß sie bewußtlos in die Knie knickten.

Das war das Zeichen zum Angriff. Schüsse fielen, Messer wurden gezogen, und eckige Stuhlbeine schmetterten auf ungeschützte Schädel nieder. Da aber die Neger selber hinaus ins Freie drängten, verlagerte sich der Kampf bald auf die Straße und dauerte wirklich so lange, bis eine größere Militärmacht anrückte und die Farbigen nach allen Seiten die Flucht ergriffen. Es war die höchste Zeit gewesen, daß das geschah, denn schon verbreitete sich in den entfernteren Stadtteilen das Gerücht, daß ein Kampf zwischen der schwarzen und weißen Rasse ausgebrochen wäre. Neger wie Mulatten strömten – zum großen Teil bewaffnet – herbei, um sich ihren Stammesgenossen anzuschließen. Die Hilfe kam zu spät. Das eigentliche Schlachtfeld war schon geräumt, doch Blut hatte der Kampf trotzdem genug gekostet. Besonders die besser bewaffnete weiße Truppe hatte, von Bürgern dabei unterstützt, eine größere Anzahl von „Niggern“ getötet. In der weißen Bevölkerung fürchtete man das Schreckgespenst einer Negerrevolution, so daß sich alles bewaffnete. Am Abend dieses Tages hätte sich kein Farbiger auf der Straße sehen lassen dürfen, denn er wäre ohne Zweifel niedergemetzelt worden.

*

Durch Lafayette, den nördlichen Stadtteil von New Orleans, der von dem Aufruhr wenig oder gar nicht berührt worden war, schritt ein junger Mann, einen Zettel in der Hand, und suchte anscheinend ein bestimmtes Haus, das er nicht gleich finden konnte.

Eben hatte er ein kleines Gebäude passiert, dessen untere Fenster offenstanden, als dort ein Herr ans Fenster sprang, ihm einen Augenblick nachschaute und dann ausrief: „Wolf!"

Der junge Mann drehte sich um.

„Bist du's denn? Wahrhaftig? Mensch, wo kommst du her? Komm herein, komm herein!"

„Robert! Bei allem was lebt! Ich suche dich schon über eine Stunde."

Wolf lief rasch in das Haus hinein, und die beiden Freunde, die sich seit Jahren nicht mehr gesehen hatten, fielen sich in die Arme.

„Dann hast du meinen Brief erhalten, Wolf?"

„Ja – aber die darin angegebene Wohnung stimmte nicht."

„Ich gab sie auf, um einem alten Freund, der gerade seine junge Frau von Deutschland herübergeholt hat, einen Dienst zu leisten, und nahm diese kleinere. Willst du wirklich nach Deutschland zurück? Ich möchte in nächster Zeit in den Westen aufbrechen. Was für eine herrliche Tour hätten wir miteinander machen können!"

Wolf lachte. „Ich habe andere Dinge im Kopf, als Hirsche oder Truthühner zu schießen. Neun Jahre habe ich schwer gearbeitet. Ich sehne mich danach, endlich mein Ziel zu erreichen und meine Braut heimzuführen. Ich denke, ich habe es mir verdient."

„Neun Jahre!" staunte Robert Düben, ein junger Maler, der vor etwa drei Jahren mit reichlichen Mitteln nach Amerika gekommen war, einzig und allein zu dem Zweck, das Land kennenzulernen und Studien zu machen. „Das ist ja noch schlimmer als damals – war's nicht Jakob, der sieben Jahre um seine Rahel dienen mußte? Und weiß sie, daß du kommst?"

„Geschrieben hab ich's natürlich, aber keine Antwort erhalten.

Die Briefe müssen in der unruhigen Kriegszeit verlorengegangen sein. Vor einem Monat habe ich wieder geschrieben, möglicherweise kann ich mit der nächsten Post Antwort haben. Kommt aber keine, so hole ich sie mir selber in Deutschland, denn mir wird das Schweigen unheimlich."

„Wie heißt deine Braut? Kenne ich die Familie?"

„Ich glaube kaum. Laura ist die jüngste Tochter des Professor Rautenkranz. Die Familie stammt vom Rhein ..."

„Kommst du aus der Stadt herunter?" unterbrach Düben. „Es soll da oben unter den Schwarzen eine Revolte ausgebrochen sein."

„Die ist nun ziemlich vorüber", sagte Wolf. „Ich habe den Anfang erlebt, als ein alter Neger erschossen wurde. Daß ich dich heute abend schon aufgesucht habe, hängt eigentümlicherweise mit der Revolte zusammen. Ich wollte eigentlich erst morgen früh bei dir vorsprechen ..."

„Mit der Revolte?" fragte Düben verwundert.

„Durch den ersten Schuß wurde ein blutjunges, schönes Quadronen-Mädchen mit blonden Haaren und blauen Augen ihres Beschützers beraubt und als Waise auf die Straßen der Stadt gestoßen. Dort wird sie, wenn sich niemand ihrer annimmt, untergehen."

„Und deshalb hast du mich aufgesucht?" Düben lächelte. „Soll ich etwa der Beschützer einer jungen bronzefarbigen Dame werden?"

„Sie hat einen schneeweißen Teint", sagte Wolf, „aber da du schon längere Zeit in New Orleans bist, wo ich keine einzige Familie kenne, wollte ich dich fragen, ob du nicht irgendeine Familie wüßtest, in der das Kind als Hausmädchen Aufnahme fände – am liebsten bei Deutschen, denen sie zu vertrauen scheint."

„Das träfe sich ja vortrefflich", meinte Düben. „Unter meinen übrigen Bekannten wüßte ich keinen Platz, aber Bödings äußerten noch gestern, sie würden gern ein junges, zuverlässiges Mädchen aufnehmen, das der Frau zur Hand gehen könnte. Vielleicht wäre dort etwas."

„Bödings? Wer sind Bödings?"

„Die Freunde, denen ich mein Logis überlassen habe. Sie hatten ein deutsches Mädchen mit herübergebracht. Wie das aber in

Amerika so geht, war ihnen die bald abspenstig gemacht worden, und sie brauchen jetzt wieder jemanden."

„Und wann kann ich darüber Antwort haben?"

„Ich war eben, als ich dich vorübergehen sah, im Begriff, zu ihnen zu gehen. Wenn es dir recht ist, nehme ich dich mit. Es sind liebe, prächtige Leute, sie werden dir sicher gefallen. Wie lange bleibst du noch in New Orleans?"

„Bis zum nächsten Dampfer, also etwa zehn oder elf Tage."

„Dann hast du ja in der Zeit gleich eine deutsche Familie, bei der du manchmal einen Abend verbringen kannst und dich wohl fühlen wirst. Wir können gleich gehen – es wird kaum zehn Minuten weit sein."

„Gern. Ich habe heute nichts Besonderes mehr vor und würde mich freuen, für das arme Kind ein Unterkommen zu finden. Aber was ich dich fragen wollte, hast du schon viele Studien gemacht?"

„New Orleans ist eine wahre Fundgrube für mich. Es bietet sowohl Naturschönheiten als auch manche Eigentümlichkeiten. Dieses Gemisch von Rassen und Nationen ... In Kairo glaubte ich, daß es keinen gemischteren Ort auf der Erde geben könne, aber ich hatte damals New Orleans noch nicht gesehen."

Langsam schlenderten die Freunde durch die nächste Seitenstraße dem Fluß zu, um die kühlere Luft dort zu genießen. Es fing an zu dämmern, der Abend brach mit Macht herein. Ein gewaltiger Mastenwald zog sich am Ufer hin und begrenzte die Stadt dort wie durch ein mächtiges Gitter. Fortwährend kamen Dampfer an, andere liefen aus; kleine Dampffährboote kreuzten den Fluß.

Die beiden Männer hatten das Leben hier unten schon oft gesehen und sich daran gefreut, aber es war ihnen doch immer wieder neu. Wie das um sie her in Spanisch, Deutsch, Französisch und Englisch schwirrte und schrie und lachte oder sich stritt. Langsam schoben sie sich durch die Menge und erreichten endlich die Straße, in der in einem kleinen freundlichen Gärtchen mit Magnolien, Bananen, Orangen und Granatbäumen das nun von der Familie Böding bewohnte Haus stand.

Gerade wollte Düben das kleine Gartentor öffnen, durch das der Weg zum Haus führte, als er plötzlich seinen Arm fest und fast krampfhaft gepackt fühlte. Erstaunt drehte er sich zu seinem Begleiter um und sagte: „Du tust mir weh! Was hast du?"

„Hörst du die Musik?“ flüsterte Wolf. „Kennst du das Lied?“

Düben horchte einen Moment, denn er hatte bis dahin nicht darauf geachtet, dann lachte er und sagte: „Das ist Frau Böding mit ihrer reizenden Stimme. Laß uns hineingehen, wir sind zum Gesang zu spät gekommen. Das ist gewöhnlich das letzte Lied, das sie vorträgt.“

Er wollte die Gartentür öffnen, aber Wolfs Hand legte sich wieder auf seinen Arm. „Bitte, bleib“, sagte er leise. „Du kannst nicht begreifen, wie das Lied die Seele packt und alte Erinnerungen weckt.“

„Nun komm schon“, sagte Düben, „vielleicht bewegen wir die Dame, es noch einmal zu singen, oder du hörst es von ihr ein andermal.“

„Laß mich jetzt“, sagte Wolf freundlich. „Ich bin wie ein Kind und erkläre dir alles auf dem Rückweg. Komm, wir müssen deine Sängerin begrüßen. Hoffentlich kommen wir zu einer guten Stunde, in der sie unseren Wunsch erfüllt.“

Sie schritten durch eine niedere Allee von Feigen- und Granatbäumen, der offenen Glastür zu, die in den Gartensalon führte. Es war fast dunkel geworden, einige Sterne blitzten am vollkommen klaren Himmel. Die kleine Gesellschaft, die im Salon versammelt saß, erfreute sich des wunderschönen Abends, der seinen kühlen, erfrischenden Duft von Rosen und Orangeblüten aus dem Garten bis hinein in den Salon trug.

Die beiden jungen Leute betraten die rund auslaufende, drei niedere Stufen haltende Steintreppe, die in den etwas höher gelegenen Salon führte. Böding, der dort stand, erkannte augenblicklich Düben.

„Mein lieber Düben“, rief er freundlich, „das ist sehr liebenswürdig von Ihnen, daß Sie gerade heute abend kommen. Einige Freunde haben mich überrascht, und ich wollte schon zu Ihnen hinüberschicken, um Sie zu uns zu bitten. Laura, sorge bitte für Licht. Es wird stockfinster, und wir können nichts mehr sehen. Wen haben Sie uns mitgebracht?“

„Einen lieben alten Jugendfreund von mir, Graf Wolf vom Berge, lieber Böding, der . . . Doch davon nachher. Ich wollte mir nur erlauben, ihn Ihnen vorzustellen.“

„Freut mich herzlich, Sie kennenzulernen“, sagte Böding, indem er ihm die Hand entgegenstreckte und sie schüttelte. „Mein Name ist Böding – Strohmeier & Böding, Front Street. Ich weiß nicht, ob Sie hier bekannt sind. Entschuldigen Sie einen Augenblick, meine Frau läßt gleich Licht bringen. Es ist merkwürdig, wie rasch es hier, sobald die Sonne gesunken ist, dunkel wird. Das fällt einem erst so recht auf, wenn man wieder einmal eine Zeitlang in Deutschland war und dann nach hier zurückkehrt."

Die Vorstellung der übrigen Gesellschaft fand im Zwielicht statt.

Wolf war sehr still geworden. Er hatte, seinen Hut in der Hand, mit der Linken die Lehne eines Stuhles gefaßt und hielt den Blick fest auf die Tür gerichtet, durch die die Frau des Hauses verschwunden war. Laura! Hatte ihr Gatte sie nicht so genannt? Und das Lied – die Stimme . . . Düben redete ihn an – er hörte es nicht. Draußen wurden Stimmen laut. Die Tür öffnete sich. Der Glanz der Lampen fiel herein und blendete ihn im ersten Moment.

„Mein guter Herr Düben", sagte plötzlich eine Stimme an seiner Seite, die ihm bis ins Mark hineinzuckte, „das ist sehr liebenswürdig von Ihnen, daß Sie uns heute abend besuchen. Sie haben sich seit zwei Tagen nicht sehen lassen."

„Meine liebe Frau Böding", sagte Düben herzlich, „Sie wissen, wie gern ich immer komme, wenn es meine Zeit erlaubt. Ich hatte einen kleinen Ausflug gemacht, von dem ich erst heute zurückgekehrt bin. Dafür habe ich Ihnen aber einen lieben Freund von mir mitgebracht. Wolf, komm her – Frau Böding, Herr Graf vom Berge, der sich eine ganze Weile in Amerika herumgetrieben hat und im Begriff steht, nach Deutschland zurückzukehren, um seine alte Liebe heimzuführen. Ich versichere Ihnen, eine ganz romantische Geschichte."

Die junge, bildhübsche Frau Böding stand etwas seitwärts von dem Licht, dem sie halb den Rücken kehrte. Sie hatte den Blick auf den Gast geworfen und seinen Namen gehört, sie war leichenblaß geworden, und das Lächeln war aus ihrem Gesicht verschwunden. Mit ruhiger, unbewegter Stimme sagte sie: „Sie wissen, lieber Herr Düben, wie gern gesehen jeder Gast ist, den Sie uns bringen. Herr Graf, seien Sie uns willkommen!"

Düben sah sie etwas erstaunt an, denn so förmlich hatte er sie noch nie erlebt. War es etwa der Grafentitel, der ihr die sonstige

Unbefangenheit nahm? Wolf selber brachte kaum ein Wort hervor, um ihr zu erwidern, und wie ein Schuljunge stand er ihr gegenüber. Böding in seiner einfach herzlichen und unbefangenen Weise, der von allem nichts bemerkt hatte, trat zwischen sie und sagte: „Und nun, lieber Graf, sind Sie bei uns eingeführt. Je öfter Sie kommen, desto angenehmer wird es uns sein. Hier leben wir noch ein wenig beschränkt. Ich lasse eben mein altes Haus draußen im Grünen reparieren und einen neuen Anbau vornehmen. Wenn das erst fertig ist, werden Sie eine freundlichere Häuslichkeit bei uns finden. Solange müssen wir uns freilich behelfen, und wenn Sie schon länger in Amerika sind, werden Sie auch nichts Außerordentliches darin sehen."

„Der hat sich schon in allen Ecken und Winkeln herumgetrieben", sagte Düben lachend, „mit den Indianern gejagt, die gröbste Arbeit getan und Gott weiß was sonst noch durchgemacht. Verwöhnt wird er deshalb schwerlich sein."

„Desto besser", sagte Böding freundlich. „Dann werden Sie sich bei uns um so wohler fühlen."

Er hatte Gastgeberpflichten zu erfüllen. Claret und Eis wurden bestellt, Zigarren mußten gebracht werden, und Wolf wurde unterdessen durch den unermüdlichen Düben der anderen Gesellschaft vorgestellt. Sie bestand aus etwa zehn Personen, die heute gekommen waren, weil jeder das Bedürfnis fühlte, sich über die Vorgänge in der Stadt, die sehr leicht eine bedenkliche Wendung hätten nehmen können, auszusprechen. Wolf hörte wohl die Namen derer, mit denen er bekanntgemacht wurde, aber nur wie aus weiter Ferne, in unverständlichen Lauten zusammenfließend, und als die Zeremonie vorbei war, hätte er um alles in der Welt nicht einen einzigen Namen wiederholen können. Er begriff nur, daß sich das Gespräch um die Negerrevolte drehte, von der die tollsten und unwahrscheinlichsten Gerüchte Verbreitung gefunden hatten.

Stumm saß er daneben, und wie ein aufgestörter Bienenschwarm summten die Worte an seinen Ohren vorüber. Die Leute, die sich im Zimmer bewegten, schienen in einem förmlichen Regenbogenglanz zu stehen. Er sah, ebenfalls nur in undeutlichen Umrissen, wie sich Laura – Frau Böding – im Zimmer bewegte, mit diesem oder jenem freundlich sprach, auch lachte und sich jetzt neben einer von den Damen auf dem Sofa niederließ und mit ihr plauderte.

Erst als er seinen Namen dicht neben sich nennen hörte, kam er wieder zu sich, wenigstens soweit, um auf das zu achten, was um ihn gesprochen wurde. Es war Düben, der sein eigenes Abenteuer erzählte und den Grund nannte, weshalb er ihn hierher geführt hatte. Böding reichte gerade die Zigarren herum und kam auch zu Wolf, um ihm eine Havanna anzubieten.

„Ein junges Mädchen?" sagte er. „Eine Quadrone, die Hilfe braucht und eine Familie sucht? Das träfe sich ja vortrefflich. Laura, hast du gehört? Düben hat ein junges Mädchen aufgegabelt, wenn wir die bekommen könnten, wären wir alle Sorgen los. Das würde uns allen gewaltig guttun. Ich sage Ihnen, Düben, Mädchen sind hier zu bekommen wie Sand am Meer, aber bei den meisten hat man genug, wenn man sie nur ansieht. Ich möchte von allen denen, die mir vorgekommen sind, wahrhaftig keine einzige ins Haus nehmen und ihr das geringste anvertrauen. Wo steckt sie, Düben?"

„Graf vom Berge ist die einzige Quelle", sagte Düben. „Er hat sie aus dem Gewirr der Kämpfenden wie ein echter Kavalier herausgeführt und zu ihrer alten Pflegerin gebracht. Nur er kann sie Ihnen zuführen. Nicht wahr, Wolf, du weißt, wo sie ist?"

Wolf, so angerufen, fühlte in diesem Augenblick, wie völlig gedankenlos er dagesessen hatte. Was mußte die Gesellschaft von ihm denken! Aber war das in der Tat Wahrheit, was er erlebte? Wirklichkeit? War diese Frau Böding, die in jedem Zug und Wort seiner Laura glich . . . Es war undenkbar, und er sollte hier mit ihr zusammentreffen? Lächerlich! Wie dem auch sei, er durfte sich jetzt nicht wie ein Tölpel benehmen, nicht der Frau gegenüber, deren Blick scheu zur Seite wich, als er dem seinigen begegnete. Gewaltsam richtete er sich empor – das Anzünden der Zigarre gestattete ihm wenigstens Augenblicke, um sich zu sammeln, dann sagte er: „Wenn ich selber Familie hätte, würde ich das arme, verlassene Kind augenblicklich in mein Haus nehmen. Ihr Pflegevater wurde heute feige von einem amerikanischen Jungen erschossen, der sich durch die Flucht seiner Strafe entzog. Ich brachte die Unglückliche zu der Frau des Ermordeten und war dort Zeuge des Jammers."

„Können wir sie nicht einmal sehen und sprechen?" sagte Böding. „Wir brauchen ein solches Wesen notwendig im Haus. Ich hätte sie lieber noch heute abend hier als morgen.“

„Ich glaube nicht, daß sie heute abend noch das schützende Dach der alten Frau verlassen würde, noch dazu von einem Fremden geführt, aber morgen früh stehe ich Ihnen mit Freuden zu Diensten.“

„Sie wollten sich wirklich selber bemühen, lieber Graf?“

„Ich muß selber gehen, denn ich wüßte nicht einmal, wie ich das Haus genau beschreiben sollte. Ich habe sogar den Namen der Straße vergessen, weiß aber, daß ich sie wiederfinden würde.“

„Darf ich eine Bitte an Sie richten?“

„Gern, wenn ich Ihnen und dem armen Kind dienen kann.“

„Wie wäre es, wenn Sie morgen früh mit meiner Frau hinausführen? Frauen haben darin stets einen sicheren Blick.“

„Wäre es nicht besser, Karl, sie hierher kommen zu lassen?“ unterbrach ihn die junge Frau. „Mir wäre es viel lieber, wenn du sie auch sähest, denn das ist doch eine zu wichtige Sache.“

„Ich werde sie Ihnen hierher bringen“, sagte Wolf ruhig. „Das Kind ist jetzt noch von Entsetzen erfüllt und niedergedrückt und wird erst hier, in Ihrer freundlichen Umgebung und von herzlichen Worten angesprochen, auftauen.“

„Ich werde Wolf dahin begleiten“, entgegnete Düben. „Wir haben uns viel zu erzählen; die kurze Zeit, die wir noch beisammen sind, können wir gar nicht besser nützen und tun außerdem ein gutes Werk.“

Das Gespräch wandte sich wieder anderen Themen zu. Frau Böding unterhielt sich mit ihrer Nachbarin, als Düben zu Wolf trat, seinen Arm ergriff und leise zu ihm sagte: „Wolf, um Gottes willen, was hast du? Träumst du mit offenen Augen? Du bist ja plötzlich wie ausgewechselt. Sonst der Lebhafteste von allen, stierst du entweder vor dich hin oder andere Menschen an, daß sie nicht wissen, was sie davon halten sollen.“

„Ich will dir etwas sagen, Düben“, sagte Wolf leichthin, „ich – begleite dich auf deiner Jagdtour nach Arkansas, und nebenbei – bin ich einfach verrückt geworden.“

Düben sah ihn erstaunt an. „Nun“, meinte er endlich, „solange du dazu lachst, ist es gut, und es wird zu ertragen sein; aber wie kommst du auf Arkansas?“

„Im Moment kann ich es dir nicht erklären, Düben", sagte der junge Mann. „In meinem Kopf dreht sich alles, und wenn ich noch nicht verrückt geworden bin, muß ich es in allernächster Zeit werden. Glaubst du an Zauberei, Doppelgänger, Geistererscheinungen?"

„Ich will dir etwas sagen, Wolf", erwiderte Düben, „ich glaube an den Sonnenstich. Wenn du dich unwohl fühlst, wollen wir lieber gehen, und du kommst heute abend mit zu mir."

„Soweit ich es beurteilen kann", bemerkte Wolf, aber mit bitterer Ironie, „fühle ich mich körperlich wohl . . . Weißt du vielleicht, wie Frau Böding früher hieß und woher sie stammt?"

„Nein, ich habe nie danach gefragt."

„Kannst du es nicht erfahren?"

„Nichts leichter als das. Kennst du sie von früher?"

„Es kam mir fast so vor." Wolf lächelte, aber wieder zuckte der schmerzliche Zug um seine Lippen. „Aber ich kann mich irren."

„Nun, wir wollen sehen. Aber jetzt sei auch wieder heiter. Ich glaube, seit wir hier sind, hast du, außer als das Gespräch auf deinen Schützling kam, noch keine zehn Worte gesprochen."

„Bitte, erkundige dich", drängte Wolf, „ich sage dir nachher, weshalb."

Düben wandte sich langsam dem Zimmer wieder zu und schritt in die andere Ecke hinüber, wo er Böding stehen sah, der eben einem Diener Befehle gab, Erfrischungen herbeizubringen.

„Na, Düben, wie ist das? Ist Ihr Graf immer so gesprächig? Der steht ja fortwährend allein am Fenster. Doch nicht etwa vornehm? Das sollte mir leid um ihn tun, denn dann würde er ein sehr langweiliges Leben hier in New Orleans führen."

„Der? Wahrhaftig nicht!" sagte Düben. „Er ist einer der ungezwungensten und prächtigsten Menschen, die ich kenne."

„Erst seit kurzem in Amerika?"

„Nein, schon seit vielen Jahren. Es ist eine ganz romantische Geschichte. Sein Vater, der alte Graf vom Berge, ein sehr aristokratischer Herr, wollte die Verbindung mit einem bürgerlichen Mädchen nicht dulden. Die beiden waren auch noch sehr jung, und als der Alte drohte, seinen Sohn zu enterben, setzte sich der auf ein Schiff, ging nach Amerika und arbeitete sich hier von der Pike auf empor, bis er sich selber ein Vermögen erworben hatte und den

Alten nicht mehr brauchte – und nun will er heim und seine Braut holen."

„Das klingt romantisch", sagte Böding, „und die Braut hat so lange auf ihn gewartet? Dann ist es wohl das Heimweh, was ihn so still macht."

„Was ich Sie schon lange einmal fragen wollte, Böding, wo haben Sie Ihre liebe Frau kennengelernt, und was ist sie für eine Geborene?"

„In Koblenz lernte ich sie kennen, wo ein Bruder von mir wohnt. Sind Sie in Koblenz bekannt?"

„Nein, gar nicht."

„Sie ist die Tochter von Professor Rautenkranz . . ."

„Rautenkranz", sagte Düben nachdenklich, „wo habe ich den Namen erst kürzlich gehört? Rautenkranz . . ."

„Lieber Gott, man hört so viele Namen, daß sie einem nachher wie bunte Glassplitter in einem Kaleidoskop durcheinander fallen und man, wenn man darüber nachdenkt, nie das Richtige wieder zusammenfindet. Sie entschuldigen mich einen Augenblick, ich muß nach dem Wein sehen."

Eine der jungen Damen hatte sich an das Klavier gesetzt und spielte einen Walzer.

„Liebste Frau Böding", sagte Düben, der jetzt zu der Gastgeberin trat, „wenn Sie mir heute abend eine Bitte erhören wollten . . ."

„Und was hätten Sie zu bitten?" Die junge Frau lächelte.

„Singen Sie uns noch einmal das Lied ‚Von der Straße her ein Posthorn klingt'."

„Ich habe es vorhin gesungen."

„Ja, aber wir hörten nur noch die letzten Töne, als wir den Garten betraten. Sie wissen, ich bin sonst immer der letzte, der Sie quält, denn ich weiß, daß einen zum Gesang erst das eigentliche Gefühl treiben soll, wenn man selber Freude daran haben will. Aber machen Sie heute einmal eine Ausnahme, mir und meinem Freund Wolf zuliebe."

Die junge Frau hatte, während Düben sprach, mehrmals die Farbe gewechselt, ohne daß er es in seiner Arglosigkeit bemerkte. Aber ihre Augen blitzten, die zarten Lippen preßten sich fest zusammen, und mit einem halben Lächeln sagte sie endlich: „Wenn

Sie mich so bitten, kann ich wirklich nicht widerstehen, obgleich ich Ihnen lieber – ein anderes Lied gesungen hätte. Was sagen Sie zum Beispiel zum ‚Erlkönig'?"

„Beste Frau Böding, den singen Sie ja auch ganz bezaubernd, aber heute nur noch die Post – bitte!"

„Schön", sagte Frau Böding, indem sie aufstand und zum Klavier trat, das die andere Dame eben wieder verlassen hatte, „Sie sollen diesmal Ihren Willen haben."

„Nehmen Sie meinen tausendfachen Dank dafür."

„Seien Sie mir nicht böse, meine Damen", wandte sich Frau Böding an die Versammelten, „wenn ich Sie heute abend zum zweitenmal mit ein und demselben Lied quäle, aber Herr Düben hat mir keine Ruhe gelassen, und deshalb auf sein Haupt die Verantwortung."

„Sie singt uns noch einmal ‚Von der Straße her ein Posthorn klingt'", flüsterte Düben dem Freund zu.

„Du hast vorher mit Herrn Böding gesprochen. Hast du ihn vielleicht gefragt?" sagte Wolf; seine Stimme klang heiser.

„Gewiß", sagte Düben unbefangen. „Sie stammt aus Koblenz. Ihr Vater ist Professor dort und heißt – warte, wie war doch der Name – ja, Rautenkranz."

Wolf lachte. „Das ist ja wirklich ein merkwürdiges . . ."

„Pst", flüsterte ihm Düben zu, „sie beginnt!"

Frau Böding begann mit ihrer klang- und seelenvollen Stimme das Lied, und wenn sie es je mit Gefühl gesungen hatte, dann heute. Kein Laut regte sich in dem Raum, kein Flüstern wurde gehört, und als sie endlich schloß, da brach der Jubel los in nicht endenwollendem Beifall.

„Nun, was sagst du dazu?" fragte Düben, sich gegen den Freund zurückwendend. „Hast du . . .?" Er sah sich erstaunt im Zimmer um, Wolf mußte es aber vor Beendigung des Gesangs verlassen haben, denn er war nirgends mehr zu entdecken. Auch Frau Böding hatte, als sie sich dankend gegen die Gäste verbeugte, den Blick umherschweifen lassen, aber Wolf war verschwunden und ließ sich an diesem Abend nicht mehr sehen.

Es geschieht manchmal

In New Orleans war der Tumult des vorigen Tages unterdrückt, die Ruhe aber noch keineswegs wiederhergestellt, denn die Neger glaubten – vielleicht nicht ganz zu Unrecht –, daß alle ihre Rechte auf das äußerste gefährdet sein würden, wenn man schon in den ersten Tagen anfing, ihnen einzelne zu kürzen.

Patrouillen durchzogen den ganzen Tag die Stadt, und die Weißen fühlten sich wohl sicher, daß die Neger oder Farbigen keine Exzesse mehr verüben würden, aber sie wagten auch nicht, irgendeinem von ihnen den Platz in einer street car streitig zu machen.

Es war noch früh am Morgen, als Wolf vom Berge seinen Freund Düben in dessen Wohnung aufsuchte.

„Um Gottes willen, Wolf, wohin warst du gestern abend auf einmal geraten? Alles hat nach dir gefragt, und besonders die Damen schienen ein wenig gekränkt darüber zu sein, daß dir die Gesellschaft offenbar nicht vornehm genug gewesen ist."

„Mein lieber Düben", sagte Wolf, „ich habe mit Negern und Mulatten vor einem Baumwollballen als Tisch mein Essen von einem Blechteller verzehrt, und mir kann wahrhaftig kein Mensch Hochmut vorwerfen, aber – mir war nicht gut."

„Du siehst allerdings blaß aus."

„Der ganze Saal fing an, sich mit mir zu drehen, und da hielt ich es für besser, die frische Luft aufzusuchen."

„Dann hast du Frau Bödings Lied gar nicht zu Ende gehört?"

„Doch", sagte Wolf leise, „oft und oft."

„Oft und oft?" rief Düben erstaunt.

„Komm, Düben, nimm deinen Hut und laß uns gehen, um vielleicht dem armen Quadronenkind Hilfe zu bringen. Es ist noch kühl heute morgen. Unterwegs sollst du dann alles erfahren. Wir haben auch noch manches andere zu besprechen."

„Du bist heute so merkwürdig, Wolf", sagte der junge Mann, als sie die Straße hinabschritten, „so sonderbar – so ernst, und noch gestern, als wir zu Bödings gingen, warst du ganz anders – heiter und glücklich. Hast du etwa Briefe von zu Haus bekommen?"

„Erinnerst du dich noch", sagte Wolf, ohne die Frage zu beantworten, „daß ich dir sagte, ich hätte seit langer Zeit keine Nachricht von daheim bekommen? Solange der Krieg dauerte, war das auch nicht gut möglich. Ich konnte wohl schreiben, aber wohin hätte ich einen Brief adressieren lassen sollen, da wir ja selber nicht wußten, wohin wir dirigiert werden. Allerdings hatte ich in Deutschland Auftrag gegeben, alle für mich bestimmten Briefe postlagernd nach Cincinnati am Ohio zu senden, damit ich sie dort später vorfände, aber – es war nichts eingelaufen, und die einzige Erklärung blieb für mich die, daß in den Kriegswirren auch meine Briefe verlorengegangen wären. Ich beschloß deshalb, nach Deutschland zurückzureisen und meine Braut von dort abzuholen."

„Und willst du das nicht mehr?"

„Nein, weshalb auch, da meine Braut ja schon herübergekommen ist."

Düben sah den Freund an. Sein ganzes Benehmen war so sonderbar, an ihm so außergewöhnlich. Diese ironische Ruhe paßte nicht zu Wolfs Charakter, und die Worte – er begriff von alledem keine Silbe.

„Deine Braut ist herübergekommen, Wolf?"

„Ja, gewiß. Du kennst sie – Frau Böding."

„Wolf!" rief Düben erschreckt.

„Und wie oft hat sie mir", fuhr Wolf weich fort, „das Lied ‚Von der Straße her ein Posthorn klingt' vorgesungen, und wie mich gebeten, daß ich nie vergessen soll, ihr zu schreiben."

„Wolf, träumst du oder wachst du?" rief Düben bestürzt.

„Das habe ich mich gestern auch gefragt", sagte Wolf. „Ich konnte mir nicht denken, daß das Wirklichkeit und Wahrheit sei; aber es ist alles in Ordnung, alles so, wie es von jetzt an sein muß. Daran ist nichts mehr zu ändern. Fast neun Jahre habe ich daran gearbeitet, mir eine Stellung im Leben zu erkämpfen, um mir meinen Hausstand zu gründen. Jetzt habe ich alles, nur die Hausfrau ist mir abhanden gekommen und hat, wahrscheinlich aus Versehen, einen anderen geheiratet."

„Ist das möglich, ist das denkbar?“ rief Düben bewegt.

„Es ist wenigstens Tatsache“, sagte der junge Mann, „wenn ich es selber auch noch nicht begreife. Es wird aber wohl alles in Ordnung sein, Düben, und wenn du soweit bist, so denke ich, machen wir einen fröhlichen Jagdzug nach Arkansas hinein, wo ich dir vielleicht in mancher Hinsicht von Nutzen sein kann, da ich dort viele Bekannte habe, vorausgesetzt, daß sie der Krieg nicht hinweggerafft hat.“

„Und hat sie dich erkannt?“ fragte Düben leise.

Wolf lachte. „Hast du das nicht an ihrem Blick gesehen? Wir behandelten uns aber, wie du mir zugestehen mußt, mit der größten Höflichkeit. Es wurde keine Form der Etikette verletzt, und ich fing an, mich schon ganz behaglich zu fühlen, – nur das Lied“, setzte er nach einer kleinen Pause hinzu, „wie sie das Lied begann, wie ihre Stimme anschwoll, wie die Erinnerung an jene Stunden ...“ Er kam nicht weiter; die Worte quollen ihm aus der Kehle, und er rang eine Weile mit sich, um seiner Gefühle Herr zu werden.

„Armer Wolf“, sagte Düben leise und bewegt, „aber wie war das möglich?“

„Das fragst du mich? Aber laß die Gedanken jetzt – es ist vorbei. Es ist alles vorbei, und ich bin ein Freiherr geworden, wie es keinen zweiten in dem weiten Land gibt. Jetzt ist der Wald meine Heimat. Komm mit mir nach Arkansas, Düben, und du sollst sehen, welch ein freies, tolles Leben wir da finden.“ Er unterbrach sich, indem er stehenblieb und die Gegend überschaute. „Wir müssen am Ziel sein. Das – wenn ich nicht irre, ist die Straße, die zwischen den Gärten hinausführt. Ja, an der Palme hier erkenne ich den Platz und an der Mauer, über die die breiten Bananenblätter herüberschauen. Komm, wir haben nur noch wenige hundert Schritte.“

Düben erwiderte kein Wort. Das eben Gehörte hatte ihn so erschüttert, daß er nicht wagte, das Schweigen zu brechen, und Wolf selber fuhr nach einer kurzen Weile in ganz ruhigem Ton fort: „Wie sonderbar in der Welt die verschiedenen Schicksale ineinandergreifen, und wie sich eins aus dem anderen entwickelt, ohne daß wir einen Zusammenhang dazwischen ahnen. Ich wollte, aus Langeweile eigentlich, wie ich damals glaubte, zum See hinausfahren. Ich wußte nicht, daß ich mußte, denn dort fand ich, oder auf dem Weg dahin, das arme, unglückliche Wesen, und nur durch sie, in dem Wunsch ihr zu nützen und zu helfen ... Laura ... ‚Du glaubst zu schieben, und du wirst geschoben', sagt das nicht der Mephistopheles im Faust? Wir glauben, hier in der Welt selbständig zu handeln, ja wir sind stolz auf unseren freien Willen, unsere Charakterfestigkeit, und wenn wir die ganze Sache bei Licht besehen, haben wir am Ende nur getan, was wir tun mußten, weil wir es eben nicht ändern konnten. Bah, Gedanken, Grübeln – Pläne machen, Hoffnungen hegen und sich auf einen Zeitpunkt freuen – alles Unsinn! Wir wissen nicht einmal, ob die nächste Viertelstunde noch uns gehört. Aber wir sind da. Siehst du das kleine Haus vor uns?"

„Aus dem eben die Frau tritt?"

„Ja, dorthin brachte ich gestern die arme Waise – ein Nigger, wie die Jungen in dem Fuhrwerk sagten, und doch so weiß wie wir und engelschön. Bring sie zu Böding, Düben. Laura wird gut zu ihr sein, denn ihr Herz ist weich, und ich weiß, daß sie kein Unrecht duldet."

„Willst du uns nicht begleiten?"

Die Antwort wurde ihm abgeschnitten, denn das Mädchen, das eben das Haus verlassen hatte, war ihnen entgegengekommen und hatte sie jetzt erreicht. Sie schlug die Augen nicht auf, als sie die Fremden erreichte, sondern wich ihnen in einem weiten Bogen auf dem Fußweg aus.

„Hebe", sagte Wolf, der sie zwar bemerkt, aber nicht gleich erkannt hatte.

Dübens Blicke hingen ebenfalls an ihr; es war etwas so Auffallendes, daß eine weiße Dame ein paar Herren in solcher Weise auswich, als ob sie sich am hellen Tag vor ihnen fürchte. Es entging ihm dabei – er sah im ersten Augenblick nur in ihr Gesicht –, daß sie ein zwar modernes, aber sehr billiges Kattunkleid und nicht einmal Handschuhe trug, ohne die eine weiße Dame kaum auf die Straße gegangen wäre.

Hebe hatte bei Nennung ihres Namens den Blick gehoben und den Fremden erstaunt angesehen. Als sie Wolf erkannte, färbten sich ihre Wangen. Sie grüßte ehrfurchtsvoll und wollte dann ihren Weg fortsetzen, aber Wolf ließ es nicht zu.

„Hebe“, sagte er freundlich, „erinnern Sie sich, was ich Ihnen gestern gesagt habe: ich wollte mir Mühe geben, einen Platz in einer Familie für Sie ausfindig zu machen. Ich habe mit Hilfe dieses Herrn die Aussicht . . . Oder – komme ich zu spät? Ich sehe, Sie tragen ein Bündel in Ihrer Hand. Wohin wollen Sie?“

Hebe trug in der Tat ein kleines, in ein buntes Tuch geschnürtes Paket. Darauf angesprochen, senkte sie den Kopf und sagte leise und wehmütig: „Wohin ich will, weiß ich selber nicht. Tante Pitt ist so böse auf mich gewesen. Sie hat mir gesagt, ich sei schuld an Onkel Pitts Tod, und sie wolle mich nicht länger im Haus haben. Und nun – will ich sehen, wo ich Arbeit und gute Menschen finde.“

„Und wenn wir Ihnen das bieten, und zwar in einer deutschen Familie?“

Hebe sah Wolf forschend an; es lag immer noch Mißtrauen in ihrem Blick. So jung sie war, hatte Hebe die Erfahrung gemacht, nicht jedem zu trauen, der sich ihr mit glatten Worten nahte.

„Eine deutsche Familie?“ fragte sie endlich leise.

„Liebe, gute Menschen, die keinen Haß gegen die farbige Rasse haben und sie nicht verachten.“

„Und Sie wollen mich dorthin führen?“

„Nicht ich“, sagte Wolf, „sondern mein Freund hier, der mit der Familie eng befreundet ist und dem Sie sich anvertrauen können.“ Er sah, wie der Blick des Mädchens scheu zu Düben hinüberging. Ernst und forschend waren die großen blauen Augen auf den jungen Maler gerichtet, der dem Blick aber frei und treuherzig begegnete. Als sie Düben einige Sekunden betrachtet hatte, sagte sie ruhig: „Ich will mit ihm gehen, und Gott wird ihm seine Freundlichkeit lohnen.“

„Kommen Sie, Hebe“, sagte Düben freundlich, „ich hoffe bestimmt, daß wir Ihnen einen Platz zuweisen können, wo Sie sich wohl fühlen werden.“ Langsam schritten die beiden jungen Leute den Weg zurück.

„Ich werde euch bis in die Nähe von Bödings Haus begleiten“, sagte Wolf, als sie eine kurze Strecke gegangen waren, „und das Schicksal Hebes dann in deinen und – Frau Bödings Händen lassen.“

„Du willst ihr nicht wieder begegnen?“

„Wozu kann es nützen? Es würde ihr gewiß nur peinlich sein.

Man begegnet nicht gern solchen Leuten wieder, die man ..." Er biß die Zähne fest zusammen, und schweigend verfolgten beide, von Hebe dicht gefolgt, eine Zeitlang ihren Weg.

„Weißt du auch, ob sie schuldig ist", begann Düben endlich wieder, „oder ob sie dich nicht selber dafür hält?"

„Mich?" Wolf lächelte.

„Ja", sagte Düben. „Ich kann dir nur sagen, wenn sie gestern als eine Wort- und Eidbrüchige vor dir gestanden hätte, müßte ich doch auch etwas davon gemerkt haben. Denn daß sich Laura auf eine solche Weise verstellen könnte, glaube ich nicht. Sie mag Bewegung gezeigt haben, ja, das gebe ich zu – es kam mir selber fast so vor, als ob sie etwas bleicher als gewöhnlich ausgesehen hätte –, aber es war doch so wenig, daß mir die Hauptsache vollständig entgangen ist. Und noch eins: Wäre sie dann imstande gewesen, dir dein Lieblingslied noch einmal vorzusingen? Sie müßte in dem Fall ein wahrer kleiner Teufel sein. Nein, Wolf, dahinter steckt etwas anderes, und wenn ich dir auch gestehen will, daß mich die Tatsache selber schon auf das peinlichste überrascht, so ist doch meine kleine, liebe Frau Böding nicht in dem Maße schuldig, wie du jetzt glaubst, und eine Verständigung wäre für beide Teile nötig."

„Darf ich die jetzt noch suchen?" sagte Wolf; er schüttelte langsam den Kopf. „Nein, Düben, sie ist die Frau eines anderen. Jeder Verkehr muß von da an zwischen uns beiden aufhören, denn ein gleichgültiger ist nicht denkbar und ein anderer – Sünde."

Düben schritt schweigend eine Weile an seiner Seite dahin. „Aber dann verzehrt ihr euch beide euer Leben lang in Mißtrauen gegeneinander. Ich verlange keine Begegnung, aber ich wollte, daß ihr euch nur ein einziges Mal aussprechen könntet. Ihr würdet nachher ruhiger darüber denken."

„Weshalb?" sagte Wolf düster. „Die Tatsache liegt vor – das Schlimmste, was geschehen konnte, ist geschehen, und die Kluft zwischen uns unüberschreitbar geworden. Mir tat es nur leid, daß ich den guten, freundlichen Böding gestern durch meinen raschen Abschied kränken mußte, aber ich konnte nicht anders, Düben. Als ich das unvergeßliche Lied wieder hörte, nach dem ich mich so oft und heiß gesehnt habe, und Laura dort sah und nicht zu ihr sagen durfte, wie ich sie liebe, da hielt es mich nicht länger in den

Räumen – ich mußte fort, und erst draußen in der freien Luft wurde mir besser – konnte ich mich sammeln und wiederfinden."

„So darfst du Bödings nicht verlassen", sagte Düben nach kurzem Grübeln. „Was soll er von dir denken, was von mir, daß ich ihm einen so wunderlichen Menschen zugeführt habe? Wenn ich ihm sage, daß dir nicht gut war, wird er mir das für den Augenblick glauben, aber dann doch jedenfalls erwarten, daß du ihm, sobald du hergestellt bist, einen Besuch machst. Komm jetzt mit mir – du hast die beste Entschuldigung, ja eigentlich die Verpflichtung, ihnen deinen jungen Schützling vorzustellen. Nimm wenigstens Abschied von ihnen und sage Böding einige freundliche Worte . . ."

„Wir quälen uns alle nur unnütz."

„Tu es mir zuliebe."

„Gut – aber morgen früh reise ich ab."

„Nach Deutschland?"

„Ich? Nach Deutschland?" Wolf lachte bitter. „Was sollte ich dort? Ich dachte, du wolltest in den Westen ziehen . . ."

„Gewiß – aber doch nicht jetzt, nicht so rasch. Ich habe hier noch viel zu tun. Bis gegen Ende Juli wollte ich hier bleiben."

„Dann gehe ich dir voran und schreibe dir, wenn ich einen guten Platz gefunden habe."

Sie waren vor Bödings Haus angelangt.

„Düben, mir schlägt das Herz fieberhaft in der Brust, wenn ich mir denke, daß ich ihr noch einmal gegenübertreten soll. Ich weiß nicht, ob du mir recht geraten hast."

„Du kannst nicht anders, wenn dein Benehmen nicht auffallen soll, und das willst du doch nicht."

„Gut, gehen wir, aber ich gebe dir mein Wort, daß ich in diesem Augenblick mit größerer Freude eine Festung stürmen würde, als das Haus dort zu betreten. Aber wenn es sein muß . . ." Entschlossen zog er die Türklingel.

„Hallo, Herr Graf", rief Böding, der die Tür öffnete. „Gestern abend waren Sie plötzlich verschwunden."

„Ich muß tausendmal um Entschuldigung bitten", sagte der junge Mann, „aber das Zimmer begann sich plötzlich mit mir im Kreis zu drehen, und wenn ich nicht sofort die kühle Nachtluft aufgesucht hätte, wäre es nicht ohne Folgen geblieben. Ich bin bei solchen Gelegenheiten schon einige Male ohnmächtig geworden."

„So sehen Sie gar nicht aus . . . Guten Morgen, Düben – ah, da bringen Sie uns das junge Mädchen, von dem Sie gestern sprachen. Treten Sie ein, mein liebes Kind, fürchten Sie sich nicht, Sie sind hier bei guten Menschen, und ich zweifle nicht, daß Sie sich mit meiner Frau vertragen werden."

Düben hatte Hebe die Tür offengehalten und sie vor sich eintreten lassen, was sie aber nur schüchtern annahm. Böding betrachtete sie lange und wohlgefällig, endlich sagte er: „Meine Herren, ich bitte, daß Sie einen Augenblick hier allein bleiben. Ich will nur unseren jungen Schützling . . . Wie heißen Sie?"

„Hebe, Sir."

„Ein poetischer Name . . . Ich will sie nur zu meiner Frau bringen, die gerade bei ihrer Toilette ist, dann komme ich zurück, und wir frühstücken zusammen, ehe ich in das Geschäft gehe. Kommen Sie, Hebe!"

Die beiden Freunde blieben allein. Düben setzte sich an den Flügel, blätterte ein paar Notenbücher durch und begann dann einige kleine Lieder, die er mit ziemlicher Fertigkeit spielte.

Wolf war mitten im Zimmer stehengeblieben, und das Herz schnürte sich ihm zusammen, als er den Blick in diesem Raum umherschweifen ließ. Das war Lauras Zimmer, dort stand ihr Nähtisch, da drüben über dem Sofa hingen zwei große Photographien, sie im Brautkleid, er im schwarzen Frack. Und wie lieb sah sie aus. Das war das Bild, das er lange Jahre im Herzen getragen, für das er geschafft und gekämpft und das ihm als höchstes Ziel seines Strebens gegolten hatte. Das waren die blonden Locken, von denen er eine noch immer bei sich trug. Das waren die lieben Augen, in denen er seinen Himmel geschaut hatte. Das war das süße Lächeln, aber – galt es ihm? Der Bräutigam stand neben ihr, dem sie damals, als diese Bilder aufgenommen worden waren, kaum eine Stunde später die Hand am Altar gereicht hatte, und all der Zauber, der ihre holde Gestalt umgab – nicht für ihn war er bestimmt gewesen, nicht für ihn.

Er vergaß ganz, wo er sich befand. Die weichen Töne, die der Freund den Tasten entlockte, harmonierten mit der Stimmung, die ihn beschlichen hatte, und unwillkürlich zog es ihn näher zu dem Bild, das er stumm betrachtete.

Die Tür öffnete sich leise, ohne daß er es hörte oder darauf achtete. Laura stand auf der Schwelle, und ihr Blick flog zu dem früheren Freund hinüber.

Es war nur ein Augenblick, denn Düben bemerkte die eintretende Gestalt und, als er den Kopf wandte, die Frau des Hauses.

„Ach, meine liebe Frau Böding, Sie müssen entschuldigen, daß wir Sie so früh belästigt haben. Wir hätten aber nicht später kommen dürfen, sonst würden wir unseren kleinen Schützling nicht mehr gefunden haben, der eben im Begriff war, von zu Hause wegzugehen."

Wolf hatte sich rasch umgedreht und sich achtungsvoll verbeugt. Frau Böding sah heute morgen erregt aus. Sie war bleich, und ihre Augen zeigten Ränder, als ob sie geweint hätte.

„Sie kommen nicht zu früh", sagte sie mit einem leisen und doch wehmütigen Lächeln um die feingeschwungenen Lippen. „Ich bin nur heute so spät fertig geworden. Ich bekam Briefe aus der Heimat, die ich wieder und wieder gelesen habe, ehe ich mich davon trennen konnte, und der Inhalt hat mich wohl ein wenig angegriffen." Sie wechselte das Thema. „Aber tausend Dank muß ich Ihnen für meine kleine Pflegebefohlene sagen, die Sie mir gebracht haben."

„Nicht ich", sagte Düben abwehrend. „Hier, Freund vom Berge hat sie aufgefunden und unter seinen Schutz genommen. Ich muß aber gestehen, ich habe selten ein reizenderes junges Wesen gesehen als Hebe, die ihren Namen einmal mit Recht führt. Was sonst als Aurora, Venus, Juno, Sylphe und Cleopatra unter den Negerinnen herumläuft, das sei Gott geklagt. Jetzt sieht sie noch scheu und gedrückt aus, aber bringen Sie das Kind einmal zum Lachen, und ich glaube, sie muß entzückend sein. Dann male ich sie auch", setzte er rasch hinzu, „wahrhaftig, dann muß sie mir Modell sitzen, denn einen prachtvolleren Studienkopf fände ich nirgends."

„Sie soll es gut bei uns haben", sagte Frau Böding weich. Düben fiel es auf, daß sie heute viel bewegter, ernster war als gestern.

„Sie würden da sicher ein gutes Werk tun, verehrte Frau", sagte Wolf ruhig, „und sich außerdem, wenn ich mich nicht sehr täusche, eine Stütze im Haus heranziehen. Hebe sieht mir nicht aus, als ob sie sich je undankbar zeigen würde. Aber ich fürchte, wir haben Ihre Zeit heute morgen schon zu sehr in Anspruch genommen, ich denke, Düben, wir gehen."

„Aber doch nicht vor dem Frühstück?" rief Böding, der die letzten Worte gehört hatte und eben mit mehreren Flaschen in den Armen das Zimmer betrat. „Ist der Tisch gedeckt, Herz?"

„Es ist alles bereit. Tom hat schon zweimal den Kopf in die Tür gesteckt, um es anzuzeigen."

„Dann kommen Sie, geben Sie meiner Frau den Arm, vom Berge, ich habe die meinigen nicht frei. Sie sollen einmal einen ganz ausgezeichneten Sherry versuchen, Düben, den ich erst gestern bekommen habe."

Wolf konnte der Aufforderung nicht ausweichen. Er bot Frau Böding den Arm und fühlte, wie ihre Hand zitterte, aber er sprach kein Wort, führte sie förmlich und achtungsvoll hinüber zu der kleinen, mit Blumen gezierten Tafel und zog sich dann ebenso förmlich wieder von ihr zurück – aber er bekam seinen Sitz neben ihr, und glücklicherweise führte Böding selber die Unterhaltung in lebendigster Weise, so daß Wolfs Einsilbigkeit nicht auffiel. Er unterhielt sich mit seiner Nachbarin nur über gleichgültige Dinge. Aber auch Laura fühlte sich beengt – es war eine peinliche Lage, in der sie sich befand, und das Gespräch konnte nicht in Fluß kommen.

„Sie müssen heute mit meiner Frau etwas Nachsicht haben, lieber vom Berge", sagte Böding, dem das nicht entging. „Sie hat heute morgen Briefe aus Deutschland und auch eine Trauernachricht bekommen. Eine Tante von ihr ist gestorben."

„Oh, das bedaure ich sehr!" sagte Düben. „Die Nachricht scheint Sie wirklich angegriffen zu haben, Frau Böding, denn Sie sehen heute bleich und matt aus."

„Ach nein, das sind die Nerven", meinte Böding. „Sie war gestern abend schon unnatürlich aufgeregt und hat die ganze Nacht Kopfschmerzen gehabt. Mit jener Tante war sie gar nicht so befreundet. Ich weiß nicht, ich konnte mir nie etwas aus ihr machen, und die Dienstleute im Haus nannten sie nur immer den ‚fliegenden Drachen', weil sie überall herumfuhr und auf alles ihre Hände legte."

„Mit dir war sie immer gut, Karl", sagte die junge Frau.

„Ja, das ist wahr", stimmte ihr Mann zu, „sonderbarerweise, aber sonst mit niemandem, denn sie meinte es eigentlich mit keinem gut als mit sich selber, und wenn sie sich einmal etwas in den

Kopf gesetzt hatte, mochte es biegen oder brechen, aber es mußte durchgeführt werden. Es war die Schwester von Lauras Vater, eine alte Jungfer, wie sie im Buch steht. Deine Mutter, Herz, wird Gott gedankt haben, daß sie jetzt Frieden im Haus bekommt."

„Karl, du sprichst recht häßlich. Sie ist tot!"

„Gott hab sie selig!" sagte Böding und wischte sich mit der Serviette den Mund.

Er sah auf seine Uhr, da er seine Geschäftszeit einhielt. Düben fragte: „Was war das, was Sie mir mitzuteilen hatten?"

„Ach ja, gut, daß Sie mich daran erinnern. Bitte, Laura, führe unseren lieben Gast einen Augenblick in dein Zimmer, ich bin gleich wieder da. Kommen Sie einmal mit mir hinauf, Düben. Ich habe da zwei alte, vortrefflich gemalte Bilder, die aber restauriert werden müssen, denn sie sind kaum noch zu erkennen, und da wollte ich gern Ihre Meinung hören. Es hat sich mir nämlich ein Deutscher vorgestellt, der derlei Arbeiten übernehmen will, und ich habe ihm gesagt, daß er heute abend wieder vorbeischauen soll. Verstehen Sie etwas davon?"

„Gewiß, jeder Maler muß sich auskennen."

Böding nahm Dübens Arm und führte ihn mit sich fort, während ein Diener hereinkam und begann, das Geschirr fortzutragen.

„Dürfte ich Sie bitten, Herr Graf, solange mit hinüber in mein Zimmer zu kommen", sagte Laura Böding. Sie war leichenblaß geworden und brachte die wenigen Worte kaum über die Lippen. Wolf folgte ihr mit einer stummen Verbeugung. Es war ein unglückseliger Zufall, daß sie der Gatte im letzten Augenblick, wo er sich eben hatte empfehlen und für immer von ihr scheiden wollen, allein ließ. Für beide mußte dieser Moment höchst peinlich sein, denn was hatten sie sich – nach dem Geschehenen – noch zu sagen? Es war vorbei, ein Lebenstraum zerstört für immer, und wie auch von jetzt ab die Würfel fielen, ihre Wege konnten und durften nie wieder zusammenführen.

Zum Glück brauchte er sich bei der Frau seiner Schweigsamkeit wegen nicht zu entschuldigen; sie sprach selber kein Wort. Sie ging zu ihrem Nähtisch, an dem sie sich niederließ, und winkte ihm dann nur stumm, ebenfalls Platz zu nehmen. Aber sie war lange nicht so ruhig wie Wolf; augenscheinlich kämpfte sie mit einem Entschluß, dessen sie nicht Herr werden konnte.

„Wie ich von Düben höre", begann Wolf endlich, „sind Sie erst vor wenigen Monaten mit Ihrem Gatten herübergekommen. Fühlen Sie sich wohl in New Orleans, gnädige Frau?"

Laura antwortete nicht, jeder Blutstropfen war aus ihrem Gesicht gewichen; ihr Herz klopfte heftig in der Brust, und sie rang nach Atem.

„Herr Graf", sagte sie mühsam, „ich habe mich den ganzen Morgen vor diesem Augenblick gefürchtet, aber er mußte einmal kommen, und ich bin Ihnen und mir eine Erklärung schuldig."

Wolf sah sie mit einem wehmutsvollen Blick an, aber er sagte leise: „Ich habe wahrlich, dafür ist Gott mein Zeuge, diesen Augenblick nicht gesucht, denn ich hätte Ihnen keine Erklärung zu geben. Ersparen auch Sie sich das. Was Sie auch bewogen haben mag, so und nicht anders zu handeln, ich werde Sie nie danach fragen. Es ist geschehen, und gebe Gott, daß Sie nie bereuen."

„Lesen Sie diese Zeilen", sagte die Frau mit zitternder Stimme, indem sie ihm einen offenen Brief reichte. „Sie sind von meiner Schwester. Lesen Sie nur das, was ich unten mit Rotstift angestrichen habe. Das andere hat nur auf den Todesfall Bezug. Ich erhielt ihn heute morgen."

Wolf nahm neugierig den Brief. Was konnte er enthalten, was die Frau so furchtbar bewegte?

Er überflog die bezeichneten Zeilen, las sie langsam noch einmal, aber auch ihm schnürte sich das Herz in unsagbarem Weh zusammen, denn sie sagten mit wenigen, aber furchtbaren Worten, was eine weitere Erklärung zwischen ihnen unnötig machte:

„Eins muß ich Dir noch sagen, obgleich ich lange mit mir gekämpft habe, ob ich es schreiben soll oder nicht, ob es nicht besser wäre, daß Du es nie erfährst, aber ich fühle, daß ich es Dir nicht verheimlichen darf. Im Nachlaß der Tante, da mir die Durchsicht und Anordnung ihres Schreibtisches überlassen wurde, fand ich ein Paket mit zwölf geöffneten, aber dann wieder durch die Petschaft der Tante versiegelten Briefen, acht vom Grafen Wolf vom Berge an Dich, mit dem amerikanischen Poststempel – vier von Dir an ihn, drei davon noch ungestempelt, also gar nicht aufgegeben, einer dagegen mit dem hiesigen Stempel, aber nichts weiter, den sie also auf irgendwelche Art von der Post zurückgefordert haben muß. Deshalb kam kein Brief mehr an. Ob die Notiz, die damals im hiesigen Blatt stand, daß Wolf vom Berge in einer Schlacht gefallen sei, auch von der Tante herrührt, weiß ich nicht. Der letzte Brief von ihm trägt aber ein ganz frisches Datum, und möglich ist es, daß sie auch hier die Hand im Spiel gehabt hat. Er zeigt in dem Brief seine Absicht an, jetzt herüberzukommen und Dich heimzuführen, und klagt nur, daß Du ihm so ewig lange nicht geschrieben hast. Die Tante hat jedenfalls ein schändliches Spiel mit Euch getrieben. Armer Graf! Ich fürchte mich vor dem Augenblick, wenn er uns hier aufsucht. Was soll ich ihm sagen? Es wird mir nichts übrigbleiben, als die Wahrheit."

Wolf hob den Blick zu Laura. Bleich, mit tränengefüllten Augen saß sie ihm gegenüber. Mit bitterem Schmerz in den Zügen schaute sie zu ihm auf.

„Das ist furchtbar!" sagte Wolf, und die Worte rangen sich ihm aus der Brust. „Was habe ich der Frau je zuleide getan, daß sie mein ganzes Lebensglück zerstören mußte?"

Er legte den Brief wieder auf den Nähtisch.

Laura war aufgestanden. Sie nahm den Brief und preßte ihn in der Hand zusammen, sie wollte reden, aber kein Wort kam über ihre Lippen; es war zu viel. Sie drückte ihr Tuch krampfhaft gegen die Augen und verließ rasch das Zimmer.

Wie lange Wolf in dem kleinen, freundlichen Gemach allein blieb, wußte er selber nicht. Die Arme verschränkt, stand er vor der offenen Gartentür und starrte hinaus ins Leere. Seine Gedanken gingen in die Irre, und nur das eine Gefühl blieb: das Gefühl seines Elends und Verlassenseins.

„Hallo, Graf, so ganz allein?" Bödings fröhliche Stimme riß ihn aus seinen Träumen. „Wo ist denn meine Frau?"

„Ihre Frau Gemahlin wurde gerufen", sagte Wolf ruhig.

„So?" Er wandte sich an Düben. „Also, Sie besorgen mir das ... Aber ich muß jetzt fort; es ist später geworden, als ich dachte. Gehen Sie mit, meine Herren?"

„Ich nur bis an die Tür", sagte Wolf. „Ich habe drüben Geschäfte und wollte hier unten ein Boot nehmen. Erlauben Sie mir, werter Herr Böding, von Ihnen Abschied zu nehmen und mich Ihrer Frau Gemahlin, wenn ich sie nicht wiedersehen sollte, auf das freundlichste zu empfehlen."

„Wo wollen Sie denn hin? Fort von New Orleans?"

„Ja. Heute habe ich noch eine Menge von Geschäften zu erledigen, und morgen will ich dann stromauf in den Westen. Vielleicht besuche ich erst einmal die Pazifikbahn."

„Ich dachte, Sie wollten nach Deutschland zurück?"

„Ich habe heute Briefe bekommen, die meine Anwesenheit dort noch nicht erfordern, und ich möchte gern, ehe ich Amerika wieder verlasse, das Wunderwerk des neunzehnten Jahrhunderts ansehen."

„Nun, mein lieber Graf", sagte Böding herzlich, indem er ihm die Hand entgegenstreckte und die seine derb schüttelte, „es hat mich aufrichtig gefreut, Sie kennenzulernen. Düben hat mir sehr viel Gutes von Ihnen erzählt, und wenn Sie je wieder einmal, vielleicht auf der Rückreise aus dem Westen, durch New Orleans kommen, dann bitte ich Sie recht freundlich, unser Haus als das Ihre zu betrachten – und zwar ohne amerikanische Redensart."

„Mein lieber Herr Böding . . ."

„Ah, da kommt meine Frau, da können Sie ihr gleich selber Adieu sagen . . . Aber, Kind, du hast wieder geweint. Nimm mir das nicht übel, bei allem Respekt vor deiner seligen Tante, aber du darfst es auch nicht übertreiben . . . Es schlägt schon elf Uhr – ich muß wahrhaftig fort! Der Graf will dir noch Adieu sagen, liebes Herz. Er geht zu den Indianern. Sind Sie fertig, Düben?"

Wolf war auf Laura zugeschritten. Er nahm ihre Hand, preßte sie sanft in der seinen und sagte nur die Worte: „Seien Sie glücklich!"

Dann wandte er sich ab und ging, eine andere Richtung als Düben und Böding einschlagend, die Straße hinab.

Beim Barbier

Donnersville erwies sich als eine jener Städte, die, wenn sie einmal den richtigen Zuzug bekommen, wie Pilze aus der Erde wachsen und rasch einen Umfang annehmen, von dem sich die ersten Gründer kaum etwas träumen ließen. Was Ezra Ludkins vor langen Jahren für das von ihm angelegte Grahamstown gehofft hatte, daß nämlich einst die Eisenbahn hindurchgeführt werden sollte, verwirklichte sich nun für Donnersville. An allen Ecken und Enden wurde gebaut, und neue Einwohner strömten von Süden und Osten herbei.

Selbst viele Neger verließen den Süden, um sich in den sogenannten freien Staaten des Nordens eine Heimat zu gründen, denn sie trauten dem Frieden da unten noch immer nicht. Der Norden hatte wohl gesiegt, aber wer konnte sagen, ob nicht eine neue Revolution ausbrach, und daß man sie dann vor allen Dingen wieder aufgriff, war gewiß. Es blieb also immer geraten, sich auch der Möglichkeit einer solchen Gefahr zu entziehen. Viele ehemaligen Sklaven, die es irgend ermöglichen konnten, packten ihre wenigen Habseligkeiten und zogen über den Ohio hinüber, manche von ihnen sogar bis Kanada hinauf, um dort ganz sicher zu sein.

Nach Donnersville hatten sich etwa zwanzig dieser vorderhand völlig heimatlosen farbigen Menschen gewandt und dort freundliche Aufnahme gefunden. Es befanden sich einige geschickte Handwerker, besonders ein vortrefflicher Hufschmied und ein Zimmermann, unter ihnen, die rasch Unterkommen und Arbeit bekamen. Beide stammten aus Kentucky und hatten auch schon ihre neuen Namen angenommen. Es dauerte kaum einen Monat, bis die frisch gemalten Schilder über den Türen ihrer kleinen Blockhäuser hüben Eduard Hamilton, Hufschmied, und drüben Charles Bankroft, Zimmermann, anzeigten.

Von den zuletzt angekommenen deutschen Einwanderern hatten sich die meisten entschlossen, in Donnersville oder doch wenigstens im Staat Indiana ihren Wohnsitz zu nehmen, wenn auch Mr. Sherard mit Hilfe seines deutschen Dolmetschers etwa fünf Familien bewog, nach Georgia zu ziehen, um dort all der versprochenen Vorteile teilhaftig zu werden. Natürlich mußten sie ihm hier schon eine Gebühr bezahlen, und Sherard versprach ihnen dafür, selber mitzugehen oder ihnen jemanden mitzugeben, der sie dort einführe und ihnen ihre Plätze anweise. Sie bekamen die Papiere, und ein junger Amerikaner wurde zu ihrer Begleitung bestimmt, da Mr. Sherard selber leider keine Zeit hatte. In der Tat lag ihm nichts daran, sich unter den Schwarzen, bei denen er ein böses Andenken hinterlassen hatte, wieder zu zeigen. Er stand mit dem jungen Urguard und einigen der anderen Herren in Briefwechsel, und das genügte, um den Käufern Grund und Boden rechtskräftig zu sichern. Ob sie sich nachher da unten im Süden wohl fühlten oder nicht, ging ihn nichts an und kümmerte ihn noch weniger.

Übrigens bestand Donnersville schon lange nicht mehr aus nur einfachen Holz- oder Blockhäusern. Unternehmende Amerikaner errichteten hier bald eine Ziegelbrennerei, andere folgten, und mit den Jahren waren zahlreiche Backsteingebäude entstanden.

Hier hatte Jakob Roßwein seine Barbierstube aufgeschlagen, und etwas Anspruchsloseres, ganz der amerikanischen Sitte entgegen, die alles nur auf Schein und Marktschreierei berechnete, ließ sich kaum denken.

Die gebildeten Deutschen in Donnersville behaupteten, Roßwein hätte einen „Sparren", er wäre ein „komischer Kauz", wenn er auch sein Geschäft verstände. Die Bauern wiederum meinten, er sei „eigentlich sehr geschickt", aber auch „furchtbar grob", denn wenn sie sich nur einmal alle paar Monate zur Ader ließen, so ginge das ihn doch nichts an, und er brauchte sie nicht grob anzufahren.

Grob war er, das ließ sich nicht leugnen, und nicht etwa allein zu den Bauern, sondern zu allen, die ihm in die Quere kamen, und doch wußten seine Bekannten und Freunde genau, daß er weit über seinen jetzigen Stand gebildet war, ja sogar bedeutende medizinische Kenntnisse besaß, und ebenso in den alten wie neueren Sprachen bewandert, sattelfest in Geschichte, Naturwissenschaften, Chemie und Literatur war. Er konnte aber nie bewogen werden, Aufschluß über sein früheres Leben zu geben. Das einzige, was man von ihm herausbekam – aber seine Freunde zweifelten daran – blieb, daß sein Vater schon Barbier gewesen sei und er das Geschäft fortgesetzt habe, und wer das nicht glauben wolle, der könne mal . . .

Er hatte, und das war etwas Außerordentliches in Donnersville, eine Bibliothek, aber niemand erhielt Zutritt dazu; sie befand sich in einer Kammer im oberen Stock, und den Abend und die halbe Nacht verbrachte er zwischen seinen Büchern. Die Nachbarn wunderten sich, daß bei ihm so lange Licht brannte; wenn ihn aber jemand fragte, was er da mache, antwortete er, er kratze sich, die Moskitos quälten ihn so, dazu müsse er Licht haben.

Roßwein war in der Tat ein merkwürdiger oder besser gesagt ein außergewöhnlicher Mensch, und was wir in Deutschland unter dem Begriff „Barbier" verstehen, paßte durchaus nicht auf ihn. Er war von hochgewachsener, edler Gestalt mit klaren braunen Augen und braunem Haar, mit hoher Stirn und einem entschlossenen Ausdruck um die Lippen. Und doch lag auch wieder ein schmerzlicher Zug in seinem Gesicht. Selbst sein Humor hatte stets etwas Bitteres und Sarkastisches, was ihn aber nicht hinderte, seinem Beruf mit der größten Aufmerksamkeit zu folgen.

Er saß auch heute wieder in seiner „Stube", wie Doktor Hückler den Raum genannt hatte, und strich, in Ermangelung einer besseren Beschäftigung, seine Messer, als sich die Tür öffnete und Kellmann, Donners Schwager, eintrat und dem „Barbier" die Hand entgegenstreckte.

„Wie geht's, Herr Roßwein? Was machen Sie? Immer noch nicht scharf genug?"

Roßwein lächelte. „Wissen Sie, Herr Kellmann", sagte er, „die Messer hier sind für meine Extrakunden oder wenn neue kommen, die mache ich dann glauben, daß das immer so ginge und ihnen der Bart nur herunterflöge, als ob er mit einem seidenen Tuch abgewischt würde. Bei meinen regelmäßigen Kunden mache ich nicht so viel Umstände, denn die kommen, auch wenn sie einmal geschunden werden."

Kellmann lachte. „Das werde ich mir merken. Aber eine langweilige Arbeit ist es trotzdem."

„Bitte um Verzeihung", widersprach der Barbier. „Es wäre

langweilig, wenn man sich keine Nebenbeschäftigung dabei machte, aber ich bin hier gewissermaßen auf einem Beobachtungsposten und beobachte meine Nachbarn. Sie glauben gar nicht, wie einem dabei die Zeit vergeht."

„Haben Sie so interessante Nachbarschaft?"

„Sehen Sie einmal da hinüber – wie gefällt Ihnen die Dame?"

„Alle Wetter!" staunte Kellmann, nachdem er einen Blick hinübergeworfen hatte, „das ist eine stattliche Frau, die ihre zweihundertvierzig Pfund wiegen mag. Und wer ist der alte Herr, der sie führt?"

„Der alte Esel ist der Herr von Passedow", sagte der Barbier. „Ich habe ihn in Verdacht, daß er den Fettfleck heiraten will. Sehen Sie nur, wie das Frauenzimmer aufgetakelt ist – und das hier in Amerika, in einem Nest, wo sich die Füchse gute Nacht sagen: lila Mantille, hellblaues Seidenkleid, arkadischen Schäferhut – und dann das Gesicht darunter!"

Drüben an der anderen Seite ging der alte Herr von Passedow, eine etwas aristokratische, aber nachlässig bürgerlich gekleidete Gestalt mit einer sehr großen, dicken und sehr auffällig gekleideten Dame vorüber und unterhielt sich außerordentlich zuvorkommend und freundlich mit ihr.

„Im Alter würden sie zusammenpassen", fuhr Roßwein fort, „er ist etwa sechzig und sie über vierzig Jahre – er dünn, sie dick, er arm, sie reich, aber die Ehe nachher und das arme Kind da drüben . . ."

„Welches arme Kind?" fragte Kellmann.

„Sehen Sie das Engelsgesicht da am Fenster? Das lebendige Marmorbild?"

Drüben am Fenster stand ein junges Mädchen, das kaum mehr als zwanzig Jahre zählen konnte, und Kellmann erinnerte sich in der Tat nicht, je in seinem Leben ein regelmäßigeres, schöneres Gesicht gesehen zu haben. Und doch waren die Züge von bitterem Schmerz erfüllt. Hatte sie den Vater mit seiner Begleiterin vorübergehen sehen?

„Ist das die Tochter des alten Herrn?" fragte er erstaunt.

„Leider ja", sagte Roßwein. „Sie führt ihm die Wirtschaft, kocht, kehrt das Haus aus, wäscht, näht und kommt keine Nacht vor zwölf Uhr in ihr hartes Bett, während der alte Esel jetzt noch anfängt, auf Liebesabenteuer auszugehen. Die müßte Schwanflaum kriegen!"

„Was?" sagte Kellmann und sah ihn verwundert an. „Schwanflaum? Wer?"

„Das junge Mädchen da drüben, die arme Helen."

„Was meinen Sie denn damit?"

„Wissen Sie, lieber Herr Kellmann", sagte Roßwein, „ich bin ein Junggeselle und wohne hier ganz allein, und da macht man sich manchmal so allerlei Gedanken. Man meint dann auch wohl in seiner menschlichen Unverschämtheit, daß man manches besser machen könnte, als es eigentlich gemacht ist, und möchte dem lieben Gott zuweilen Ratschläge geben, wie er die Sache so oder so viel praktischer hätte einrichten können. So mit unserer Kleidung. Gott hat uns nackt in die Welt gesetzt. Ich will von anständig gar nicht reden, war es aber praktisch? Was kostet einen unglücklichen Hausvater jetzt allein die Toilette seiner Frau und Töchter, und wie einfach wäre das gewesen, wenn wir, wie die übrigen Säugetiere, zu denen uns die Naturgeschichte ja nun doch einmal rechnet, je nach Rang oder Unterschied gleich einen entsprechenden Pelz mitbekommen hätten, der sich dann natürlich in jedem Winter erneuern müßte."

„Die Sache wäre nicht so übel." Kellmann schmunzelte.

„Nicht so übel?" rief Roßwein. „Sie wäre ausgezeichnet, und unsere Rangunterschiede würden dadurch auch gleich bestimmt gewesen sein. Sehen Sie zum Beispiel den Herrn von Passedow an – den Freiherrn von Passedow, wollte ich sagen, wie schäbig läuft der herum. Der hätte doch jedenfalls einen Nerzpelz bekommen und könnte damit sein ganzes Leben lang Staat machen. Doch um von unten anzufangen, so hätte ich dem gemeinen Volk – hol der Teufel sämtliche Republikaner – einen Seehundspelz gegeben, wenn ich der liebe Gott gewesen wäre. Seehundsfell sieht nicht besonders hübsch aus, aber es ist praktisch. Es schützt gegen Kälte und läßt den Regen ablaufen und würde unseren armen Arbeitern, die oft draußen in Nässe und Frost arbeiten müssen, gewiß sehr angenehm gewesen sein."

„Und was hätten Sie sich für einen Pelz gewünscht?"

„Hm – ich weiß nicht. Von Wünschen dürfte dabei natürlich keine Rede sein, oder sie trügen alle miteinander Zobel. Nein, der liebe Gott oder die Natur, wenn wir so wollen, hätte das einrichten müssen, so daß sich niemand über Ungerechtigkeit beklagen könnte. Ich würde – vorausgesetzt, daß mir die Bestimmung überlassen wäre – mich in einem Otterpelz außerordentlich wohl gefühlt haben. Das Militär bekäme nach den verschiedenen Truppengattungen Bären-, Wolfs-, Tiger- und Panther-Häute – die Offiziere bekämen Löwenfelle, Doktor Hückler hätte ich eine Eselshaut gegeben und der Dicken, die da eben vorüberging, die Haut einer Fettgans."

„Und Herr von Passedow?"

„Müßte sich vorzüglich gut in einem Ziegenfell ausnehmen als Bock. Überhaupt wäre das eine vorzügliche Einrichtung für alle Regierungen, denn wenn sie jetzt einen armen Teufel, der nichts mehr hat, auch nichts mehr abnehmen können, würden sie wenigstens noch die Möglichkeit haben, ihm das Fell über die Ohren zu ziehen."

„Und dann brauchten wir auch keine Schneider", meinte Kellmann.

„Nein", sagte Roßwein, „wir klopften uns gegenseitig die Jakken aus. Himmel, wenn Freiherr von Passedow morgens herüberkäme, um sich das von mir besorgen zu lassen . . . Ah, da kommt ja unser Pfarrer. Ist denn heute Sonntag?"

„Na – wissen Sie das nicht?"

„Man verliert hier das ganze Zeitgefühl", sagte Roßwein, „aber der Pfarrer ist mein Wochenkalender, denn in der Woche kratzt er sich selber notdürftig ab, um die zwölfeinhalb Cent zu sparen. Sonntags aber, wenn er zur Kirche geht, muß ich ihn sauber machen, damit er anständig und nicht streifig aussieht . . ."

„Guten Morgen, mein lieber Roßwein, guten Morgen", sagte der Pastor, als er in seinem Talar an der Tür des Hauses anlangte, aber kein ganz freundliches Gesicht dabei machte.

„Hochwürden", sagte Roßwein mit einer tiefen, ehrfurchtsvollen Verbeugung, „es ist mir eine Ehre, Sie einmal hier bei mir zu begrüßen. Genau wieder eine Woche verstrichen seit dem letztenmal." Er winkte Kellmann zu, sich zu setzen, und holte handwerksmäßig sein Gerät hervor.

„Ja, mein lieber Roßwein", erwiderte der Geistliche, knüpfte dabei seine weiße Krause los, schlug den Talar zurück und band sich die ihm gebotene Serviette um den Hals, „es wäre mir auch lieber, wenn ich Sie sonntags morgens bei mir begrüßen könnte. Wäre denn das gar nicht möglich? Es ist für mich so umständlich und kommt mir entwürdigend vor, ehe ich an Gottes Altar trete, vorher noch in einer Barbierstube abzusteigen und dabei mehr an den äußeren als an den inneren Menschen zu denken."

„Bitte", sagte Roßwein trocken, indem er dem Pastor mit dem dickbeseiften Pinsel quer über den Mund strich und der Auseinandersetzung damit entschieden ein Ende machte. „Es wird sich aber nicht gut ausführen lassen. Das Gedränge ist am Sonntagmorgen hier zu stark, und dann habe ich das Herumlaufen aufgegeben, seit ich Meister geworden bin. Wissen Sie, Hochwürden" – er rasierte mit außerordentlich geschickter, rascher Hand den Bart des Geistlichen ab, der ein glattes, rundes Gesicht hatte –, „wir dürfen die Herren hier in Amerika nicht zu stolz und zu vornehm machen, denn drüben sind sie ein bißchen zu sehr verwöhnt worden. Da sie sich trotzdem entschlossen haben, in eine Republik auszuwandern, ist es viel besser, sie erfahren es so rasch als möglich, daß wir hier alle in einem Topf kochen. Die Heiligen wie die Unheiligen" – er trat einen Schritt zurück und machte eine Verbeugung, bei der indes der Pastor nie wußte, ob sie im Ernst gemeint sei – „werden hier alle über einen Kamm geschoren."

„Lieber Roßwein", bemerkte Pastor Besser, indem er sich mit der Serviette die Überreste der Seife fortwischte und dann vor den Spiegel trat, um sich abzuwaschen, „ich fürchte fast, daß Sie zu den Unheiligen gehören, denn bis jetzt habe ich Sie noch nicht ein einziges Mal in der Kirche gesehen."

„Ich besuche nicht gern Konkurrenzgeschäfte", sagte der Barbier.

„Wissen Sie, wohin die Spötter dermaleinst kommen?" rief Pastor Besser, nun wirklich gekränkt. „Es schützt Sie nicht, ob Sie an einen solchen Ort glauben oder nicht, aber das ewige Feuer brennt, lieber Roßwein – das ewige Feuer brennt – darauf dürfen Sie sich fest verlassen."

„Hochwürden", erwiderte Roßwein, indem er in aller Ruhe sein Messer abtrocknete und das Seifennäpfchen auf die Straße leerte, „daran habe ich auch gedacht. Ich bin Junggeselle, ich habe weder Kind noch Kegel, und was ich einmal hinterlasse, ist auf praktische

Weise angelegt. Ich lasse mir einen dicken Zinksarg anfertigen, den halb voll Chloroform gießen und mich hineinlegen. Dann mögen sie mich brennen und malträtieren, wie sie wollen – ich fühle doch nichts davon."

Der Geistliche seufzte tief auf. Er war eben damit beschäftigt, seine Halskrause umzulegen, was ihm schwerfiel – er bekam einen roten Kopf dabei –, und Roßwein dachte nicht daran, ihn zu unterstützen. Pastor Besser wußte aus Erfahrung, daß an dem Heiden Roßwein seine besten Ermahnungen vergeblich blieben – weshalb sie also an ihn verschwenden. Er ordnete sein Gewand vor dem Spiegel, sah nach seiner Uhr, legte das übliche Zwölfeinhalb-Cent-Stück auf den Tisch, griff nach seinem Barett und verließ das Lokal. In der Tür blieb er noch einmal stehen, wandte sich halb gegen Roßwein um und sagte: „Was ich noch sagen wollte, lieber Roßwein, mein Magen ist nicht in Ordnung. Ich kann nicht das geringste mehr vertragen und fühle schon nach einem einzigen Glas Wein Beklemmungen . . ."

„Hochwürden", unterbrach ihn Roßwein, „Sie wissen, daß ich kein Arzt für innere Krankheiten bin, obgleich ich Pferden und Kühen manchmal etwas eingebe."

„Ich weiß, daß Sie nicht praktizieren", erwiderte der Geistliche, „aber ich weiß auch, daß Sie in manchen Fällen, die den Körper betreffen, ein recht gesundes Urteil haben – wenn ich Ihnen auch mein Seelenheil nicht für das Zucken einer Augenwimper anvertrauen möchte."

Roßwein lachte. „Die Amerikaner haben da ein besseres Sprichwort. Sie sagen: Für das Schütteln eines Lämmerschwänzchens."

„Aber was meinen Sie zu meinem Magen?"

Roßwein zuckte mit den Schultern. „Da gibt es nur ein Mittel: – vermeiden Sie alle Spirituosen. Trinken Sie jeden Morgen einen Eimer kuhwarme Eselsmilch und machen Sie später, wenn Sie Linderung fühlen, eine Molkenkur von Liebfrauenmilch."

„Ach, lassen Sie doch die Scherze!" sagte Pastor Besser, den Kopf schüttelnd. „Nein, ich wünsche wirklich einen ärztlichen Rat."

„Für zwölfeinhalb Cent?" Roßwein lachte. „Neulich ist ein neuer Arzt hier eingetroffen, Doktor Hückler, gehen Sie zu dem.

Der verschreibt Ihnen ein Viertelpfund Calomel, und damit können Sie gleich die Probe machen. Wenn Sie das vertragen, fehlt Ihrem Magen nichts, und können Sie's nicht vertragen, fehlt Ihnen überhaupt nichts mehr."

„Sie entschuldigen, daß ich Ihre wertvolle Zeit so lange in Anspruch genommen habe. Ich sehe, Sie werden von Kunden bestürmt, und ich werde Sie wahrscheinlich nicht mehr belästigen. Auf meine Veranlassung zieht nämlich noch in dieser Woche ein Mulatte herüber, der das Rasieren und Haarwaschen versteht."

„Das wäre mir eine große Erleichterung", bemerkte Roßwein trocken. „Aber ich glaube, Sie kommen zu spät zur Predigt, Hochwürden."

Besser erwiderte keine Silbe, warf einen wahren Dolchblick auf den Barbier und verließ grußlos das Lokal. Roßwein sah ihm still vor sich hinlachend nach, und Kellmann, der ein vergnügter Zeuge der ganzen Verhandlung gewesen war, meinte: „Den Kunden haben Sie sich verdorben, Herr Roßwein, denn wenn mich nicht alles täuscht, kommt der nicht wieder."

„Wenn ich weiter kein Unglück erlebte . . .", sagte der Barbier. „Aber ich fürchte, Sie irren sich, denn der Schlemmer hat Angst um sein Leben. Alle Augenblicke klagt er über Blutandrang, will aber Blutegel und Schröpfköpfe nicht . . . Wer kommt da? Ein Reiter in scharfem Trab, noch dazu ein Fremder . . ."

Ein junger Mann, in Zivil gekleidet, aber mit einer militärischen Mütze auf dem Kopf, kam die Straße herunter und lenkte, als er die beiden Herren in der Tür stehen sah, sein Pferd auf sie zu. Alle Läden waren geschlossen, und viele Bürger waren in der Kirche.

Der Reiter zügelte sein Tier, grüßte militärisch und sagte – das Schild wie die Gestalten verrieten ihm die Landsleute – in deutscher Sprache: „Meine Herren, können Sie mir sagen, wo ich hier in der Nähe einen Schmied finde? Mein Pferd hat ein Eisen verloren."

„Wir haben meines Wissens zwei Schmiede im Ort", sagte Kellmann, „einer wohnt hier nebenan, ein Neger, der andere, ein Deutscher, in einer Nebenstraße, die Ihnen mein Freund Roßwein wohl besser wird beschreiben können."

Roßwein hatte den Fremden scharf und forschend angesehen. Jetzt sagte er halblaut, zweifelnd: „Helldorn?"

Der junge Reiter fuhr überrascht im Sattel herum. „Roßwein? Das ist doch nicht möglich! Doktor – wie kommen Sie nach Donnersville? Ist es denn denkbar?"

„Bei allem was lebt!" rief Roßwein. „Und woher kommen Sie?"

„Geradewegs aus dem Krieg, eben erst entlassen", sagte Helldorn. Er sprang aus dem Sattel und nahm sein Tier am Zügel. „Und was machen Sie hier? Haben Sie sich rasieren lassen?"

Einen Augenblick schien es, als ob Roßwein verlegen würde; er wurde wenigstens rot und brachte nicht gleich eine Antwort über die Lippen. Aber das dauerte nicht lange, dann sagte er mit einem halben Lachen, das doch nicht ganz natürlich klang: „Rasieren lassen? Das besorge ich selber und rasiere noch außerdem andere Leute. Sehen Sie da nicht mein Schild? Wenn Sie hier bleiben, empfehle ich mich Ihnen."

„Unsinn", sagte der junge Mann, „Sie wollen mich nur zum besten halten . . ."

„Erlauben Sie, mein lieber Helldorn", unterbrach ihn Roßwein entschieden, „sind Sie schon lange in Amerika?"

„Etwa vier Jahre."

„Na, dann haben Sie auch Zeit gehabt, einige Erfahrung zu sammeln, und müssen wissen, daß mancher in Deutschland einen Beruf gelernt hat und hier in Amerika einen anderen beginnt. Außerdem weiß man nie, ob es solchen Leuten angenehm ist, an ihre frühere Wirksamkeit erinnert zu werden."

„Aber Sie haben sich der Ihrigen doch wahrlich nicht zu schämen!"

„Das geht niemand etwas an. Was ich bin, sehen Sie auf dem Schild, außerdem heiße ich Jakob Roßwein, und nun wollen wir nebenan in die Kneipe gehen und ein Glas Wein trinken."

Helldorn fühlte, daß Roßwein jede Anspielung auf die Vergangenheit vermieden haben wollte, wenn er sich auch nicht denken konnte, weshalb. Er hatte ihn bis zu seiner Auswanderung genau gekannt und mit ihm in derselben Stadt gelebt. Selbstverständlich ging er auf ein anderes Thema über und nahm die Einladung ohne Widerstreben an. „Aber vorher", setzte er hinzu, „möchte ich mein Pferd in die Schmiede bringen, damit es mir unterdessen beschlagen wird."

„Das geht nicht", sagte Roßwein. „Die Leute sind jetzt alle in der Kirche und dürfen, solange die dauert, nicht arbeiten – ja eigentlich den ganzen Sonntag nicht, sonst haben sie den Pfarrer im Nacken oder vielmehr in der Tasche. Wissen Sie, Kellmann, was unser Pfarrer neulich von der Kanzel gesagt hat, als gesammelt wurde? Er beobachtete erst eine Weile den Burschen, der den Beutel herumtrug, dann beugte er sich vor und sagte: ‚Meine Andächtigen, ihr braucht die Hände nicht so fest zusammenzuhalten, daß ihr sie nachher nicht auseinanderbringen könnt, wenn der Klingelbeutel kommt.‘ Aber ich habe Ihnen noch nicht einmal Freund Kellmann vorgestellt – er hat sich hier verheiratet, ein allerliebstes Frauchen und eine allerliebste Farm und fünf allerliebste Kinder. Und hier ein alter Freund von mir, wenn auch noch nicht an Jahren, Doktor Helldorn. Wie sehen ihre Pläne aus, Helldorn?“

„Ich habe kein bestimmtes Ziel, vielleicht gehe ich nach New York zurück. Es wurde mir nur gesagt, daß ich hier in Donnersville einen Verwandten treffen würde, und den wollte ich aufsuchen.“

„Dann lassen wir Sie auch nicht wieder fort“, sagte Roßwein. „Wir brauchen hier einen tüchtigen Arzt so notwendig wie das liebe Brot, und ich garantiere Ihnen für eine ganz vortreffliche Praxis.“

„Und wo wohnen Sie?“

„Hier in Donnersville, in dem Haus da.“

„Hat man hier an einem tüchtigen Arzt nicht genug?“

„Wir haben eben keinen“, rief Roßwein. „Ich bin Wundarzt, wenn Ihnen der ‚Barbier‘ nicht gefällt, und kuriere keine inneren Krankheiten – grundsätzlich nicht. Ich glaube, das ist deutlich genug.“

Helldorn sah den Mann verwundert an, aber da ein Dritter zugegen war, mochte er vorderhand nichts weiter erwidern und sagte nur ausweichend: „Nun, darüber können wir ja später reden. Wo ist Ihr Wirtshaus? Ich habe Durst bekommen.“

„Hier dicht nebenan.“

„Und mein Pferd lasse ich hier solange stehen?“

„Nein, das nehmen wir mit, damit es auch ein Maul voll Hafer und einen Schluck Wasser bekommt. Wir stehen hier nicht mehr im Feld und leben unter zivilisierten Menschen.“

In diesem Augenblick kam Herr von Passedow mit der starken

Dame am Arm wieder zurück und führte sie in sein Haus hinüber. Er mußte dabei dicht an Roßwein vorüber, aber er sah ihn nicht und schien nur die Dächer der benachbarten Häuser zu betrachten.

„Merkwürdig", sagte Kellmann, als sie vorüber waren. „Das Gesicht der Frau kommt mir so bekannt vor, trotzdem bin ich fest davon überzeugt, daß ich sie nie im Leben gesehen habe, denn den Brocken hätte ich nie und nimmer vergessen."

„Sie sah Sie sehr scharf an, als sie vorüberging", meinte Roßwein, „aber soweit ich feststellen konnte, gab sie kein Zeichen irgendeines Erkennens."

„Sonderbar", murmelte Kellmann, „und ich habe sonst ein ganz ausgezeichnetes Gedächtnis."

„Sie werden ihr irgendwo einmal begegnet sein", meinte Roßwein, „wen kümmert es, wo. Kommen Sie, wir versäumen hier die schöne Zeit, denn wenn die Kirche erst aus ist, bekommen wir drüben nicht einmal mehr einen Platz."

Alte Bekannte

Das eigentlich feine Hotel in Donnersville war die „Meermaid“ von Ezra Ludkins, da es auch Zimmer hatte, in denen Fremde übernachten konnten. Vorzugsweise wurde es von Amerikanern besucht, und ein geräumiger Tanzsaal versammelte zuweilen auch die Deutschen bei festlichen Gelegenheiten.

Das deutsche Wirtshaus war mehr eine Restauration, eine Art Klub, in dem sich die deutschen Bewohner von Donnersville besonders abends trafen und genauso zwecklos und verworren politisierten, wie sie es schon in der alten Heimat getan hatten.

Doktor Hückler hatte sich bei Ezra Ludkins einquartiert und verbrachte dort, meist in Gesellschaft von Amerikanern, seine Abende. Er verkehrte nicht gern mit Deutschen, wie er auch lieber englisch als deutsch sprach. Morgens aber fand er dort niemand, mit dem er verkehren konnte, besonders nicht am Sonntagmorgen, und da er wirklich die Absicht hatte, sich hier als Arzt – Herrn Donner zum Trotz – niederzulassen, mußte ihm besonders daran liegen, die hiesige Gesellschaft, seine künftigen Patienten, kennenzulernen, ebenso aber auch unter den Deutschen bekannt zu werden. Er hatte sich nur leider einen Ton angewöhnt, der etwas von oben herab klang und bei manchen Leuten Anstoß erregte.

Gewöhnlich füllte sich das große Gastzimmer erst nach der Kirche. Nur in dem Billardzimmer nebenan spielten ein paar Franzosen, die einen Friseurladen in Donnersville errichtet hatten, eine Partie, was noch anging, da dieser Raum zum Hof hin lag; vorn würde man es der Kirche wegen nicht geduldet haben. Im Schankzimmer saßen ein paar Bauern, die sich die Andacht „geschenkt“ und ihre Frauen hineingeschickt hatten. Die Leute sahen gut genährt und auch wohlhabend aus, und obwohl sie die alte deutsche Bauerntracht abgelegt hatten, funkelten an ihren Röcken immer noch die großen silbernen Knöpfe, die sie daheim schon getragen hatten.

„Guten Morgen, Brauhede“, sagte Roßwein, als die drei das Zimmer betraten, „wie geht's? Guten Morgen, Menzel. Auch mal wieder in die Stadt gekommen?“

„Guten Morgen, Herr Roßwein!“ Die beiden Bauern schüttelten dem Mann die Hand. „So, so, lala, wenn's nur mal wieder regnen wollte!“

„Immer noch nicht zufrieden?“ Roßwein lachte. „Und vorige Woche hat's geschüttet, daß man fast mit einem Kahn in den Straßen fahren konnte.“

„Ja, hier in der Stadt, aber bei uns draußen hätt's mehr sein können. Es wird dieses Jahr schlecht mit dem Futter werden, und der Mais steht auch dürftig.“

„Ist es wahr, daß Sie in den Süden ziehen wollen?“ fragte Roßwein, der die alten Klagen der Bauern schon kannte. „Wer erzählte es denn neulich hier?“

„Ach, Unsinn“, erwiderte Menzel, indem er an sein Glas schlug, um einen frischen Krug zu bestellen. „Ja, vorgeschwatzt haben sie uns genug. Da ist ein Amerikaner hier, der hat uns den Mund wäßrig gemacht von Zuckerplantagen und Apfelsinengärten und was weiß ich, aber Brauhede und ich sind nicht auf den Leim gegangen. Einmal angeschmiert und nicht wieder!“

„Also habt ihr euer Lehrgeld bezahlt?“

„Na, ich denke ja. Hier wissen wir, was wir haben, und dort wissen wir nicht, was wir kriegen, und deshalb lassen wir's lieber beim alten.“

„Das ist gescheit“, sagte Roßwein, „denn das Lumpengesindel, das hier im Land herumstreift und Land verkaufen will, geht doch nur auf Raub aus und nichts weiter.“

Brauhede nickte, und Roßwein ging zu seiner Gesellschaft zurück, der der Wirt schon das Bestellte gebracht hatte, worauf er sich gemütlich selber mit an den Tisch setzte.

Die Ruhe im Zimmer dauerte nicht lange. Pastor Besser hatte den Vorzug vor vielen anderen Geistlichen, daß er stets nur sehr kurze Predigten hielt, und kaum eine halbe Stunde mochten sie hier zusammengesessen haben, als die Kirchgänger ebenfalls eintraten und rasch die Tische füllten.

Unter ihnen befand sich auch der Dolmetscher des Amerikaners Sherard, Herr Weigel, der derartige Zusammenkünfte nicht gern versäumte, weil er hier die beste Gelegenheit fand, sein Licht leuchten zu lassen. Er hatte in Donnersville allerdings noch keine glänzenden Geschäfte gemacht, denn es gibt keinen konservativeren Menschen als den deutschen Bauern, der an der Scholle, die er einmal in Besitz genommen hat, mit außerordentlicher Hartnäkkigkeit hängt. Aber er war einmal da und wollte die Zeit, die er hier verbringen mußte, nicht gern ungenützt verstreichen lassen.

Weigel nahm sich übrigens keinen festen Platz an irgendeinem der Tische. Er ließ sein Bier auf dem Schenktisch stehen und wanderte dann, sich mit allen Leuten unterhaltend und sie über ihre Verhältnisse ausfragend, von einer Gruppe zur anderen. Es fand sich fast stets einer, mit dem er anknüpfen konnte, und wo ihm nur der geringste Halt geboten wurde, bohrte er sich fest.

Es mochten kaum vierzehn Tage verflossen sein, daß er Donnersville betreten hatte, aber er war schon mit den meisten Einwohnern bekannt, denn er besaß darin eine außerordentliche Fertigkeit.

Nachdem er sich einen Augenblick die in dem Zimmer befindliche Gesellschaft angesehen hatte, fand er bald den Tisch heraus, an dem Kellmann und der Fremde, Hauptmann Helldorn, saßen. Den „Barbier“ kannte er; der hatte ihm schon ein paarmal bissige Bemerkungen hingeworfen, so daß er nicht gern wieder etwas mit ihm zu tun hatte. Er brauchte ihn aber auch nicht weiter zu beachten, und zu den Herren hintretend, rückte er sich einen Stuhl zu ihnen und ließ sich ganz ungeniert bei ihnen nieder.

„Mit Verlaub, meine Herren“, sagte er, indem er sein Glas, das er von der Theke genommen hatte, auf die Tischecke setzte. „Ergebenster Diener, Herr Kellmann, guten Morgen. Es wird heute ein bißchen voll hier werden, denn wenn die Leute aus der Kirche kommen, haben sie immer Durst.“

Kellmann war dem Menschen schon einigemal hier in der Stadt begegnet, ohne aber besonders auf ihn zu achten. Weigel sah so heruntergekommen aus, daß er sich scheute, irgendeinen Verkehr mit ihm zu halten, und doch kam ihm das Gesicht bekannt vor. Daß er ihn dabei so vertraulich anredete, machte ihn noch mehr stutzig, und er sagte endlich, ohne den Gruß zu erwidern: „Kennen Sie mich denn? Ich weiß nicht einmal Ihren Namen.“

„Kennen?“ Weigel schmunzelte vor sich hin. „Werde ich Sie

nicht kennen, bin doch ein alter Kunde von Ihnen. F. G. Weigel aus Heilingen, erinnern Sie sich nicht mehr?"

„Der Auswanderungsagent?" rief Kellmann, halb von seinem Stuhl emporfahrend.

„Nun gewiß", fuhr Weigel in aller Gemütlichkeit fort. „Habe damals so viel über Amerika gelesen und geschrieben, bis ich endlich der Versuchung nicht mehr widerstehen konnte, mir das gelobte Land einmal selber anzusehen."

„Aber Sie sind schon lange von Heilingen fort", sagte Kellmann, der ihn jedoch noch immer mißtrauisch und mit keiner besonderen Zuneigung betrachtete.

„Gewiß! Heilingen war ein so erbärmliches Nest, daß sich dort für unsereinen nichts mehr machen ließ. Ich mußte einen größeren Wirkungskreis haben und ging deshalb zuerst eine Zeitlang nach Hamburg, bis ich mich von dort nach New York einschiffte. Hübsch in Amerika, wie?"

„Gefällt's Ihnen, Herr Weigel?" fragte Roßwein, der sein Bier trank, ohne ihn anzusehen.

„Gewiß, Herr Roßwein, gewiß", lautete die Antwort, „nur ist der Norden jetzt nicht der richtige Platz, um sein Glück zu machen, seit sich die Verhältnisse im Süden so günstig umgestaltet haben. Dorthin muß man jetzt gehen, wenn man es weiter bringen will. Ich selber habe mich am Ankauf einer sehr bedeutenden Plantage in Georgia beteiligt, wo das Land jetzt zu wahren Spottpreisen zu bekommen ist – und außerdem, was für Land!"

„In Georgia?" fragte Helldorn, der Weigel nicht kannte, sich aber gerade für jenen Teil des Landes, den er erst kürzlich durchzogen hatte, interessierte. „Und darf man fragen, wo da?"

„In Belleville", sagte Weigel. „Ich sage Ihnen, das ist ein wahres Paradies. Der Grundbesitz dort ist für den Augenblick fast wertlos – aber nur für den Augenblick, denn wer jetzt zugreift und mit beiden Füßen hineinspringt, der wird in einigen Jahren finden, daß er in eine Goldmine hineingeraten ist."

„Kennen Sie das Land, Herr Weigel?" fragte Roßwein so unschuldig wie möglich.

„Wie meine Tasche", erwiderte der kleine Mann eifrig. „Ich komme ja eben von dort herauf und suche nur noch einige tüchtige Kräfte, um eine echte und richtige deutsche Kolonie zu gründen.

Daran fehlt es, an weiter nichts, denn die Sklaven sind freigegeben, die südlichen Pflanzer haben in großen Zügen das Land verlassen, und da die Schwarzen gegenwärtig gar nicht wissen, wovon sie leben sollen, arbeiten sie Ihnen für ein Butterbrot."

„Mein lieber Herr", sagte Helldorn, der dem Mann mit Erstaunen zugehört hatte, „sollten Sie da nicht vielleicht im Irrtum sein? Die Schwarzen werden vorderhand einmal gar nicht arbeiten, und ob die Stellung der dort hinunterziehenden Deutschen angenehm sein dürfte, möchte ich sehr bezweifeln."

„Verlassen Sie sich auf mein Wort, lieber Herr." Weigel lächelte selbstbewußt. „Mit wem habe ich die Ehre?"

„Helldorn ist mein Name", erwiderte der junge Mann, wirklich verblüfft über die Frechheit, mit der der Fremde auftrat.

„Verlassen Sie sich auf mein Wort", wiederholte Weigel. „Ich kenne die Verhältnisse genau und würde sonst wahrhaftig nicht selber hinunterziehen. Der Boden, das Klima – es gibt kein besseres in den Vereinigten Staaten, und deutsche Ackerbauer werden dort mit offenen Armen empfangen."

„Wissen Sie, Herr Weigel", sagte da Roßwein, indem er sich freundlich zu dem Agenten hinüberbeugte, „mit den Herren hier ist es nichts, die begreifen das nicht. Sie haben einen zu engen Gesichtskreis, etwa wie ein Frosch im Brunnen, und die ziehen auch nicht ins gelobte Land, und wenn Sie sich hier auf den Kopf stellten. Aber die Bauern da drüben, die mit den großen silbernen Knöpfen – der eine hat einen Pfeifenkopf, der wohl zwei Pfund an Silber wiegt –, die scheinen Lust zu haben. Vorhin sprachen sie von Georgia, und ich glaube, sie schwanken nur noch zwischen diesem Staat und Louisiana."

„Louisiana ist zu ungesund", sagte Weigel rasch.

„Das habe ich ihnen auch gesagt", bemerkte Roßwein, „aber es hat ihnen jemand etwas von Louisiana in den Kopf gesetzt, und jetzt scheinen sie anbeißen zu wollen."

„Hm" – Weigel bemühte sich um Zurückhaltung –, „wenn sie glauben, daß sie dort ihr Glück machen, würde ich ihnen gewiß nicht im Weg stehen wollen. Jedermann ist seines eigenen Glückes Schmied, Gentlemen, das ist mein Grundsatz, und überreden darf man niemanden, das ist wenigstens mein Prinzip."

„Das ist hübsch von Ihnen", sagte Roßwein.

Kellmann hatte sich unterdessen, ohne den Agenten weiter zu beachten, mit Helldorn unterhalten, und Weigel war von da an still geworden und sah sich nur manchmal, scheinbar ohne etwas besonderes zu suchen, im Raum um, wobei sein Blick aber, wie Roßwein zu seinem Vergnügen bemerkte, doch aufmerksam zu den Bauern hinüberschweifte. Er fühlte sich auch nicht mehr behaglich auf seinem Stuhl, denn er rückte hin und her, trank endlich sein Bier aus und stand auf, um sich einen Fidibus zu holen und eine frische Zigarre anzuzünden. Damit ging er eine Weile im Raum herum und trat zuletzt zu dem Tisch, an dem Brauhede und Menzel saßen.

Roßwein hatte ihn nicht aus den Augen gelassen, sobald er ihn aber dort sah, sagte er: „So, der hat angebissen. Jetzt, meine Herren, rücken Sie gefälligst Ihre Stühle herum, damit hier kein Platz mehr bleibt und der ekelhafte Kerl sich eine andere Gesellschaft suchen muß. Gott soll einen vor einem solchen Haifisch bewahren, der herumschwimmt und lauert, ob er nichts zu schnappen findet. Passen Sie auf, er wird sich gleich auf die Seite legen. Sehen Sie, da geht er schon!“

Weigel hatte in der Tat ein Gespräch mit den Bauern angeknüpft und rückte sich jetzt einen Stuhl zu ihrem Tisch. Helldorn sagte: „Lassen Sie den unangenehmen Menschen. Wenn er Esel findet, die auf seinen plumpen Köder gehen, ist das deren Sache, und ich wäre der letzte, der sich da einmischte. Wir wollen froh sein, daß wir ihn los sind.“

Weigel hatte sich in der Tat angebiedert, und zwar in seiner gewöhnlichen Weise mit der Anfrage, wie die Feldfrüchte ständen, was sie für das Jahr erhofften und ob die Arbeit lohne.

Die Antwort darauf hätte gar nicht besser für ihn ausfallen können. Der deutsche Bauer ist bekanntlich nie zufrieden, und das Wetter muß noch gemacht werden, das zu seinen Früchten paßt. Es war, wie gewöhnlich, ein schlechtes Jahr gewesen, und die Winter wären auch hier zu kalt; so kalt hätten sie's ja nicht einmal in Deutschland gehabt, und dabei doch wärmere Wohnungen und wärmere Kleider als hier.

„Ja, aber, meine Herren“, sagte Weigel, der jetzt ohne Umschweife auf sein Hauptthema lossteuerte, „da begreife ich nicht, weshalb Sie in einem solchen Land bleiben, während Sie in kaum vier oder fünf Tagen in ein kleines Paradies, in den Süden hinunter kommen können."

„Ja, man hört viel davon", sagte Brauhede, der die Unterhaltung allein führte, „aber wenn man hier einmal alles eingerichtet und in Gang hat, will man auch nicht gern wieder fort – man weiß eben nicht, was man kriegt, und ungesund soll's auch dort unten sein."

„Ja, das glaub ich", rief Weigel rasch, „in Louisiana. Von dort haben sie hier ein paar Herren heraufgeschickt, die Leute beschwatzen sollen, nach Louisiana zu ziehen, aber dazu möchte ich meinem ärgsten Feind nicht raten, denn dort herrscht das gelbe Fieber, und der deutsche Landmann verlangt einen gesunden Boden, auf dem er arbeiten kann. Dazu aber gibt es keinen besseren Staat als Georgia – wissen Sie, wo Georgia liegt?"

Brauhede schüttelte den Kopf. Menzel, der Weigel die ganze Zeit scharf angesehen und die jetzige Frage wohl vollkommen überhört hatte, sagte plötzlich: „Sagen Sie mal, mein lieber Herr – sind wir uns nicht schon einmal begegnet? Sie kommen mir so bekannt vor. Wie heißen Sie?"

„Ich?" Weigel lachte. „Ich heiße Weigel. Ich bin der ganzen Welt bekannt und in meinem Leben mit so vielen Menschen zusammengetroffen, daß es mich gar nicht wundern sollte, wenn wir beiden uns auch schon einmal begegnet wären."

„Weigel?" wiederholte nun auch Brauhede und sah den Mann aufmerksam, ja fast mißtrauisch an.

„Du, das ist er", meinte jetzt Menzel zu seinem Freund. „Weiß Gott, ich hatte das Gesicht auch nicht vergessen."

„Ach nein", sagte Brauhede, immer noch ungläubig, „das ist doch gar nicht möglich. Aus welcher Stadt sind Sie, Herr Weigel, wenn man fragen darf?"

„Aus Heilingen. Wissen Sie, wo das liegt?"

„Hatten Sie dort ein Kontor", sagte Menzel, „oder wie Sie's sonst nennen, mit großen gemalten Schiffen davor, und drinnen schickten Sie die Leute nach Amerika, wie?"

„Je nun", sagte Weigel lachend, „hinschicken konnte ich sie nicht gut, aber ich gab ihnen gute Ratschläge und besorgte ihnen günstige Schiffspassagen. Ich sage Ihnen, meine Herren, Tausende von Leuten, die hier gar nicht wissen, wie reich sie sind, habe ich noch als arme Teufel gekannt und ihnen zu ihrem Glück verholfen."

„Und Sie verkauften dort auch Land, ganze Farmen, und Fahrkarten, wie?" fragte Brauhede, um ganz sicher zu sein.

„Lieber Gott, ich besorgte gewissenhaft alles, was zu einem solchen Geschäft gehört, und da ich mit Amerika in steter Verbindung stand ..."

„Gott straf' mich, er ist es!" rief Menzel, indem er mit der geballten Hand dermaßen auf den Tisch schlug, daß die Gläser in die Höhe sprangen. „Du, Kramer", wandte er sich an einen anderen deutschen Farmer, der ebenfalls mit ihnen am Tisch saß, „das ist der Halunke, der neunhäutige Schuft, von dem ich euch so oft erzählt habe, der uns in Deutschland Farmen verkauft hat, die acht Monate im Jahr unter Wasser lagen, und falsche Fahrkarten, die nichts wert waren."

„Herr!" rief Weigel entrüstet, aber wohl auch erschrocken von seinem Stuhl emporfahrend. Er war aus einem angenehmen Traum in höchst unsanfter Weise geweckt worden; es hatte ihm so wohl getan, zu hören, daß er auch in Amerika bekannt sei, und nun diese grausame Enttäuschung. Mit der Miene schwergekränkter Unschuld setzte er hinzu: „Gegen so gemeine Grobheiten habe ich keine Waffen, ich bin ein anständiger, gebildeter Mann."

„Ein Schuft bist du!" schrie ihn Brauhede an. „Ein ganz gemeiner Schuft!" Als ihm Weigel verächtlich den Rücken zudrehte und den Tisch und wahrscheinlich auch das Zimmer verlassen wollte, denn die Gesellschaft paßte ihm nicht mehr, hatte ihn der handfeste Bauer auch schon am Kragen. „So kommst du diesmal nicht davon. Auf den Augenblick hab ich mich zu sehr gefreut."

„Lassen Sie mich los!" schrie Weigel. „Ich gehe augenblicklich auf die Polizei! Hilfe – Mörder! Hilfe!"

Die Ausrufe waren insofern gerechtfertigt, als Brauhede, von Menzel unterstützt, dem Agenten so wohlgemeinte Maulschellen und Nackenstöße gab, daß dessen Gesicht schon nach wenigen Sekunden eine bedenkliche rote Schwellung zeigte.

„Meine Herren, ich muß dringend bitten", rief der Wirt, der sich durch die von allen Seiten herandrückenden Gäste zu drängen suchte, „nur keine Prügelei in meinem Haus und noch dazu an einem Sonntagmorgen. Sie schließen mir ja das Lokal!"

„Das ist keine Prügelei, Meier“, sagte Roßwein, ein vergnügter Zeuge des Ganzen. „Herr Weigel prügelt wenigstens nicht mit.“

Meier, der Wirt, versuchte wirklich sein Bestes, um zu Weigel durchzudringen und Ruhe zu stiften, denn der Agent schrie, als ob er am Spieße steckte, aber es gelang ihm nicht. Sofort hatte es sich im Saal herumgesprochen, wer der Bursche war und was er verbrochen hatte, und da sich eine Menge von Bauern in dem Raum befanden, die fast alle auf die eine oder andere Weise bei ihrer Auswanderung betrogen worden waren – oder wenigstens glaubten, daß sie es wären –, gönnte natürlich jeder dem Betrüger eine Tracht Schläge. Wenn er nicht selber mithalf, so sorgte er wenigstens dafür, daß die Handlung nicht unterbrochen wurde.

„Na, komm, Meier“, sagte einer der Bauern, ein derber, breitschultriger Bursche, aber mit einem gutmütigen Gesicht, „wenn sich hier zwei Leute etwas im Vertrauen zu sagen haben, geht das doch niemand etwas an.“

„Lassen Sie mich durch, Korrels. Ich will Frieden in meinem Haus haben, und wenn sie sich prügeln wollen, mögen sie's auf der Straße tun. Ich habe nichts dagegen.“

„Das ist hübsch von Ihnen, Meier“, sagte Korrels; er nickte ihm freundlich von oben herunter zu, denn er überragte den kleinen, dicken Wirt wohl um anderthalb Köpfe. „Das gehört sich auch nicht, und wir wollen nachher mit den Leuten ein vernünftiges Wort sprechen . . .“

„Lassen Sie mich durch, Korrels“, rief Meier drohend, „oder es geschieht auf Ihre Verantwortung!“

„Da kommen sie ja schon, Meierchen“, sagte Korrels. „Platz da, Leute, und Tür frei!“

Sie kamen allerdings, und zwar Menzel und Brauhede mit dem unglücklichen Agenten, den sie beide am Kragen hatten. Meier wollte sie auseinanderreißen, aber Brauhede schleuderte ihn mit der linken Hand beiseite, als ob es ein Sack voll Spreu gewesen wäre. Andere rissen die Tür auf. Menzel ließ Weigel los, und während Brauhede den Agenten hinausschob, versetzte ihm Menzel noch einen solchen Tritt, daß er wohl zehn Schritt hinausflog und dann mitten auf der Straße, über seine eigenen Füße stolpernd, in den Staub hineinfegte.

Draußen hatte sich schon eine Menschenmenge angesammelt,

um zu erfahren, was der ungewöhnliche Lärm in dem Wirtshaus bedeute. Weigel gab die Illustration dazu, und kaum daß er den Boden berührte, schnellte er sich auch schon wieder empor und warf einen wütenden Blick zum Haus zurück. Aber er mochte es doch wohl nicht für geraten halten, dort länger zu verweilen. Es war ihm in der Tat übel mitgespielt worden, denn er sah blau und braun im Gesicht aus, und das eine Auge konnte er schon nicht mehr offen halten. Schnurstracks nahm er den Weg zum Friedensrichter. Da dieser aber am Ende der einen Straße wohnte, blieb ihm Zeit, sich die Sache unterwegs zu überlegen. Er hatte, was sich nicht leugnen ließ, Prügel bekommen. Doch sei es, daß er nicht wünschte, daß dort vielleicht andere Sachen zur Sprache kamen, oder ob er es unter seiner Würde hielt, sich mit diesem „gemeinen Pack" weiter einzulassen, genug, dicht vor dem Haus des Friedensrichters machte er kehrt, ging in seine eigene Wohnung zurück und verließ noch am Abend Donnersville, um sich einen anderen Wirkungskreis zu suchen.

Der einzige, der im deutschen Wirtshaus nicht zufrieden war, das war der Wirt selber, der sich durch die letzte Szene in seiner Autorität beleidigt glaubte. Desto heiterer zeigten sich aber die Gäste, denn weder der Charakter des Yankees Sherard noch der seines deutschen Dolmetschers konnte ihnen ein Geheimnis bleiben, und sie gönnten dem Lumpen von Herzen seine Prügel.

Einzig Helldorn, der den Burschen nicht kannte und in der ganzen Sache weiter nichts als eine fatale Prügelei sah, war aufgestanden, bezahlte sein Bier und erklärte dann Roßwein, er wolle vor allen Dingen sein Pferd beschlagen lassen. Die Kirche sei aus, es würde also keine weiteren Schwierigkeiten geben, den Schmied zur Arbeit zu bekommen. Roßwein und Kellmann wurde der Lärm ebenfalls zu laut, und beide erboten sich, den jungen Offizier zu begleiten.

Die Schmiede war nicht weit entfernt, und Helldorn, sein Tier am Zügel nehmend, schritt mit den beiden Herren die Straße entlang, bis sie das Blockhaus erreichten, wo der aus dem Süden heraufgezogene Neger seine Schmiede aufgeschlagen hatte.

Die Werkstatt befand sich vorn an der Straße, und das Schild zeigte den Platz an. Das Wohnhaus lag hinten, und zwar in einem kleinen, neuangelegten und sehr sauber gehaltenen Garten.

Roßwein trat ein, um den Schmied zu suchen. Er und seine Frau saßen in dem dürftigen Raum an einem Tisch. Roßwein schien aber zu keinem günstigen Augenblick gekommen zu sein, denn die Frau hatte bitterlich geweint, und der Mann, ein Vollblut-Neger, saß mit gefalteten Händen neben ihr am Tisch und schaute still und düster vor sich nieder.

„Hallo, Mister Hamilton", sagte Roßwein, der ihn kannte, „was ist los? Irgend etwas geschehen? Ich will nicht hoffen . . ."

Der Neger schüttelte langsam den Kopf. „Jetzt nicht, Mister Roßwein", sagte er ruhig. „Es ist nur eine alte Geschichte, und es geht uns da nicht besser als tausend anderen, so daß wir uns nicht beklagen dürfen."

„Darf ich's wissen, Hamilton? Ich meine es gut mit Ihnen."

„Ich weiß es, Mister Roßwein, ich weiß es. Die Deutschen haben uns überhaupt nie so verachtet wie die Amerikaner, und ich bin deshalb auch herübergezogen in eine deutsche Stadt. Wissen dürfen Sie's auch, aber helfen können Sie mir doch nicht. Es ist eben die furchtbare Folge der Sklaverei, die das Kind aus den Armen der Mutter riß, wenn ein böser Mann ein paar Dollars damit zu verdienen wußte. Heute ist der Jahrestag, an dem uns unsere Kinder genommen und Gott weiß wohin geführt wurden. Sind sie verdorben oder gestorben in dem weiten Land, oder irren sie hilflos umher – in ihrem zarten Alter können sie sich ihr Brot ja noch nicht durch schwere Arbeit erwerben –, ich weiß es nicht."

„Bande, verdammte!" brummte Roßwein zwischen den Zähnen.

„Was haben Sie, Roßwein?" fragte Helldorn, der sein Pferd draußen angebunden hatte und nun mit Kellmann hereintrat. „Schon wieder Ärger?"

„Ach", sagte Roßwein, „es ist die alte Geschichte. Ein Unglück, das schon Jahrhunderte existiert hat, aber jetzt, nach Aufhebung der Sklaverei, erst klar zutage tritt: das Auseinanderreißen der Familien. Dieser Mann da hat auch seine Kinder verloren und weiß nun nicht, wo sie stecken und ob sie überhaupt noch leben."

„Aber warum wenden Sie sich nicht an das freed man's Bureau?" sagte Helldorn. „Die Herren dort sind ja nur dafür eingesetzt, solche Nachforschungen zu vermitteln und Hilfe zu gewähren, wo sie können."

Der Neger seufzte. „Das habe ich getan – drüben in Covington, und die Herren dort waren recht freundlich, aber es half alles nichts. Ich konnte ihnen ja nicht einmal eine Andeutung geben, wohin die Kinder geschafft worden sind. Wir wurden zusammen auf ein Dampfboot gebracht, und in Paduka, wo es anlegte, hieß es plötzlich, wir müßten wieder aussteigen. Nun, lieber Gott, wir hatten ja keinen Willen. Wir gingen also mit den Kindern nach vorn, wo die Planke auslag, und dann voran hinüber – aber die Kinder kamen nicht nach. Ich wollte wieder zurücklaufen, um sie zu holen, aber die weißen Männer ließen mich nicht mehr an Bord. Die Planke wurde eingezogen – meine Frau und ich schrien und jammerten, das Boot stieß vom Land ab, hielt in den Strom hinaus und . . ." Der Mann konnte nicht weiter. Bis jetzt war er seiner Bewegung Herr geblieben, jetzt übermannte ihn sein Gefühl. Allerdings kamen keine Tränen in seine Augen, denn er hatte verlernt zu weinen, aber die Worte quollen ihm doch in der Kehle, und er brachte keine Silbe mehr über die Lippen.

Es war ein peinlicher Augenblick. Welchen Trost konnten sie dem armen Mann geben? Und die Frau in ihrer Ecke schluchzte nur um so lauter. Endlich sagte Helldorn: „Ihnen bleibt noch immer eine Hoffnung. In diesen Tagen wird von der Regierung eine Liste sämtlicher freed man's Bureaus ausgegeben. Spart die Kosten nicht, schreibt einen Brief oder laßt ihn schreiben – ich will es gern für Sie tun. Nehmen Sie einen Mann, der Ihnen den Brief so oft schreibt, wie es Büros gibt. Und wenn Sie die Verlorenen genau darin schildern, ist es doch möglich, daß sie wieder aufgefunden werden."

„O tu das, Sip", bat die Frau, die ihren Mann noch immer bei seinem alten Namen nannte. „Tu das gleich! Denke dir die Seligkeit, wenn wir die Kinder noch einmal an unser Herz pressen könnten!"

„Und Sie wollten mir das aufschreiben?" fragte der Neger. „Wir haben es ja nicht gelernt und wären gepeitscht worden, wenn man uns nur bei dem Versuch ertappt hätte."

„Gern", sagte Helldorn. „Mister Roßwein oder Mister Kellmann würden es ebenso gern für Sie besorgen. Aber nun habe ich eine Bitte: Mein Pferd hat ein Eisen verloren und ist überhaupt ein wenig zarthufig. Wäre es möglich, das heute aufzulegen?"

Der Neger sah etwas bedenklich vor sich hin. „Unser Pastor", sagte er dann, „ist sehr streng, und wenn er es erführe, käme ich nicht unter fünf Dollar Strafe davon."

„Und wer bekommt die?" fragte Roßwein.

„Das weiß ich nicht", sagte der Neger. „Die Kirche, glaube ich."

„Jawohl", sagte Herr Roßwein, „die Kirche – das ist freilich ein sehr weitläufiger Begriff. Übrigens braucht es niemand zu erfahren. Wir schließen vorn die Eingangstür zu, und in einer halben Stunde ist die Geschichte fertig."

„Ich will mich nicht weigern, Gemmen", sagte der Neger, „Sie haben mir und meiner Frau wieder Trost und Hoffnung gegeben. Und wenn ich dann auch Strafe bezahlen muß, ich bin jetzt ein freier Mann und verdiene, was ich brauche – ja vielleicht noch ein wenig mehr. Lassen Sie mich rasch an die Arbeit gehen. Haben Sie das Pferd hier?"

„Es steht draußen."

„Dann wollen wir es auch gleich beschlagen."

Mr. Eduard Hamilton hielt Wort. Rasch hatte er Feuer in der Esse entzündet und ein passendes Eisen ausgesucht. Mit größter Sorgfalt, aber auch großer Schnelle beendete er seine Arbeit – wollte dann aber unter keiner Bedingung Geld nehmen.

„Glauben Sie mir", sagte er, „wenn man so lange Jahre wie ein Hund behandelt und von den weißen Massas nur wie ein Ding, wie ein Stück Vieh betrachtet wurde, dann tut es einem gut, wenn man wieder weiße Gemmen findet, die menschlich und freundlich mit einem armen Teufel reden. Außerdem tun Sie ja weit mehr für mich, als ich für Sie tun könnte; lassen Sie mir die Freude."

Helldorn fühlte, daß er den Mann durch das Aufdrängen der kleinen Summe nur kränken würde, und ließ davon ab.

„Dann aber", sagte er, „bin ich auch in Ihrer Schuld und will Ihnen den Brief gleich heute noch schreiben. Geben Sie mir die näheren Punkte an, wie die Kinder hießen, wie alt sie waren, wie sie ungefähr aussahen, dann auf welcher Plantage Sie zuletzt zusammen gewesen sind und wo Sie schließlich getrennt wurden. Auch Ihre Namen muß ich genau haben – das heißt nicht die jetzigen, sondern wie Sie und Ihre Frau damals hießen. – Warten Sie einen Augenblick, ich werde mir alles in mein Taschenbuch notieren, dann setze ich Ihnen den Brief auf, und Freund Roßwein wird gewiß so gut sein und dafür sorgen, daß Sie die nötigen Abschriften davon bekommen. Das Porto beträgt ja nur eine Kleinigkeit. Also nun vor allen Dingen die Namen der Kinder. Waren es Jungen oder Mädchen?"

„Mädchen, Sir – Kinder von sieben und acht Jahren, die Jüngere hieß Polly, die Ältere Liddy . . ."

„Welche Farbe?"

„Ziemlich schwarz, mit großen, klaren, guten Augen . . ."

„Polly hatte eine kleine Narbe auf der Stirn", unterbrach ihn hier die Frau, „gerade über dem linken Auge, wo sie sich als kleines Kind einmal gestoßen hatte. Oh, vergessen Sie die Narbe nicht!"

„Nein, gewiß nicht, das kann als Erkennungszeichen dienen", sagte Helldorn und schrieb es nieder. „Und Ihr Name?"

„Eduard Hamilton, Sir."

„Nein, der hilft mir nichts. Ich brauche den Namen, den Sie früher getragen haben, als Sie noch einen Master hatten."

„Der war Sip, Sir."

„Und der Ihrer Frau?"

„Sarah."

Helldorn hatte den ersten Namen aufgeschrieben. Nun sah er den Neger halb zerstreut an und schien über etwas nachzudenken.

„Wie war der Name der Kinder?"

„Liddy und Polly, Sir."

„Liddy – Liddy . . ." sagte Helldorn nachdenklich, „und zwei Schwestern – und Sip und Sarah. Wo, um Himmels willen, habe ich die Namen schon einmal gehört . . . Und der Name Ihres Masters . . . Nein, sagen Sie ihn nicht – ich hatte selber einen Freund, der so hieß. Wie war der doch?"

„Boyd, Sir", sagte der Neger, der ihn erstaunt ansah. „Sie können doch den Namen nicht wissen, ich hatte ihn noch gar nicht genannt."

„Boyd! Boyd! Das ist er!" rief Helldorn. „Und Liddy – das war der Name des Kindes, ein kleines bildhübsches, vollkommen schwarzes Mädchen, noch ein halbes Kind."

„Sie haben sie gesehen?" schrie die Frau. „Oh, gesegnet und gebenedeit sei Jesus Christus, aber wo – wo ist sie? Oh, brecht das Herz einer armen Mutter nicht!"

„Ja, wo?“ sagte Helldorn, indem er sich die Stirn mit der flachen Hand hielt. „Wo, um Himmels willen, war es? Auf unserem Ritt durch Georgia und Südkarolina jedenfalls – aber wo?“ Mit raschen Schritten ging er ein paarmal in dem kleinen Zimmer auf und ab, während die Blicke der Frau auf ihm hafteten, als ob sie ihr Urteil über Leben und Tod von ihm empfangen solle.

„Jetzt hab ich's“, rief er plötzlich, „auch die Erzählung stimmt. Auf einem Dampfboot im Norden wurdet ihr getrennt.“

„Und wo war das, Sir, wo Sie sie gesehen haben?“ fragte nun auch der Neger. „Um der Liebe Christi willen, sagen Sie uns den Ort!“

„Waren Sie je in Georgia?“

„Nein, Sir, nie. Ich bin in Tennessee geboren und wurde später von Massa Boyd in Kentucky gekauft, auf dessen Plantage ich auch Sarah kennenlernte und sie heiratete.“

„Haben Sie je von Savannah gehört?“

„Es soll eine große Stadt im Süden sein. Viele von unseren Freunden wurden dorthin verkauft.“

„Dort in der Nähe liegt ein kleines Städtchen – Belleville. Von Savannah aus finden Sie leicht den Weg dorthin.“

„Und dort sind die Kinder?“ rief die Frau, die zitternden Hände gefaltet, die Augen wie im Gebet zu dem Weißen erhoben.

„Dort waren sie“, sagte Helldorn bestimmt, „zumindest auf einer Farm oder Plantage ganz dicht dabei. Ich weiß den Namen nicht mehr. Aber dort sind sie wahrscheinlich auch jetzt noch. Die eine, Liddy, redete mich an und fragte nach ihren Eltern.“

„O mein Gott!“ Für die Mutter war es beinahe zuviel.

„Und wie komme ich dorthin?“ fragte der Vater.

„Ja“, sagte der junge Deutsche, „es ist ein langer Weg. Das beste wird sein, Sie gehen nach New Orleans, denn von da laufen stets Dampfer und Segelboote nach Savannah und nach Charleston. Dann aber wird es höchste Zeit, denn wenn im Herbst das gelbe Fieber wieder beginnt, wäre die Reise nicht ohne Gefahr. Übrigens muß die Eisenbahn nach Savannah wieder im Betrieb sein, das wäre dann jedenfalls der kürzeste und billigste Weg. Von Louisville aus können Sie sie schon benutzen.“

Der Neger ergriff, ehe es Helldorn verhindern konnte, seine Hand und drückte sie leidenschaftlich an seine dicken Lippen.

„Aber, bester Freund!“ rief der Deutsche, ordentlich verlegen.

„Ihnen danke ich diese Seligkeit!“ sagte der Neger. „Und wenn ich mir auch das Wort gegeben hatte, mich nie wieder vor einem Weißen zu demütigen, Sie haben mich diesen Schwur vergessen lassen, indem Sie meiner Frau wieder Glück und Leben gegeben haben.“

„Wollen Sie also hin?“

„Morgen mit dem ersten Dampfer, der nach Louisville hinüberfährt. Ich habe nicht viel Geld, aber es wird reichen. Meine Freunde helfen mir gewiß aus – aber wie soll ich Ihnen danken, Sir?“

„Schon gut, schon gut“, sagte Helldorn, „vor allen Dingen haben Sie die Kinder ja noch nicht, sondern erst eine Spur von ihnen gefunden. Wenn sie es wirklich sind, würde sich niemand mehr darüber freuen als ich. Und nun good bye, Mister Hamilton – Madame, einen frohen Tag!“ Er schwang sich auf sein Pferd. Von Kellmann und Roßwein gefolgt, ritt er zur Pforte, um sich dem peinlich werdenden Dank der beiden Schwarzen zu entziehen.

Cincinnati

Die Walnut Street in Cincinnati hinauf schritt Kellmann, der am Morgen mit dem Dampfer angekommen war, um hier für ihn lagernde Güter in Empfang zu nehmen. Selber unbekannt in Cincinnati, hatte er von Georg Donner Briefe an verschiedene Freunde mitbekommen, die ihn hier, mit den Verhältnissen vertraut, unterstützen konnten. Er suchte vor allen Dingen einen ihm besonders bezeichneten Reisegefährten Donners auf, einen Herrn Schultze, der in der Walnut Street wohnen und ein Geschäft mit ausländischen Vögeln haben sollte. Er fand es leicht, denn der erste Junge, den er fragte, wo der Mann wohne, der die Vögel zu verkaufen hätte, erklärte ihm: „Gleich da drüben in dem hellen Haus, wo das große Schild ist. Unten sehen Sie schon die Vögel."

So war es in der Tat. Die ganze Hälfte des unteren Stockwerks wurde durch zwei große, inwendig mit engen Drahtgittern bezogene Fenster eingenommen. Dahinter lebte es im wahren Sinn des Wortes von dem bunten, lustigen Gesindel, das einen entsetzlichen Lärm vollführte.

Trotzdem wurde Kellmanns Aufmerksamkeit durch etwas anderes abgelenkt, und zwar durch ein mächtiges Schild, das mit auffallenden, grotesk gemalten Buchstaben folgende Ankündigung enthielt:

Hier wohnt Doktor Taylor,
Der Krankheit grimmigster Feind,
Der Kranken wärmster Freund.
Achillessehne durchschnitten – heilbar, aber nur hier.
Erfinder von hundert Geheimmitteln.
Heilt Arme umsonst.

Das Schild erhob sich nicht nur unmittelbar von dem Parterrefenster der rechten Seite, sondern deckte auch noch zwei Fenster des ersten Stockwerkes und die benachbarten Zwischenräume und mußte, wohl oder übel, die Aufmerksamkeit der Passanten anziehen. Kellmann blieb auch wirklich eine Minute lächelnd davor stehen, da er aber glücklicherweise keines Arztes bedurfte, interessierte es ihn auch nicht länger, und er wandte sich, um den Vogelhändler aufzusuchen.

Als er das Haus betrat, wobei sein Eintritt durch keine helltönende Klingel, sondern durch einen Kuckucksruf angezeigt wurde, kam ihm ein kleiner, gelbbrauner Junge entgegen und fragte, was er wünsche.

Der junge Bursche hatte fast kein Kinn, die Unterlippe stand gegen die Oberlippe über einen Zoll zurück; die Nase war spitz und lang ausgezogen und schien die Backenknochen ganz zurückgetrieben zu haben. Der Kopf war lang und schmal, und das dichte schwarze, aber straffe Haar lag ihm wie eine Mähne im Nacken. Erst als der Junge seine Frage wiederholte, sammelte Kellmann sich soweit, um ihn zu fragen, ob Herr Schultze zu sprechen sei.

„Gewiß“, sagte der kleine Bursche mit einer merkwürdig feinen, glockenreinen Stimme und in gutem Deutsch, „wenn Sie eintreten wollen.“

Er öffnete ein kleines Zimmer, das an die Vogelstube stieß und mit ihr durch eine Glastür verbunden war. Wenige Minuten später trat Schultze selber in die Tür. Er nahm mit schüchterner Höflichkeit den Brief, hatte ihn aber kaum flüchtig durchflogen, als er Kellmann herzlich die Hand entgegenstreckte.

„Seien Sie mir tausendmal willkommen, verehrter Herr – ein Schwager meines lieben, alten Freundes Donner gehört auch zu meiner Familie. Verfügen Sie über mich, wie Sie es für gut finden.“

„Herr Schultze“, sagte Kellmann halb verlegen, „ich werde Ihre Zeit nicht mißbrauchen, aber Georg Donner erzählte mir so viel von Ihnen, daß ich dem Verlangen nicht widerstehen konnte, Sie persönlich kennenzulernen.“

Schultze lächelte wehmütig. „Ich kann es mir schon denken“, sagte er. „Er – hält mich in manchen Stücken für ein wenig exzentrisch – oder sagen wir das richtige Wort: übergeschnappt.“

„Aber Herr Schultze . . .“

„Lassen Sie es gut sein, er meint es nicht böse, und ich verdanke ihm nicht allein, daß ich noch auf der Erde herumgehen kann, sondern vielleicht sogar mein Leben, und weiß dabei, daß er ein braver, rechtlicher Kerl ist.“

„Er hat mir nicht gesagt, daß Sie Familie hätten – Sie erwähnten es vorhin."

„Familie?" sagte Schultze lächelnd und wandte sich durch das Glasfenster nach seinen Vögeln um. „Nennen Sie das keine Familie, Herr Kellmann?"

„Die Vögel?"

„Kommen Sie einmal mit hinein", sagte Schultze, ohne Kellmanns Frage zu beantworten. „Ibis!" rief er, und der kleine, wunderliche Junge erschien in der Tür, wartete aber keinen weiteren Befehl ab, sondern trat in die Tür des Vogelhauses, wo plötzlich ein unbeschreibliches Getümmel entstand. Sowie er den Fuß in den Raum setzte, kamen die frei herumfliegenden Vögel von allen Seiten auf ihn zu, flogen auf seinen Kopf und seine Schultern, und ein Zwitschern begann, wie es sich nicht toller und sonderbarer denken ließ.

„Was sagen Sie dazu?" fragte Schultze lächelnd, während er neben Kellmann stehenblieb. „Glauben Sie nicht, daß Ibis und die übrigen zu einer Familie gehören?"

„Man sollte es wirklich glauben", sagte Kellmann lachend, der der merkwürdigen Szene mit augenscheinlichem Vergnügen zuschaute. „Es ist außerordentlich, wie sich die Vögel zu ihm drängen und sich an ihn schmiegen. Aber sagen Sie mir, was für ein wunderlicher Mensch ist das? Er hat die Farbe eines Indianers und auch deren langes straffes Haar, sonst trifft aber nichts zu, was als besondere Kennzeichen der Indianer angegeben wird: gebogene Nase, vorstehende Backenknochen, starke Lippen – hier ist keine Spur davon."

Schultze stand vor ihm und schaute ihn mit einem halb triumphierenden, halb lächelnden Blick an. Als Kellmann geendet hatte, sagte er freundlich: „Nicht wahr, nicht die Spur eines Indianers, aber ebensowenig eines Mulatten, obgleich er behauptet, daß er von den ersteren abstamme. Aber er hat nichts von ihnen als das lange, harte, straffe Haar, und selbst das finden wir bei dem indischen Kasuar statt der Federn, wie Sie vielleicht selber wissen. Sehen Sie dabei die dünnen Beine und die harten Knie, die gespreizten Zehen" – der Junge lief barfuß –, „und sagen Sie mir dann noch, daß Ibis keinen Übergang vom Vogel zum Menschen bilde. Hat er nicht das ausgesprochene Gesicht eines Ibis – nach dem ich ihn auch genannt habe –, ist nicht alles so genau mit Schnabel und Kopf ausgebildet, daß ihm eigentlich nur die Federn und Flügel fehlen, um die Täuschung vollständig zu machen? Der Ibis gehört zum Reihergeschlecht, schon seiner ganzen Form und Lebensweise nach, und glauben Sie, daß die alten Ägypter, mehr nach Instinkt als Verstand, das Richtige gefunden haben, da sie, in ihrem Glauben an die Seelenwanderung, eine Verwandlung des Menschen in einen Vogel für möglich hielten? Sie waren auf dem Weg, aber sie wußten nicht, daß sich etwas Vollkommenes nicht in etwas weniger Vollkommenes verwandeln könne. Die Natur schreitet immer nur vorwärts, nie zurück. Die Wahrheit der Umwandlung fühlten sie, aber sie verwechselten Ursache und Wirkung. Aus einem Menschen kann nie wieder ein Vogel werden, aber umgekehrt ist die Sache wohl möglich und, wie es sich durch tausend Tatsachen beweisen läßt, auch gewiß."

Kellmann hatte schon durch Georg Donner genügenden Aufschluß über Schultzes fixe Idee bekommen. Er leitete nämlich das ganze Menschengeschlecht von der Vogelwelt ab und hatte sogar verschiedene, leider jedesmal verunglückte Versuche gemacht, die Kunst des Fliegens wieder für uns zu erwerben. Er wußte auch, daß Schultze, erst einmal in dem Thema warm geworden, nur schwer davon wieder abzubringen war, und suchte deshalb das Gespräch in eine andere Richtung zu lenken, er hätte sonst zu viel Zeit damit versäumt.

„Es hat etwas für sich, mein lieber Herr Schultze, aber ob es uns je gelingen wird, den Schleier zu lüften, der über unserer Vergangenheit liegt, steht freilich auf einem anderen Blatt. Der eigentliche Zweck meines Besuches . . ."

„Ob wir ihn lüften werden, meinen Sie", fuhr Schultze, der sich nicht so leicht davon abbringen ließ, seinen eigenen Gedanken zu folgen, fort. „Er ist gelüftet. Wenn wir nur sehen wollen, gibt es da für uns kein Geheimnis mehr. Ich will nicht so weit gehen wie einige sehr gelehrte Männer auf dem Kontinent, die unsere Abstammung noch viel weiter, ja bis auf Maden und Raupen oder Atome zurückführen. Ich halte mich an das, was ich beweisen und begreifen kann, und da genügt uns vollkommen die Vogelwelt."

„Ich zweifle ja gar nicht daran", sagte Kellmann, „aber ich glaube, daß . . ."

„Sie meinen, daß die Welt der Vögel nicht mannigfaltig genug sei, um für alle unsere Charaktere ein Urbild zu liefern, wie? Habe ich es getroffen?"

„Bitte um Entschuldigung, ich wollte Sie nur aufmerksam machen . . ."

„Glauben Sie das nicht", fuhr Schultze mit wahrhaft verzweifelter Hartnäckigkeit fort, „die Vögel bieten uns genau dieselbe Abwechlung, ja fast noch mehr als die Säugetiere, denen mehr die Übergänge fehlen. Nehmen Sie den Adler, den gemeinen Habicht, die Eule, den grausamen Neuntöter, die heitere, sorglose Lerche, die süße Nachtigall, den gefräßigen Spatz, den fleißigen Webervogel, den Specht, den geschwätzigen Häher, die fliegenden Kolonnen der Raben, den blitzenden Kolibri, den stolzen Pfau, die sorgende Henne, den kriegerischen Hahn, und endlich – entschieden zu den Luftbewohnern gehörig, den entsetzlichen, geheimnisvollen Vampir, und – wir haben sie alle hier unter uns", setzte er, mit einem scheuen Blick umher, hinzu.

„Den Vampir ausgenommen", sagte Kellmann lächelnd. „Der letzte, den ich wenigstens gesehen habe, war auf dem hannoverschen Theater in Marschners Oper, und mit dem habe ich nach der Vorstellung eine Flasche alten Rheinwein getrunken – oder eigentlich ein paar, denn Vampire haben immer Durst."

Schultze schüttelte ernsthaft den Kopf. „Scherzen Sie nicht darüber", sagte er, „es gibt Dinge auf Erden, die wir nicht zu ergründen verstehen, und wenn auch die Vampire im Menschengeschlecht, Gott sei Lob und Dank, selten sind und nur sehr vereinzelt vorkommen, gibt es sie trotzdem. Wir selber – haben hier einen in Cincinnati – ja sogar in diesem Haus", setzte er flüsternd hinzu.

„In der Tat?" sagte Kellmann, der sich jetzt in das Unvermeidliche fügte. „Aber es wird jedenfalls ein zivilisierter sein."

„Oh, diese Menschen sind schlau", versicherte Schultze. „Man muß sich sehr vor ihnen in acht nehmen, denn wenn der böse Geist über sie kommt, ist ihnen nie zu trauen. Dieser ist ein Doktor."

„Es wäre merkwürdig", sagte Kellmann. „Aber was ich Sie fragen wollte, bester Herr Schultze – ich habe hier bei dieser Firma" – er zog sein Taschenbuch heraus – „Waren in Empfang zu nehmen. Vollkommen fremd hier im Ort, möchte ich Sie deshalb bitten, wenn ich Ihre kostbare Zeit nicht zu sehr in Anspruch nehme, mich dahin zu begleiten."

„Mit Vergnügen", rief der kleine, gutmütige Mann, indem er zuerst einen Blick auf die Karte warf und dann rasch nach seiner Uhr sah. „Hätten Sie mir das nur ein wenig früher gesagt. Ich fürchte fast, daß wir jetzt das Büro schon geschlossen finden. Aber im schlimmsten Fall wollen wir Ihre Sache dennoch ordnen, denn ich kenne die Wohnung des betreffenden Herrn, es ist nur ein angenehmer Spaziergang dort hinüber. Wenn Sie erlauben, hole ich meine Mütze und begleite Sie gleich."

Kellmann war damit einverstanden und beobachtete unterdessen den in der Tat etwas vogelartigen jungen Burschen, bei dem ihn wirklich die Zutraulichkeit der ihm anvertrauten kleinen gefiederten Sänger in Erstaunen setzte. Was frei in der Stube herumflog, kam alles zu ihm, ohne auch nur die geringste Furcht zu zeigen, und selbst die Vögel in den Bauern flatterten gegen ihr Gitter und schlugen mit den Flügeln, als ob sie hinaus und zu ihm wollten. Er mochte sich wohl jede Mühe mit ihrer Pflege geben und ihnen volle Liebe zeigen, aber das taten andere Vogelzüchter ebenfalls, ohne daß sich ein einziger von allen übrigen wohl einer solchen Anhänglichkeit hätte rühmen können.

Kellmann schüttelte den Kopf; er konnte darüber mit sich nicht ins reine kommen. Es blieb ihm aber keine lange Zeit zum Nachgrübeln, denn Schultze kehrte zurück. Eine graue Mütze mit etwas lang vorstehendem Schirm in der Hand, lud er Kellmann freundlich ein, ihn jetzt zu begleiten.

Als sie vor das Haus traten, sah sich Kellmann wieder, und zwar etwas überrascht, der kolossalen Dame von Donnersville gegenüber, die am Arm des alten Herrn von Passedow gerade vorüberrauschte und mit ihrem dicken roten Gesicht so hochmütig als möglich auf ihn herabsah. Wo, um Himmels willen, war er nur der Frau schon einmal begegnet, denn jetzt hätte er auch darauf schwören wollen, daß sie ihn kannte und es nur unter ihrer Würde hielt, ihn anzureden. Kaum waren sie vorüber, als er Schultzes Arm ergriff und leise fragte: „Kennen Sie die Dame, die eben mit dem alten Herrn vorüberging?"

„Die Dame in dem rotseidenen Kleid?" fragte Schultze, indem er sich rasch danach umdrehte. „Mit dem Eulenkopf, nicht wahr?"

„Das habe ich allerdings nicht bemerkt", sagte Kellmann lächelnd.

„Oh, das ist eine Frau Zimmermann, wenigstens unter dem Namen hier bekannt. Sie mag sich seit etwa drei Monaten hier aufhalten. Den Herrn an ihrer Seite kenne ich nicht. Er hat nicht die Spur von einem Vogelgesicht und gleicht eher mit der etwas eingedrückten Nase einem Bullenbeißer."

„Das ist ein Herr von Passedow aus Donnersville, wie ich gehört habe", sagte Kellmann. „Hat die Dame hier ein Geschäft?"

„Nein, soviel ich weiß nicht, sie hält sich in einem sogenannten Boarding House auf, es ging aber das Gerücht, daß sie sich hier ankaufen wolle, denn sie muß reich sein. Sie macht wenigstens einen furchtbaren Staat und läuft immer in den buntesten Farben herum. Natürlich fällt das bei ihrer außergewöhnlichen Stärke um so mehr auf, und die Jungens laufen manchmal hinter ihr drein."

„Wenn ich nur wüßte, wo ich das Gesicht schon einmal gesehen habe", sagte Kellmann vor sich hin, den Kopf schüttelnd, „es ist merkwürdig!"

„Merkwürdig finden Sie das?" fragte Schultze. „Wie oft ist mir das schon passiert. Anfangs zerbrach ich mir immer wieder den Kopf darüber, bis ich endlich dahinterkam."

„Hinter was?"

„Nun, wo ich solche Leute gesehen hatte."

„Ja, manchmal fällt es einem später ein", sagte Kellmann.

„Ach nein", rief Schultze, „im Traum war es."

„Im Traum? Aber da muß man ihnen doch vorher schon einmal begegnet sein, ehe man von ihnen träumen kann."

„Glauben Sie das nicht, verehrter Herr", sagte Schultze bestimmt. „Aber hier sind wir an dem Kontor, und nun wollen wir auch Ihre Geschäfte erledigen."

Das Kontor war das der Expreß-Kompanie, die in Amerika eine segensreiche Tätigkeit entfaltete und mit der größten Sicherheit Pakete und Wertsachen wie auch größere Warensendungen beförderte. Schultze kannte den einen der Beamten, und obwohl gerade sehr viel zu tun war, wurde, was sie wünschten, mit Leichtigkeit geregelt.

Unter denen, die hier im Büro Gegenstände aufgaben, befand sich auch ein anständig gekleideter, aber sonst nicht gerade elegant aussehender Herr, der Kellmann aber erst dadurch auffiel, weil er sah, wie ihn Schultze so scharf beobachtete. Er hatte, als sie im Kontor standen, ein kleines Paket aufgegeben, das, der Deklaration gemäß, Papiere von fünfhundert Dollar Wert enthielt. Er bekam seinen Schein, verließ das Zimmer und schlenderte dann langsam die Straße hinab.

„Kannten Sie den Herrn?" fragte Schultze den Beamten.

„Nein", sagte er, „obgleich er schon häufig hier war, um nach Paketen oder Koffern zu fragen, die indes nie eingetroffen sind. Aber seinen Namen können wir ja nachsehen, denn den hat er angegeben. Moment . . . P. Wilson, New York, kennen Sie ihn?"

Schultze schüttelte den Kopf. „Nein", sagte er, „aber es geht mir mit dem Herrn, wie Ihnen mit der Dame, Herr Kellmann. Begegnet bin ich ihm schon, soviel weiß ich bestimmt, ob aber im Traum oder im Wachen, ist eine andere Frage, die sich schwer beantworten ließe."

„Mein lieber Herr Schultze", sagte der junge Mann der Expreß-Kompanie, ebenfalls ein Deutscher, „glauben Sie mir, wir kommen hier in Amerika sehr häufig mit Leuten zusammen, die wir in Deutschland, vielleicht in unserer Vaterstadt, häufig auf der Straße gesehen haben, ohne uns weiter um sie zu kümmern oder uns gar nach ihrem Namen zu erkundigen. Hier tauchen die nämlichen Gesichter plötzlich vor uns auf, ohne daß wir gleich eine Ahnung haben, wo wir sie hintun sollen, und dann können wir uns natürlich den Kopf vergebens darüber zerbrechen."

„Ja, das ist möglich", bestätigte Schultze, „was kümmert mich auch der Herr. Ein einnehmendes Wesen besitzt er nicht. Er hat den breiten, häßlichen Zug eines Kasuar um die Lippen, und die kleinen grauen Augen zucken unaufhörlich herüber und hinüber. In näherer Beziehung habe ich sicher nie zu ihm gestanden, also lassen wir ihn laufen. Und was machen wir jetzt, mein lieber Herr Kellmann? Ich stelle Ihnen meine ganze Zeit zur Verfügung."

„Sie sind unendlich liebenswürdig, Herr Schultze", sagte Kellmann, „aber für den Augenblick habe ich in Cincinnati nichts zu besorgen und möchte nur einmal nach Covington hinübergehen, um dort einen Brief abzugeben, den ich schon seit sieben Jahren in meiner Brieftasche herumtrage oder wenigstens zur Beförderung überkommen habe."

„Sieben Jahre?“ Schultze lächelte. „Doch hoffentlich keine dringende Bestellung?“

„Nein, nur einen Empfehlungsbrief, aber von einem sehr liebenswürdigen Menschen, den Sie übrigens, wenn ich mich nicht sehr irre, ebenfalls kennen müssen, denn er ist mit Georg Donner auf einem Schiff herübergekommen: Herr von Hopfgarten.“

„Ja, ich entsinne mich. Aber an wen haben Sie den Brief?“

„An einen Herrn Fortmann in Covington, der früher in New Orleans lebte, die Stadt aber, als ich dort eintraf, schon verlassen hatte. Nur zufällig hörte ich, daß er jetzt in Covington seinen Wohnsitz habe, und da ich nach Cincinnati mußte, beschloß ich, mich des Auftrags, wenn er auch beinah verjährt ist, zu entledigen.“

„Herrn Fortmann kenne ich“, sagte Schultze. „Er hat vor noch nicht acht Tagen einen grauen Papagei von mir gekauft. Wenn es Ihnen recht ist, gehen wir zusammen hinüber. Dort bringe ich Sie zu Herrn Fortmanns Haus, besorge dann selber einige Geschäfte und hole Sie nachher wieder ab.“

Die Herren schritten zum Fluß hinunter und an der Dampfbootlände hinauf. Plötzlich drückte Schultze Kellmanns Arm.

„Da ist der Herr wieder, den wir vorhin in der Expreß-Kompanie gesehen haben. Er scheint verreisen zu wollen, denn er hat eine Geldtasche umhängen. Ich möchte dem Gentleman keine fünf Taler anvertrauen.“

Kellmann sah in die bezeichnete Richtung und bemerkte, wie der Fremde die steile Lände hinab auf einen dort liegenden, schon unter Dampf stehenden Steamer zuschritt, der vorn das Schild:

„For New Orleans“

aushängen hatte.

Es war die „River Belle“, ein bekanntes und schnell fahrendes, sogenanntes Klipperboot, zu dem der Fremde, als nun die Glocke geläutet wurde, hastig hinabeilte.

„Er scheint nach New Orleans zu wollen“, sagte Kellmann.

„Aber nach dort hat er vorhin erst das Wertpaket aufgegeben“, meinte Schultze.

„Vielleicht steigt er vorher aus. Was kümmert uns der unangenehme Geselle!“

Fortmann

Die beiden Herren schlenderten nach Covington hinein, und wenn die kleine Stadt auch nicht so großartig aussah wie das gegenüberliegende Cincinnati, so herrschte doch auch hier ein reges, geschäftiges Leben, und der solide Wohlstand überall ließ sich nicht verkennen.

Sie bogen in eine der Querstraßen ein, die mit dem Strom gleichliefen, und erreichten das kleine, aber freundliche Haus, an dem ein ovales Porzellanschild den Namen Fortmann und darunter *Justice of the peace* oder Friedensrichter und *notary public* zeigte. Fortmann sollte, wie Schultze Kellmann unterwegs erzählte, ein sehr geachteter Mann in Covington und ebenso beliebt unter den Amerikanern wie den Deutschen sein. Er hatte seit Jahren eine bedeutende Praxis und sich damit ein hübsches Vermögen verdient – aber er führte, obgleich er in einem reizend eingerichteten Haus wohnte, ein Junggesellenleben, ließ durch eine alte Deutsche seine Wirtschaft und die Küche besorgen und schien sich dabei wohlzufühlen.

Vor dem Haus nahm Schultze von Kellmann Abschied und versprach, ihn, wenn er nicht lange aufgehalten würde, wieder abzuholen. Kellmann betrat das Haus, wo er sich im Kontor bei einem der Schreiber erkundigte, ob Herr Fortmann zu sprechen wäre.

„Haben Sie Geschäfte mit ihm?"

„Ja – ich habe einen Brief an ihn persönlich abzugeben."

„Mister Fortmann ist noch oben – er hatte gerade eine Konferenz. Wollen Sie einen Augenblick warten? Ich will Sie gleich anmelden."

Der junge Mann lief mit Kellmanns Karte die Treppe hinauf, kehrte aber schon nach wenigen Minuten zurück und sagte, auf der halben Treppe stehenbleibend: „Möchten Sie sich heraufbemühen?"

Kellmann folgte der Einladung, betrat oben ein kleines, elegant eingerichtetes Vorzimmer. Er wurde im nächsten Augenblick in den mittleren Salon geführt, wo er, als die Tür geöffnet wurde, den Herrn des Hauses bemerkte, der mit untergeschlagenen Armen, den Kopf gesenkt und, anscheinend in tiefem Sinnen, rasch auf und ab schritt und den Eintritt des Fremden nicht zu beachten schien.

„Mister Fortmann, hier ist der Fremde", sagte der junge Mann. Fortmann wandte sich ihm rasch zu, blieb aber, ohne Kellmanns Gruß zu erwidern, mitten im Raum stehen und schaute ihn scharf und forschend an.

„Herr Fortmann", sagte Kellmann, indem er den Brief aus seiner Tasche nahm, „wenn ich einen mir übergebenen Auftrag erst nach langen Jahren bestelle, so bin ich nur teilweise schuld daran, denn die Adresse lautete nach New Orleans, und Sie hatten die Stadt, als ich sie damals erreichte, schon verlassen, ohne daß ich erfahren konnte, wohin Sie sich gewandt hatten. Der Brief ist von einem Ihrer Freunde, einem Herrn von Hopfgarten, der sich vor Jahren in Heilingen angekauft hat. Dürfte ich Sie bitten, das Schreiben zu nehmen?"

Die Bitte war gerechtfertigt. Fortmann stand noch immer in der Mitte des Zimmers. Er bewegte sich nicht, er sprach kein Wort, nur seine Blicke hafteten auf dem Fremden, und er schien zunächst nicht zu verstehen, was Kellmann sagte. Fast mechanisch nahm er den Brief, öffnete ihn und durchflog ihn.

Fortmann war eine lange, etwas hagere Gestalt mit einst krausem schwarzem Haar, zwischen dem sich aber schon eine Glatze ausgebreitet hatte. Ein starker Bart, in dem sich noch kein graues Haar zeigte, wie er auch überhaupt noch nicht hoch in den Jahren schien, gab dem sonst vielleicht spitzen Gesicht etwas Volles und Männliches.

Kellmann hatte ihn aufmerksam angesehen, und wieder tauchte das Gefühl in ihm auf, daß er Fortmann schon einmal begegnet sein müsse, aber er dachte nicht daran, darüber nachzugrübeln. Der Empfang schien nicht besonders warm zu werden, denn Fortmann hielt es noch immer nicht der Mühe wert, ihm auch nur ein Wort des Willkommens zu sagen oder vielleicht nach seinem Freund Hopfgarten oder ihm selber zu fragen. Es war allerdings fast, als ob ein Lächeln um seine Augen blitzte. Endlich aber mochte er doch wohl selber fühlen, daß sein Schweigen auffällig, wenn nicht geradezu unhöflich sei. Er legte den Brief, nachdem er noch einmal die Adresse angesehen hatte, neben sich auf den Tisch, schritt auf Kellmann zu, reichte ihm die Hand und sagte dann mit ruhiger Stimme: „Sie kennen mich wohl nicht mehr, Herr Kellmann?"

„Hm", sagte Kellmann, „es ist mir fast so, als ob wir uns schon einmal getroffen hätten."

„Vielleicht im ‚Roten Drachen' in Heilingen", fragte Fortmann lächelnd.

„Im ‚Roten Drachen'?" wiederholte Kellmann wirklich verblüfft und suchte nun aus dem bärtigen Gesicht heraus bekannte Züge zu entdecken. „Ich kann mich bei Gott nicht besinnen, je mit einem Herrn Fortmann bekannt gewesen zu sein, und doch möchte ich darauf schwören, daß ich die Augen wenigstens schon einmal in meinem Leben gesehen habe."

„Und wenn Sie sich auf einen anderen Namen besinnen?"

„Auf einen anderen Namen?" fragte Kellmann verwundert.

„Behalten Sie die letzte Silbe und setzen Sie ein paar andere davor."

Kellmann sah ihn wieder forschend an. „Mann?" Er schüttelte den Kopf. „Ich kann mich nicht besinnen", sagte er. „Von den noch lebenden Menschen fällt mir keiner ein."

„Und von den Toten?" fragte Fortmann.

„Den Toten?" Kellmann starrte Fortmann an, als ob er einen Geist gesehen hätte. „Ja, um Gottes willen, wie ist mir denn? Den Toten? Da ist eine Ähnlichkeit, aber – es ist doch nicht denkbar ... Ledermann!" schrie er plötzlich, als der Friedensrichter auf eine eigentümliche Weise, und zwar mit zurückgebogenen Fingern die Hände zusammenrieb. „Ledermann?"

Der Friedensrichter sah ihn lächelnd an, im nächsten Augenblick hatte ihn Kellmann aber schon beim Kopf genommen, küßte ihn herzhaft ab und sprang dann wie ein Besessener in dem Zimmer herum.

„Ledermann!" schrie er dabei. „Spurlos verschwunden, ins Wasser gesprungen, trostlose Witwe, Menschen mit Stangen fischen drei Tage lang, Hut und Rock am Wasser gefunden, ganze Stadt in Aufruhr, Ledermann! Le-Le-Ledermann!"

Der kleine Mann war schier außer sich, und erst als einer der

Schreiber den Kopf erstaunt in die Tür steckte, um zu sehen, was da drinnen vorging, kam er wieder zu sich.

Ledermann erzählte, daß er kein anderes Mittel gewußt habe, dem unerträglichen Leben mit seiner Frau zu entgehen, da sie von einer Scheidung nichts wissen wollte, als nach Amerika zu flüchten, und damit seine Ehehälfte nicht etwa nachkam, ließ er Heilingen glauben, daß er sich aus Verzweiflung ins Wasser gestürzt habe.

Kellmann hatte sich gesetzt, aber er zuckte und rutschte in einem fort auf seinem Stuhl herum, schüttelte den Kopf und gab auf vielfache Weise sein innerliches Vergnügen zu erkennen. Aber der Freund ließ ihn nicht lange in diesem Zustand, da ihm selber daran lag, Näheres aus Deutschland zu erfahren.

„Haben Sie meine letzten Briefe nicht bekommen, Kellmann?“ fragte er endlich. „Das heißt die, die mit dem Namen Doktor Weiße unterzeichnet waren, worin ich Sie um Auskunft über Frau Ledermann bat?“

„Ihre letzten Briefe?“ sagte Kellmann verwundert. „Wohin?“

„Nach Deutschland – nach Heilingen.“

„Aber ich bitte Sie“, rief Kellmann, „ich bin ja schon über sieben Jahre von Deutschland fort. Sehen Sie doch nur das Datum des Briefes von Hopfgarten an.“

„Hm – ja, das ist merkwürdig, daran habe ich nicht gedacht“, sagte Fortmann vor sich hin. „Also haben Sie auch meine Briefe nicht bekommen und wissen vielleicht nicht einmal etwas von daheim.“

„Aber sicher“, sagte Kellmann. „Hopfgarten schreibt ziemlich regelmäßig, und seine Frau wie auch meine und Donners Frau schreiben sich häufig.“

„Dann, lieber Kellmann“, sagte der Friedensrichter, „bitte ich Sie dringend, mir zu sagen, was Sie von Frau Ledermann gehört haben. Aber erst lassen Sie mich ein Glas Wein und einen Imbiß besorgen. Sie haben doch noch nicht gefrühstückt?“

„Nein.“

„Um so besser“, rief Fortmann, indem er eine Flasche Sherry mit zwei Gläsern, Crackers und Käse auf den Tisch setzte. „Und nun erst ein Glas auf unser glückliches Wiedersehen!“

„Ein merkwürdiges Gefühl“, sagte Kellmann lachend, nachdem

er sein Glas auf einen Zug geleert hatte, „mit einem Menschen an einem Tisch zu sitzen, von dem man acht volle Jahre lang überzeugt gewesen ist, daß er tot und von den Fischen gefressen sei. Und Sie sehen auch gar nicht so aus, als ob es Ihnen schlecht gegangen wäre."

„Ist es auch nicht, lieber Kellmann. Ich fühle mich hier wohl und – würde mich noch viel wohler fühlen, wenn ich eben über eins Aufschluß hätte. Da aber können Sie mir vielleicht helfen, und ich bitte Sie jetzt dringend, mir alles zu sagen, was Sie über die hinterbliebene Witwe des Aktuars Ledermann wissen. Lebt sie noch?"

„Soviel ich weiß, ja, ich habe wenigstens nie das Gegenteil gehört. Aber die näheren Umstände nach Ihrem Verschwinden wissen Sie doch?"

„Eigentlich nicht, denn Genaueres habe ich nie darüber erfahren, und wie es mich interessiert, können Sie sich etwa denken."

„Die ‚Dame' hatte außerordentliches Glück", sagte Kellmann. „Noch ehe ich von Deutschland abreiste, hörte ich, sie hätte eine Erbschaft angetreten."

„Das hatte ich gehört und mich sehr darüber gefreut."

„Weiter erfuhr ich damals nichts. Hopfgarten teilte es uns aber später mit. Jetzt erinnere ich mich auch, daß er mir damals schrieb, ich sollte Ihnen Kunde davon geben, daß Frau Ledermann, die noch immer eine junge, stattliche Frau sei, sich in ihren Umständen sehr verbessert und sich mit einem recht wohlhabenden Mann verlobt habe."

„In der Tat?" rief Fortmann erfreut und rieb sich die Hände. „Und wie ist sein Name?"

„Ja, mein lieber Ledermann", sagte Kellmann schulterzuckend, „den Namen habe ich vergessen. Die Frau interessierte mich zu wenig, denn ich wußte ja recht gut, was sie für ein Drache war. Übrigens kann ich den Brief zu Hause noch nachsehen, denn ich habe sie alle aufgehoben. Sie müssen auch geheiratet haben, denn im nächsten Brief meldete Hopfgarten, das junge Ehepaar hätte Heilingen verlassen. Danach habe ich nichts mehr von ihnen gehört."

Fortmann leerte sein wieder gefülltes Glas mit einem raschen Zug, reichte dann Kellmann die Hand und sagte: „Alter Freund, Sie haben eine Last von meiner Seele gewälzt, und mit der guten Nachricht, die Sie mir gebracht haben, darf ich jetzt endlich – und zum erstenmal, seit ich amerikanischen Boden betreten habe, frei aufatmen. Das danke ich aber nur Ihnen, alter Freund. Sie bleiben ein paar Tage in Covington – natürlich bei mir. Ich habe, wie Sie sehen, reichlich Platz. Wir müssen einmal wieder über alte Zeiten plaudern."

„Das soll ein Wort sein", sagte Kellmann.

„Bravo!" rief Fortmann, ergriff die Hand des Freundes und schüttelte sie kräftig. „Nun sagen Sie mir aber, wie haben Sie mich so rasch hier gefunden?"

„In Donnersville erfuhr ich, daß Sie in Covington wohnen, und in Cincinnati traf ich einen gewissen Herrn Schultze, der mich bis vor Ihre Tür begleitete."

„Den Vogelhändler?"

„Ja."

„Ein komischer Kauz", sagte Fortmann.

„Sie haben ihm neulich einen Vogel abgekauft?"

„Ja." Fortmann lächelte wehmütig. „Ein armer Junggeselle muß doch etwas haben, an dem er sich freuen kann. Hat Sie Schultze in seine Schrullen eingeweiht, hat er auch von einem Vampir gesprochen?"

„Allerdings."

„Und Ihnen Einzelheiten erzählt?"

„Nein."

„Sie haben das Schild des Doktors an seinem Haus gesehen?"

„Famos", rief Kellmann. „Die Idee mit der Achillessehne ist kostbar."

„Die ganze Geschichte ist Marktschreierei", sagte Fortmann. „In öffentlichen Blättern sucht er jetzt als Reklame irgendwen, der sich für fünfhundert Taler Belohnung die Achillessehne durchschneiden läßt. Er erbietet sich dabei, den Patienten nicht allein unentgeltlich zu heilen, sondern auch solange zu verpflegen. Natürlich findet sich niemand, der sich für fünfhundert Taler zeitlebens lähmen ließe, und das Komische bei der Sache ist nur, daß Schultze den Doktor in Verdacht hat, es auf ihn abgesehen zu haben."

„Auf ihn? Wieso?"

„Ihm heimlich die Achillessehne durchzuschneiden." Fortmann lachte. „Ich weiß aus ziemlich guter Quelle, daß er seit etwa acht

Tagen Blechkapseln hinten in seinen Stiefeln trägt, um einen solchen, vielleicht unvermuteten Angriff abzuwehren."

„Das ist doch nicht denkbar."

„Er hält den Doktor in der Tat für einen versteckten Vampir und würde schon lange ausgezogen sein, wenn er nur eine passende Wohnung fände."

„Der Doktor ist natürlich ein Scharlatan."

„Er ist ein Amerikaner", sagte Fortmann mit einem Schulterzucken. „Persönlich mag ich ihn ganz gern leiden, nur in der Politik verstehen wir uns nicht. Ich habe ihn sogar in Verdacht, daß er mit zu dem jetzt neu erwachenden Ku-Klux-Klan gehört. Sie kennen den doch?"

„Ich habe davon gehört, aber die Regierung wird den Herren hoffentlich auf die Finger klopfen."

„Mein lieber Kellmann", sagte Fortmann, „ich weiß nicht, ob Sie den Norden von Amerika so weit und so genau kennen wie ich und ihn gerade in der Zeit so genau beobachtet haben, wo er sich am stärksten in seinen verschiedenen Leidenschaften entwickelte, und das war in den beiden letzten Kriegsjahren. Das Geschlecht der Copperheads blüht und gedeiht bis zu diesem Augenblick, und sie haben die Hoffnung noch nicht aufgegeben, dem Süden wieder zu seinem alten Recht zu verhelfen. Dem Gesindel ist doch nichts erwünschter, als die gesetzliche Macht in den Händen zu haben, um eine andere Menschenrasse zu knechten und selber leichter und bequemer daraus Gewinn zu ziehen. Was kümmert sie das Elend der Sklaverei!"

Unten im Haus klingelte es, und gleich darauf kam ein Schreiber die Treppe herauf und meldete, ein Herr und eine Dame seien mit einem anderen Herrn und einer anderen Dame eingetroffen, und die ersteren wünschten getraut zu werden – ob Mr. Fortmann jetzt Zeit habe, oder ob er sie auf später wieder herbestellen solle.

Fortmann besann sich einen Augenblick.

„Kellmann, die Sache nimmt nicht lange Zeit in Anspruch, denn wir machen derartige Dinge, die in Europa oft Monate und Jahre erfordern und die entsetzlichsten Weitläufigkeiten mit sich bringen, hier sehr rasch ab. Haben Sie schon einer Ziviltrauung in Amerika beigewohnt?"

„Nein, noch nie."

„Haben Sie Lust, Zeuge zu sein?"

„Wird das gehen – als Fremder?"

„Setzen Sie sich an jenen Tisch, da liegen Schreibmaterialien, und machen Sie sich da zu schaffen; die Herrschaften beachten Sie dann nicht. Mister Burden, bitte, schicken Sie das Brautpaar herauf und bringen Sie dann gleich Ihr Protokoll mit – wir wollen die jungen Leute nicht zu lange auf die Folter spannen."

„Nun, so jung sind sie eigentlich nicht mehr", sagte der Amerikaner lachend, „der Bräutigam hat schon eisgraue Haare, und die Braut muß in den Vierzigern sein und wiegt für zwei."

„Das ist der alte Herr von Passedow mit der dicken Dame", rief Kellmann. „Passedow wohnt in Donnersville. Das muß zwischen den beiden ein ganz sonderbares Verhältnis sein."

„Nun, wir werden ja gleich sehen", sagte Fortmann. „Ich glaube, da kommt unsere Gesellschaft schon. Also bitte, setzen Sie sich nur an den Tisch da drüben. Meinen Schreiber nehme ich hierher, und Sie können dann ganz ungestört der ‚feierlichen Handlung' beiwohnen."

Fortmann nahm, noch während er sprach, seinen Sitz an dem mittleren Tisch ein, auf dem schon die nötigen Bücher für solche Verhandlungen – besonders die Bibel, um den üblichen Schwur abzunehmen – lagen.

„How d'you do, Fortman", sagte in diesem Augenblick, kaum war die Tür geöffnet, der zuerst eintretende Doktor Taylor, indem er die Dame, die er führte, losließ, auf Fortmann zuschritt und ihm derb und kräftig die Hand schüttelte. – „How do you come on?"

„Doktor – sehr erfreut, Sie bei mir zu sehen. Soll ich das Vergnügen haben, Sie in die süßen Bande der Ehe zu schlagen?"

„Bitte nein!" sagte der Doktor rasch. „Das andere Paar . . . Sie kennen Mistress Goodpart wahrscheinlich. Wir beide – ich und Mistress Goodpart – sind nur als Zeugen mitgekommen."

Fortmanns Aufmerksamkeit wandte sich rasch dem eintretenden Brautpaar zu. Er war indes schon zu lange in Amerika, um etwas Besonderes darin zu finden, daß sich ein sehr alter Herr und eine sehr dicke Dame trauen lassen wollten. Wunderliche Verbindungen kamen jeden Monat ein paarmal vor, doch das war auch eine Sache, die niemand etwas anging und die beide unter sich abzumachen hatten.

Fortmann beschäftigte sich nun mit seinem Buch, in welches die Eintragung gemacht werden mußte, und die Verhandlung begann.

„Mister Fortmann", sagte Herr von Passedow, aber in englischer Sprache, schon der beiden Zeugen wegen, „ich beabsichtige, mich mit dieser Dame trauen zu lassen, und ersuche Sie, das Nötige zu veranlassen."

Fortmann machte eine stumme Verbeugung. „Ihr Name, wenn ich bitten darf. Vor- und Zuname?"

„Julius Ernst von Passedow."

„Aus?"

„Posen. Hier sind übrigens unsere Papiere. Sie werden alles in Ordnung finden, wenn ich auch glaube, daß sie hier in Amerika nicht einmal verlangt werden."

Fortmann nahm die Papiere und blätterte sie durch.

„Sie waren noch nicht verheiratet?"

„Doch – schon zweimal, wie Sie aus den Papieren ersehen werden. Aus der zweiten Ehe habe ich ein Kind, eine Tochter, beide Frauen sind mir gestorben. Der Totenschein der letzten liegt hier bei."

„Und Ihr Fräulein Braut?"

„Meine Braut", sagte Herr von Passedow, doch etwas verlegen, „war ebenfalls schon verheiratet. Auch sie hat den Totenschein ihres letzten Gatten hier beiliegen."

„Also ebenfalls schon mehrfach vermählt?"

„Zweimal. Ihr erster Gatte ertrank."

„Der Name Ihrer Braut?"

„Therese Zimmermann. Sie finden ihn in den Papieren, die Sie vor sich haben."

Fortmann notierte sich die Namen, wie sie ihm angegeben wurden, auf ein Blatt.

„Geborene, Madame?" sagte er dann, zu der starken Dame aufsehend.

„Braumeier", sagte die Frau. Fortmann schrieb aber nicht, sondern hielt die Feder nur fest in der Hand, und sein Blick flog mit einem merkwürdigen Ausdruck zu der Sprechenden hinüber.

„Ich – muß um Entschuldigung bitten", sagte er nach einer Weile, „ich – habe nicht recht verstanden. Darf ich um Ihren vollen Mädchennamen bitten?"

„Therese Braumeier.“

„Aus?“

„Nürnberg.“

„Und Ihr erster Gatte hieß?“

„Julius Ledermann.“

„Müssen Sie das alles wissen?“ fragte Herr von Passedow, dem das lange Examen nicht angenehm zu sein schien.

Der Friedensrichter antwortete ihm nicht, Kellmann aber, der bei dem eben genannten Namen aufgehorcht hatte, starrte die Frau an, als ob er eine Erscheinung gesehen hätte. Ledermann ... Bei allem, was da lebte und schwamm, das war die Frau Aktuar Ledermann, und deshalb war sie ihm auch so merkwürdig bekannt vorgekommen – aber nie im Leben hätte er sie wiedererkannt.

Der Friedensrichter hatte im ersten Augenblick schier die Fassung verloren, aber das dauerte nicht lange. Sein Buch bot ihm die erwünschte Gelegenheit, sich darüber zu beugen und daneben die Papiere durchzusehen. Therese Braumeier ... Der Augenblick, den er fast ein Jahrzehnt gefürchtet und den er hundertmal in unruhigen Träumen durchlebt hatte, war gekommen. Da stand seine Frau, kaum drei Schritte von ihm entfernt. Hatte sie ihn vielleicht erkannt? Aber es war kaum denkbar, denn nicht allein, daß sie ihn für tot halten mußte, hatte er sich in der langen Zeit fast ebenso verändert wie sie selber. Er war stärker geworden, bedeutend stärker, als er sonst gewesen war. Er trug jetzt einen vollen und dichten schwarzen Bart, während er früher sein Gesicht glatt rasierte, ebenso eine Brille, und die ausgebildete Glatze gab seinem Kopf außerdem eine andere Form.

Nur verstohlen wagte er den Blick trotzdem zu ihr zu erheben, und halb in Gedanken schüttelte er leise den Kopf. Das war seine Frau? Diese aufgedunsene, breitschultrige, plumpe Gestalt mit den dicken Backen und Fettarmen? Aber den Blick hatte sie noch, wenn auch das Antlitz jetzt in milder Ruhe lächelte, und den übermütigen, fast frechen Zug um den Mund, der sich mit den Jahren nur noch mehr und schärfer ausgebildet hatte. Wie eine wilde Jagd schossen ihm die Gedanken durch das Hirn, denn was, um Gottes willen, sollte er jetzt tun? Seine eigene Frau verheiraten? In dem Gedanken lag ein fast teuflischer Humor. Und wenn sie ihn nun wiedererkannt hatte, wie er sie? Sie war ja jetzt noch frei, und wie stand er dann hier in Covington der ganzen Stadt und den Behörden gegenüber? Blieb ihm denn in dem Fall noch eine Wahl, als augenblicklich sein Amt niederzulegen und den Staat so rasch als möglich zu verlassen?

Wieder sah er zu der Frau empor, aber sie konnte ihn nicht erkannt haben, denn sie unterhielt sich ganz unbefangen mit dem neben ihr stehenden Doktor Taylor, während Madame Goodpart, der die Zeit wohl ein wenig lang wurde, ihr seidenes Kleid glatt strich und dann und wann einmal hinter der vorgehaltenen Hand gähnte.

Kellmann wagte er nicht anzuschauen, denn daß dieser die Namen gehört hatte und nun natürlich alles durchschaute, war außer jedem Zweifel. Aber es blieb ihm auch keine Wahl. Sollte er sich jetzt selber verraten und lebenslang unglücklich werden – er hätte wahnsinnig sein müssen. War aber die Frau wieder rechtskräftig von ihm getraut und in die Bücher eingetragen, dann hatte sie – wenn sie ihn später wiedererkannte – das nämliche Interesse zu schweigen, wie er selbst. Beide gewannen dadurch ihre vollständige Freiheit wieder, ob sie nun durch einen Geistlichen oder Richter gesetzlich geschieden waren oder nicht. Die Scheidung vollzog sich durch diesen Akt faktisch selber, und keiner von beiden durfte später Ansprüche an den anderen erheben.

Im Nu gingen ihm alle diese Gedanken durch den Kopf, während er die Blätter, ohne die Schriftzeichen darauf wahrzunehmen, hin und her schob.

„Haben Sie noch irgendwelche Bedenken?“ fragte von Passedow, dem die Sache zu lange dauerte und der außerdem wußte, daß der Friedensrichter selber keinen Einwand erheben konnte. „Ich glaube, es ist alles in Ordnung.“

„Vollkommen – vollkommen, Herr von Passedow“, sagte Fortmann, wie aus einem Traum erwachend. „Ich – muß Sie nur noch, der Form wegen, ersuchen, vorher den üblichen Eid abzulegen, daß Sie gegenwärtig nicht mehr verheiratet und also vollkommen frei sind. Dürfte ich Sie bitten, den Eid zu leisten: Ich verspreche, daß ich nichts weiter sagen werde als die Wahrheit, die reine Wahrheit – so wahr mir Gott helfe.“

Herr von Passedow wiederholte die Worte und küßte die Bibel.

„Und Madame, dürfte ich Sie bitten, mir denselben Eid nachzusprechen: Ich verspreche, daß ich nichts weiter sagen werde als die Wahrheit, die reine Wahrheit – so wahr mir Gott helfe."

Der Form wurde ebenfalls genügt. Frau Zimmermann, wie sie sich gegenwärtig noch nannte, küßte die Bibel, und die Frage an Herrn von Passedow lautete: „Sie bestätigen also unter Ihrem Eid, daß Sie frei und nicht ehelich mit irgendwem verbunden sind?"

„Ja", lautete die Antwort.

„Und Sie, Madame, erklären ebenfalls, daß Ihre beiden früheren Ehegatten gestorben und Sie jetzt, ohne irgendwelche bindende Verpflichtung, frei sind, um aufs neue den Ehebund zu schließen?"

„Ja", sagte auch die Dame und schlug dabei, wie in mädchenhafter Schüchternheit, die Augen nieder.

„Gut", sagte Fortmann. „Ferner erklären Sie also, Herr von Passedow, daß Sie willens sind, die Dame als Ihre eheliche Gattin zu nehmen, bei ihr auszuhalten in Freud und Leid und ihr treu zu sein bis in den Tod?"

„Ja", sagte der Baron mit deutlicher, tiefer Stimme.

„Und auch Sie bestätigen", wandte sich Fortmann an seine eigene Frau, „indem Sie Herrn von Passedow die Hand reichen, ihn als Ihren Herrn und Gatten anzuerkennen und ihm treu zu sein bis in den Tod?"

„Ja", sagte die Frau; aber während sie nun so dicht vor dem Friedensrichter stand, hatte sich ihr Blick fest und forschend auf seine Züge geheftet, und die Augen wurden dabei immer größer, die Lippen blieben nach dem „Ja" geöffnet.

„Dann erkläre ich Sie hiermit, kraft meines Amtes, beide als verheiratet, als Mann und Frau, und niemand soll ein Recht haben, Sie wieder zu trennen – Gott gebe Ihnen seinen Segen!" Damit bog er sich zu dem neben ihm sitzenden Schreiber, flüsterte ihm einige Worte zu, schloß das vor ihm liegende Buch und reichte Herrn von Passedow als Zeichen seines Glückwunsches die Hand.

„Was bin ich schuldig?" fragte der Baron, der die Sache mehr von der praktischen Seite betrachtete, indem er mit der anderen Hand in seine Tasche fuhr.

„Das bitte ich Sie mit meinem Schreiber abzumachen", erwiderte Fortmann. „Gnädige Frau, erlauben auch Sie mir, Ihnen meinen Glückwunsch darzubringen." Er reichte ihr, indem er ihrem Blick fest begegnete, die Hand. Die jetzige Frau von Passedow drückte sie, aber sie war merkwürdig blaß geworden. In diesem Augenblick drängten auch die beiden Zeugen herbei, Doktor Taylor und Frau Goodpart, um ihre Glückwünsche anzubringen.

„Bless my soul!“ rief Frau Goodpart, indem sie die Braut betrachtete. „Wie blaß das arme Herz geworden ist. Ja, das ist ein Augenblick, der die Nerven angreift, und wenn sie aus Stahl und Eisen wären. Ich bin damals ohnmächtig geworden, als ich meinem Mann das Jawort gegeben hatte. Aber warten Sie nur, Kind, sobald wir nach Hause kommen, mache ich Ihnen ein tüchtiges Glas Brandy und Wasser zurecht, das wird Sie schon wieder auf die Füße bringen. Sie haben wohl keinen Brandy im Haus, Mister Fortmann?“

„Wenn ich der Dame damit dienen kann, gewiß“, sagte Fortmann rasch und verließ das Zimmer. Es war ihm nur recht, einen Augenblick hinauszukommen, und ehe er zurückkam, nahm er selber einen tüchtigen Schluck des scharfen Trankes. Er brauchte in der Tat eine Stärkung.

Der Schreiber hatte unterdessen – es mochten ihm wohl schon ähnliche Fälle vorgekommen sein – Gläser und eine Flasche mit Wasser auf den Tisch gestellt, und Frau von Passedow hatte sich auf den ihr von Doktor Taylor hingeschobenen Stuhl gesetzt. Er mischte der Dame einen anständigen kalten Grog, wie auch für die anderen Herrschaften. Frau von Passedows Blick ging, während sie ihr Glas austrank, abwechselnd zu Kellmann und zum Friedensrichter. Sie hatte ganz ihre bisherige zuversichtliche Haltung verloren, sah scheu und verzweifelt aus. Ein jäher Schreck durchzuckte sie, daß in der Gestalt des Friedensrichters ihr verstorbener Gatte wieder vor ihr stehe, der mit diesem Kellmann befreundet gewesen war. Nein, es war nicht möglich . . . Mit dem Brandy als Stärkung überwand sie schließlich die Schwäche.

Die „heilige Handlung“ war vorüber, die Neuvermählten hatten mit den „Zeugen“ das Haus gerade so verlassen, als ob sie dort nur eben einen unwichtigen Besuch abgestattet hätten. Der Schreiber hatte von der „jungen Frau“ noch den Auftrag bekommen, eine Abschrift der Verhandlung zu Mrs. Goodpart zu bringen und dort seine „Bezahlung“ gleich in Empfang zu nehmen – und Kellmann war mit seinem Freund wieder allein.

„Ledermann", sagte Kellmann, „dürfte ich Sie bitten, mir einmal da hinten, aber gefälligst recht derb, hineinzustoßen. Ich bin vorhin eingeschlafen und habe wahnsinniges Zeug geträumt."

„Was denn, mein lieber Kellmann?" fragte der Friedensrichter und sah ihn lächelnd an.

„Oh, Unsinn", meinte Kellmann und strich sich mit der Hand über die Stirn. „Ich habe eben geträumt, daß Sie Ihre eigene Frau mit einem anderen Herrn, einem würdigen Greis, verheiratet hätten."

„Haben Sie schon ein Glas Brandy getrunken?"

„Nein, noch nicht."

„Nun, dann füllen Sie einmal Ihr Glas und lassen Sie uns auf die Gesundheit der Frau Therese von Passedow anstoßen."

„Aber – das ist doch nicht möglich!" rief Kellmann in halber Verzweiflung über das Unbegreifliche.

„Nicht möglich?" Der Friedensrichter lächelte. „Kennen Sie nicht den alten philosophischen Satz: Was ist, hat auch ein Recht zu sein? Das klingt anscheinend vernünftig, ist aber im Grunde der blanke Blödsinn."

„Und wie waren Sie imstande, so kalt und ruhig zu bleiben?"

„Ich will Ihnen etwas sagen, Kellmann", erwiderte sein Freund, dessen Gesicht nun einen ernsten, fast wehmütigen Ausdruck angenommen hatte. „Am Anfang, das will ich Ihnen gern gestehen, war es mir, als ob mir das Herz zusammengeschnürt würde, und ich brachte die Worte kaum über die Lippen. Als ich aber wieder in das Gesicht der Frau sah, die mir mein ganzes Leben vergiftet hatte, als ich wieder die kleinen grauen Augen sah, wenn auch jetzt in Schreck und Zweifel auf mich gerichtet, und wußte, welch ein Teufel dahinter lauerte, da gewann ich meine ganze Ruhe und Kaltblütigkeit wieder – ja, da durchdrang mich sogar das frohe, selige Bewußtsein: jetzt bist du frei – frei – frei! Stoßen Sie mit mir an, Freund. Die verwitwete Frau Aktuar Ledermann, jetzige Freifrau von Passedow, soll leben!"

Ein Verbrechen

General Grant, der Unterdrücker der Rebellion, hatte auch im Wahlkampf gesiegt und den Klapperschlangen auf den Kopf getreten.

Präsident Lincoln würde sich mit der Freisprechung der Neger begnügt haben, um sie nach und nach zu dem zu erziehen, was sie von jetzt an in Wirklichkeit sein sollten: amerikanische Bürger. Aber der Süden trieb den Norden zu schärferen Maßnahmen, und um dem rebellischen Treiben, das sich in den früheren Sklavenstaaten noch immer nicht legen wollte, zu begegnen, erklärte man die Neger, die weder schreiben noch lesen konnten, plötzlich für wahlberechtigt und setzte sie damit in alle Rechte eines Bürgers ein, ohne daß sie bis dahin noch ihren Pflichten genügen konnten.

Außergewöhnliche Begebenheiten überstürzten sich also für die Neger in dieser Zeit, eine Aufregung folgte der anderen, und die Älteren unter ihnen, von denen einige in weißer Wolle und steifen Vatermördern herumliefen, kamen gar nicht mehr zur Ruhe. Sie sollten zum erstenmal an die Wahlurne treten und wählen – aber wen?

Die Angelegenheit mußte vorher reiflich besprochen werden. Das konnte am besten in öffentlichen Lokalen geschehen, wo man Gleichgesinnte fand, und die Schenkhäuser füllten sich deshalb in diesen Tagen schon am frühen Morgen und blieben bis in die späte Nacht hinein besetzt.

In Lafayette, der nördlichen Vorstadt von New Orleans, befand sich ein solcher Sammelplatz für die Wähler, an dem sie ihre Stimme abgeben sollten. Der weite Raum wimmelte von farbigen Gestalten, und am heutigen Tag der Wahl formte sich die Masse zu einem soliden Keil, der bei der Tür des Wahlgebäudes begann, sich über einen offenen Platz und dann noch zu unabsehbarem Ende in eine der Seitenstraßen hineinzog.

Dieses Lokal war nur für „coloured gentlemen" bestimmt. Man

hatte sie absichtlich von den Weißen getrennt, um Streit und Zwistigkeiten zu vermeiden, die sonst vielleicht nicht ausgeblieben wären und dann ein blutiges Ende nehmen konnten. Die Reizbarkeit auf seiten der Weißen war noch zu groß, und die Farbigen würden, in solcher Masse versammelt, wahrscheinlich keine Übergriffe geduldet haben.

Drüben öffneten sich die Pforten, um – immer truppweise – einen Teil der Andrängenden nach dem anderen einzulassen.

Diejenigen, die abgefertigt waren, während die übrigen langsam und mit lobenswerter Geduld vorrückten, fühlten sich für diesen Tag frei und hatten natürlich nichts Eiligeres zu tun, als irgendein Wirtshaus aufzusuchen, um sich dort von den Anstrengungen des Morgens auszuruhen, ihre Meinung mit Stammesgenossen auszutauschen und das wenige Geld, das sie noch besaßen, zu vertrinken.

Eins der meistbesuchten Trinkhäuser in Lafayette war die Schenkstube „Zum Methodistenprediger", die in einer Seitenstraße lag, wohin man früh kommen mußte, um einen Platz zu bekommen.

Das Schild war beanstandet worden; besonders die Methodisten hatten dagegen protestiert und einmal auch schon Klage erhoben, daß man ein „Haus des Teufels", wo schnöder Branntwein verabreicht und auch sonst noch allerlei Unfug getrieben wurde, nach einem Geistlichen ihrer Gemeinde benannte. Die Klage wurde aber abgewiesen, noch dazu, da der Besitzer mit der größten Gemütsruhe den Beweis führte, daß er selber früher Methodistenprediger gewesen wäre und deshalb sein Schild nach sich nennen könne.

Zachäus Maulbeere oder Mulberry, wie er sich amerikanisiert auf dem Schild nannte, war nicht der Mann, rasch einem Druck von irgendwelcher Seite nachzugeben, besonders wenn es um seinen eigenen Nutzen ging, und daß er sich den zu wahren wußte, hatte er schon oft genug bewiesen.

Zachäus Maulbeere war vielseitig. Als Scherenschleifer kam er ins Land und fuhr seinen Karren in den verschiedenen Staaten umher, bis er in Arkansas in einem sogenannten Campmeeting im Wald, das von Methodistenpredigern abgehalten wurde, einen Geschäftszweig entdeckte, der ihm reichlichere Einnahmen mit weniger Arbeit versprach. Er wurde selber Wanderprediger, war eigentlich nie recht bekannt. Es hieß allerdings einmal, er hätte Unterschleife gemacht und sei von der frommen Brüderschaft ausgestoßen worden. Die Brüderschaft trat aber nie mit einer Klage gegen ihn hervor, worauf andere behaupteten, nur aus dem Grund, weil er selber zuviel von ihnen wisse. Wie dem aber auch sei, beide Teile hatten vielleicht Ursache zu schweigen, und Maulbeere, der für Jahre in unbekannter Weise seine Existenz gefristet hatte, eröffnete endlich in New Orleans einen Schenkstand, der ihm reichlichen Gewinn brachte.

Es war ein ziemlich großer Raum, der das ganze Erdgeschoß des kleinen Hauses einnahm und nur rechts einen schmalen Gang freiließ, um in das obere Stockwerk gelangen zu können. Der lange Schenktisch – die hinteren Regale alle mit bunt etikettierten Flaschen geziert – lief fast an der ganzen Rückwand hin. Zwei junge Mulattenmädchen standen dahinter und versahen nicht allein Kellnerdienste, sondern sorgten auch dafür, daß es dem Haus, da man weibliche Bedienung selten in diesen Häusern fand, nicht an Gästen fehlte. Maulbeere hatte da ganz richtig spekuliert.

Er selber bildete einen nicht minder bedeutenden Anziehungspunkt, besonders für Abendunterhaltungen, da er mit seiner grotesken, fast affenähnlichen Gestalt nicht selten in fröhlicher Gesellschaft Vorträge, besonders seine „Schnapspredigten" hielt, in denen er, eine wirkliche Predigt verspottend, den Anwesenden den Branntwein als einzige Arznei für Geist und Körper empfahl und seine Rede mit schamlosen Witzen würzte. Bei solchen Gelegenheiten war dann sein Lokal gedrängt voll Menschen; seine Zuhörerschaft bestand seit der Beendigung des Krieges fast ausschließlich aus Farbigen, und nur bei „Vorträgen" besuchten den Raum auch Weiße, jedoch nur Iren und vielleicht ein paar Spanier und Franzosen, um sich den „Genuß" nicht entgehen zu lassen.

Heute morgen jedoch schienen nur Farbige das Lokal zu besuchen, das sich gegen elf Uhr dermaßen mit Gästen füllte, daß später Ankommende kaum noch Raum fanden, bis zum Schanktisch vorzudringen und ein Glas Branntwein oder Gin-Cocktail im Stehen zu trinken. Die beiden Mädchen und Maulbeere hatten nicht genug Hände, um alle die durstigen Kehlen rasch zu bedienen und das Geld dafür einzustreichen.

Mitten durch den Schwarm der versammelten Neger drängte sich ein sehr gut gekleideter weißer Herr, ohne sich in ein Gespräch mit irgend jemand einzulassen, bis zum Schanktisch, hinter dem Maulbeere stand, um ein neues Faß anzuzapfen. Eins der Mädchen schob ihm ein Glas hin und fragte, was er wünsche. Der Fremde schüttelte den Kopf und sagte nur: „Danke – ich will hier nichts trinken. Ich möchte eine Flasche von Ihrem besten Brandy mitnehmen. Was kostet der?"

Maulbeere drehte sich um. „Eine Flasche vom besten Brandy?"

„Ja." Der Fremde sah den Wirt dabei erstaunt an, als ob er sich seiner erinnere und mit sich doch nicht ins klare kommen könnte. Über das Gesicht des Wirts legte sich ein breites, Lächeln (sein Gedächtnis hatte ihn nicht im Stich gelassen), und mit salbungsvoller Stimme, als ob er noch seinem alten Beruf folge, sagte er: „Ist mir wirklich äußerst angenehm, mein werter Herr Reisegefährte, Sie nach so langen Jahren einmal, und wie es scheint in ganz vortrefflichen Verhältnissen, wieder begrüßen zu können. Sie erinnern sich meiner geringen Person wohl kaum noch, wie?"

„Herr Maulbeere", sagte der Fremde zögernd und, wie es Maulbeere vorkam, nicht gerade freudig überrascht, „hinter einem Schanktisch hätte ich Sie allerdings nicht gesucht, nachdem ich Sie das letztemal auf der Kanzel sah."

„Haben Sie mich wirklich einmal auf der Kanzel gesehen?" fragte der frühere Scherenschleifer. „Und wo ist das gewesen?"

„In Indiana bei einem Campmeeting, vor drei Jahren etwa."

„Oh", sagte Maulbeere, und seine Augenbrauen verschwanden fast unter den struppigen, blonden Haaren, „das war bei jener Betversammlung, wo der große Raub auf so geschickte Art ausgeführt wurde. Ich bitte um Entschuldigung, wie nannten Sie sich doch damals?"

„Wie ich immer geheißen habe", sagte der Mann finster. „Müller, wenn Sie der Name interessiert, Herr Maulbeere. Was kostet der Brandy?"

Das Mädchen hatte die Flasche auf den Ladentisch gestellt.

„Die Preise sind jetzt, wie Sie wissen, etwas hoch, Herr Müller", sagte Maulbeere mit scharfer Betonung des Namens, „Steuer nicht mehr zu erschwingen, Abgaben enorm, mit Fracht und Bruch geht es ins Unglaubliche."

„Was die Flasche kostet, Herr Maulbeere, habe ich Sie gefragt", sagte Müller. „Ich bin in Eile."

„Nun, für vier Dollar trenne ich mich von der Flasche."

Der Käufer erwiderte nichts darauf, er wußte selber, daß das der Preis für guten Brandy war – ob dieser dazu gehörte, war fraglich. Aber er schien wirklich keine Zeit zu haben, legte vier Dollarnoten auf den Tisch, schob die Flasche unter seinen Rock und verließ mit einem kurzen Gruß, so rasch er durch die Menge kommen konnte, den Raum.

„Guten Morgen, Herr Müller", rief ihm Maulbeere nach. „Wenn Sie wieder was brauchen sollten, halte ich mich bestens empfohlen. Es war mir sehr angenehm, Ihre werte Bekanntschaft ... Hol dich der Teufel", sagte er ruhig, als der Fremde, ohne auf den Nachruf zu achten, die Straße erreichte. „Daß sie den Lump noch nicht gehängt haben. Merkwürdig, was manche Menschen für ein zähes Leben – und für Glück haben!"

Es schien ihn zu interessieren, die Richtung zu sehen, die Müller mit dem Brandy einschlug, und er machte auch einen Versuch, ihm an die Tür zu folgen. Das war aber nicht so leicht möglich. Die eindringenden Gäste ließen ihn nicht vorbei, hielten ihn am Rock und redeten auf ihn ein, und Maulbeere vergaß dadurch bald den ihm im Grunde gleichgültigen Menschen und seine erste Absicht.

Die Straße herunter kam der junge Maler Düben, bog aber plötzlich ab, als er seinen Freund Böding bemerkte, der auf irgend jemanden zu warten schien.

„Hallo, Böding, was machen Sie hier mitten zwischen den coloured gentlemen", rief er ihn an. „Studien etwa? Ich habe da drüben in dem kleinen Haus beinahe drei Stunden gesessen und meine halbe Mappe voll gezeichnet."

„Meine Studien, lieber Düben", sagte Böding, „sind heute weniger künstlerischer als praktischer Art. Ich sah vor einiger Zeit den Boten der Expreß-Kompanie dort in das Haus gehen, und da ich selber seit einiger Zeit ein Wertpaket erwarte, blieb ich hier stehen, bis er wieder herauskäme, um ihn danach zu fragen. Aber er bleibt entsetzlich lange. Ich weiß nicht, was er da drinnen für zeitraubende Geschäfte haben kann."

„Die Leute werden manchmal von Menschen, die von Geschäften rein gar nichts verstehen, unverhältnismäßig lange aufgehalten", sagte Düben. „Auch das Geldwechseln nimmt oft viel Zeit in Anspruch. Aber was sagen Sie zu dem Leben und Treiben unter der farbigen Bevölkerung? Die Burschen wissen sich heute vor Stolz und Selbstgefühl gar nicht zu lassen. Der Übergang vom Sklaven zum vollberechtigten Bürger war auch ein wenig zu rasch, und daß sie schon davon halb trunken sind, kann man ihnen kaum verdenken . . ."

„Ich möchte nur wissen, wo der Expreßbote bleibt", sagte Böding unruhig. „Es ist mir unerklärlich. Der Mann ist jetzt schon über fünfundzwanzig Minuten in dem Haus."

„Vielleicht hat er es, als Sie einmal den Rücken wandten, schon wieder verlassen", sagte Düben. „So lange kann er da drinnen nicht zu tun haben."

„Ich habe kein Auge von der Tür gewandt", erwiderte Böding. „Drei Leute sind seitdem herausgekommen und die Straße hinabgegangen, aber der Postbote hätte mir nicht entgehen können."

„Du lieber Gott", meinte Düben, „dann fragen wir doch einfach, ob er noch dort ist. Das Haus hat vielleicht einen zweiten Ausgang, und Sie könnten in dem Fall den ganzen Tag hier stehenbleiben, während Ihr Postbote Gott weiß wo herumschwärmt."

„Das wäre allerdings möglich", gab Böding zu. „Also klopfen wir einmal, dann erfahren wir wenigstens, woran wir sind."

Die beiden Herren schritten auf die Tür zu, wo sie erst in der üblichen Art, dann aber sehr stark den dort angebrachten eisernen Klopfer betätigten – aber umsonst. Kein Laut ließ sich vernehmen, nichts regte sich, der ganze Bau lag in unbegreiflicher Ruhe.

„Das Haus muß wahrhaftig einen anderen Ausgang haben", sagte Düben. „Lärm haben wir doch genug gemacht."

Böding ließ den Klopfer noch einmal, aber kräftiger als vorher, fallen, ohne daß sich ein Zeichen von Leben in dem Haus geregt hätte.

Ein Konstabler, von denen viele in die Nähe des Wahllokals beordert waren, kam auf den breiten Steinen heran, sah erst dem Klopfen eine Weile zu und fragte dann, was der Gentleman suche.

„Können Sie mir vielleicht sagen", fragte Böding, „ob dies Haus hier einen zweiten Ausgang, vielleicht nach der dahinter liegenden Straße hat?"

Der Konstabler schüttelte den Kopf. „Nein", erwiderte er, „diese Häuser hier haben nur einen sehr schmalen, kurzen Hof und werden dann durch eine hohe Mauer von den angrenzenden großen Gebäuden getrennt. Weshalb interessiert Sie das?"

„Das ist rätselhaft", entgegnete Böding nach einem Blick auf seine Uhr. „Vor vierunddreißig Minuten betrat ein Bote der Expreß-Kompanie dieses Haus, und ich wartete auf ihn, da ich ihn fragen wollte, ob er etwas für mich habe, und er ist noch nicht zurückgekehrt. Das Haus, an dem wir schon mehrfach angeklopft haben, scheint wie ausgestorben."

„Sie sind sicher, daß der Expreßbote das Haus, seit Sie hier stehen, nicht verlassen hat?"

„Ganz gewiß."

„Auch niemand sonst?"

„Doch, drei Personen verließen es, solange ich hier stehe – zuerst zwei ziemlich gut gekleidete Herren, etwas später ein etwas liederlich gekleideter Patron, der, wenn ich mich nicht sehr irre, ein wenig angetrunken war."

„Und trugen sie etwas?"

„Darauf habe ich nicht geachtet. Etwas Großes kann es aber nicht gewesen sein, das wäre mir keinesfalls entgangen."

„Dürfte ich Sie bitten, noch einen Augenblick hier zu warten?"

„Gern, aber weshalb?"

„Ich komme gleich wieder zurück", sagte der Konstabler und schritt rasch die Straße hinab. Er blieb in der Tat nicht lange, sondern brachte zwei andere mit, denen er, während er herankam, etwas sehr lebhaft zu erklären schien. Nun donnerten sie mit allen Kräften an die Tür. Passanten wurden aufmerksam und drängten heran.

„Gentlemen", sagte einer der Polizeibeamten zu den nächsten Farbigen, „dürfte ich Sie bitten, diese Tür zu sprengen? Sie haben vielleicht irgendein Eisen bei der Hand."

Ein breitschultriger Neger faßte zuerst einmal vorsichtig an die Tür. Er ließ den Klopfer mit Riesengewalt spielen.

Drinnen regte sich nichts.

„Na dann!" rief der Neger, und etwa zwei Schritte zurücktretend, warf er sich mit der Schulter, als ob sie aus Eisen gewesen wäre, so sehr gegen die Tür in der Nähe des Schlosses, daß es keines zweiten Anlaufs bedurfte. Es hing nur noch an den Haspen, und ein einziger Tritt warf die Tür mit einer solchen Gewalt auf, daß sie gegen die Seitenwand des engen Ganges schmetterte.

„Halt, Gentlemen!" rief der befehlende Konstabler, während die Schwarzen von draußen sich alle hineinpressen wollten, um zu sehen, was es da drinnen gäbe, „haben Sie die Güte, zurückzustehen. Niemand geht mit uns als unser starker Freund, die übrigen Herren wollen sich gedulden, bis die Polizei das Innere untersucht hat. Im Namen des Gesetzes!"

„All right, Squire, all right!" riefen die Schwarzen, die sich der Anordnung bereitwillig fügten. „Geh du mit hinein, Endymion, wir anderen wollen hier draußen aufpassen, daß niemand nachkommt."

Ein Polizeidiener blieb vorn an der Tür stehen, während die anderen beiden mit dem Neger, von Böding und Düben begleitet, das Haus betraten. Sie brauchten nicht weit zu gehen, denn als sie die erste Tür öffneten, fanden sie ihren schlimmsten Verdacht bestätigt.

Mitten im Raum, mit eingeschlagenem Schädel und in einer Lache von Blut, lag der Bote der Expreß-Kompanie. Seine Tasche, an der man den Riemen durchschnitten hatte, um sie leichter abzunehmen, lag geleert neben ihm. Es gab keinen Zweifel mehr, daß hier ein Raubmord stattgefunden hatte.

Ein Studienkopf

Sobald die Tatsache des Verbrechens festgestellt war, wurde einer der Konstabler abgesandt, um die zuständigen Beamten herbeizuholen. Allerdings versuchte das Publikum draußen, als sich die Kunde von dem Mord verbreitete, hineinzudrängen, um ebenfalls Zeuge zu sein, und besonders die Frauen taten ihr möglichstes, aber es wurde niemandem der Zutritt gestattet. Nur ein Nachbar wurde herbeigerufen, um Auskunft über die Hausbesitzer zu geben, an die man sich vor allen Dingen zu halten gedachte.

Die Eigentümer hatten das kleine Haus vor noch nicht ganz vier Wochen an einen seriös aussehenden Herrn vermietet, der es mit seinem Diener bezog und den Mietzins für einen Monat im voraus bezahlte. Der Name, den der Mieter angegeben hatte, war W. Hudson. Er sei ein Amerikaner aus den Nordstaaten gewesen. Der Diener, ein etwas ruppiger Mensch, war ein Fremder – ein Franzose vielleicht oder ein Deutscher, der aber sehr gut Englisch sprach.

Im Haus fand sich bei näherer Untersuchung fast gar nichts, das auch nur den geringsten Aufschluß hätte geben können. Die Bewohner schienen auf diesen Fall vorbereitet gewesen zu sein. Sie hatten möglicherweise das kleine Haus nur zu diesem oder einem ähnlichen Zweck gemietet und natürlich alles schon vorher beiseite gebracht, was sie vielleicht verraten konnte. Nur die Betten waren zurückgeblieben, zwei schmale Seegrasmatratzen und zwei wollene Decken, ebenso ein ziemlich großer Koffer, in dem sich aber nichts weiter fand als der Name des Fabrikanten aus New York, einige Paar schmutzige und zerrissene Strümpfe und zwei getragene Baumwollhemden ohne Wäschezeichen. Zigarrenreste lagen überall herum, auch ein Stück Kautabak. Im Kamin stand ein alter Kessel, in dem sie sich wahrscheinlich ihren Kaffee gekocht hatten, und auf dem Sims eine leere Flasche Branntwein, ein paar Blechbecher und eine ebenfalls leere Sardinenbüchse.

Düben, der sich besonders für den Fall interessierte, hatte sämtliche Räume sorgfältig mit abgesucht, freilich mit ebenso geringem Erfolg. Nur in dem Kamin, unter der Asche, fand er noch einen angesengten Brief, freilich ebenfalls mit der Adresse W. Hudson. Der Poststempel, der sich noch erkennen ließ, trug das Zeichen von Cincinnati.

Das lieferte nun allerdings keinen besonderen Anhalt, der eine Konstabler steckte es aber trotzdem ein, und als der Coroner kam, wurden die übrigen Förmlichkeiten noch rasch erledigt.

Nichtsdestoweniger sollte das ganze Haus noch einmal gründlich untersucht und deshalb solange verschlossen und versiegelt werden, obgleich es nicht wahrscheinlich war, daß die Verbrecher gerade an diese Stelle zurückkehren würden oder etwas dagelassen hätten, was sie zur Rückkehr bewegen konnte.

Der Konstabler bat die Anwesenden eben, den Platz zu räumen, als der, welcher bis jetzt draußen auf Posten gestanden hatte, hereinkam und meldete, der Wirt von nebenan wünsche eine Aussage zu machen und die Herren vom Gericht zu sprechen. Er mußte natürlich eingelassen werden.

Es war niemand anderes als Maulbeere, der mit würdevoller Miene den Raum betrat. Er hatte schon von dem Mord gehört, würdigte auch die noch am Boden liegende Leiche kaum eines Blickes, denn solche Dinge waren ihm bei seinem Aufenthalt in New Orleans schon zu häufig vorgekommen, sondern schritt ohne weiteres auf den Head Constable, den er gut kannte, zu und machte eine höfliche Verbeugung.

„Wissen Sie etwas Näheres über diese Sache, Mister Mulberry?“ fragte ihn der Konstabler.

„Ich würde es Ihnen sofort mitteilen“, versicherte der Wirt, dem besonders daran lag, mit der Polizei auf gutem Fuß zu stehen. „Aber kleine Zeichen führen oft größere Resultate herbei. Ich habe vor kaum zwei Stunden ein Individuum in meinem Lokal gesehen, das ich genau kenne und das sich, wie mir erzählt wurde, auch schon früher einmal an einem Raubmord in dieser Stadt beteiligte, damals aber der gerechten Strafe durch die Flucht entging.“

„Wer war das?“ rief der Konstabler. „Weshalb haben Sie ihn nicht gleich angezeigt?“

Maulbeere zuckte mit den Schultern. „Der Mann gab sich einen anderen Namen, und – wo es mich nicht juckt, kratz ich mich gewöhnlich nicht gern."

„Wie nannte er sich?"

„Müller."

„Und wie heißt er?"

„Wie er wirklich heißt, wird schwer zu sagen sein. Früher nannte er sich hier Pelz."

„Und bei welchem Verbrechen war er beteiligt?"

„Bei dem Mord des alten Hamann, der vor Jahren in Lafayette das Boardinghaus ‚Zum deutschen Vaterland' hielt."

„Ich erinnere mich", sagte der Konstabler, „ich erinnere mich. Und wo haben Sie den gesehen?"

„Er kam vor noch nicht zwei Stunden in mein Lokal, um eine Flasche Brandy zu kaufen. Ich wollte ihm auch nachgehen, aber mein Schankzimmer war so voll Menschen, daß ich nicht gleich durchkonnte."

„Was für Brandy?" fragte der Konstabler, indem er zurück in die Zimmerecke ging, wo die leere Flasche stand. „Ist sie das vielleicht?"

„Das ist sie", sagte Maulbeere. „Ich erkenne sie am Etikett, von dem die eine Ecke abgerissen ist. Also hat Pelz auch hier die Hand mit im Spiel gehabt!"

„Was für ein Landsmann?"

„Leider ein Deutscher. Ich bin nicht gerade stolz darauf."

„Können Sie uns eine Beschreibung von dem Burschen geben?"

Maulbeere versuchte es, aber da er keine besonderen Kennzeichen wußte, half das nicht viel – gute Kleidung, dunkler Rock und Hose – er hatte nicht genau darauf geachtet –, breites, glattrasiertes Gesicht, breites Kinn und großer Mund, kleine graue Augen, kurzes braunes Haar, schlechte Zähne.

„Mein lieber Herr Maulbeere", sagte der Konstabler, „so sehen auch Sie aus."

„Das wäre möglich", erwiderte der Wirt. „Er ist aber nicht so hübsch wie ich."

„Dann kriegen wir ihn", sagte der Polizeimann grinsend. „Er kann uns gar nicht entgehen. Und Sie haben keine Ahnung, wohin er sich gewandt hat?"

„Nach dieser Richtung, sonst weiter nichts."

„Also Pelz", sagte der Konstabler, indem er sein Taschenbuch herausnahm. „Einen Vornamen wissen Sie nicht?"

„Nein."

„Glattes Gesicht", schrieb der Mann in sein Notizbuch, während er die Worte halblaut wiederholte, „breites Kinn, kurzes braunes Haar, kleine graue Augen. Stimmt die Beschreibung auf einen der Burschen, Mister Böding?" fragte der Konstabler. „Dieser Herr", setzte er dann, zu Maulbeere gewandt, hinzu, „hat nämlich die Leute aus dem Haus herauskommen sehen."

„Ja", sagte Böding, „derartige Personalbeschreibungen sind meist sehr vage. Es ist möglich, daß sie auf einen der Herren paßt, aber damit versäumen wir nur Zeit."

„Sie haben recht", sagte der Konstabler. „Die Möglichkeit ist da, daß wir den Burschen am Dampfboot oder bei der Eisenbahn erwischen. Könnten Sie uns Ihre Hilfe leihen, Mister Mulberry?"

„Nicht imstande, mit dem besten Willen", sagte der Wirt. „Haus voll Gäste heute – Wahltag – unzuverlässige Leute zu Hause – Kasse offen . . ."

„Hm", meinte der Konstabler, „es würde die Sache ungemein erleichtern, wenn wir ihm wirklich begegneten. Sie dürfen sich nicht weigern."

„Als Zeuge nein", erwiderte Maulbeere verbindlich, „auch nicht als Gerichtsdiener, wozu ich auch gar kein Talent habe. Ich gebe Ihnen mein Wort, ich würde, wenn Sie mich dazu zwängen, so befangen sein, daß ich den Menschen nicht wiedererkennen würde, und wenn er gegen mich anliefe."

Der Konstabler wußte, daß er den Mann nicht dazu zwingen konnte, wenn er wirklich störrisch blieb, und so sah er aus. Er machte deshalb auch keinen weiteren Versuch, ließ vor allen Dingen die Leiche, um die sich bald Hunderte von Menschen scharten, zur nächsten Polizeistation schaffen, dann die Anzeige bei der Expreß-Kompanie erstatten und traf schließlich die nötigen Anstalten, um den Mördern nachzuspüren.

Düben, der junge Maler, hatte über dem merkwürdigen, fast affenähnlichen Gesicht Maulbeeres ganz die furchtbare Ursache vergessen, die sie hierher geführt hatte, und rasch sein Notizbuch herausgenommen, um den komischen Burschen zu skizzieren. Solange sich Maulbeere mit dem Konstabler unterhielt, merkte er es nicht, jetzt aber, als er sich wieder zum Gehen wandte, fiel sein Blick auf den jungen Mann, und mit einem boshaften Blick wandte er sich mit nicht mißzuverstehender Gebärde von ihm ab und verließ das Haus.

Düben lachte, aber die Leiche, die an ihm vorübergetragen wurde, ließ ihn doch schaudern, und er sagte zu dem Freund: „Weshalb, um Gottes willen, mögen sie nur den unglücklichen Menschen erschlagen haben? Um ihm seine Briefe abzunehmen? Wem können sie nützen?"

„Bester Freund", erwiderte Böding, „es ist der Bote der Expreß-Kompanie, der die Wertsachen und Geldbriefe herumträgt, und die Mörder haben möglicherweise einen ganz guten Fang gemacht, vielleicht auch nicht so viel erbeutet, wie sie hofften."

„Aber wie konnten sie ihn da hineinlocken?"

„Es ist nicht das erstemal, daß sie das Spiel treiben", sagte Böding. „Vor etwa drei Monaten fiel dasselbe in Illinois vor. Sie hatten dort in ein abgelegenes Haus einen Geldbrief adressiert, der also abgegeben werden mußte. Der Bote wurde ebenfalls ermordet, und alles, was er bei sich führte, wurde ihm abgenommen. Die Räuber entkamen aber, weil der ganze Tag und die nächste Nacht vergingen, ehe man die Leiche fand. Möglicherweise sind es dieselben Schufte, die hier mitten in der Stadt die Tat begingen. Wohin wollen Sie denn, Düben? Kommen Sie mit zu mir?"

„Ich hatte eigentlich die Absicht – ich wollte sehen, ob ich Hebe dazu bekäme, mir Modell zu sitzen. Es ist ein engelsschöner Kopf, den das Kind hat."

„Kind?" Böding lachte. „Ein Kind ist sie eigentlich nicht mehr – ein ausgewachsenes. Ich kann Ihnen gar nicht sagen, wie glücklich meine Frau darüber ist, daß Ihr Freund sie uns gebracht hat."

„Hat sie sich ein wenig eingewöhnt?"

„Die erste Zeit wollte es nicht recht gehen; sie war so scheu wie ein wildes Reh. Aber zuletzt mußte sie doch herausbekommen haben, wie gut meine Frau es mit ihr meinte, und dann taute sie auf. Sie singt den ganzen Tag und tut ihre Arbeit wie im Spiel und immer heiter. Wie gesagt, es ist eine wahre Perle in Aussehen und Gehalt, und ich glaube, daß beide Teile Nutzen davon haben. Haben Sie nichts mehr von Ihrem Freund gehört?"

„Von Wolf vom Berge? Ich erhielt heute einen Brief von ihm. Er ist glücklich in Arkansas angelangt, will aber noch weiter in den Westen vordringen und eine richtige Jagdfahrt machen.“

„Merkwürdig“, sagte Böding, „und zuerst wollte er nach Deutschland zurück. Ja, wer erst einmal das ungebundene Leben hier gekostet hat, der ist nur schwer wieder davon abzubringen. Ich kenne mehrere Beispiele, daß ganz gebildete und in den besten Kreisen in Europa erzogene junge Leute hier vollständig verwildert sind. Sie entwöhnten sich des Gefühls für Häuslichkeit und eines stillen Familienlebens ebenso wie aller Bedürfnisse. Sie vergessen, was Zeitungen und Briefe sind, ohne die wir nun einmal nicht mehr leben können, und fühlen sich nirgends wohler, als wenn sie ganz allein draußen im Wald lagern können.“

Düben seufzte. Er dachte an den armen Freund, dessen ganze Seele gerade einer solch stillen Häuslichkeit entgegengedrängt hatte, und mit welchem Schmerz gerade er das wilde Waldleben wieder aufgesucht hatte; aber Böding durfte es nicht wissen. Weshalb seinen Frieden stören und ihm Kummer bereiten, wo die Sache nun einmal geschehen und nicht mehr zu ändern war. Er gab dem Gespräch eine andere Richtung, und bald erreichten sie Bödings neues Haus, das jetzt beendet und eingerichtet war. Bödings hatten es reizend eingerichtet. Hebe hatte ein kleines, niedliches Zimmer gleich neben der Schlafkammer angewiesen bekommen, und gerade als die beiden Herren, die durch den Garten gegangen waren, das offene Haus betraten, sprang sie singend die Treppe hinauf, um irgendeinen Auftrag auszuführen.

Die junge Frau Böding sah recht angegriffen aus; sie war blaß und zeigte dunkle Ränder um die Augen, sonst schien sie aber heiter wie immer zu sein und begrüßte den jungen Maler auf das herzlichste. Sie leugnete auch, krank gewesen zu sein – nur ihre Nerven seien etwas angegriffen.

Düben bemerkte recht gut, daß ihr die Fragen peinlich waren und lenkte das Gespräch auf etwas anderes. Er erzählte ihr, daß er mit dem Wunsch hierher gekommen sei, das junge Mädchen zu skizzieren und die Skizze dann in Öl auszuführen.

Frau Böding lächelte. „Wenn sie es sich gefallen läßt“, sagte sie. „Ihre Scheu hat sie noch nicht abgelegt, und wenn ein Fremder das Haus betritt, sucht sie ihm immer aus dem Weg zu gehen.“

„Ich sollte ihr aber eigentlich kein Fremder mehr sein", sagte Düben freundlich, „sie weiß ja, wie gut ich's mit ihr meine."

„Nun, da kommt sie", meinte Frau Böding. „Wollen Sie Ihr Anliegen vorbringen", setzte sie lächelnd hinzu, „oder soll ich es tun?"

„Tun Sie es, beste Frau", bat Düben, doch etwas verlegen. „Ich will sie auch nicht lange quälen, wenn sie mir nur ein kleines Stündchen sitzt."

Hebe hatte, die kurze Zeit in der oberen Etage beschäftigt, wohl gehört, daß jemand kam, aber gemeint, Herr Böding sei es. Jetzt, als sie ins Zimmer trat, bemerkte sie den Fremden und wollte eben höflich zurückweichen, als sie den jungen Maler erkannte und nun an der Tür stehenblieb, um ihn zu grüßen.

„Herr Düben hat eine Bitte an dich, Hebe", sagte Frau Böding, „die nur du erfüllen kannst."

„Eine Bitte an mich?" fragte Hebe erstaunt. „Was, in aller Welt, könnte das sein?"

„Weiter nichts", sagte die junge Frau, „als daß du dich eine kurze Zeit auf einen Stuhl setzt und ihn ruhig ansiehst, während er ein Bild von dir entwirft."

„Ein Bild von mir?" rief Hebe in wirklichem Erstaunen. „Aber wer will das haben?"

„Ich selber für mich, Hebe", sagte Düben. „Und Sie sollen dann auch eins davon bekommen, das Sie sich in Ihr Zimmer hängen können."

„Ein Bild von mir?" wiederholte das junge Mädchen, indem es still vor sich hin lächelte und den Kopf schüttelte.

„Du hast nichts dabei zu tun als stillzusitzen, Hebe", sagte Frau Böding, „und ich leiste dir dabei Gesellschaft."

„Das Licht ist gerade vortrefflich!" sagte Düben, der die halbe Einwilligung des Mädchens rasch nutzen wollte. „Sehen Sie, Hebe, wenn Sie sich nur ein klein wenig dahin setzen und mich anschauen, dann sollen Sie einmal sehen, wie schnell das alles geht."

Düben entwarf mit ein paar kühnen, gewandten Strichen den Kopf; er hatte den Gegenstand vollkommen vergessen und beschäftigte sich allein mit den einzelnen Linien, während sein Blick rasch von den lieben Zügen des Mädchens zurück zum Papier und dann wieder hinüberflog.

Die Tür öffnete sich, und Böding, der in seinem Zimmer einiges erledigt hatte, trat herein. Hebe sprang sofort empor und schien froh zu sein, aus dieser ungewohnten Lage befreit zu werden, aber Böding ließ sie nicht.

„Sitzenbleiben, Hebe", rief er ihr zu. „Wie weit sind Sie, Düben?"

„Sehen Sie noch nicht her, ich möchte den Kopf erst fertig haben. Bitte, Hebe, nur ein klein wenig noch hier herüberschauen. Wenn Sie mich nicht ansehen wollen, blicken Sie zur Gartentür, betrachten Sie dort irgendeinen Strauch und denken Sie an irgend etwas Angenehmes, Freudiges."

Böding stand neben seiner Frau, unweit des kleinen Tisches, an dem Düben arbeitete, und beide flüsterten leise und lächelnd miteinander. Düben arbeitete konzentriert, und sein Stift flog nur so über das Blatt, als Hebe plötzlich mit einem kaum unterdrückten Aufschrei emporfuhr.

Alle drei wandten sich der in den Garten führenden Glastür zu, aber Frau Böding stieß einen verhaltenen Schrei aus, als sie ein wirklich häßliches Gesicht, das durch die gegen die Scheibe gedrückte platte und weiß gewordene Nase nur noch mehr entstellt wurde, erkannten.

„Alle Wetter!" rief Düben, von seinem Stuhl aufspringend. „Das ist ja eine wahre Teufelsfratze als Gegensatz zu dem Engelsbild da. Aber das Gesicht kenne ich!"

Böding war zur Tür gesprungen und hatte sie geöffnet, während der Fremde davon zurücktrat. Im nächsten Augenblick fand er sich dem Wirt gegenüber, den er vor kaum zwei Stunden in dem Haus gesehen hatte, in dem das Verbrechen verübt worden war. Was wollte der Mensch von ihm, wie hatte er ihn aufgefunden?

Maulbeere ließ ihn nicht lange im Zweifel, und mit einer steifen Verbeugung, bei der er den Hut besonders achtungsvoll vor Frau Böding zog, sagte er: „Herr Böding, die Zeit drängt. Ich hatte das Vergnügen, Sie kennenzulernen, als wir uns vorhin in der Mordhöhle trafen. Ich glaube gehört zu haben, daß Sie die Menschen, die das Haus verließen, gesehen hätten, ist das richtig?"

„Allerdings", sagte Böding erstaunt, ohne ihn jedoch in das Haus zu bitten, denn der Bursche sah nicht anständig genug dazu aus, „weshalb?"

„Dann möchte ich Sie ersuchen, mich so rasch Sie können in mein Lokal zu begleiten, da wir dort eben ein sehr verdächtiges angetrunkenes Individuum festhalten, das ich von früher her kenne und gegen das ich begründeten Verdacht habe. Sonderbar, daß die Leute eine Sache gewöhnlich außerordentlich schlau einfädeln und sich nachher durch ihre eigene Dummheit selbst verraten."

„Glauben Sie wirklich?" rief Böding, der nach seinem Hut griff. „Wie kommen Sie darauf?"

„Der Bursche", sagte Maulbeere, „ein nichtsnutziger, böswilliger Patron, den ich seit Jahren kenne und der nicht das Salz zum Brot hat, wollte bei mir eine Fünfzig-Dollar-Note wechseln – dabei sieht der Kerl aus, daß man ihm keine zwanzig Cents borgen möchte."

„Gehen Sie mit, Düben?"

„Ich kann jetzt nicht, Böding. Lassen Sie mich hier meine Arbeit vollenden."

„Wie Sie wollen. Also kommen Sie, Mister ... Wie ist Ihr Name?"

„Maulbeere – aber der Name tut nichts zur Sache."

„Was ist vorgefallen?" fragte Frau Böding, die aus dem Ganzen nicht klug wurde.

„Ich erzähle es Ihnen bei der Arbeit", erwiderte der junge Maler. Böding eilte unterdessen mit seinem Führer die Straße hinab dem Wirtshaus zu.

Dort hatte man bereits Vorkehrungen getroffen, um den Betrunkenen festzuhalten. Zwei Polizeidiener waren gerufen worden. Sie standen am Schanktisch, ohne daß man den Verdächtigen, der ungeduldig geworden war, bis jetzt belästigt hätte. Schwer angetrunken, erinnerte sich der Mann, daß er Geld zum Wechseln gegeben hatte, das er nun zurückhaben wollte. Es wurde ihm gesagt, daß er es bekäme, er möge nur einen Augenblick warten, der Herr müsse gleich zurückkehren, er vergaß das aber ebenso rasch wieder.

„Gentlemen", sagte er,

> „ein junger Prinz, der sich des Oheims Gunst empfohlen,
> bekam von ihm zweihundert Stück Pistolen,

aber ich will mein Geld haben. Ich brauche es nicht, Gentlemen and Ladies, denn ich habe noch mehr, ich bin selber ein Gentleman, Ladies! Adalbert Steinert, Esquire, Agent, 13 Tchapitoulas Street, New Orleans. Ich mache brillante Geschäfte –

Aret, ein tugendhafter Mann,
dem nichts als Geld und Güter fehlten,

– aber ich will mein Geld wiederhaben – fair play, wenn ich bitten darf."

Er mischte das Deutsche und Englische wild durcheinander, hielt sich dabei, während er sich umsonst bemühte, gerade und fest zu stehen, mit der rechten Hand an der Theke fest und fuchtelte mit der linken unablässig herum. Einer der Polizeidiener wandte sich an ihn.

„Sir", sagte er, „könnten Sie mir vielleicht für fünfzig Ein-Dollar-Noten ein Fünfzig-Dollar-Bill geben? Ich möchte es gern in einem Brief wegschicken."

Der Betrunkene versuchte ihn mit einem verschmitzten Lächeln anzusehen, was ihm aber schwer fiel, denn die Lider fingen an, matt zu werden. Langsam nickte er aber vor sich hin, und während ihm ein heftiges Schlucken aufstieß, sagte er, die linke Hand fortwährend wedelnd:

„Zur Elster sprach der Fuchs, o wenn ich fragen mag,
was sprichst du denn den ganzen Tag?

No you do'nt – Master. Bitte, bemühen Sie sich nicht! Waren Sie vielleicht schon einmal in New Orleans? Famose Stadt und famose Leute. Die Beine gehen ihnen allen bis auf die Erde hinunter – hehehe! Noch ein Glas, Gentlemen. Ich bezahle alles, wenn nur der Halunke mir mein Geld brächte. Gott verdamme mich – ich – ich will mein Geld haben! Wo ist mein Geld?"

„Hier, Sir", sagte Maulbeere, der in diesem Augenblick in die Schankstube trat. „Alles in Ordnung. Sie sollen es gleich bekommen. Nun, Mister Böding", wandte er sich dann an den Kaufmann, „ist das einer der Burschen?"

Böding hatte ihn einen Augenblick schweigend betrachtet, ohne daß sich der Betrunkene um ihn kümmerte, endlich sagte er: „Wenn ich einen Eid darauf ablegen sollte, würde ich unsicher sein, aber ich weiß, daß der eine Bursche, der zuerst aus dem Haus kam, genau so aussah wie der Geselle da. Ja, er trug selbst eine solche hellblaue Krawatte, wie ich mich jetzt deutlich erinnere."

„Dann denk ich", sagte der eine Polizeidiener, der schon von allem unterrichtet war, „nehmen wir den Herrn mit. Die Fünfzig-Dollar-Note genügt schon zu einem Verdacht gegen den schäbigen Burschen. Dürfte ich Sie um die Banknote bitten, Mister?"

„Wenigstens um das Geld, das der Herr noch herausbekommt", sagte Maulbeere vorsichtig, „denn wie ich eben höre, hat der Gentleman noch einige Male all around traktiert."

Der Konstabler wollte Einspruch erheben, daß es wahrscheinlich geraubtes Geld sei. Maulbeere ließ sich aber auf keine Diskussion ein. Er wußte recht gut, daß er nicht einen Cent herausbekam, wenn es die Gerichte erst einmal in Händen hatten. Der zweite Konstabler nahm jetzt seinen Gefangenen unter den Arm.

Der Betrunkene hatte eben ein fast noch volles Glas Grog, das auf dem Ladentisch stand, auf einen Zug hintergegossen.

„Mein Geld will ich haben", lallte er. „Hol der Teufel die Wirtschaft! Lassen Sie mich los, mein Geld will ich haben!"

„Komm nur, mein Herzchen", sagte der Konstabler. „Wir holen es. Es ist gleich nebenan."

„Lassen Sie mich los!" schrie der Gefangene, der eine – wenn auch noch unbestimmte – Ahnung haben mochte, daß nicht alles in Ordnung war. „Mein Geld will ich haben, die Schufte haben mich betrogen und das meiste mitgenommen!"

Er sträubte sich aus Leibeskräften, um seinen Arm frei zu bekommen, aber die Leute machten keine langen Umstände mit ihm. Im Nu hatten sie seine Arme zusammen und Handschellen daran. Eine Droschke stand schon vor der Tür, und wenige Minuten später wurde der laut brüllende Mann von einigen zur Beihilfe aufgerufenen Negern gefaßt, in die Höhe gehoben und in den Wagen geworfen. Die beiden Konstabler setzten sich zu ihm hinein, ein anderer nahm auf dem Bock Platz, und fort rollte das leichte Gefährt, dem Polizeigebäude zu.

In der Freiheit

Der Süden war besiegt und – was die einzelnen Pflanzer in den abgelegeneren Distrikten noch immer für undenkbar hielten – die Sklaverei aufgehoben und den bisherigen Sklaven durch ein Gesetz die Freiheit gegeben worden. So starr und trotzig sich viele der bisherigen „Herren" bis zum letzten Augenblick gegen eine Anerkennung solcher Tatsachen gesträubt hatten, jetzt fiel ihnen die Binde von den Augen, und völliger Kleinmut machte, besonders in den nächsten Monaten und bei den älteren Leuten, dem früheren Übermut Platz.

Viele von ihnen rafften an Geld, was sie bekommen konnten, zusammen und verließen das Land, oder sammelten sich in New Orleans, um dort eine gemeinschaftliche Auswanderung zu beraten. Kaum einer blieb auf seiner Plantage, denn es gab keine Sicherheit, daß nicht die frei gewordenen Neger Rache für erlittene Unbill nehmen könnten. Welche Macht hatten sie, um sich vor der Zügellosigkeit der Neger zu schützen?

Doch die Neger schienen sich an den Stellen, an denen sie bisher unter der Peitsche ihres Aufsehers gestanden hatten, nicht mehr behaglich zu fühlen. Sie trauten dem Frieden nicht recht, und Hunderte von ihnen zogen aus den Sklavenstaaten fort, in den Norden hinauf, während sich die anderen, die kein Reisegeld hatten, nach allen Richtungen in der Nachbarschaft zerstreuten, um dort erst einmal mit ihren früheren Leidensgefährten Rücksprache zu nehmen.

In Belleville, unweit Savannah in Georgia, hatte es keine weiteren Unruhen gegeben, nachdem die Farbigen ihre Rache an dem „Menschenschinder" Urguard genommen, ihren alten Aufseher erschlagen und den Yankee-Sklavenhändler aus der Gegend vertrieben hatten.

Den jüngeren, kräftigen Teil der farbigen Bevölkerung hatte General Sherman mitgenommen, denn diese Leute trauten ihrer

Freiheit nicht und fürchteten, daß sie wieder gezwungen werden könnten, zu arbeiten, sobald die Nord-Armee sie verlassen hätte. Nur einzelne von ihnen mit den Frauen, Mädchen, Kindern und ganz alten Leuten waren zurückgeblieben. Sie kümmerten sich in der ersten Zeit wenig um ihren Lebensunterhalt. Die Speise- und Vorratskammern ihrer bisherigen Herrschaften waren noch gefüllt, Vieh lief genug im Wald herum, und Hühner und Enten belebten die verschiedenen Hofräume. Aber das nahm, wo so wild hineingewirtschaftet wurde, auch ein Ende. Die Lebensmittel wurden rar. Die kräftigen Leute, die überall ein Unterkommen finden konnten, zogen fort, meist in die größeren Städte. Noch war kein Vierteljahr vergangen, als nur die zur Arbeit Unfähigen zurückblieben und wirklich Not eintrat.

Die Herrenhäuser standen einsam und verlassen. Die Jalousien waren geschlossen, die Blumen auf den Veranden waren verwelkt und abgestorben, und wie sahen die Felder aus!

Schon das Militär, das hier eine Zeitlang gelagert hatte, mochte den Anfang gemacht haben, die Fenzen an ihren Koch- und Lagerfeuern zu verbrennen, und als sie den Platz wieder verließen, setzten die Neger das Werk fort. Holz zu fällen, solange ihnen die Umzäunungen der Felder noch Material boten, fiel ihnen nicht ein. Wer sollte die Felder bebauen, wo sie alle den Platz verließen? Das Vieh mochte noch den letzten Rest des Zuckerrohrs verwüsten, Kletten und anderes Unkraut die Baumwollfelder überwuchern, sie dachten nicht daran, sich darum zu sorgen.

Was überhaupt noch an gesunden Schwarzen auf den Plantagen war, zog nach Belleville. Selkirk, der Wirt, machte, obgleich ihm die reichen Pflanzer fehlten, keine schlechten Geschäfte. An barem Geld fehlte es allerdings den meisten Farbigen, aber das wußten sie zu ersetzen, und sei es durch Diebstahl.

Den früheren Gesetzen nach hätte Selkirk von einem Neger weder Eier noch Hühner, Gänse, Schweine oder andere Naturalien kaufen dürfen, aber wer sollte ihn jetzt verklagen und bei wem? Richter Rodgers hatte sich hier ebenfalls nicht mehr sicher gefühlt und seinen Wohnsitz nach Savannah verlegt. Die Türen des Gefängnisses waren schon an dem Tag ausgebrochen worden, als Shermans Truppen einrückten und die Sklaven den gefangenen braunen Prediger befreiten.

Belleville sah recht öde aus. Manche Häuser standen vollkommen leer, andere, von ihren früheren Bewohnern verlassen, waren von herumlungernden Negern in Besitz genommen.

Advokat Lesley war geblieben, weil er eine kranke Frau hatte, die er nicht verlassen konnte. Er brauchte aber auch nicht für seine Sicherheit zu fürchten, denn er hatte sich immer freundlich gegen die Farbigen gezeigt, und das vergaßen sie ihm nicht. Jener Bursche, den er von einem anderen Herrn gemietet und in Dienst genommen hatte, blieb sogar bei ihm – mit der Bedingung natürlich, daß der Lohn nicht an seinen früheren Herrn, sondern an ihn selber ausgezahlt wurde.

Auch der Apotheker hatte seinen Laden noch geöffnet; freilich mußten seine weißen Gehilfen selber auskehren und für sich und den Prinzipal kochen.

Auf Urguards Plantage sah es am wildesten aus, da die ganze Familie, nachdem die entfesselten Sklaven den Herrn und seinen Lieblingsaufseher erschlagen hatten, in wilder, verzweifelter Flucht das Weite gesucht und sich nach Savannah gewandt hatte. Das Herrenhaus setzte einer der Burschen noch am gleichen Abend in Brand. Die Glut zerstörte das ganze Gebäude, während die bisherigen Sklaven wie böse, triumphierende Geister das brennende Haus umtanzten.

Das Haus und die angrenzende Küche waren vollständig niedergebrannt, denn das Holz konnte dem Feuer keinen Widerstand leisten. Die Glut zerstörte sogar noch die benachbarten Blüten- und Fruchtbäume. Die vierundzwanzig Negerhütten unweit davon wurden allerdings nicht in Mitleidenschaft gezogen, lagen aber sämtlich, mit Ausnahme von vier oder fünf, verödet. Die eingerissenen Fenzen ließen dem Vieh freien Zutritt auf die Felder. Das Unkraut wucherte, die Pfirsichbäume lagen meist gefällt am Boden, weil sich die Jungen nicht einmal mehr die Mühe nehmen wollten, die reifen Früchte von den starken Bäumen abzuschütteln, oder um ihren Übermut und Haß daran auszulassen. Selbst draußen in den Zuckergebäuden zeigten die zerstörten Maschinen den Rachedurst der bisherigen Sklaven.

Von den Schwarzen waren nur die Alten und Schwachen, die Greise und Kinder mit ein paar alten Frauen zurückgeblieben und fristeten ein elendes Dasein.

Das Vieh, das sonst den Ort umgeben und anfangs geholfen hatte, die Felder zu zerstören, war von den Negern, ehe sie Bellevue verließen, entweder geschlachtet und verzehrt, oder fortgetrieben und an die Händler verkauft worden. Von Hühnern oder Enten war nicht ein Stück mehr in der Nachbarschaft aufzutreiben.

Der junge Massa, für dessen Familie die alten Leute ihr ganzes Leben lang gearbeitet und ihre Kräfte erschöpft hatten, ritt am Nachmittag in die überall offene Fenz, rief die restlichen Neger der sonst so stolzen Plantage zusammen und kündigte ihnen an, daß sie binnen drei Tagen das Land zu verlassen und sich ein anderes Unterkommen zu suchen hätten, da die Plantage verkauft sei und die neuen Besitzer heute oder morgen einziehen würden; sie möchten also machen, daß sie fortkämen.

Damit gab er seinem Pferd die Sporen und sprengte querfeldein, um weiter unten wieder die Straße zu erreichen, die hinüber nach Savannah führte.

Vor einem Haus lag ein alter verkrüppelter Neger, der bereits vor Jahren in der Zuckermühle Unglück gehabt hatte, da ihm die Maschine den linken Arm und das linke Bein zermalmte. Bis jetzt hatten ihn die alten Frauen so gut es ging gepflegt, doch was sollte jetzt aus ihm werden, wenn sie selbst hinausgetrieben wurden? Sollte er hier im Elend verhungern?

„Oh, warum sind wir jetzt schon frei geworden“, stöhnte er. „Konnten die Leute nicht warten, bis sie mich wenigstens in die Grube gescharrt hatten.“

Neben ihm kauerte ein altes Mütterchen, so mager, daß sie nur aus Haut und Knochen zu bestehen schien. Wie sie da mit angezogenen Knien saß, nahm sie kaum mehr Raum ein als ein Kind von vier, fünf Jahren. Sie hatte einen eisgrauen Kopf, und die runzlige, dunkelbraune Haut war für ihr Gerippe zu weit geworden und hing ihr in Falten über den bloßen Nacken.

„Daran bin ich schuld“, flüsterte sie, während ihre Augen auf einen Punkt starrten. „Daran bin ich schuld, denn das ist mein Unglück, das mich mein ganzes Leben, von meiner Geburt an, verfolgt hat. Daheim in Guinea stahlen mich die Räuber an dem Morgen, als mich mein Bräutigam heimführen wollte. Nur zum Bach war ich hinuntergegangen, um mich noch einmal zu baden, da sprangen sie auf mich, banden mich und schleppten mich fort. Das große Schiff, auf das sie mich packten, sank – ich war die einzige, die von allen gerettet wurde – und hier, hier? Wenn es Teufel mit menschlichen Körpern gibt, die in der Welt herumlaufen, so sind es die Massas gewesen, die ich gehabt habe, seit ich diesen verfluchten Boden betrat. Aber ich brachte ihnen keinen Segen ins Haus. Der Fluch, der auf mir ruht, folgte mir überall. Der eine ertrank im Sumpf – ein Alligator soll ihn gepackt haben, wie die Leute sagten –, ich weiß es besser.“ Sie lachte unheimlich vor sich hin. „Den zweiten trat ein Pferd tot, das er mißhandelte, wie er es manchmal mit den armen Niggers trieb. Den dritten warfen sie aus seinem eigenen Fenster, und es sah gut aus, wie sich das rote Blut um ihn sammelte, wenn auch noch lange nicht so viel, wie er aus dem Rücken so mancher armen Teufel herausgepeitscht hatte. Jetzt bin ich mein eigener Master, und daß auch der elend zugrunde geht, ist gewiß.“

„Grandma“, sagte ein blutjunges Negermädchen, das krank und elend aussah, „hier hab’ ich ein paar Feigen für dich gefunden, nimm sie, du bist hungrig.“

Die Alte griff gierig danach und verschlang einen Teil mit wahrem Heißhunger, aber ihr Blick haftete dabei auf dem Kind, das, kaum noch mit ein paar alten schmutzigen Lumpen bedeckt, ein Bild des Elends, vor ihr stand.

„Du bist selber hungrig, Kind“, sagte sie mit heiserer Stimme. „Dir zittern ja die Glieder.“

„Ich bin krank, Großmutter“, flüsterte die Kleine. „Das Fieber schüttelt mich, ich kann nichts essen. Darf ich dem armen Peter eine davon geben?“

Die Augen der Frau blickten gierig auf die Feigen. „Ja, gib ihm eine davon“, sagte sie endlich, „er hat heute noch nichts bekommen, und niemand bringt ihm etwas.“

Aber in wilder Hast griff sie nach den anderen Feigen, steckte was sie konnte in den Mund und verbarg die übrigen in ihrem Schultertuch, denn von drüben herüber kroch schon ein anderes altes Weib, um an der Gabe teilzuhaben.

Die Straße herunter, die von Savannah herüberführte, rasselte ein Wagenzug. Die Kinder waren zuerst darauf aufmerksam geworden. Wie lange hatten sie nicht mehr das Rollen eines Fuhrwerks gehört, da die Weißen doch alle ihre Pferde und Zugstiere weggetrieben hatten. Was wollten die Leute hier auf einem Weg, der nur in das Innere des Landes und fort von jeder Eisenbahn führte. Es dauerte eine Weile, bis sie herankamen; die Karren schienen schwer beladen zu sein und rückten nur langsam vorwärts.

Zum Erstaunen der Neger bogen sie, statt vorüberzufahren, als sie den Platz erreicht hatten, in den niedergebrochenen Torweg ein. Die Zugstiere wurden von Farbigen gelenkt, die offensichtlich hier Bescheid wußten, während die Weißen, die ihnen in einem kleinen Trupp folgten, nicht damit einverstanden zu sein schienen, denn sie redeten heftig auf die Neger ein.

„Hol's der Teufel, ihr Burschen!" rief einer von ihnen. „Das kann hier nicht recht sein, da ist ja alles niedergebrannt. Keine Fenz ist mehr um all die Felder. Ihr seid irregefahren."

„Nein, Sir", erwiderte einer der Neger. „Dies ist Urguards Plantage. Da drüben liegt Belleville. Morgen früh könnte man die Hähne dort drüben krähen hören, wenn sie noch einen lebendig gelassen hätten."

Die Leute redeten in einer fremden Sprache miteinander und schienen über irgend etwas entsetzlich aufgebracht zu sein. Die Neger verstanden zwar kein Wort, kümmerten sich aber auch nicht darum, sondern trieben ihre Tiere weiter, mitten in das „Niggerdorf" hinein, wo ihnen Gelegenheit geboten wurde, ihre Fracht abzuladen und unter Dach und Fach zu bringen. Schwere Wolken hingen am Himmel, und es drohte Regen. Sie waren in Savannah mit ihren Tieren und Geschirren nur gemietet worden, um die Fracht hierherzuschaffen. Was weiter damit geschah und ob sich die Eigentümer in ihrer neuen Umgebung behaglich fühlten, kümmerte sie wenig.

Es waren Deutsche, die von einem „Agenten" oben im Norden den größten Teil dieser Plantage mit dem Herrenhaus und hundertsechzig Acker Land, zahlreichen Gebäuden, Viehbestand und allem möglichen gekauft und bezahlt hatten und nun voller Entsetzen den verwüsteten, fast unheimlichen Platz, auf dem die alten, verkrüppelten Neger wie schwarzes Ungeziefer umherkrochen, überschauten. Das sollte ihre Heimat werden? Deshalb hatten sie den gut bebauten, friedlichen Norden verlassen, deshalb das viele Geld bezahlt, weil sie hofften, in eine gut eingerichtete Plantage zu kommen? Wohnlicher hätten sie es gehabt, wenn sie mitten in den dichtesten Urwald gezogen wären, denn dort fanden sie den Boden wenigstens noch rein, hier aber widerte sie schon der Schmutz und Unrat an, der ihnen überall entgegenstarrte.

Aber was blieb ihnen anderes übrig, als die neue Wohnstätte zu beziehen. Die drohende Wolkenwand am Horizont stieg immer höher, der Wind wehte heftiger in den benachbarten Baumwipfeln, und wenn es hier in diesen halb tropischen Ländern anfing zu regnen, goß es in Strömen.

Die deutschen Bauern wären noch lange ratlos dagestanden, wenn nicht die Ochsentreiber, an ähnliche Lagen gewöhnt, praktischer gewesen wären. Rasch hatten sie ein paar der leerstehenden Negerhütten inspiziert, die aber selbst ihnen nicht gefielen, dann untersuchten sie den Pferdestall, in dem es Raum genug gab. Das Dach schien wenigstens gut und dicht zu sein. Dorthin lenkten sie die drei Wagen und begannen, ihre Fracht abzuladen, aber das Wetter ereilte sie doch.

Noch hatten sie den ersten Wagen nicht vollständig geleert, als einzelne schwere Tropfen fielen. Der Sturm heulte durch die Gartenbäume und bog die hohen Wipfel – und jetzt kam es. Ein Platzregen, der fast einem Wolkenbruch glich, schüttete auf die Erde nieder und verwandelte in kaum zehn Minuten den Hof in eine weiche Schlammpfütze. Man überdeckte die Wagen, so gut es in der Eile ging, mit allem, was man dazu auftreiben konnte, und flüchtete dann unter das schützende Dach, bis der Schauer vorüber war.

Aber es dauerte lange. Erst als die Sonne sank, zeigte sich am Himmel ein schmaler, heller Streifen, der aber größer und größer wurde. Mit einbrechender Nacht ließ endlich der Regen nach.

Die Ochsentreiber konnten natürlich nicht mehr daran denken, heute noch nach Hause aufzubrechen. Die Fracht mußte noch abgeladen werden, und darüber wurde es stockfinster. Sie hatten, solange der Regen anhielt, ihre Stammesgenossen in den anderen Häusern aufgesucht und das Elend gesehen, das hier herrschte. Die Treiber teilten mit ihnen, was sie an Lebensmitteln bei sich führten, aber das reichte bei weitem nicht aus. So mußte die Hilfe der Deutschen in Anspruch genommen werden, die denn auch gern aushalfen.

Was für eine Nacht verbrachten die aus dem kalten, gesunden Norden eingewanderten Menschen hier in einer der alten Negerhütten und in dem Stall, in dem sich ein Teil von ihnen ihr Quartier gesucht hatten. Und doch konnten die im Stall noch von Glück reden, denn sie hatten nur gegen die Moskitos anzukämpfen, während es in dem verlassenen Negerhaus von Flöhen und Wanzen wimmelte und die Moskitos ihnen gleichfalls nicht geschenkt wurden. Moskitonetze hatte natürlich keiner von ihnen mitgebracht, denn wo sie bisher gewohnt hatten, brauchte man sie nicht.

Die Fremdlinge hatten vor dem Stall ein Feuer angezündet – Fenzstangen lagen genügend herum. Für heute abend war nichts mehr zu tun, denn es herrschte tiefe Dunkelheit, während der überall umherliegende Unrat eine Wanderung in der Finsternis nicht ratsam erscheinen ließ. Sie hatten sich den Einzug in ihre neue Heimat anders gedacht und trösteten sich nun damit, daß ihnen der folgende, hoffentlich trockene Morgen einen freundlicheren Überblick bieten würde.

Aber der Morgen war fast noch trostloser als der Abend, denn jetzt erst sahen sie, in welche Wüstenei sie geraten waren und welche Mühe es kosten würde, den Platz wieder so weit herzurichten, daß Menschen auch wirklich menschlich darauf wohnen konnten.

Das also war die Plantage im Süden mit ihrem tropischen Himmel, ihren Orangen- und Feigenbäumen – das war das geträumte Paradies. Jetzt, freilich zu spät, erinnerten sie sich an all die Warnungen, die sie gehört, an all die Schilderungen der südlichen Zustände, die sie nicht geglaubt oder für übertrieben gehalten hatten.

Der einzige Trost war, daß in Belleville ein Weißer wohnte, an den sie sich um Rat wenden konnten. Ebenso sollten ganz in die Nähe von Belleville zwei andere deutsche Familien gezogen sein, die sich schon ein wenig eingewöhnt hatten und eben dabei waren, ihre ebenso eingerissenen und verbrannten Fenzen wieder aufzustellen.

Gefunden

Aus der Richtung von Savannah schritt ein kräftiger Neger, der besser gekleidet war als die übrigen Farbigen, denen man im Landesinneren meist begegnete. Er trug einen sauberen Rock aus dunklem hausgewobenem Wollstoff, ein weißes Hemd und Baumwollhosen, derbe Schuhe und einen Hickoryhut.

In früheren Zeiten wäre es ihm nicht gestattet gewesen, frei und ungehindert die Straße zu passieren, denn jedem Weißen, ja jedem farbigen Aufseher auf den verschiedenen Plantagen hätte er seinen Paß zeigen müssen. Jetzt kümmerte sich kein Mensch um ihn, und frei und ungehindert mochte er sich hinwenden und übernachten, wo er immer wollte.

So erreichte er Belleville. Aber wohin er auch blickte, sah er fast nur betrunkene Neger oder in Lumpen gehüllte Negerinnen, nirgends sah er einen Menschen bei der Arbeit. Eine trostlosere Bande von Schwarzen, als hier herumlungerte, ließ sich auf der Welt kaum denken. Ein paarmal wurde er angerufen und zum Trinken eingeladen. Aber die Burschen hatten schon alle, wie sich nicht verkennen ließ, etwas im Kopf, und mit denen mochte sich der Fremde nicht einlassen. Er folgte wenigstens keiner der Einladungen und wandte sich endlich einem der einzelstehenden kleinen Häuser zu. Dort bemerkte er nämlich eine alte Frau, die zusammengekauert in der Tür saß und an einem Knochen herumzerrte, um wenigstens noch ein paar Sehnen abzureißen.

„Madame“, sagte der fremde Neger mit der Höflichkeit, die ihnen untereinander eigen war und mit der sie wohl nur zu häufig den vornehmen Ton der weißen *haute volée* nachahmten. „Sie entschuldigen, wenn ich Sie anrede, aber – ich möchte Sie vor allen Dingen fragen, ob Sie wirklich so hungrig sind und nichts weiter haben als den abgenagten Knochen.“

„Hungrig?“ fragte die Frau, ohne ihre trostlose Arbeit zu unterbrechen. „Wer gibt uns hier was? Der Knochen und eine Zwiebel ist alles, was ich heute und gestern gehabt habe, und wenn ich mit dem fertig bin, weiß der liebe Gott, wo ich wieder etwas herbekommen werde, wenn der liebe Gott überhaupt noch etwas von uns weiß."

„Geht es euch so schlecht?" fragte der Fremde. Ein schwerer Seufzer hob seine Brust. Mit der rechten Hand griff er in seine Rocktasche und suchte nach etwas.

„Schlecht!" Die Alte lachte grimmig in sich hinein. „Es wird nicht lange dauern, denn lange erträgt das keiner mehr. Frei sind wir geworden, sagen sie – ja – aber weshalb haben sie uns nicht vorher totgeschlagen? Meinen alten Mann, der jetzt für mich hätte sorgen können, hat Massa vor zwei Jahren verkauft. Gott weiß, wo sie ihn hingeschleppt haben. Er war ein guter Tischler, sie brauchten ihn woanders. Was aus mir wurde, wer kümmerte sich darum. Er sollte wiederkommen, sagten sie – ja, aber wenn er wiederkommt, wird er den Fleck Erde gar nicht mehr finden, wo sie mich eingescharrt haben."

„Da ist Brot!" Der Fremde nahm ein Stück aus der Tasche und reichte es ihr. „Es ist alles, was ich bei mir habe."

Die Frau riß es ihm fast aus der Hand. „Brot!" stöhnte sie. „Brot! Nachts habe ich manchmal davon geträumt, aber wie lange keins in der Hand gehabt."

Der fremde Neger stand daneben und sah zu, wie sie es verschlang.

„Da, kaufen Sie sich mehr", sagte er dann und gab ihr einen Silber-Viertel-Dollar. „Ich habe selber nicht viel Geld, sonst würde ich Ihnen besser helfen. Aber wenn ich zurück nach Savannah komme, will ich erzählen, welche Not hier herrscht. Es sind gute Weiße dort."

„Gute Weiße!" Die Frau lachte bitter vor sich hin. „Haben Sie schon einmal einen guten Weißen gesehen? Gute Weiße – haha – gute Weiße!"

„O doch, Madame", sagte der Neger, „mir selber haben sie Gutes getan, denn sie schickten mich hierher, um meine verlorenen Kinder aufzufinden. Vielleicht können Sie mir sagen, wo sie sind."

„Ihre Kinder!" sagte die Alte verwundert. „Woher soll ich das wissen?"

„Erinnern Sie sich nicht, in Belleville oder in der Nähe auf einer

Plantage zwei Kinder – zwei kleine schwarze Mädchen gesehen zu haben, die zehn und elf Jahre alt waren und sich fast wie Zwillinge ähnlich sahen? Jener Weiße hat sie hier auf einer Plantage in der Nähe von Belleville angetroffen."

„Ich habe zwei solche Kinder gesehen, aber nicht irgendwo draußen – es muß hier in Belleville gewesen sein und vor noch gar nicht so langer Zeit."

„Sind sie hier?" rief der fremde Neger rasch.

Die Alte schüttelte den Kopf. „Was sollten sie hier?" sagte sie. „Aber durchgekommen müssen sie sein. Wer kann freilich sagen, wohin sie sich gewandt haben."

„Sind die Plantagen noch weit von hier, Madame?"

„Nach Taylgroves gehen Sie eine Viertelstunde, aber was nützt es Ihnen – Sie finden sie dort nicht."

„Und wo hinaus liegt der Platz, den Sie eben nannten?"

„Gehen Sie nur immer die breite Straße dort hinunter, dann kommen Sie schon an die großen, schönen Häuser, wo früher Pracht und Glanz herrschte. Jetzt aber ist's vorüber, und das Elend ist dort eingekehrt wie hier. Wenn Sie nicht hören wollen, kann ich Ihnen nicht helfen."

Der Neger wanderte, ihr noch einmal freundlich zunickend, den Weg hinab, der nach Taylgroves Plantage führte. Die Alte hatte recht gehabt. Vergebens suchte er dort von Hütte zu Hütte. Aber die Gewißheit bekam er hier wenigstens, daß seine Kinder Liddy und Polly dagewesen waren. Sie hatten ihren Dienst im Herrenhaus gehabt und sich dort aufgehalten, bis die Herrschaft selber nach Charleston zog. Dann waren sie noch eine Weile hier geblieben, bis die Jüngere krank wurde, und mit der zog dann die Ältere fort, um irgendwo Hilfe zu suchen. Auf Urguards Plantage lebte, wie man sich hier erzählte, eine alte Negerin, die geheime Mittel für alle Krankheiten wußte. Es konnte sein, daß das Kind die aufgesucht hatte, wenn es nicht den Doktor in Belleville um Hilfe gebeten hatte.

Aber in Belleville war er ja nun gewesen und hatte nachgefragt. Wenn die Kinder aber nicht auf Urguards Plantage waren, dann fand er sie vielleicht in Savannah, Charleston oder Gott weiß wo.

Eine Frau fragte, woher er komme, wo er wohne und wie es dort sei und ob da auch „farbige Leute" wären; aber ihn drängte es weiterzukommen. Er gab nur flüchtige Antwort und wanderte dann den Weg zurück, den er gekommen war, denn von Urguards Plantage hatte er schon gehört und wußte, in welcher Richtung sie lag. Vorher aber wollte er noch einmal den „Doktor" in Belleville aufsuchen, um von diesem vielleicht etwas zu erfahren. Er fand ihn aber nicht mehr. Doktor Simms hatte hier seine Kundschaft, das heißt alle die Leute verloren, die zahlen konnten, und der kranken und alten Nigger wegen blieb er wahrhaftig nicht in Belleville sitzen.

Und jetzt nach Urguards Plantage. Wie heiß die Sonne heute brannte. Er war hungrig und durstig geworden, und doch scheute er sich, in das Wirtshaus zu gehen, der trunkenen Schwarzen wegen, die dort einen nicht geringen Lärm vollführten. Zu viel Elend hatte er hier gesehen, durfte er hoffen, daß seine armen Kinder, wenn er sie wirklich fand, besser daran wären als alle die Unglücklichen hier? Etwas an Lebensmitteln mußte er jedenfalls mitnehmen, und die konnte er an keinem anderen Ort bekommen als hier. Dann eilte er, so rasch ihn seine Füße trugen, den bezeichneten Weg entlang, und es dauerte auch nicht lange, bis er von einem kleinen Wald von Orangenbäumen aus die helle Lichtung vor sich sah, auf der aber nur noch einige hochstämmige Pekannußbäume den Platz bezeichneten, auf dem früher das stolze Herrenhaus gestanden hatte.

Dort fand er allerdings zu seinem Erstaunen weiße Männer, beschäftigt, einzelne der Negerhütten zu reinigen, das heißt förmlich auszuschaufeln, um sie für menschliche Wohnungen brauchbar zu machen und vorderhand ein Unterkommen zu haben. Sie riefen ihn an und fragten ihn, ob er Arbeit suche und bei ihnen eintreten wolle. Aber er schüttelte nur den Kopf und eilte vorüber, denn dort drüben, in den letzten Häusern, sah er ein paar farbige Frauen und Kinder, und mit zitternder Hast drängte er vorwärts, um sein Ziel zu erreichen.

Und wieder waren es fremde Gestalten, auf die er traf: eine alte Mulattin mit verrunzelter Haut, die auf der blanken Erde in der Sonne lag und den Rücken gegen die Ecke des kleinen Holzgebäudes gelehnt hatte; ein paar kleine Kinder, ein Knabe und ein Mädchen, von denen das letztere bitterlich weinte, bis die Alte ärgerlich wurde und es ausschalt.

Sip, der Neger, der seine Kinder suchte, war neben der Gruppe stehengeblieben. Angstvoll flog sein Blick umher, denn nirgends traf sein Auge auf Wesen, die den von ihm Ersehnten glichen. Jetzt, unmittelbar vor der Entscheidung, wagte er kaum, nach den unglücklichen Kindern zu fragen, denn welche Hoffnung blieb ihm, wenn die Antwort wieder verneinend ausfiel?

Das Kind weinte immer heftiger, und die alte Frau, die sich um den fremden Neger gar nicht gekümmert hatte, wurde endlich böse.

„Warte, Lally!“ rief sie ärgerlich. „Wenn du jetzt nicht ruhig bist, schicke ich Liddy nach Massa, und der kommt und bindet dich an einen Baum und peitscht dich, wie er deine Mutter gepeitscht hat, bis sie starb und dann eingegraben werden mußte.“

Sip verstand den furchtbaren Sinn der Worte nicht, nur den Namen „Liddy“ hatte er gehört, und mit vor Angst bebender Stimme rief er aus: „Was für eine Liddy, M'am – was für eine Liddy? Ist sie hier? Kann ich sie sehen?“

„Was für eine Liddy“, murmelte die Frau mürrisch, mit einem zahnlosen Mund, „was für eine Liddy! Liddy – sie hat niemals einen anderen Namen gehabt oder gebraucht.“ Rasch, wie erschreckt sah sie mißtrauisch zu dem Mann auf. „Was wollen Sie mit ihr? Sie fortnehmen von hier? Das dürfen Sie nicht! Wer soll mich nachher pflegen und mir Feigen suchen oder Beeren draußen im Sumpf? Liddy kann nicht fort, schon der Schwester wegen nicht, die drüben krank im Haus liegt.“

„In welchem Haus, M'am! Um Gottes willen, sagen Sie mir wo.“

„Sind hier so viele“, knurrte die alte Frau, „in denen noch ein Mensch leben kann? Da drüben in dem Haus, vor dem der alte Bananenbaum steht. Es war früher das Krankenhaus und ist es geblieben, nur daß sie uns jetzt alle hineinstecken könnten, denn nütze sind wir doch nichts mehr auf der Welt.“

Sip hörte schon nicht mehr, was sie sagte, und lief, so rasch ihn seine Füße trugen, dem bezeichneten Gebäude zu. Es schwamm ihm vor den Augen, der Kopf wirbelte ihm, und an dem nur noch zum Teil stehengebliebenen Zaun mußte er sich erst eine Weile festhalten, um seiner Glieder, seiner Sinne mächtig zu werden. Endlich schlich er mehr als er ging der offen stehenden und aus ihren Haspen gerissenen Tür zu, aber an der Schwelle blieb er nochmals stehen und horchte.

„Liddy", bat eine schwache, zitternde Stimme, „bring mir ein wenig Wasser, die Lippen sind mir wieder so trocken und heiß geworden!"

„Ja, Herz, gewiß", sagte eine andere Stimme, doch es war so dunkel in dem Raum, daß er nichts erkennen konnte, oder flimmerte es dem starken Mann nur so vor den Augen? „Wenn du nur einmal ein Viertelstündchen allein bleiben könntest, dann liefe ich hinüber zu dem Feigenbaum im Sumpf und sähe zu, daß ich wieder eine reife Frucht für dich fände. Du hast heute noch nichts gegessen, Polly."

Der Neger sank, wo er stand, in die Knie. Er hatte seine harten Hände fest und eisern gefaltet und barg nun das Gesicht darin, während heiße, brennende Tränen über seine Wangen rannen. Er hatte die Stimme der Kinder erkannt, hatte ihre Stimme wieder gehört, und ein heißes Dankgebet kam über seine Lippen.

Liddy hatte die dunkle Gestalt, als sie auf die Knie niedersank, bemerkt und war heftig erschrocken. Wer anders konnte es sein als ein Betrunkener aus Belleville, vielleicht ein früherer Sklave dieser Plantage, und wenn er jetzt hier ins Haus kam und ein Lager suchte, so fand er keins mehr als das, auf dem ihre kranke Schwester lag. Aber da hielt es den Mann nicht länger.

„Liddy!" rief er mit weicher, bebender Stimme. „Polly! Kinder – kennt ihr euren Vater nicht mehr?"

Einen Augenblick herrschte Schweigen in dem halbdunklen Raum, an den sich Sips Augen aber bis dahin soweit gewöhnt hatten, daß er wenigstens die Gestalt des Kindes und das Lager in der Ecke erkennen konnte. Liddy stand mit weitgeöffneten Augen vor dem Lager der Schwester, die sich mühsam zu erheben suchte.

„Vater?" fragte sie zaghaft, aber noch wagte sie nicht, das kaum geahnte Glück für möglich zu halten. „Vater?"

„Meine Liddy!" rief der Mann mit von Tränen erstickter Stimme. Er sprang auf das Kind zu und preßte es fest in seine Arme. „Liddy, mein liebes, süßes Herz – Polly – o meine Polly! Sorgt euch nicht mehr, Kinder, eure Not ist zu Ende." Liddy loslassend, eilte er auf das Lager seiner Jüngsten zu, warf sich daneben auf den Boden und legte so zart und sorgsam, wie es kaum eine Mutter ge-

tan haben würde, seinen Arm darüber. Das kranke Kind schlang die Ärmchen um seinen Nacken und klammerte sich an ihn.

Viele Tränen waren wohl schon in der alten Negerhütte vergossen worden, aber noch nie Tränen, wie sie jetzt im Jubel flossen, Freudentränen, von glücklichen Menschen geweint. Aber die Sorge um das kranke Kind ließ den Vater nicht ruhen. Er erzählte ihnen nur flüchtig, daß er jetzt oben im Norden wohne, wo die Mutter sehnsüchtig ihrer harre, dann forschte er nach dem Leiden der Kleinen, das sich aber bald nur als Sumpffieber herausstellte. Dagegen gab es ein sicheres Mittel: Luftveränderung und Pflege. Oben im kalten Norden, überhaupt in bergiger Gegend wich das Übel schier von selber, und Pflege... Himmel, wie sich die Mutter danach sehnte, die verlorenen Kinder wieder an ihr Herz zu drükken und zu hegen und zu pflegen Tag und Nacht.

„Vater", sagte Liddy scheu, „Polly kann nicht gehen. Sie ist so schwach!"

„Gehen!" rief Sip. „Soll sie denn gehen? Auf meinen Armen trage ich das Kind nach Savannah hinein, und dort setzen wir uns auf die Bahn und fahren den ganzen Weg, bis wir nach Hause kommen. Aber jetzt habt ihr sicher Hunger."

„Ach, Vater", sagte Liddy traurig, „Hunger haben wir viele, viele Tage, aber es gibt ja hier nichts mehr zu essen, und wenn ich nicht draußen im Wald einen alten Feigenbaum gefunden hätte, wären wir wohl schon alle lange tot."

Der Vater packte aus, was er mitgebracht hatte, und Liddy holte Wasser für die kranke Schwester, in das sie den Saft der Orangen hineinpreßte. Dann fragte sie den Vater, ob sie der armen alten Frau da draußen auch etwas hinüberbringen dürfe.

Die alte Frau jammerte und wehklagte, als sie hörte, daß der Vater gekommen sei, um seine Kinder abzuholen. Wer sollte sie nun pflegen und für sie sorgen? Sip versprach ihr aber, von Savannah aus Hilfe zu schicken. Den Unglücklichen hier mußte überhaupt Hilfe zuteil werden, wenn sie nicht elend umkommen sollten. Er hatte den Mann gesprochen, der sich der armen Verlassenen annehmen konnte, Mister Wrongly im freed man's Bureau.

Nun begann der Zug. Gepäck hatten die armen Kinder nicht – nichts als die wenigen zerfetzten und schmutzigen Lappen, die sie auf dem Körper trugen, aber was schadete das? Sip hätte laut aufjubeln mögen, als er sein krankes, federleichtes Kind in die sehnigen Arme hob und mit ihm, während sich Liddy noch scheu an seinem Rock festhielt, den Platz verließ. So schritt er die lange staubige Straße dahin. Die Sonne sandte ihre sengenden Strahlen nieder, aber nur sein krankes Kind suchte er gegen sie zu schützen, er selber dachte nicht an sich.

Wohl war es ein langer Weg, aber er wurde nicht müde, denn gerade die Kühle der Nacht mußte er zu seiner Wanderung benutzen, und Liddy an seiner Seite hielt ebenso wacker aus.

Im Löwengarten

Doktor Taylor, in dessen Haus unser alter Freund Schultze seinen Vogelladen und sein „Atelier" hatte (denn Schultze photographierte nicht allein, sondern stopfte auch mit außerordentlicher Geschicklichkeit Vögel aus, die er dann gruppierte und zu hohen Preisen verkaufte), war einer aus jener ungemein zahlreichen Menschenklasse, die durch die ganzen Vereinigten Staaten verbreitet ist und sich nur durch ein Wort, und zwar Humbug, bezeichnen läßt.

Doktor Taylor hatte sich mit seinen verschiedenen, oft tollen Spekulationen schon ein sehr hübsches Haus in einem der besten Teile der Stadt erschwindelt, in dem er behaglich lebte, seine Unternehmungen aber deshalb nicht aufgab.

Einmal ließ er wunderhübsche buntfarbige Plakate drucken, worauf Tomaten in gelben und roten Farben naturgetreu abgebildet waren. Die Unterschrift lautete: „Die Tomate, richtig behandelt, ein voller Ersatz für Calomel."

Calomel oder Quecksilber spielte in der amerikanischen ärztlichen Praxis eine bedeutende Rolle. Es gab sogar Ärzte, die ihren Kranken nichts anderes verordneten als dieses Gift, wobei sie dann angeblich die verderblichen Wirkungen wieder mit *Ricinus* oder *castor oil* aus dem Körper zu treiben vorgaben. Ruinierte Augen und Zähne wie auch viele andere, schädlichere Folgen blieben nicht aus, und das Publikum warf sich deshalb, um dem Gift zu entgehen, auf die hübsch etikettierten Büchsen Taylors.

Dadurch tat Doktor Taylor allerdings viel Gutes. Er brachte die Leute eine Weile vom Calomel ab, aber der Schwindel dauerte trotzdem nicht lange, und er mußte etwas Neues erfinden. Es kamen sogenannte *vegetable pills,* denen er einen griechischen Namen gab, aber er ließ es dabei nicht bewenden. Er stellte Säfte, Mixturen, Pillen, Pastillen für alle nur erdenklichen Krankheiten zusammen.

Bei den früheren Ankündigungen seiner Patent-Medizinen, wobei er sich auf spezielle Fälle berufen mußte, geschah es zuweilen, daß andere, – wie er behauptete, brotneidische Ärzte – gegen ihn auftraten und erklärten, seine Mittel hätten gar nichts genützt, und das Ganze wäre nur Marktschreierei. Das trug ihm zwar keinen besonderen Schaden ein, denn die Apotheker, denen er seine Mittel in Kommission gab, priesen sie doch an, weil sie Geld damit verdienten, aber es ärgerte ihn trotzdem. Jetzt endlich hatte er etwas gefunden, wobei niemand den Gegenbeweis antreten konnte, weil die Sache überhaupt nicht vorkam:

„Die durchschnittene Achillessehne heilbar!"

Die starke Sehne hinter den Knöcheln, die dem ganzen Fuß Festigkeit gibt und den Körper allein trägt, die ihm die Kraft und Elastizität gibt, sich vorwärtszubewegen, wollte er, wenn einmal durchschnitten, vollkommen heilen. Er wandte viel Geld für Ankündigungen in den verschiedensten Zeitungen auf, in denen er fünfhundert Silber-Dollar jedem bot, der sich von ihm die Sehne durchschneiden ließ und den er dann nicht allein umsonst heilen, sondern auch die ganze Zeit über beköstigen wolle.

Natürlich fand sich niemand dafür, aber sein Name wurde im Publikum genannt, seine Firma bekannt, und das Resultat war: er verdiente viel Geld. An die Achillessehne dachte er aber nicht mehr. Er betrachtete sein Schild da draußen etwa wie ein kleiner Menageriebesitzer, der ein paar Aras und Affen, einen Wolf und einen Bär besitzt und draußen vor seiner Bude ein Schild führt, das den Kampf zwischen einem Löwen und einem Tiger vorstellt.

Nicht so ruhig dachte sein Mieter, Benjamin Schultze, darüber. Mit seinem eigenen ehrlichen und treuherzigen Charakter, ohne Falsch und Lüge, beurteilte er auch andere Menschen, glaubte also Wort für Wort, was auf dem Schild stand, faßte aber mit der Zeit, da niemand die angebotene Operation der Achillessehne ernstlich vornehmen lassen wollte, den kuriosen Gedanken, daß Doktor Taylor ihn in teuflicher Absicht zu seinem Opfer ausersehen habe und ihm nächstens einmal die Achillessehne heimlich und unerwartet durchschneiden würde.

Tatsache war, daß Taylor eines Tages seinen Mieter aufforderte, sich einer Kur bei ihm zu unterziehen, das heißt, von ihm die Achillessehne durchschneiden zu lassen, wofür er ihm ein volles

Jahr freie Miete bot. Schultze würde ihn furchtbar in Verlegenheit gebracht haben, wenn er es angenommen hätte, schreckte aber schon vor dem Gedanken zurück, und seit dem Tag ergriff ihn eine Scheu vor seinem Wirt, die dadurch eine Erklärung erhielt, daß er in ihm einen Vampir sah und deshalb sein Leben ernstlich bedroht glaubte. Schultze hielt nämlich das Sehnendurchschneiden nicht für den eigentlichen Zweck des furchtbaren Mannes, sondern für das Mittel, ihn in seine Gewalt zu bekommen, und seine überhaupt etwas zu lebhafte Phantasie malte sich die tollsten Bilder aus.

Er wäre keine Stunde länger in dem Haus und bei diesem Mann wohnen geblieben, hätte nicht alles seinen Bedürfnissen so genau entsprochen, daß er irgendwo anders eine so günstig gelegene Wohnung kaum wieder finden konnte. So hielt er vorläufig noch aus, aber nur mit dem Entschluß, seinen Wirt fest und vorsichtig im Auge zu behalten und ihm keinen Vorteil über sich zu gestatten, denn daß er ihn benutzen würde, davon war er fest überzeugt.

Ob Taylor eine Ahnung von dem Verdacht, in dem er stand, hatte, ist unbestimmt, aber er neckte ihn zuweilen und brachte Schultze dadurch jedesmal in die furchtbarste Aufregung, wovon er sich jedoch nie etwas anmerken lassen wollte.

Schultze saß heute morgen wieder bei seinen Vögeln und beobachtete die Fütterung, die er aber Ibis stets allein überließ.

Er saß auf seinem Stuhl mitten in der Stube, und ein glückliches Lächeln lag auf seinen Zügen, als die Türglocke draußen ging und gleich darauf ein Fremder anpochte, den man aber schon von innen durch die Glasscheiben erkennen konnte.

Es war ein noch junger Mann, seinem Äußeren nach ein Amerikaner.

„Habe ich das Vergnügen, Herrn Schultze vor mir zu sehen?“ fragte er in englischer Sprache.

„Mein Name ist Schultze“, sagte der kleine Mann.

„Dann entschuldigen Sie eine merkwürdige Frage“, entgegnete der Fremde lächelnd, „die ich Ihnen aber später erklären werde. Erinnern Sie sich noch, vor einiger Zeit – es können jetzt fast drei Wochen her sein – mit einem anderen Herrn in der Expedition der Expreß-Kompanie gewesen zu sein?“

„Hm“, sagte Schultze, „dahin komme ich allerdings sehr oft, denn ich verschicke Vögel und bekomme welche geschickt.“

„Aber der besondere Tag fällt Ihnen vielleicht wieder ein, wenn ich Ihrem Gedächtnis etwas zu Hilfe komme. Es war mit Ihnen ein fremder Herr – nicht der, mit dem Sie dort eintrafen, sondern ein anderer – im Büro, der ein Wertpaket aufgab. Sie erklärten damals, daß Ihnen der Mann bekannt vorkomme, und ließen den Beamten im Geschäft nachsehen, um seinen Namen zu erfahren."

„Ganz recht", bestätigte Schultze, „wenn ich auch nicht recht begreife, woher Sie das wissen."

Der Fremde lächelte, wich aber aus und fuhr fort: „Haben Sie jetzt vielleicht erfahren, wer der Herr war?"

„Nein, ich muß Ihnen auch gestehen, ich habe nicht weiter darüber nachgedacht."

„Sie sind ihm auch seit der Zeit nicht wieder begegnet?"

„Nein – nicht, daß ich mich erinnern könnte."

„Aber Sie würden ihn wiedererkennen, wenn Sie ihn sähen?"

„Davon bin ich fest überzeugt. Dürfte ich Sie aber fragen, welches Interesse Sie an dem Herrn nehmen? Ich – weiß noch nicht einmal Ihren Namen."

Der Fremde schwieg einen Augenblick. Es war fast, als ob er mit sich zu Rate ginge. Nach kurzer Pause sagte er: „Herr Schultze, ich weiß von der Expreß-Kompanie, daß Sie ein braver, ehrenwerter Mann sind, und ich will Ihnen deshalb einfach die Wahrheit sagen, weil ich – vielleicht Ihre Unterstützung brauche. Ich bin ein Detektiv aus New Orleans. Dort ist ein Verbrechen verübt und der Bote der Expreß-Kompanie in einem Haus ermordet und beraubt worden."

„Und wie, um Gottes willen, kommen Sie da auf Cincinnati und – wie es scheint – auf den bestimmten Mann, denn soweit ich mich seiner erinnere, sah er mir beinahe so aus, als ob er bei etwas Derartigem die Hand im Spiel haben könnte."

„Die Sache ist sehr einfach. Wir fanden in dem Haus allerdings keine weitere Spur als einen alten, halb versengten Briefumschlag, auf dem sich nur der Cincinnati-Stempel noch erkennen ließ. Ich folgte der Spur aber trotzdem und habe jetzt hier erfahren, daß zu einer Zeit, die etwa stimmt, ein Wertpaket mit angeblich fünfhundert Dollars Inhalt hier – und zwar an das nämliche Haus aufgegeben ist, in dem der Mord verübt wurde. Der Beamte der Expreß-Kompanie sagte mir aber, daß er sich des Mannes deshalb deutlich erinnere, weil Sie, Mister Schultze, nach ihm gefragt hätten und er dann den Namen im Buch nachgesehen habe, der auf P. Wilson lautete. Das Wertpaket war an einen Mister Hudson adressiert."

„Und bei jenem Mister Hudson wurde der Mord verübt?"

„Allerdings. Sie werden es also natürlich finden, daß mir daran liegt, den Betreffenden hier aufzufinden, der nicht Wilson, sondern der Aussage eines seiner Teilnehmer nach, den wir eingefangen haben, Pelz heißt – oder sich früher wenigstens so genannt hat."

„Pelz!" schrie Schultze, in die Höhe fahrend. „Jetzt kenne ich den Burschen auch – Pelz! Ich wußte, daß ich ihn schon gesehen hatte. Wir sind zusammen über See gekommen."

„In der Tat – also war jene Aussage wenigstens richtig."

„Und wie hieß der, welcher Ihnen den Namen genannt hat?"

„Steinert – ich weiß nicht, ob es der richtige ist."

„Großer Gott!" rief Schultze erschreckt. „Sollte Steinert so heruntergekommen sein? Das ist doch kaum möglich!"

„Sie kennen den Burschen?"

„Er war ebenfalls mit an Bord."

„Er will lange in Kalifornien gewesen sein."

„Das ist wohl möglich. Es ist auch schon lange Jahre her. Er gehörte wenigstens zu den ehrlichen Passagieren, während dieser andere Bursche – Pelz nannte er sich – mit noch zwei anderen in Ketten an Bord gebracht wurde."

„Das ist ja sehr interessant", sagte der Detektiv. „Wir werden da wohl nächstens einmal Revanche nehmen und die Insassen unserer Zuchthäuser, mit guten Pässen versehen, nach Deutschland schicken."

„Ich weiß nicht, ob es jetzt noch geschieht", sagte Schultze mit einem Schulterzucken, „aber geschehen ist es, und wir übrigen Passagiere waren damals selber entrüstet darüber."

„Und diesem Burschen sind Sie seit der Zeit nicht wieder begegnet?"

„Nein, das weiß ich genau, und schon deshalb, weil ich mir den Kopf darüber zerbrach, wo ich ihn gesehen haben könnte."

Der Detektiv nahm sein Notizbuch heraus und las: „Ein breites, glatt rasiertes Gesicht, breites Kinn und großen Mund, kleine graue Augen, braunes kurzes Haar, schlechte Zähne."

„Genauer könnte ich ihn selber nicht beschreiben", sagte Schultze, „nur erinnere ich mich, daß er in seinem linken Ohr einen kleinen, goldenen Ring trug."

„In der Tat?" sagte der Detektiv. „Für so leichtsinnig und ungeschickt habe ich den Herrn nicht gehalten, da er noch dazu, wie es scheint, bei mehreren ähnlichen Verbrechen beteiligt war. Der Name Pelz steht auch bei einem in New Orleans vor einigen Jahren verübten Raubmord verzeichnet, ohne daß wir seiner damals habhaft werden konnten. Aber dürfte ich Sie um die Gefälligkeit bitten, falls Sie diesem Herrn Pelz ... Er ist ein Landsmann von Ihnen, wie?"

„Leider!"

„Falls Sie ihm wieder einmal begegnen sollten, unterstützen Sie uns soviel als möglich, indem Sie zu ermitteln suchen, wohin er geht, und uns dann augenblicklich Nachricht zukommen lassen – auf der Polizeistation natürlich."

„Von Herzen gern. Aber glauben Sie, daß er sich wieder hierher gewandt hat? Er wird doch sicher nicht das aufgegebene Paket reklamieren?"

„Dann hätten wir ihn sofort. Nein, dazu ist er doch wohl nicht ungeschickt genug, obgleich merkwürdigere Sachen vorgefallen sind. Mehrere Vermutungen sprechen dafür, daß er wieder gen Norden gezogen ist. Ich gedenke ihm jedenfalls eine Zeitlang hier nachzuforschen. Wenn Sie ihm wieder begegnen sollten, kann ich auf Sie rechnen?"

„Es muß jedem ehrlichen Mann daranliegen, einen solchen Kerl festzubekommen", sagte Schultze bestimmt. „Soweit ich Ihnen darin nützen kann, soll es geschehen, nur bin ich nicht imstande, Ihnen etwas Bestimmtes zu versprechen."

Der Polizeimann machte eine abwehrende Bewegung mit der Hand, er verlangte nicht mehr, und freundlich grüßend verließ er das Lokal. Die Vögel im Raum hatte er nicht einmal eines Blickes gewürdigt, was Schultze eigentlich ärgerte. Was wußte so ein Polizist aber auch von Vogelkunde ...

Schultze vergaß für den Augenblick seine Vögel, denn er hatte sich seit geraumer Zeit den Kopf zerbrochen, wo er das „Kasuar-Gesicht", wie er es nannte, schon einmal gesehen hatte, und daß er das nicht aus seinen Gedächtniskammern hervorholen konnte, ärgerte ihn. Pelz – das war der Bursche, der finstere, mürrische Geselle an Bord, mit dem eigentlich niemand auf dem Schiff Gemeinschaft gehalten hatte, ja dem sie, wie seinen Kollegen, immer nur scheu aus dem Weg gegangen waren. Sonderbar, daß er ihn nicht schon damals wiedererkannt hatte, denn das Gesicht konnte man ja eigentlich gar nicht mehr vergessen. Und jetzt erinnerte er sich auch, wie sie damals beobachtet hatten, daß er auf ein New-Orlean-Boot gegangen war. Wenn er das wenigstens dem Polizisten gesagt hätte ... Aber es änderte nichts an der Sache, wenngleich es den Verdacht noch um so mehr bestärkte.

Schultze ging, die Hände auf dem Rücken, in dem durch zahllose Vogelbauer beengten Raum auf und ab, als sein Blick zufällig auf die Tür fiel und er bemerkte, daß jemand von außen sein Gesicht dicht an die Scheibe drückte, wodurch sie beschlug, so daß er nicht gleich erkennen konnte, wer es war.

Das Gesicht löste sich zwar wieder, doch erst als sich die Tür öffnete, erkannte Schultze einen alten Freund, den Barbier Roßwein aus Donnersville, den er jetzt über ein Jahr lang nicht gesehen hatte und der ihm, noch von der Schwelle aus, lachend die Hand entgegenstreckte.

„Hallo, Schultze, altes Haus! Wie geht's? Was treiben Sie? Immer noch keine Federn gekriegt?"

„Roßwein – lieber Freund!" rief Schultze erfreut aus, indem er die gebotene Hand herzlich schüttelte. „Sie sind und bleiben doch immer der alte. Was führt Sie endlich wieder einmal nach Cincinnati herauf?"

„Geschäfte. Ich will eine Sendung Blutegel abholen und eine Menge anderer Dinge einkaufen, die wir da unten nicht so bequem haben können. In Louisville hätte ich es zwar näher, aber man darf alte Freunde auch nicht zu lange vernachlässigen, oder sie vergessen einen ganz." Er betrachtete den kleinen Mann aufmerksam von oben bis unten. „Sie hinken ja gar nicht. Operation schon glücklich vorüber?"

„Operation?" fragte Schultze verwundert. „Was für eine Operation? An mir?"

„Gewiß", sagte Roßwein. „In Donnersville hieß es, daß Sie sich die Achillessehne hätten durchschneiden lassen, um der Wissenschaft aufzuhelfen."

„Unsinn", sagte Schultze, wie es schien mit einem etwas unbehaglichen Gefühl, „ich werde nicht so töricht sein. Dieser Doktor", setzte er hinzu, „ist, unter uns, ein wirklich gefährlicher Mensch. In einem geregelten Staat wäre er schon lange unter polizeiliche Aufsicht gestellt."

„Meinen Sie wirklich?"

„Der Mensch ist ein Zwitterding", sagte Schultze mit unterdrückter Stimme. „Er hat das Gesicht einer Fledermaus, aber die Augen eines Baumfalken, und ein höchst unangenehmes Gefühl beschleicht mich jedesmal, wenn ich mit ihm zusammentreffe."

„Sein Schild verspricht viel", sagte Roßwein schmunzelnd, „aber es könnte niemand diesen sogenannten Doktor Taylor in größere Verlegenheit bringen, als wenn er sich erböte, die Operation an sich vornehmen zu lassen. Ich bin der festen Überzeugung, er würde sich entweder durch einen Kniff helfen, das heißt dem Mann die Sehne gar nicht durchschneiden, sondern ihm nur, nach einer vorgeblichen Operation, den Fuß fest zusammenschnüren, oder – wenn er dazu gezwungen wäre, sein Haus in den ersten acht Tagen unter der Hand verkaufen, um dann in irgendeiner anderen Spekulation aufzutauchen."

„Sie haben zu günstige Ansichten von dem Menschen", erwiderte Schultze. „Ich könnte Ihnen da . . ." Er brach ab. „Wir wollen die schöne Zeit nicht mit solchen Betrachtungen vergeuden. Was gedenken Sie jetzt zu tun?"

„Ein Glas Wein zu trinken", sagte Roßwein, „und an die frische Luft zu kommen, denn in dem Vogelbauer hier stinkt es nichtswürdig."

„Lieber Roßwein", sagte Schultze empfindlich, „der Begriff von stinken ist ein so unbestimmter, daß sich darüber gar nicht streiten läßt. Was uns anwidert, soweit es den Geruchssinn betrifft, erfüllt Raben und Geier mit Entzücken, und während zarte Damen oft den Geruch eines Papageis nicht ertragen können, schmieren sie sich dermaßen mit Patschuli ein, daß es Mensch und Tier den Atem verschlägt. Ich fühle mich in dieser Atmosphäre ausnehmend wohl. Es ist mir wie die Erinnerung an meine Kinderstube."

„Ich rieche aber Kinderstuben auch nicht gern", sagte Roßwein.

„Sie sind überhaupt ein prosaischer Mensch, Roßwein", lenkte

Schultze gutmütig ein. „Kommen Sie, wir wollen einmal über den Rhein und den Löwengarten gehen und ein Glas Bier trinken. Oder was sagen Sie zu einer Flasche Katawa-Champagner?"

„Ich bin in keiner Hinsicht ein Unmensch und leicht zu überzeugen, besonders mit Katawa-Champagner, denn der ist meine schwache Seite, also gehen wir. Ibis wird ja wohl unterdessen seine Schar hüten."

„Darauf kann ich mich verlassen", sagte Schultze und trat auf die Hausdiele hinaus. In der Haustür stand Doktor Taylor, seinen Hut etwas zurückgeschoben auf dem Kopf, in der rechten Hand sein Federmesser und in der linken ein Stück weiches Holz, an dem er – seine stete Leidenschaft – herumschnitzte.

„Gentlemen", sagte der Doktor, als die Herren mit einem Gruß vorüber wollten, „sehr erfreut Sie zu sehen. Ah, Doktor Roßwein von Donnersville, wenn ich nicht irre. Wie geht es der jungen Frau, die wir neulich hier verheiratet haben?"

„Erstens bin ich kein Doktor", sagte Roßwein, „wenigstens keiner wie Sie, und dann kenne ich keine junge Frau, es sei denn, Sie meinen den Fettfleck, die jetzige alte Passedow."

„Frau von Passedow, ja", sagte der Yankee.

„Nun", meinte Roßwein, „wenn es ihm so ginge wie ihr, wäre es die glücklichste Ehe in der Welt."

„Ist er krank?"

„Sie brauchen sich nicht zu bemühen", meinte Roßwein trokken. „Die paar blauen Flecken werden von selber wieder weiß."

„Blaue Flecken?" fragte Taylor erstaunt, denn er verstand den Ausdruck nicht gleich.

„Na, sie keilt ihn", meinte Roßwein und machte dabei die unzweideutige Bewegung des Hauens, „und als er sich das erstemal widersetzen wollte, hat sie ihm das Gesicht dermaßen zerkratzt, daß er sich acht Tage vor keinem Menschen konnte sehen lassen."

„You say so!" rief der Doktor in höchstem Erstaunen aus. Das kleine Stück Holz, an dem er geschnitzt hatte, entfiel seiner Hand, und er bückte sich rasch, um es aufzuheben, als Schultze, der ebenfalls auf Roßweins Bericht gehört hatte, mit einem Schrei zur Seite sprang.

„Doktor, ich warne Sie! Noch einen solchen Versuch, und ich zeige Sie bei Gericht an!"

„Mister Schultze", sagte Taylor, „mich wollen Sie anzeigen? Weshalb? Weil Frau von Passedow ihren Gatten prügelt?"

„Sie wissen wohl, warum", sagte Schultze. „Aber ich kann Ihnen die Versicherung geben, daß es Ihnen nicht einmal was hilft, denn ich habe meine Vorkehrungen getroffen und bin gesichert."

„Bester Herr Schultze", sagte Taylor, „ich gebe Ihnen mein Wort, daß ich keine Silbe von dem, was Sie mir da sagen, verstehe." Schultze antwortete ihm aber nicht mehr, sondern drängte Roßwein auf die Straße hinaus.

„Was gibt's denn?" fragte Roßwein neugierig, denn er verstand nicht, worüber der sonst so gutmütige kleine Mann plötzlich so böse geworden sein konnte.

„Haben Sie es jetzt gesehen?" fragte Schultze, noch immer in voller Aufregung. „Sie waren dabei, Sie können es bezeugen."

„Was, um Gottes willen, wovon reden Sie?"

„Haben Sie gesehen, wie er sich plötzlich, mit dem Messer in der Hand, bückte?"

„Der Doktor? Gewiß, das Holz, an dem er schnitzte, war ihm aus der Hand gefallen, und er wollte es wieder aufheben."

„Das war ein Vorwand!" rief Schultze. „Sahen Sie nicht das kleine, haarscharfe Messer, das er in der Hand hielt? Wenn ich nicht zur Seite gesprungen wäre, könnten Sie sich darauf verlassen, daß er getan hätte, als ob er ausrutschte, dann mit der Hand ausgegriffen hätte, und um meine Sehne wäre es geschehen."

„Um was?" fragte Roßwein verwundert.

„Um meine Fußsehne. Sie kennen doch seine Ankündigung, und wie er danach giert, jemanden zu finden, der sich von ihm die Sehne durchschneiden und wieder kurieren läßt. Was könnte ich denn machen, wenn er erklärte, der Unfall sei aus Versehen geschehen?"

Roßwein sah Schultze fast erschreckt an. War der Unglückliche übergeschnappt?

„Bester Herr Schultze", sagte Roßwein, „beantworten Sie mir nur eine Frage: Glauben Sie, daß diese Hauptsehne, einmal durchschnitten, je wieder geheilt werden kann?"

„Nein", sagte Schultze, „das glaube ich eben nicht."

„Halten Sie es für möglich, daß ein Scharlatan wie dieser Doktor Taylor einen solchen Fall, an dem seine ganze Reklame zugrunde gehen müßte, selber und noch dazu mit gefährlichen Mitteln herbeiführen würde?"

„Und wenn er einen ganz anderen Zweck verfolgt?"

„Einen anderen Zweck?" fragte Roßwein. „Welchen?"

Schultze schien eine Antwort auf der Zunge zu haben, aber er hielt sie zurück.

„Lassen wir das", sagte er nach einer Pause. „Es kann doch nichts nützen und ändert auch an der Sache nichts. Aber da sind wir an unserem Rhein." Er lächelte wehmütig, als sie den Kanal und die darüberführende Brücke erreichten. „Die Vorstadt nennen wir ‚über dem Rhein'. Ein reges und dabei fast ausschließlich deutsches Leben hat sich hier entwickelt und nimmt einen immer großartigeren Charakter an. Sehen Sie, da drüben links ist unser sogenannter Löwengarten, ein deutscher Biergarten, dem sich übrigens auch die Amerikaner nicht mehr fernhalten."

„Scheint ein sehr lebhafter Ort zu sein", meinte Roßwein. „Wenn ich mich nicht sehr irre, prügeln sie sich da schon morgens."

„Wie ich zu meinem Erstaunen sehe, haben Sie recht", erwiderte Schultze. „Da muß aber etwas ganz Besonderes vorgefallen sein, denn der Wirt duldet keine Unordnung. Wie ich Ihnen schon sagte, besuchen ihn häufig wirkliche Ladies, die sonst sicher fernbleiben würden. Wir werden übrigens gleich sehen."

Die beiden Freunde waren bis dicht an das Eingangstor gekommen, wo sich schon eine Menge von Menschen gesammelt hatte und – wie sich nicht mehr verkennen ließ – einer gewalttätigen Szene zuschaute. Es war aber kein Boxkampf, wie er besonders unter Iren und Amerikanern häufig vorkam, vielmehr schien jemand von mehreren anderen geprügelt zu werden, ohne daß sich die Zuschauer eingemischt hätten. Es schien sogar allgemeine Befriedigung über diese Tat zu herrschen, denn hier und da erschollen Bravorufe und Aufforderungen, fortzufahren.

Die Szene war zu heftig, um lange zu dauern, und plötzlich stieß der Vulkan ein einzelnes mißhandeltes Menschenkind aus, dem eine breitschultrige, kräftige Gestalt noch einen wuchtigen Tritt gab.

„Laß dich hier wieder mal blicken!" rief eine Stimme hinter ihm her; diese Drohung oder Einladung war aber wohl ganz unnötig.

Mit eingedrucktem Hut schoß der Gemaßregelte an den beiden vorüber, verlor dicht vor ihnen das Gleichgewicht und fiel auf seine Hände. Er raffte sich empor, riß den Hut vom Kopf, starrte einen Augenblick umher, um sich zurechtzufinden, und eilte dann, so rasch ihn seine Füße trugen, dem Kanal zu, um wieder in die eigentliche Stadt zu gelangen. Die kurze Frist hatte Roßwein genügt, um ihn zu erkennen.

„Herr Weigel! Na, wenn es dem in Amerika nicht gefällt . . . Er scheint hier nur Prügel zu bekommen. Vor einigen Wochen hatten sie ihn in Donnersville beim Kragen, in der vorigen Woche klopften sie ihm auf einer Farm die Jacke aus – und hier in der Stadt scheint's ihm nicht besser zu gehen. Na, wohl bekomm's!"

„Wer ist denn das?" fragte Schultze erstaunt. „Ein Dieb?"

„Gott bewahre, wenigstens ist mir nichts davon zu Ohren gekommen. Er ist einer von diesen Auswanderungsagenten, die manchen armen Teufel ins Unglück gejagt haben. Nun plagt ihn aber sein Unstern, daß er selber herüberkommt, und wo er nun erkannt wird, kriegt er Haue. Und diese Übereinstimmung der Gemüter! Es ist zu komisch, aber er wird's wohl bald satt kriegen und wieder heimischen Boden aufsuchen."

„Oder einen anderen Namen annehmen", meinte Schultze lächelnd. „Das geschieht sehr häufig . . . Aber hier sind wir im Garten, und nun wollen wir uns ein hübsches, schattiges Plätzchen suchen und es uns da bequem machen."

Roßwein schaute sich um. „Merkwürdig, daß ich hier noch gar nicht hereingefallen bin. Hier sieht es ja ganz deutsch und gemütlich aus. Lassen Sie uns nur Bier und keinen Champagner trinken, der stört sonst die ganze Geschichte und paßt auch gar nicht zu der Umgebung. Es käme mir gerade so vor, als ob man Wein aus einer Kaffeetasse trinken wollte – es geht eben nicht oder schmeckt wenigstens nicht."

Schultze hatte bereits einen Kellner herbeigewinkt und Bier bestellt. Ein langer Herr in einem großen, dunklen Bart ging an der etwas versteckten Stelle, an der sie saßen, vorüber. Als er Schultze erkannte, trat er auf ihn zu.

„Herr Schultze, wie geht es Ihnen?"

„Ah, Herr Fortmann! Bitte, kommen Sie zu uns herein. Hier, Herr Roßwein, ein intimer Freund von Herrn Kellmann und Donner. Der Herr lebt in Donnersville – lieber Roßwein, Herr Fortmann, Advokat und Friedensrichter in Covington."

Die Herren begrüßten sich mit einem freundlichen Händeschütteln.

„Jedesmal, wenn ich jemanden von da drüben sehe", sagte Fortmann, „fällt es mir wie ein Vorwurf aufs Herz, daß ich das meinem Freund Kellmann gegebene Versprechen noch nicht erfüllt und ihn besucht habe. Ich war aber in letzter Zeit wirklich außerordentlich in Anspruch genommen. Es vergeht jetzt kaum ein Tag, wo ich nicht wenigstens eine, oft aber vier und fünf Trauungen vorzunehmen habe, denn jetzt fangen auch die früher getrennt gehaltenen Negerpaare an, sich zu finden."

„Na", sagte Roßwein lachend, „dann wünsche ich den jungen Paaren nur, daß sie eine glücklichere Ehe führen als das junge Paar, von dem ich vorhin Doktor Taylor erzählte."

„Welches junge Paar?"

„Sie kennen sie nicht", sagte Roßwein. „Ein Herr von Passedow, der sich kürzlich mit einer sehr dicken und sehr resoluten Dame verheiratet hat und jetzt wünscht, lieber des Teufels Großmutter als diesen ‚Engel' genommen zu haben."

„Ist die Ehe unglücklich?" fragte Fortmann. Er zeigte so viel Interesse, daß ihn Roßwein erstaunt ansah. Fortmann setzte als Erklärung hinzu: „Sie dürfen sich nicht wundern, daß mich der Fall interessiert, da ich das ‚junge Paar' neulich selbst getraut habe."

„So?" sagte Roßwein. „Na, er wird Ihnen wohl schwerlich besonders dankbar dafür sein, denn wenn er . . ." Er unterbrach sich, als Schultze plötzlich seinen Arm ergriff und so heftig drückte, daß er unwillkürlich einen Schmerzensschrei ausstieß. „Was, zum Teufel, haben Sie denn?"

Schultze ließ los, aber eine erstaunte Bewegung, die er machte, und die Richtung, der sein Blick in nur zu deutlich ausgesprochener Überraschung folgte, ließen auch die anderen hinübersehen. Etwas Außerordentliches konnten sie aber nirgends bemerken. Der Garten war in dieser Tageszeit nur mäßig gefüllt. Kleine Gruppen saßen überall, hier und da gingen ein paar der Gäste auf und ab. An ihnen vorbei schritten zwei in eifrigem Gespräch begriffene Männer, die ihre Unterhaltung aber nur mit unterdrückter Stimme führten und auf niemand weiter zu achten schienen.

„Nun“, sagte Fortmann, als sie vorüber waren und sich etwas weiter einen freien Tisch aussuchten, an dem sie sich niederließen und einen Kellner herbeiriefen, „was haben Sie? Was gibt es?“

„Das ist er“, flüsterte Schultze. „Das ist der Bursche, den die Polizei hier sucht – ein Zuchthausvogel, der mit uns über See gekommen ist, sich Pelz nannte, hier aber, wie es scheint, den Namen Wilson angenommen hat und einen Mord in New Orleans verübt haben soll.“

„In New Orleans?“ fragte Fortmann kopfschüttelnd. „Das ist wohl kaum möglich. Er wohnt entweder hier oder drüben in Covington, denn ich erinnere mich, ihm schon mehrfach begegnet zu sein.“

„Neulich“, erwiderte Schultze, „sah ich selber zufällig, wie er auf ein New-Orleans-Boot ging, und jetzt ist von jener Stadt ein Detektiv hinter ihm hergekommen. Dem habe ich versprochen, ihn augenblicklich zu benachrichtigen, wenn ich dem Menschen wieder begegnen sollte, und das will ich denn auch ohne weiteres tun.“

„Und wenn er unterdessen wieder fortgeht?“ fragte Roßwein.

„Wollen Sie die Verantwortung übernehmen“, entgegnete Fortmann, „falls Sie sich doch vielleicht in der Person geirrt hätten?“

„Ich glaube, ich kann es“, sagte Schultze bestimmt. „Ich täusche mich in dem Burschen wahrhaftig nicht.“

Fortmann meinte: „Ich bin Friedensrichter in Covington, habe hier, in einem ganz anderen Staat, aber keine Macht. Als wir hereinkamen, sah ich gleich an der Tür ein paar Konstabler sitzen, die dort ihr Bier tranken. Erstatten Sie also rasch Ihre Anzeige, ich will dafür sorgen, daß der Herr wenigstens so lange aufgehalten wird, bis Sie zurückkommen. Sie meinen doch den breitschultrigen Burschen mit dem breiten Gesicht – der andere scheint ein Amerikaner zu sein.“

„Gewiß“, sagte Schultze, der schon seinen Hut genommen hatte, „aber sehen Sie nicht zu viel hinüber, sonst machen wir ihn mißtrauisch.“

„Nur keine Angst, ich begleite Sie langsam bis zur Tür, um den Konstablern den Mann zu zeigen.“

Oben an dem Tisch, bei ihrem Bier in ein Gespräch vertieft, saßen die beiden Herren und schienen wirklich nicht daran zu denken, daß sich irgend jemand mit ihnen beschäftigen könnte, wie sie denn auch niemand weiter im Garten beachteten.

„Und den Platz, wo sich Goodly jetzt aufhält, können Sie mir nicht genau angeben, Mister Wilson?" fragte der Amerikaner, indem er sein Glas austrank und sich ein frisches bestellte.

„Nein", erwiderte Wilson, „ich sah ihn nur flüchtig und weiß, daß er New Orleans in einem stromauf fahrenden Boot verlassen hat."

„Hm", sagte der Amerikaner nachdenklich, „dann kann er also nicht nach Texas hinüber sein, vielleicht nach Arkansas oder Missouri."

„Warum nicht – wenn er den Red River hinaufginge. Ich vermute aber fast, er hat sich der neuen Pazifik-Bahn zugewandt. Ich weiß wenigstens, daß er sich verschiedene Male danach erkundigte."

„Ich dachte, Sie hätten ihn nur flüchtig gesehen", bemerkte der Amerikaner, indem sein Blick für einen Augenblick den Nachbar streifte.

„Das letztemal, ja", sagte Wilson ruhig, „wir trafen aber mehrere Male zusammen."

„Und in New Orleans ist nichts zu machen? Ich hatte eigentlich Lust, noch einmal da vorzusprechen, wenn es dort nur nicht gerade mit dem gelben Fieber begänne."

„Fürchten Sie sich?" Der Deutsche lächelte.

„Ja", sagte der Amerikaner nach einigem Zögern, „ich hasse ansteckende Krankheiten, und dann – ist die Zeit dort auch zu still. Aber auch die Pazifik-Bahn wäre keine so schlechte Idee. Schon Omaha scheint vielversprechend zu werden, und ich glaube, es ließe sich dort mit ein klein wenig Verstand etwas machen. Hatte Goodly etwas Besonderes in New Orleans vor?" fragte er dann wie nebensächlich. „Er ist sonst nie lange ohne Beschäftigung."

„Er war etwas knapp bei Kasse", sagte Mr. Wilson.

„Böses Zeichen", meinte der Amerikaner. „Und wie lange sind Sie von dort zurück?"

„Wenige Tage erst."

„Und gedenken hier zu bleiben?"

Der Deutsche zuckte mit den Schultern. „Ich habe Geschäfte

und weiß nicht, wie lange mich die noch hier halten werden. Wenn ich sie rasch beenden kann, gehe ich vielleicht in den Norden. Wüßten Sie vielleicht etwas, womit man in ehrlicher Weise ein paar Dollars verdienen könnte?"

Der Amerikaner lächelte leise vor sich hin. „Ehrlich Brot soll am besten schmecken", erwiderte er, „aber ich wüßte jetzt im Augenblick gar nichts, wenn wir nicht vielleicht . . . Sind Sie in Covington bekannt?"

„Genau."

„Hm – es wäre möglich. Ich muß aber erst noch einmal mit einem Freund darüber sprechen. Wo können wir uns gegen Abend wiederfinden?"

„Sagen wir hier."

„Gut." Der Amerikaner sah auf seine Uhr. „Ich muß noch einiges besorgen."

„Ich gehe mit", sagte der Deutsche. „Da vorn kommt ein ganzer Trupp von Konstablern, und die Gesellschaft war mir noch nie angenehm. Die Kerle riechen alle nach hölzernen Pritschen und Wassersuppe."

Die beiden standen auf und schlenderten langsam dem Ausgang zu, an dem die Eintretenden stehengeblieben waren und sich mit den dort sitzenden Konstablern unterhielten. Bei der Polizei waren viel Deutsche angestellt, die man häufig im Löwengarten, besonders wenn Musik spielte, traf. Beide achteten deshalb auch nicht darauf und bogen, Wilson nach rechts, der Amerikaner nach links aus, um sie durchzulassen. Es konnte zufällig sein, um den Eintretenden bequemer Raum zu geben, in der Tat aber war es dem unruhigen Blick des Amerikaners nicht entgangen, daß zwei der Konstabler, von denen er wußte, daß der eine ein Landsmann von ihm, also kein Deutscher war, seinen Begleiter scharf ins Auge gefaßt hatte und mit seinem Gefährten flüsterte. Indem er sich stellte, als ob er nur auf seinen Weg achte, behielt er die Herren sorgfältig im Auge und hatte sie fast passiert, als er sah, daß sich einer von ihnen Wilson in den Weg stellte.

„Beg your pardon", sagte Wilson, als er fast gegen ihn prallte, und wollte ruhig zur Seite ausweichen, aber der Konstabler ließ ihn nicht.

„Beg your pardon, Sir!" wiederholte er, indem er ihm aufs neue den Weg vertrat. „Ich wünschte Ihre nähere Bekanntschaft zu machen. Ist das der Herr?“ fragte er den ihm folgenden Schultze.

„Das ist der Herr“, erwiderte Schultze, „nach dem sich der Gentleman heute morgen erkundigt hat.“

Mr. Wilson, wie er sich nannte, war, als er Schultze erkannte, um einen Schein bleicher geworden. Aber was konnte der von ihm wissen? Das Ganze war ein Irrtum, und kühn erwiderte er: „Nach mir erkundigt – und bei dem Herrn? Das wäre merkwürdig! Und weshalb, wenn ich fragen darf?“

„Gewiß dürfen Sie fragen, Sir“, erwiderte ein anderer, danebenstehender Herr, der keine Polizeiuniform trug, mit der größten Freundlichkeit, „und sollen auch alles auf das genaueste erfahren. Mister Schultze, nicht wahr, das ist Ihr Name, also das ist der nämliche Herr, mit dem Sie damals die Seereise zusammen gemacht haben?“

„Allerdings.“

„Und dort nannte er sich Pelz?“

„Ja.“

„Das ist eine ganz erbärmliche Lüge“, rief Mr. Wilson dazwischen. „Ich habe den Menschen in meinem ganzen Leben nicht gesehen, und dieser Gentleman hier kann bezeugen, daß ich Wilson heiße und seit Jahren in Cincinnati lebe.“

„Welcher Gentleman, Mister Wilson, wenn ich fragen darf?“ entgegnete der Detektiv.

„Hier, Mister Osgood“, sagte der Deutsche und sah sich nach seinem Begleiter um. Mr. Osgood mußte es aber für gut befunden haben, nicht als Zeuge aufgerufen zu werden; er war nirgends mehr zu sehen. Mr. Wilson sah sich dadurch auf sich selber angewiesen und berief sich nun auf einen Wirt, bei dem er Quartier hatte. Der Detektiv ließ sich jedoch auf nichts mehr ein. Zwei der Konstabler nahmen Wilson in die Mitte, und er sollte eben abgeführt werden, als er in ohnmächtiger Wut dem neben ihm stehenden Schultze zurief: „Warte, du verdammte Nachtigall, das zahle ich dir heim!“

„Gentlemen“, sagte Schultze ruhig zu den Konstablern, „er hat vorhin geleugnet, daß er mich je gesehen hätte. Der Name Nachtigall war mein Spitzname an Bord des Schiffes. Er könnte ihn nicht wissen, wenn er nicht dabei gewesen wäre.“

„All right, Mister Schultze", sagte der Detektiv lachend, „wir glauben Ihnen jedes Wort und denken, daß wir einen guten Fang gemacht haben. Vorwärts, Bursche, und wenn du dich im geringsten widersetzt, wird dich der kleine Stock da beruhigen."

Etwa eine Viertelstunde später befand er sich unter sicherer Verwahrung im Stadtgefängnis.

In Kansas

Noch wütete der furchtbare Bürgerkrieg in dem weiten Land, als der nie gebeugte, lebenskräftige und vor keiner Schwierigkeit zurückschreckende Norden den Bau jener Riesenbahn beschloß, die das Schienengleis und den Telegraphendraht auf eine Entfernung von fast fünfzig Längengraden durch endlose, von wilden Indianerhorden durchschwärmte Prärien und über schneeige Gebirge und tiefe Schluchten führen und – mehr als dreitausend englische Meilen lang – den Atlantischen mit dem Stillen Ozean verbinden sollte.

Kaum war der Krieg beendet, wurde das kühne Werk auch schon in Angriff genommen. Bald darauf keuchten Lokomotiven durch die Wildnis, die sonst nur Jäger betreten hatten, um der Spur der Elche und Büffel zu folgen.

Vor den Ingenieuren lag eine unermeßliche Wildnis mit feindlichen Indianern, die drohten, daß sie den Bau der Bahn nicht gestatten würden; vor ihnen lagen mächtige Terrainschwierigkeiten in den Gebirgen, Holz- und Wassermangel in der Ebene, wo nicht einmal Lebensmittel zu erhalten waren. Kein Weißer hatte je gewagt, sich dort anzusiedeln, kein Obdach gegen Sturm und Regen fanden die Arbeiter, während sie vorwärtsdrangen, nur auf ihre eigene Kraft, ihre eigenen Mittel angewiesen. Je weiter sie vordrangen, desto mehr wuchs die Gefahr, aber das Werk wurde trotzdem gefördert, und Schiene an Schiene schloß sich für den gewaltigen Bau.

Das amerikanische Volk wartete nicht darauf, bis die Bahn beendet, ja nur bis zu bestimmten Zielen vorgedrungen war, um dann an jenen Stellen Niederlassungen zu gründen. Wenn die Schienen gelegt waren, begann der Güterverkehr – ganze Züge wurden mit Brettern und Pfosten beladen abgeschickt, Lebensmittel folgten. Wo man diese Güter mitten in der Wildnis ablud, nahmen Ochsenkarren sie wieder auf und führten sie, von schwer bewaffneten Kolonisten begleitet, das ausgesteckte Gleis entlang bis zu einem passenden Platz, wo eine Zelt- und Bretterbudenstadt aus dem Boden wuchs, um vielleicht zwei Monate später wieder vollständig aufgeladen und weiter transportiert zu werden.

Noch zog sich die Bahn durch teilweise zivilisiertes, wenigstens seit langem von den Weißen in Besitz genommenes Land, durch den Staat Kansas. Noch aber wechselte Wald mit Steppe, breite Baumstreifen zogen sich hier und da hindurch, dichte Holzungen dehnten sich oft noch auf Meilen aus, während dann plötzlich der Blick wieder über die gelbe, meergleiche Grasfläche schweifte, an deren Horizont sich erst aufs neue Waldung zeigte.

Hier, an der Grenze einer solchen Prärie, erhob sich ein solches „Über-Nacht-Städtchen“.

Häuser und Zelte standen da mit langen Straßen und Seitengassen, fast jedes mit einem großen Schild daran, das die Beschäftigung seiner Bewohner anzeigte, aber noch keine Rute Landes war umbrochen, keine Umzäunung aufgerichtet, kein Obstbaum angepflanzt, wie es bei deutschen Ansiedlungen stets zuerst geschah. Nur dem Bedürfnis des Augenblicks schien genügt zu sein, um ein Schutzdach gegen Wind, Wetter und Sonne zu haben; zu einer Heimat war die Wohnung noch keinem geworden und würde es auch sehr wahrscheinlich keinem von diesen ersten Squattern werden.

Glücksspiele waren in den Vereinigten Staaten auf das strengste verboten und mit den schärfsten Strafen belegt. Hier aber betrachtete man sich schon auf freiem oder doch wenigstens neutralem Territorium. Das Glücksspiel bildete nicht nur einen Teil der Vergnügungen dieses „Lebens im Westen“, sondern mehr den Hauptbestandteil, denn neben der Flasche gab es fast nichts weiter. Das zweite Haus in Smithfield, wie man den Ort taufte – der erste Ansiedler war ein John Smith gewesen –, war deshalb ein Schenkhaus. Fast in allen solchen Häusern wurde, wie bei der ersten Besiedlung von Kalifornien, gespielt, und kein Beamter der Vereinigten Staaten hätte gewagt, sich dem zu widersetzen.

Zwischen Trink- und Spielzelten, zwischen Holzbaracken, in denen allerlei Waren feilgeboten wurden – nicht allein wollene und baumwollene Kleider, sondern auch seidene Stoffe für das weibliche Gesindel, das sich dort herumtrieb –, hatte sich sogar ein

Photograph etabliert, der in einem Zelt seinen Wohnsitz aufgeschlagen hatte und Photographien zu dem mäßigen Preis von fünf Dollar das Dutzend oder zwei Dollar das Stück lieferte – kurz, die Zivilisation rückte nach, und der „rote Mann" mußte weiter und weiter in seine Wildnis zurückweichen.

Früher war diese Gegend ein ausgezeichneter Jagdgrund gewesen, wo Elch und Büffel ihre Nahrung suchten und sich zahlreiche Antilopenherden herumtrieben. Wild gab es in reichem Maße; eigentliche Jäger lebten dort aber nur sehr wenige, denn Geld war mit der Jagd nicht zu verdienen, und hier war das Hauptziel der Leute Geld. Reich wollten sie werden, und zwar in kurzer Zeit, und wertvollen Grundbesitz erwerben, der noch zu einem Spottpreis zu haben war. Überhaupt schien es nicht ratsam zu sein, jetzt, wo die Indianer von den Weißen auf das nichtswürdigste behandelt und durch den Bau der Bahn, die durch ihre besten Jagdgründe führte, gereizt wurden, allein im Wald oder in der Prärie umherzustreifen. Wer ihnen in dieser Stimmung und auf einem Kriegszug in die Hände fiel, war rettungslos verloren. Die Erbitterung, besonders gegen die Sioux und Cheyennes, stieg unter der weißen Bevölkerung mit jedem Tag.

Meilenweit südlich von Smithfield und mitten im Wald standen zwei Blockhütten fast in Rufnähe beieinander. Zwei Brüder, in Illinois geboren und nach dem Westen übergesiedelt, hatten sich dort mit ihren Familien niedergelassen und schon eine tüchtige Strecke Land urbar gemacht sowie zahlreiche Viehherden gezogen, die im Wald reichliches und bequemes Futter fanden.

John Mackinney wohnte an dem nördlichsten Punkt, etwa zwölf englische Meilen von Smithfield entfernt, Jack Mackinney eine halbe Meile südlich davon.

John, der ältere, hatte die größere Farm, die er mit zwei kräftigen Söhnen bearbeitete, während seine Frau und eine erwachsene Tochter, Jenny, die Wirtschaft führten. Seit kurzer Zeit hatte sich ihnen ein Gast zugesellt, der in der Nachbarschaft jagte, manchmal aber auch halbe Wochen lang bei ihnen blieb und dann ebenso wacker arbeitete wie die übrigen.

Wolf vom Berge war in den Wald zurückgekehrt, und seine erste Absicht war gewesen, sich aufs neue einem Indianerstamm anzuschließen und mit diesem gemeinsam den wilden Büffel zu jagen, wie er es so oft getan hatte. Aber schon der erste Streifzug mit Sioux-Indianern, die er fand, zeigte ihm die Gefahr, der er sich dabei aussetzte. Glücklicherweise traf er bei den Indianern einen alten Jagdgefährten, der ihm schon am ersten Tag riet, auf der Hut zu sein. Die Indianer waren nicht mehr wie früher die harmlosen Nachbarn der Weißen und ihre Freunde. Der Überfall eines herzlosen Obersten, der ein von den Männern verlassenes Dorf der Cheyennes überfiel und die armen Weiber durch seine Leute förmlich abschlachten ließ, hatte eine furchtbare Verbitterung unter den roten Männern hervorgerufen. Kleine Abteilungen auf dem Kriegspfad, besonders von Häuptlingen der Cheyennes und Arapahoes geführt, durchstreiften die weiten Steppen und suchten die verschiedenen Stämme zu gemeinsamem Handeln und einem vereinten Angriff zu bewegen.

So gewarnt, entkam Wolf noch rechtzeitig, denn sein früherer Jagdgefährte, nicht einmal ein Häuptling, hätte ihn nicht lange schützen können. In der Prärie durfte er aber auch nicht bleiben, denn die Wilden schweiften auf ihren schnellfüßigen Tieren schon überall herum, und ein Gerücht hielt sich, daß sie selbst an der Bahn Arbeiter überfallen und skalpiert hätten. Er zog sich deshalb in den Wald zurück und rastete zuerst bei John Mackinney, der ihn mit der gewohnten Gastfreundschaft der Wälder aufnahm, so daß er sich dort ausruhen und erholen konnte.

Müßig wollte er aber nicht bleiben, und wenn er nicht einen Hirsch oder wilden Truthahn schoß, arbeitete er mit der Axt.

Sein Plan war anfangs gewesen, in die Felsengebirge zurückzukehren, den aber hatten die Streitigkeiten mit den Indianern vereitelt. Er durfte nicht wagen, unter diesen Umständen dorthin allein vorzudringen – und zurück in die Staaten? Was sollte er dort? Das wilde Leben sagte ihm zu, und wie früher stürzte er sich auch jetzt wieder hinein.

So war er diesmal wieder zwei Tage und zwei Nächte abwesend. Ganz gegen seine Gewohnheit kehrte er aber am dritten Tag schon morgens in aller Frühe, diesmal ohne Beute, zurück. Er sah bleich und erschöpft aus. Jenny, die gerade allein zu Hause war, fiel das gleich auf.

„Mister Wolf“, sagte sie, denn der Graf hatte ihr diesen Namen genannt, „was fehlt Ihnen? Sind Sie krank? Lassen Sie einmal Ihre

Fingernägel sehen. Wenn die blau werden, ist es immer ein sicheres Zeichen vom kalten Fieber."

„Nein, Jenny!" sagte Wolf. „Aber wo ist Ihr Vater – wo sind Ihre Brüder?"

„Alle fort", sagte das junge Mädchen lächelnd. „Vater hat im Sommer einen starken Bienenbaum gefunden, und den wollen sie jetzt fällen und den Honig einbringen."

„In welcher Richtung sind sie gegangen?" fragte der junge Mann.

„Das weiß ich nicht, Sir – ich war gerade mit Mama draußen in der Fenz, um die Kühe zu melken, und habe nicht darauf geachtet. Ich glaube aber nicht, daß sie weit sind. Vielleicht hören wir's, wenn der Baum stürzt. Aber mit Ihnen ist gewiß etwas – Sie sehen so unruhig aus."

„Nichts, mein Kind, nichts", wehrte Wolf ab, „nur müde bin ich, denn ich habe einen langen Marsch gemacht."

„Und hungrig gewiß auch", sagte Jenny gutmütig.

Wolf schüttelte den Kopf. „Nein", sagte er, „ich hatte ja trockenes Wildbret genug mitgenommen, falls ich nicht zum Schuß kommen sollte, und das letzte erst heute morgen verzehrt. Nur einen Augenblick niederlegen will ich mich und dann Ihren Vater suchen."

„Aber wo?" fragte Jenny. „Wenn Sie dort hinübergehen, sind sie vielleicht auf der anderen Seite. Warten Sie lieber hier, denn lange bleiben sie gewiß nicht. Sie haben nicht einmal ein Pferd mitgenommen, nur die beiden Eimer, um den Honig hineinzutun. Legen Sie sich auf Papas Bett, wenn Sie müde sind. Unterdessen will ich für Sie den Kaffee ans Feuer stellen."

„Danke, Jenny", sagte Wolf, „aber ich denke, ich liege hier ebenso gut auf meiner Decke am Feuer. Ich bin nun mal daran gewöhnt und mache mir überhaupt nicht viel aus einem Bett." Damit breitete er, wie er es stets tat, wenn er im Haus schlief, seine wollene Decke auf den Boden, legte sich auf die Seite und schlug die Decke um sich herum. Jenny richtete ihm unterdessen etwas zu essen her.

Sie war ein kaum achtzehnjähriges, bildhübsches Mädchen, mit rabenschwarzem Haar und ebensolchen Augen, weißem Teint und schlankem, vollem Wuchs. Auch die Kleidung, die sie trug, stand ihr sehr gut. Sie bestand allerdings nur aus selbstgewebtem und genähtem Baumwollstoff, sogenanntem *Homespun,* das die Frauen der Backwoods von der rohen Baumwolle herstellen, aber sie färben die Faden blau, rot, grau, grün und gelb in sehr geschickter Weise und verstehen dem Anzug einen hübschen und gefälligen Schnitt zu geben.

Hätte Wolf auf sie geachtet, würde er bemerkt haben, daß sie oft sorgenvolle Blicke zu ihm hinüberwarf und sich besonders in acht nahm, nicht auf die Planke zu treten, auf der er lag, um ihn nicht zu stören. Aber er schien wirklich erschöpft zu sein und kümmerte sich nicht um das junge Wesen, das sich da um ihn beschäftigte. Seine Gedanken waren weit weg, und erst als Jenny Kaffee und frisch aufgebackenes Maisbrot mit einem Stück kalten Speck und Truthahn auf den Tisch setzte, sah er zu ihr auf.

„So, Mister Wolf“, sagte Jenny, „nun nehmen Sie einen Imbiß, denn ein Stück kaltes Hirschfleisch ist kein Frühstück – es ist alles fertig.“

„Ich danke Ihnen, Jenny“, sagte Wolf freundlich, während er die Decke abwarf und zu dem Tisch trat. „Sie sind immer so gut zu mir, und ich bin doch nur ein Fremder, den der Wind auf eure Farm geweht hat und den ihr bei euch so gastlich aufgenommen habt.“

„Warum sollen wir nicht gut zu Ihnen sein“, meinte Jenny, während sie ihm den Blechbecher mit Kaffee füllte, wurde aber doch ein wenig rot dabei. „Sie sind ja auch gut zu uns allen und arbeiten mit Vater oder bringen Wildbret ins Haus und wollen nie etwas dafür annehmen. Weshalb siedeln Sie sich nicht bei uns an? Das Land ist gut und wird viel wert werden, wenn die große Eisenbahn erst einmal fertig ist.“

„Ich habe noch zu unruhiges Blut, das treibt mich umher. Vielleicht komme ich früher zur Ruhe, als ich jetzt glaube, und dann gefällt mir die Nachbarschaft hier ganz gut. Wo bleibt nur Ihr Vater, ich wollte, daß er zurückkäme!“

Jenny schürzte die roten Lippen fast wie schmollend. Ihr war es gerade recht gewesen, daß sie ein wenig mit dem jungen Fremden ungestört plaudern konnte, und er verlangte nach ihrem Vater. Was hatte er mit ihm so Wichtiges zu besprechen? Eine Weile saß sie still neben ihm und sah, wie er tapfer zulangte, denn der Hunger war mit dem Essen gekommen. Ihre Gedanken beschäftigten sich aber doch mit ihm, und nach einer Weile fuhr sie fort: „Was für einen wunderlichen Namen Sie haben – Wolf! Wie kann sich nur ein Mensch Wolf nennen. Der Wolf ist doch ein böses, schlechtes Tier!“

„Ich heiße nicht allein Wolf, Jenny – ich heiße Wolf vom Berge.“

„Das ist egal“, sagte das junge Mädchen kopfschüttelnd. „Die Bergwölfe sind genau so schlecht wie die in den Sümpfen, nur noch größer und grausamer.“

Draußen schlugen die Hunde an, und als Wolf in die Tür sprang, sah er, wie Mackinney und seine Söhne schwerbeladen mit dem erbeuteten Honig zurückkehrten.

„Hallo, Wolf!“ rief ihm der Alte fröhlich entgegen. „Das haben Sie verpaßt. War ein famoser Baum, und es ist noch fast soviel drinnen, wie wir hier mitbringen. Die Jungen müssen noch einmal hinaus.“

Wolf ging dem alten Mann entgegen. Die beiden Söhne, John und Bill, setzten ihre Eimer nieder, um ihm den reichen Fund zu zeigen. Wolf achtete jedoch kaum darauf. Er nahm den Alten am Arm, führte ihn ein Stück auf die Seite und flüsterte ihm zu: „Mister Mackinney, wir haben Indianer in der Nähe, und ich glaube fast, wir dürfen ein wenig auf der Hut sein.“

Der Alte sah ihn ungläubig an, dann sagte er lächelnd: „Unsinn, Wolf, wer hat Ihnen das in den Kopf gesetzt? Wyandottes vielleicht, das ist möglich; die sind hier in Kansas angesiedelt und streifen manchmal hier und auch noch weiter hinaus. Lumpengesindel, das einem auch noch die paar Hirsche wegschießt, die bis jetzt verschont geblieben sind. Aber die Sioux sollten sich erst zweimal besinnen, ehe sie sich so weit in unser Territorium hineinwagten.“

„Es sind auch keine Sioux“, sagte Wolf, „wenigstens nicht ausschließlich. Sie haben Cheyennes dabei, und das ist eine böse Bande.“

„Haben Sie sie gesehen?“ fragte Mackinney besorgt.

„Einen Sioux nur, auf der Suche.“

„Woher wissen Sie dann, daß Cheyennes bei ihm sind?“ sagte der Alte kopfschüttelnd. „An den Fährten?“

Wolf griff in seine Tasche und zog ein kleines Ledersäckchen heraus, das er öffnete. Es enthielt eine grünliche, staubige Farbe.

„Kennen Sie den Stoff?“

Mackinney betrachtete das Säckchen aufmerksam und schüttelte dann den Kopf.

„Das ist die Farbe“, fuhr Wolf fort, „mit der sich die Häuptlinge der Cheyennes bei festlichen Gelegenheiten das Gesicht einreiben. Immer wieder habe ich ihnen zugesehen, wenn sie damit beschäftigt waren. Was haben sie jetzt, bei der gegenwärtigen Stimmung der Nation gegen die Weißen, hier zu suchen, wenn sie nicht auf blutigen Wegen sind?“

„Und woher haben Sie die Farbe?“

„Im Wald in ihren Fährten gefunden, denen ich einen ganzen Tag gefolgt bin.“

„Den Indianern?“ rief der Alte erstaunt. „Sie allein?“

„Gewiß“, sagte Wolf. „Vorgestern abend traf ich auf die ersten Spuren, aber die Dunkelheit überraschte mich, und um ihnen nicht in der Nacht in die Hände zu geraten, lagerte ich und wagte nicht einmal ein Feuer anzuzünden. Erst am nächsten Morgen nahm ich die Spuren wieder auf und kam etwa um zehn Uhr zu ihrem Lagerplatz, an dem sie die Nacht verbracht hatten.“

„Waren es wirklich Indianer?“

„An dem einen Feuer fand ich dieses Säckchen, aber den Beweis auch in den Feuern selber. Nur trockenes Holz war mit den Enden zusammengeschoben, kein Axtschlag rings umher sichtbar, wohl aber im Stangenholz die Spur ihrer schmalen Tomahawks, mit denen sie Stöcke und Stangen abgeschlagen hatten.“

„Wie viele sind es gewesen?“

„Meiner Meinung nach muß es eine Truppe von zwanzig Mann gewesen sein, und zwar lauter Männer, denn sie führten kein Packtier mit den gewöhnlichen Schleppstangen bei sich.“

„Und wohin wandten sie sich?“

„Deshalb folgte ich ja ihren Fährten mit solchem Eifer“, sagte Wolf. „Hierher – fast in unserer Richtung, bis sie etwa zwei Meilen von hier etwas von ihrem Kurs abbogen und sich dem gerade westlich von hier liegenden Höhenzug zuwandten.“

„Dann sind sie auch wieder nach der Grenze zurückgekehrt“, brummte Mackinney. „Sie dürfen nicht wagen, sich in den Ansiedlungen zu zeigen, denn daß es ihnen verboten ist, in unserem Staat zu jagen, wissen die Schufte ganz genau. Sind Sie ihnen noch weiter gefolgt?"

„Bis es Nacht wurde, dann blieb ich natürlich liegen und schlich erst wieder bei tiefer Dunkelheit der Richtung nach, bis ich ihre Lagerfeuer durch die Bäume schimmern sah."

„Alle Teufel!" meinte der Alte. „Wolf, Sie haben wie ein richtiger Backwoodsman gehandelt."

„Ich glaube, ich bin auch einer", sagte der junge Mann mit einem wehmütigen Lächeln. „Aber was konnte ich weiter tun? Erst in der Morgendämmerung wollte ich sehen, was sie beabsichtigten, aber – ich fand sie noch im Lager. Sehen konnte ich sie freilich nicht, denn so nahe durfte ich nicht heran, aber ich kam in die Nähe von einigen ihrer Pferde, die sie zusammengekoppelt hatten – ein Zeichen, daß sie an keinen so frühen Aufbruch dachten. Ich war jetzt selber irre geworden und beschloß, hierher zurückzukehren, um Ihnen die Meldung zu machen. Ich blieb aber trotzdem noch eine Weile in der Nachbarschaft und versuchte den Pfad zu finden, der von Westen her in gerader Linie auf diese Ansiedlung zuführt. Endlich traf ich ihn, hatte aber kaum Zeit, mich rasch hinter einen umgestürzten Baum zu werfen, denn gerade auf dem Pfad, von der Ansiedlung her, die Büchse im Arm, kam ein Indianer, für die Jagd oder den Krieg gerüstet, den Oberkörper nackt und rot bemalt, den Blick glücklicherweise fest am Boden und nach Fährten suchend, sonst hätte er meine rasche Bewegung vielleicht gesehen."

„Hätten Sie die Kanaille über den Haufen geschossen!"

„Und das ganze Lager rebellisch gemacht – nein, das ging nicht. Ich wußte ja nicht einmal, ob der Mann etwas Böses im Sinn hatte – ich glaube es aber fast."

„Wenn die Sache so steht", sagte der Alte nach einer Weile, „müssen wir in der Tat auf der Hut sein, denn den Kanaillen traue ich nicht weiter, als ich ein Messer werfen kann. Sie sind mit allen Hunden gehetzt."

„Sie halten einen Überfall nicht für unmöglich?"

„Sie haben tollere Sachen ausgeführt, aber heute brauchen wir nichts von ihnen zu fürchten. Kommen sie wirklich, dann morgen früh mit Tagesanbruch, und dann gilt es zuerst unserem Haus. Jedenfalls müssen wir alle unsere Kräfte zusammennehmen. Gehen Sie zu meinem Bruder Jack hinüber, Wolf, erzählen Sie ihm alles, wie Sie es mir erzählt haben, und fragen Sie ihn, ob er es nicht für besser hielte, mit Frau und Kindern heute abend zu uns herüber zu kommen. George, den Jüngsten, soll er aber augenblicklich zu der Militärstation hinüberschicken und die Meldung machen lassen. Hier kann er uns doch nichts nützen, denn er ist noch zu jung; mit einem Pferd versteht er aber umzugehen."

„Aber was machen wir mit unseren Tieren?"

„Die treiben wir heute nachmittag in die Gründorn-Flat, in die getrauen sich die nackten Kerle im Dunkel nicht hinein, denn die Sägedornen würden ihnen die Haut vom Rücken reißen. Lassen Sie sich Zeit, Wolf, wir brauchen nichts zu überstürzen. Ich will unterdessen im Haus die nötigen Vorbereitungen treffen."

„Ihrer Tochter habe ich noch nichts gesagt."

„Desto besser, die Frauen machen einen sonst mit ihrer Angst verwirrt."

„Wäre es nicht besser, sie mit George zu dem kleinen Fort zu schicken?"

Ein trotziges Lächeln zuckte um die Lippen des alten Backwoodsman. „Wenn wir mit Bills Jungen den Platz besetzt halten, dann sind sie da so sicher wie im Fort – und vielleicht sicherer. Gehen Sie nun. Wir haben Zeit und können den Herren, wenn sie uns wirklich einen Besuch zugedacht haben, einen warmen Empfang bereiten."

John Mackinney schritt, während Wolf davoneilte, langsam seiner Wohnung zu. Seine beiden Söhne waren damit beschäftigt, den mitgebrachten Honig in hohlen, mit einem Boden versehenen Baumstämmen, sogenannten Gummis, zu bergen, um die Eimer wieder freizubekommen, und Jenny war noch allein im Haus.

„Wo ist Mutter?" fragte Mackinney, als er den Raum betrat.

„Noch beim Melken, Vater, aber sie muß im Augenblick zurückkommen."

Mackinney ging mit gesenktem Kopf in seinem kleinen Haus auf und ab. Er schien die Anwesenheit der Tochter ganz vergessen zu haben. Jenny aber fragte: „Was hatte dir Mister Wolf so Dringendes zu sagen, Pa? Er war schon hier im Haus so merkwürdig zerstreut."

„Mir?“ sagte der Alte ausweichend. „Nichts Besonderes . . .“

„Aber es muß etwas Besonderes gewesen sein, Pa“, meinte das junge Mädchen. „Er sprach so ernst mit dir und – und – sah auch immer wieder zum Haus herüber.“

„Es ist nichts, Kind“, erwiderte der Vater. „Er sprach mit mir über die Gegend. Er wird sich wohl bei uns ansiedeln wollen.“

Ein glückliches Lächeln zuckte über das Gesicht des hübschen Mädchens, und das Blut stieg ihr in die Schläfe.

„Nicht wahr“, sagte sie, „hab ich es mir doch schon gedacht.“

„Du?“ Mackinney sah erstaunt zu ihr auf. „Na, was hast du denn? Du glühst ja auf einmal wie Feuer. Was hast du dir gedacht?“

„Ach, Vater“, sagte Jenny, „sei nicht böse, aber ich – ich glaube – daß – daß . . .“

„Nun, was glaubst du?“

„Daß“, stotterte das arme Mädchen, und ihr ganzes Gesicht schien zu glühen, „daß – daß Mister Wolf mich zur Frau haben will.“

„So?“ sagte Mackinney gedehnt und sah Jenny forschend an. „Und wieso vermutest du das?“

„Ach – ich weiß es nicht“, stammelte Jenny, „aber er ist – immer so freundlich zu mir.“

„Und hat er dir schon einmal etwas davon gesagt?“

„Gesagt? Ich weiß nicht, aber neulich, als ihr die große Eiche zu Clapboards gefällt hattet und nach Hause kamt, da – da sagte er . . .“

„Nun?“

„Der Rücken täte ihm so weh – das war aber nicht der Rücken, Pa“, setzte sie rasch und fast ängstlich hinzu, als ihr Vater laut auflachte, „das war nicht der Rücken – das war das Herz.“

„Unsinn!“ entgegnete Mackinney. „Setz dir kein törichtes Zeug in den Kopf. Der Rücken hat ihm weh getan, weiter nichts. Geh, lauf zu Mutter und hilf ihr, daß sie bald fertig wird, und sag den Brüdern, daß sie den Honig stehen lassen sollen. Ich muß, ehe sie wieder in den Wald gehen, noch einmal mit ihnen sprechen.“

Jenny war mit einem Satz aus der Tür, froh, daß sie dadurch weiteren Fragen entging. Vater mochte sagen, was er wollte – das war nicht der Rücken gewesen.

Der Überfall

Mackinney ging mit raschen Schritten in dem Raum auf und ab, als John und Bill an der Tür erschienen.

„Willst du mit, Vater? Wir sind soweit fertig."

„Kommt einmal herein, Jungens. Sind eure Büchsen in Ordnung?"

„Das versteht sich doch von selbst!" sagte Bill, der Jüngste.

„Und habt ihr Kugeln genug?"

„Wollen wir jagen?" fragte John.

„Habt ihr Kugeln genug?"

„Ich habe noch sieben Stück."

„Und ich zehn oder elf, außer der in der Büchse."

„Dann hackt einmal unser Blei klein, denn wir bekommen vielleicht diese Nacht Besuch. Die Rothäute sind in der Nachbarschaft."

„Alle Teufel! Wo?"

„Der Deutsche hat sie gesehen. Er ist ihnen einen ganzen Tag gefolgt. Sie lagern drüben an der Westridge und haben schon ihre Kundschafter ausgesandt."

„Die Pest, Bill!" sagte John. „Dann war das doch eine Indianerfährte, die da oben den Pfad kreuzte. Du lachtest darüber."

„Wer denkt denn hier an Indianer . . ."

„Die Spur war einwärts gebogen und fiel mir gleich auf, aber im Laub ließ sich nichts deutlich unterscheiden, und mit dem schweren Honig hatte ich auch keine Lust, weiter zu suchen. Aber wie viele sind's? Hat Wolf sie gesehen?"

„Gesehen nicht, aber den Spuren nach, meint er, daß es etwa zwanzig sein könnten."

„Zum Henker!" sagte John trotzig. „Dann rufen wir Onkel Jack und die Vettern. Mit ihnen und Wolf sind wir acht Mann und schicken die verdammte Bande mit blutigen Köpfen dahin, woher sie gekommen sind."

Der alte Mackinney schüttelte den Kopf und meinte: „Wir dürfen die Frauen nicht allein lassen. Wer kann sagen, ob nicht verschiedene Banden zu uns eingedrungen sind – wenn ich das auch nicht gerade glaube. Zu auffällig dürfen sie's nicht machen, wenn sie sich nicht der Gefahr aussetzen wollen, abgeschnitten zu werden. Aber die Möglichkeit ist da, und träfen sie die Frauen zufällig allein, dann wäre das Unglück fertig. Nein, wie ich es mir gedacht habe, wird es am besten sein. Wolf ist hinüber zu Jack, damit er noch heute mit seinen Leuten zu uns herüberkommt. Der kleine George soll augenblicklich zum Fort hinüberreiten und die Anzeige machen, denn die Gefahr könnte größer sein, als wir jetzt denken. Wenn wir hier gute Wache halten, denke ich, sollten sie uns wenigstens nichts anhaben, bis wir Hilfe bekommen."

„Wo sind Mutter und Jenny?"

„Sie kommen gleich. Am hellichten Tag sind wir sicher, denn die roten Bestien denken nicht daran, bei Tag irgendeinen Überfall im Wald zu versuchen, und wenn sie sechsmal so stark wären. Nein, Gott sei Dank, daß Wolf seine Namensvettern zeitig genug aufgespürt hat. Ist noch Blei da, Jungens?"

„Ich denke, ja, Pa", sagte Bill, der sich unterdessen damit beschäftigt hatte, ein paar Stangen Blei auf der Türschwelle in kleine Stücke zu hacken. „Wenn wir die Kugeln alle verschossen haben, ist auch keine Rothaut mehr am Leben, aber so lange halten sie gar nicht stand. Feige Bande, verdammte, die nur immer im Dunkeln und dann mit einem Geheul losbricht, daß man meinen sollte, alle Teufel aus der Hölle wären losgelassen!"

Die Frauen kamen mit der frischgemolkenen Milch nach Hause. Sie hatten die Kühe wieder, wie gewöhnlich, freigelassen, und es galt nun, die gewöhnliche Hausarbeit zu verrichten.

„Na, na", rief Mrs. Mackinney, als sie das Haus betrat und die Vorbereitungen zum Kugelgießen bemerkte, „kommt mir nur nicht ans Feuer mit eurem alten Blei. Ich soll hier wirtschaften, obwohl ich mich nicht rühren kann."

„Aber Ma, wir gießen sie ja draußen", meinte Bill, „nur gehackt habe ich das Blei hier. Ich nehme mir nur ein paar glühende Kohlen und störe dich nicht mehr."

„Aber die Kohlen, die hier sind, brauche ich. Es ist nicht ein gutes Stück Holz im Haus, um nachzulegen."

„Warte, Mutter, wir holen dir Holz", sagte ihr Mann. Er winkte seinem ältesten Sohn zu und verließ mit ihm das Haus. Es war allerdings nötig, daß sie nicht allein Holz herbeischafften, sondern auch sonst alles, was sie in den nächsten Tagen brauchten, aus dem Rauchhaus herübernahmen, denn sie wußten ja nicht, ob sie nicht vielleicht eine Belagerung aushalten mußten, denn die im Hinterhalt liegenden Wilden würden ihnen wohl kaum gestatten, dort hinüberzugehen. Feuerholz war genügend geschlagen. Als aber jeder eine Ladung geholt hatte und auch noch eine zweite herbeibrachte, rief Mrs. Mackinney erstaunt aus: „Bist du denn nicht klug, Mann? Du trägst mir den ganzen Wald herein, so daß man nachher nicht weiß, wo man das Zeug hinlegen soll. Aber – o Gott!" unterbrach sie sich, als sie durch eine Spalte der Hütte schaute und Jack mit der ganzen Familie anrücken sah. „Sieh nur, John, da kommt dein Bruder mit dem ganzen Hausstand. Großer Gott, was ist da vorgefallen?"

Sie hatte allerdings einige Ursache, erstaunt zu sein, denn voraus ging Jack Mackinney, eine große stattliche Gestalt, die lange Büchse auf der Schulter, die Kugeltasche an der rechten Seite, die wollene Decke zusammengeschnürt auf dem Rücken und ein mit Bast umwickeltes großes Bündel in der linken Hand. Seine drei Söhne, Bob, Ned und Dick, folgten hinter ihm, ebenfalls alle bewaffnet und beladen, und hinter ihnen, mit einem schweren Pakken auf dem Rücken, lief Wolf, während Esther Mackinney, Jacks Frau, das Baumwoll-Spinnrad in der rechten Hand und über dem linken Arm ein mächtiges Bündel Kleider, nebenher ging.

„Good gracious!" rief Jenny, als sie den Zug bemerkte. „Was, in aller Welt, ist da vorgefallen – bei Onkel Jack muß Feuer ausgebrochen sein!"

Sie sollten nicht mehr lange in Zweifel über die Tatsache bleiben, denn Wolf hatte es drüben natürlich den Frauen nicht verheimlichen können, und sie trugen unverzüglich die Schreckensnachricht auch hier herüber. „Die Indianer!" Derselbe Schrekkensruf, der in den Pampas von Südamerika die Bewohner der ärmlichsten Hütte erzittern läßt, wenn der Ruf: „Los Indios!" über die Ebene dröhnt, und alles, was sie von Jugend auf an Schreckensgeschichten über diese blutdürstigen, erbarmungslosen Barbaren gehört hatten, tauchte in neuen Bildern des Entsetzens vor ihrer Seele auf. Jetzt half es auch John Mackinney nichts mehr, seinen eigenen „Frauensleuten" gegenüber mit der Wahrheit zurückzuhalten – sie mußten alles wissen, um mit ihnen gemeinschaftlich die nötigen Vorkehrungen zu treffen; sie waren auch keineswegs so zartnervig, um gleich in Ohnmacht zu fallen.

Die Männer waren beschäftigt, in dem Blockhaus die nötigen Schießscharten anzubringen, um rings umher den Platz mit ihren Büchsen bestreichen zu können. Das kleine Rauchhaus stand ihnen im Weg, an das sich die Indianer recht gut anschleichen konnten. Es bot aber nur geringe Schwierigkeit, das abzureißen – die Rauchwaren wurden in das Haus genommen und unter das Dach gehängt, die kurzen Balken dienten dazu, die Blockhütte von außen schußfest zu machen. Nach einer Stunde war das alles geschehen, auch mancher Busch in der unmittelbaren Nachbarschaft, der den freien Blick behinderte, war abgehauen worden.

Noch während die Männer damit beschäftigt waren, trabte ruhig und sorglos, als ob von keiner Seite auch nur die geringste Gefahr drohe, ein Reiter heran und zügelte erst unmittelbar vor dem Haus sein Tier. Es war ein Amerikaner in den mittleren Jahren, wenigstens zeigte der volle Bart, den er trug, mehr Grau als Schwarz. Er war sehr sorgfältig und in das feinste Tuch gekleidet. Vor ihm auf dem Sattelknopf lag eine bunte mexikanische Serape, wie sie seit dem Krieg mit Mexiko und der Entdeckung von Kalifornien viel in den Staaten getragen wurden. Ein Paar große silberne Sporen und zwei Revolver, die er in dem rotseidenen chinesischen Gürtel trug, deuteten an, daß er vielleicht schon eine längere Strecke in der Wildnis zurückgelegt hatte. Sein ganzes Gepäck bestand aus einer nicht einmal sehr gefüllten Satteltasche.

John Mackinney, der Vater, stand gerade in der Tür, als er vor dem kleinen Blockhaus hielt.

„Hallo, Fremder!" rief ihm Mackinney entgegen, etwas erstaunt, einen Fremden gerade heute zu sehen. „Steigen Sie ab und kommen Sie herein. Woher des Wegs?"

„Ich danke Ihnen!" sagte der Fremde, indem er der gastlichen Einladung Folge leistete. „Vom Süden herauf. Ich will nach Smithfield, glaube aber fast, daß ich den rechten Weg verfehlt habe, und bin nur froh, wieder zu Menschen zu kommen, denn im Wald finde ich mich nicht besonders zurecht."

Die Hunde hatten beim Erscheinen des Fremden einen furchtbaren Lärm gemacht und sprangen heulend und kläffend gegen das Pferd an, so daß der Alte Mühe hatte, sie zurückzutreiben und zur Ruhe zu bringen.

„Ihr Bestien!" sagte er. „Was habt ihr denn nur heute? Fort, Watch – fort mit dir, Leany – verdammt, wenn ihr jetzt nicht Frieden haltet und wartet, bis die roten Halunken kommen. Wie ist's, Master, keine Indianer unterwegs gesehen?"

„Ich?" sagte der Reiter erstaunt, der, als er die Hunde zurückgetrieben sah, daran ging, seinen Sattel abzunehmen. „Nein, und ich hoffe auch nicht, daß sich die hier herumtreiben."

„Wir erwarten Besuch von ihnen." Mackinney lachte. „Und Sie sind gerade zur rechten Zeit gekommen, um den Spaß mitzumachen. Tragen Sie Ihren Sattel nur ins Haus und lassen Sie Ihr Tier noch einen Augenblick angebunden, meine Jungen treiben es dann mit den unseren in den Gründornsumpf hinein."

„Besuch von den Rothäuten?" Der Fremde warf einen mißtrauischen Blick in die Runde. „Das wäre mir gerade nicht lieb, denn ich bin mit meiner Kopfhaut sehr kitzlig."

„Können Sie mit einer Büchse umgehen?"

„So ziemlich ..."

„Na, dann wollen wir sie uns schon vom Leib halten. Da ist noch ein Mann mehr, Wolf, und eine Büchse steht überzählig am Kamin. Nur herein, Fremder. Haben Sie Hunger?"

„Noch nicht einen Bissen habe ich heute über die Lippen gebracht. Ich hatte mich verirrt."

„Na, dann nur hinein, das Mittagessen wird gleich fertig sein. Sie kommen gerade zur rechten Zeit."

So willkommen dem Fremden die Einladung zum Essen sein mochte, so unbehaglich schien er sich bei der Schilderung des Tatbestandes zu fühlen, daß sie hier wirklich einen Trupp Indianer in der Nähe wußten und einen Überfall fürchteten. Er erkundigte sich daher genau, in welcher Richtung die Rothäute lagerten und wohin der Weg nach Smithfield führte.

John Smith heiße er, erzählte er während des Essens. Er kam vom Little Rock herauf und wollte die Pazifik-Bahn besuchen, um zu sehen, ob er in Smithfield oder irgendeiner anderen kleinen Stadt einen passenden Platz zur Ansiedlung fände. Wäre das der

Fall, dann ginge er nach Little Rock zurück, um von dort sein Geld heraufzuholen.

Wolf stand auf, sobald er gegessen hatte, nahm seine Büchse und ging hinaus in den Wald, um Ned Mackinney, der draußen Posten stand, abzulösen und zum Essen hereinzuschicken. Als er aber mit einbrechender Dämmerung zurückkehrte, weil vereinbart war, daß sie sich dann alle im Haus sammeln sollten, fand er den Fremden nicht mehr vor.

„Hallo", sagte er, „wo ist unser Bundesgenosse mit der mexikanischen Serape? Auf Posten?"

„Ja." Der junge John lachte. „Als er sich sattgegessen hatte und hörte, daß der Wald nach Smithfield frei wäre, machte er sich sofort auf den Weg. Er hätte am liebsten einen oder ein paar von uns als Schutzwache mitgehabt. Er bot uns wenigstens je Mann fünf Dollar, wenn wir ihn sicher zu dem Ort hinbrächten – die Memme!"

„Hat er wirklich den Weg nach Osten zu genommen?" fragte Wolf.

„Glauben Sie, daß er der Gegend zu nahe käme, in der die Wilden lagern?"

„Der Henker traue den Schuften", sagte Wolf. „Die Art Menschen sind zu allem fähig, und weißes Gesindel treibt sich nur zu häufig mit den Indianern herum."

„Hol ihn der Böse! Ich bin froh, daß er fort ist. Wir sind hier Männer genug, um der roten Gesellschaft die Stirn zu bieten, falls sie wirklich daran denken sollten, uns einen Besuch abzustatten. Ohne einen solch zweideutigen Freund arbeitet es sich besser."

„Ich kann mir noch immer nicht denken, daß sie kommen", sagte Jack Mackinney.

„Desto besser, wenn sie ausbleiben", entgegnete der junge Deutsche. „Vielleicht sind sie abgezogen. Kommen sie aber heute nacht nicht, reite ich nach Sonnenaufgang zu ihrem Lagerplatz hinüber, und wir wissen dann wenigstens, woran wir sind."

„Und wenn sie Ihnen auflauern, Wolf?"

„Was wäre schon dabei", sagte Wolf bitter. „Ich hinterlasse in Amerika niemand, der um mich weint, und wenn ich nicht zurückkehre, wissen Sie, daß die Teufel noch in der Nähe schwärmen, und bleiben eine Weile länger auf Wache."

Wolf hatte sich zur ersten und dritten Wache erboten; die dritte – sie fiel in die Morgendämmerung – war die schwierigste. John Mackinney bestand jedoch darauf, daß die erste Wache nur von sechs bis zwölf, die zweite von zwölf bis vier gehalten werden sollte und von vier Uhr an alle auf ihrem Posten blieben, um jeden Augenblick zum Kampf bereit zu sein.

Die älteren Leute hatten sich zuerst niedergelegt. Der Mond ging erst nach Mitternacht auf, und auf fremdem Terrain war es nicht denkbar, daß die Wilden einen Angriff in völliger Dunkelheit wagen würden. Die Wache verlief denn auch ruhig. Die amerikanische Nachtschwalbe flötete ihr monotones Lied, da und dort im Busch schrie eine der kleinen Eulen, ein einzelner Wolf heulte im Busch, dann war alles ruhig. Totenstille lagerte über dem Wald.

Die Mitternachtswache wurde in der dunklen Hütte abgelöst, aber kein lautes Wort dabei gesprochen, denn man wollte die Frauen nicht stören. Aber auch diese Wache verlief, ohne daß sich etwas Verdächtiges gezeigt hätte. Die Hunde knurrten allerdings ein paarmal, und Watch, ein alter Bärenrüde, stieß gegen drei Uhr ein leises, winselndes Geheul aus, aber das konnte auch einem Panther oder Fuchs gelten, den sein Weg hier vorüberführte.

Wieder war die amerikanische Nachtigall erwacht – das erste Zeichen des nahenden Tages, der sich aber noch nicht am Himmel zeigte. Der Mond war aufgegangen und warf sein bleiches Licht über den freien Platz vor dem Haus. Mit dem ersten Ton des Morgenvogels aber kam auch Leben in das Haus, denn die Männer wußten gut genug, daß das auch das Zeichen für auf der Lauer liegende Indianer war. Die Männer griffen nach ihren geladenen Büchsen und sprangen auf die Füße.

„Nichts gesehen?“ fragte John Mackinney leise seinen Sohn, der an dem einzigen Fenster die letzten vier Stunden gestanden und keinen Blick von dem nach Westen zu liegenden Waldrand gewandt hatte.

„Nicht die Spur, Vater“, sagte der junge Mann. „Nur vor einer Viertelstunde etwa schreckte drüben im Wald ein Hirsch auf, aber wer kann sagen, was ihm nicht gefiel.“

„Kommt der Tag?“

„Noch läßt sich nichts unterscheiden, aber der Nachtvogel schreit, also kann er nicht mehr weit sein. Hörst du?“

Der Vater lauschte aufmerksam. Auch den Eulenruf ahmten die Indianer häufig nach, aber es war dann nicht möglich, den falschen von dem echten Ruf zu unterscheiden. Sie mußten eben um so schärfere Wache halten und durften sich nicht etwa durch eine teuflische List der Indianer täuschen lassen.

„O mein Gott, Vater!“ stöhnte Mrs. Mackinney, die die ganze Nacht kein Auge geschlossen hatte. „Stelle dich nur nicht zu offen vor das Fenster und laß keins der Kinder hin, wenn die schrecklichen Menschen wirklich kommen.“

„Keine Sorge, alte Frau.“ Mackinney lachte gutmütig. „Wir werden das schon einrichten. Übrigens denk ich, daß wir heute morgen die Eingeborenen in Erstaunen setzen werden, denn daß wir so früh den Kaffee für sie fertig haben, werden sie nicht vermuten.“

„Oh, spotte nicht, John!“ bat die Frau. „Du weißt nicht, was für ein Unglück die nächste Stunde, ja die nächste Minute uns bringen kann.“

„Pst!“ warnte Wolf, der mit seiner guten Doppelbüchse den Hauptposten an dem kleinen viereckigen Fenster hatte, und tiefe Stille herrschte wieder in dem dunklen Raum. Selbst die Hunde schliefen fest, und man konnte deutlich ihr schweres Atmen hören. Der Mond war höher über die Bäume gestiegen und warf sein mattes Licht schon auf den gegenüberliegenden Waldstreifen.

„Haben Sie was gesehen?“ flüsterte John Mackinney, der neben ihm in der Ecke die erste Schießluke hielt.

„Ich weiß es nicht“, erwiderte der junge Mann ebenso leise. „Es war mir fast, als ob sich da drüben ein Schatten geregt hätte, ich kann mich auch getäuscht haben. Wenn sie aber kommen, dann kommen sie bald.“

Es wurde kein Wort mehr gewechselt – aber nichts regte sich. Der östliche Himmel nahm eine lichtgraue Färbung an, und der Tag kam. Sollte die gefürchtete Gefahr an ihnen vorübergehen?

„Achtung!“ flüsterte da der junge Ned Mackinney. „Sie kommen!“

Fieberhaft schlugen die Herzen der Männer, wie eingeschraubt lagen ihre Büchsen in den eingeschnittenen Scharten. Nur ein Ziel erwartend, suchten die Blicke darüber hin die immer noch mit dem Tag kämpfende Dämmerung zu durchdringen.

Da tauchte ein grauer Körper auf, verschwand im nächsten Augenblick wieder hinter einem Busch oder Baumklotz. Noch mehr von ihnen näherten sich, und zwar schien sich der Haupttrupp gegen die Front des Hauses zu wenden, um dort, wie sie es bei solchen Überfällen stets machen, im ersten Ansturm und mit wildem Geheul die Tür einzubrechen und dann mit Tomahawk oder Messer die schlaftrunken von ihrem Lager aufspringenden Bewohner abzuschlachten.

Selbst die Hunde, die während der ganzen Nacht unruhig gewesen waren und häufig geknurrt hatten, mußten zuletzt doch müde geworden sein und schliefen – wie stets mit der ersten Morgendämmerung – fest. Nur die kleinen Vögel in den Bäumen wurden munter und begannen zu zwitschern.

Plötzlich hoben sich, kaum zwölf oder fünfzehn Schritt von dem Haus entfernt, wohin sie auf dem dunklen Boden auf dem Bauch gekrochen sein mußten, eine Anzahl drohender Gestalten, und ein markdurchdringender Schrei zerriß die Stille. Aber mit der Überraschung war es nichts. Vier, fünf Schüsse krachten zu gleicher Zeit in den Schlachtschrei der Indianer hinein, und mit Wutgeheul brachen die Rüden hinter dem Haus hervor und warfen sich gegen die Feinde, deren Witterung sie ebenso haßten wie die eines Wolfes oder Panthers.

Wieder drei Schüsse, die fast zu gleicher Zeit fielen. Dunkle Gestalten mit wehenden Federn stürmten heran, aber die Hunde, deren sie sich in dem Gedränge nicht so rasch erwehren konnten, warfen sich mitten zwischen sie und brachten sie in Verwirrung. Die Indianer rannten gegen die verbarrikadierte Tür, doch umsonst; die von innen dagegen gestemmten Balken hielten. Ein riesiger Indianer, seine schwere Kriegskeule hoch erhoben, sprang herbei, als ihn Wolfs zweite Kugel mitten in die Brust traf. Wieder stürmten sie gegen die Tür, denn die Angreifer schienen zu wissen, daß sie erst dort drinnen Sicherheit fanden oder doch wenigstens den Vorteil des engen Raumes für sich hatten und nicht mehr von den langen Büchsen gefährdet waren. Sie mußten die Gunst des Augenblicks benutzen, denn das Feuer schwieg, die Verteidiger hatten leere Gewehre. Kugeln schlugen von außen gegen das Haus, einzelne drangen durch die Spalten.

Noch ein Anprall, und vier, fünf Revolverschüsse antworteten von innen, mitten in den Knäuel. Die Verteidiger brauchten nicht lange Zeit, um ihre Gewehre frisch zu laden.

„Verdammt, Vater!“ rief der junge John. „Laß uns die Tür aufreißen und über die Schurken herfallen – das hier ist doch faule Arbeit.“

„Langsam, mein Junge“, sagte der Alte. „Denk an deine Mutter und an deine Schwester. Wer geladen hat, soll feuern, aber nicht ohne sicheres Ziel. Keine Kugel darf vergeudet sein!“

Wieder krachten einzelne Schüsse durch den jetzt schon heller werdenden Wald, und wieder fiel draußen ein mit hohen Federn geschmückter, schwarz und grell rot bemalter Krieger. Nun wurde es den Rothäuten doch warm in der Nachbarschaft. Der Tag war schon weit vorgerückt, die Gegenstände ließen sich zu deutlich erkennen, und was sie an Verwundeten aufgreifen konnten, schleppten sie eilends in das Dickicht, wo, wie sich später zeigte, ihre Pferde standen. Aber noch trafen die Kugeln der Verteidiger – da und dort brach noch einer zusammen, und als der erste Sonnenstrahl den blutigen Grund beleuchtete, lagen elf tote Indianer auf dem offenen Platz, und ihre Waffen bedeckten den Boden umher.

Daß sie nichts mehr von einem Hinterhalt der Roten zu fürchten hatten, wußten die Männer recht gut. Die Tür wurde deshalb geöffnet, und mit geladenen Büchsen eilten sie hinaus. Wolf und der alte Mackinney ließen durch die Hunde den Wald absuchen, ob dort vielleicht nicht doch noch einzelne Indianer im Hinterhalt lagen. Aber die Gefahr war vorüber, der Überfall mißglückt, der Feind geflüchtet.

„Himmel, Wolf, Sie bluten ja!“ rief Mackinney, als sie wieder zusammentrafen. „Sie sind verwundet.“

„Nichts Schlimmes“, meinte der junge Mann, „nur die Backe hat mir der eine Halunke mit der Kugel aufgeschlitzt – das näht mir Jenny nachher wieder zusammen, und durch den Arm habe ich einen Schuß bekommen, aber der Knochen ist nicht verletzt.“

„Kanaillen!“ zischte der alte Mann durch die Zähne. „Auch unseren armen Hunden haben sie übel mitgespielt. Watch und Cherry liegen tot an der Tür, und Lion hat auch genug.“

„Sie haben schwer dafür gebüßt“, sagte Wolf vom Berge ernst. „Daheim werden sie wohl kaum von ihrem Kriegszug erzählen und in ihrer Ratsversammlung mit ihrer Tapferkeit prahlen – aber was machen die Jungs da drüben? Bei Gott, ich glaube, sie schlagen die Verwundeten tot."

„Wird wohl so sein", stimmte der Alte zu, der nur einen gleichgültigen Blick zurück zum Haus warf. „Sollen wir die Bestien etwa noch pflegen, daß sie, wenn sie gesund und hier in der Nachbarschaft bekannt sind, zurückkommen und uns mit ihren Skalpmessern die Doktorkosten bezahlen lassen? Hier ging einer durch. Sehen Sie nur, Wolf, wie der Schuft geblutet hat. Wenn wir ihnen jetzt folgten, könnten wir noch hübsch zwischen ihnen aufräumen."

„Ich glaube, ich werde mir doch meine Risse ein wenig verbinden lassen müssen", sagte Wolf. „Mir wird so wunderlich zumute."

„Sie sehen totenbleich aus", sagte der Alte. „Machen Sie, daß Sie ins Haus kommen. Meine Frau versteht etwas von Wunden."

Es war wirklich Zeit. Wolf fühlte, wie ihm die Knie beim Gehen einknickten, und der alte Mann mußte ihn eine Strecke führen. Seine starke, kräftige Natur siegte aber bald über die erste Schwäche, und als ein Verband angelegt worden war, warf er sich auf die Seite und war bald eingeschlafen.

Auch Bob Mackinney und Bill waren getroffen worden, glücklicherweise nur leicht, und sie beachteten die „Schrammen" auch gar nicht. Desto furchtbarer hatten die langen Büchsen der Backwoodsmen aber unter den Indianern, die zu einem Stamm der Cheyennes gehörten, gewütet, und der junge John Mackinney, mit allem Haß eines Backwoodman gegen die Rothaut, machte wirklich Anstalten, die Gefallenen zu skalpieren, als Onkel Jack glücklicherweise noch dazwischentrat.

„Bist du ein Christ, John?"

„Pa sagt's", erwiderte der junge Bursche mürrisch. „Das hier hat aber nichts mit dem Christentum zu tun, denn wenn uns die roten, blutdürstigen Halunken wirklich im Schlaf überfallen hätten, trüge keiner von uns mehr ein Haar auf dem Kopf und Haut ebensowenig."

„Gerade deshalb nennen wir sie Wilde und dünken uns besser", erwiderte sein Onkel ruhig. „Schäm' dich, John. Was würde deine Mutter sagen, wenn sie dich hier mit dem blanken Skalpiermesser in der Hand stehen sähe. Kommt, Jungens, laßt uns da drüben eine

Grube schaufeln und die Toten hineinwerfen – weiter haben wir nichts mehr mit ihnen zu tun."

Noch waren die jungen Leute mit dieser Arbeit beschäftigt, und schon sammelten sich auf den benachbarten Bäumen die Aasgeier, durch den Geruch des Blutes herbeigelockt, da erdröhnte plötzlich der Boden von stampfenden Pferdehufen. In Windeseile lief jeder zu seiner Büchse, eines neuen Angriffs gewärtig. Aber die Gefahr war vorüber; die kleine Truppe war Unions-Kavallerie, die auf Georges Hilferuf von Smithfield herübergesandt worden war, um die Nachbarschaft von umherstreifenden Indianerbanden zu säubern. Die Hilfe kam allerdings ein wenig spät, aber sie kam, und damit war es vielleicht möglich, die Überreste der Indianer zu verfolgen und sie gründlich für den Friedensbruch zu züchtigen.

Daß die Weißen in ihr Territorium eingebrochen waren und dort nicht allein ihre ganze zukünftige Existenz zerstörten, indem sie ihr Wild vertrieben, ihre Hütten niederbrannten und ihre Krieger, ja selbst ihre Frauen und Kinder getötet hatten, daran dachten die rauhen Backwoodsmen nicht.

Die Soldaten, mit denen George zurückgekommen war, hielten sich nicht lange auf. Der alte John Mackinney brachte sie auf die Spur, wo sie das letzte Blut gesehen und wo auch nicht weit davon ihre Pferde angebunden gestanden hatten. Den breiten, deutlichen Spuren folgend, waren sie den durch die Verwundeten behinderten Wilden bald auf den Fersen.

Als sie nach drei Tagen zurückkehrten, brachten sie indianische Waffen und sonstige Siegestrophäen mit, aber keinen Gefangenen, und ihrer Aussage nach sollte es nur einem kleinen Teil der Bande dadurch, daß sie sich in wilder Flucht auflöste und nach verschiedenen Seiten absprengte, gelungen sein, sich zu retten.

Wolfs zerschnittene Wange wäre wohl in wenigen Tagen ausgeheilt, aber sein linker Oberarm, den die Kugel zerfleischt hatte, machte ihm mehr Sorge. Als er sich ein paar Tage erholt hatte und vom Wundfieber nicht heimgesucht wurde, beschloß er, nach Smithfield zu reiten, da sich dort, wie er von dem Offizier gehört hatte, ein Militärwundarzt befinden sollte.

Die Frauen wollten ihn nicht fortlassen, aber Wolf fürchtete für seinen Arm, und als sich der alte Mackinney erbot, ihn zu beglei-

ten, damit er sicher hinüberkäme und nicht etwa hilflos und allein im Wald liegenbliebe, war der Abschied von dem liebgewonnenen jungen Gast ein wahrhaft herzlicher.

Jenny sah an dem Morgen besonders blaß aus, und ihre Augen waren mit Tränen gefüllt. Er hatte in der Zeit, in der sie ihn so treu gepflegt hatte, oft Gelegenheit gehabt, mit ihr zu sprechen, aber sie nie wahrgenommen, und jetzt wollte er fort – kehrte er aber je zurück?

„Leben Sie wohl, Jenny", sagte Wolf, als ihm die Jungen sein weniges Gepäck aufs Pferd geschnallt und Bill, der sich ebenfalls entschlossen hatte mitzureiten, Wolfs kurze Doppelbüchse umgehängt hatte. „Tausendfachen Dank für all das Liebe und Gute, das Sie mir erwiesen haben. Wenn ich in die Staaten zurückkehre, schicke ich Ihnen ein Andenken an mich, daß Sie mich nicht ganz vergessen."

„Ich werde an Sie denken, Mister Wolf", sagte das junge Mädchen. Sie hob die großen, dunklen Augen zu ihm auf, aber sie sah ihn nicht, denn sie waren voll von Tränen. „Ich werde bestimmt an Sie denken."

Eine ganze Weile waren sie schweigend einer hinter dem andern fortgeritten, denn der Weg war hier sehr schmal und von Büschen überwuchert. Weiter draußen erreichten sie eine kleine, offene Prärie, wo sie sich nebeneinander halten konnten.

Der alte Mann hatte bis dahin kein Wort gesprochen, und als er nun an Wolfs Seite kam, sagte er – und es war fast, als ob er seinem bisherigen Gedanken Ausdruck gäbe: „Gedenken Sie, wenn Sie geheilt sind, zu uns zurückzukehren, Wolf?"

„Ich weiß es nicht, Mister Mackinney", erwiderte der junge Mann, „ich glaube es aber kaum. Ich habe ein wildes, rastloses Blut, und jetzt erst einmal im Gang, drängt es mich weiter und weiter."

Der Alte erwiderte nichts darauf, nur still und schweigend nickte er vor sich hin, als ob er sagen wollte, ich habe es mir gedacht. Ohne lange wieder ein Wort miteinander zu wechseln, verfolgten sie von da an ihre Bahn.

Das Gerippe

Im fernen Westen kämpfte die Wildnis den Todeskampf gegen die Zivilisation. Im Süden regte sich wieder, kaum unterdrückt, der alte rebellische Geist, denn selbst den vollendeten Tatsachen gegenüber sträubte sich noch die junge Schar der Baumwollbarone gegen die Anerkennung der Negerbefreiung und hoffte, durch fast kindischen Widerstand die Macht aufs neue in die Hände zu bekommen. Nur im Innern des weiten, schönen Landes und in den Nordstaaten selber fühlte man nichts von diesen krampfhaften Zuckungen, ja hörte kaum davon und betrachtete selbst die darüber in den Zeitungen erschienenen Berichte fast ausschließlich als Unterhaltungslektüre.

Da hatten die Indianer der Prärien wieder einmal einen Raubzug in die Ansiedlungen unternommen, die Männer skalpiert, die Frauen und Kinder mit in ihre Wildnis geschleppt. Da rührte sich im Süden der Ku-Klux-Klan; junge Negermädchen und Frauen waren gepeitscht worden, wie in der alten Sklavenzeit, und die illustrierten Blätter brachten haarsträubende Bilder dazu. Die Zeitungsjungen machten brillante Geschäfte mit solchen Berichten, und man erwartete mit Spannung neue Blätter, um wieder etwas recht Interessantes zu lesen und zu sehen.

So lag denn auch, so wenig von den indianischen Überfällen wie von den Übergriffen des trotzigen Südens berührt, das kleine Städtchen Donnersville in stiller, beschaulicher Ruhe. Aber rastlose Tätigkeit und deutscher Fleiß neben amerikanischem Unternehmungsgeist ließen den Ort aufblühen und sich nach allen Seiten ausbreiten.

In all dem Frieden und der scheinbaren Ruhe gärte und kochte aber doch wieder an manchem Herd, wenn auch ganz in der Stille, ein kleiner Topf voll Zwietracht und Neid – und welche Stadt der Erde, ob sie am Senegal oder an der Spree liegt, wäre davon frei?

In Donnersville hatte sich Doktor Hückler als Arzt niedergelassen, wohl deshalb, weil er den deutschen Bauern besser zu imponieren hoffte als den amerikanischen und sich ein reiches Feld für seine Tätigkeit versprach, zum großen Teil aber auch, um Herrn Donner zu beweisen, daß sie in einem freien Land lebten und von keiner „Polizeiverwaltung", wie er es nannte, abhängig waren. Er konnte sich als Arzt niederlassen, wo er wollte, und brauchte deshalb die Erlaubnis des „Herrn Donner" nicht.

Nun hatte er aber in ganz Donnersville, da er ja seine Familie von Milwaukee holen mußte, nur eine einzige passende oder wenigstens ihm zusagende Wohnung finden können, und das war das dem Barbier Roßwein gerade gegenüberliegende Haus, dessen Insassen nach Deutschland zogen, ihr Grundstück aber vorderhand nicht verkaufen wollten, da der Wert aller Häuser durch den letzten Krieg natürlich gesunken war, wenn er auch schon wieder anfing, sich zu heben. Das sagte Herrn Hückler aber auch insofern zu – wie er sich äußerte –, als er nicht gleich zu kaufen brauchte, sondern erst einmal sehen konnte, wie ihm der Ort behagte und ob es „der Mühe lohnte", hier zu bleiben. Daß er eine Konkurrenz zu bestehen haben würde, wußte er, denn Helldorn hatte sich auf Roßweins und Donners dringende Bitten entschlossen, sich ebenfalls als praktizierender Arzt, und zwar unter sehr günstigen Bedingungen, niederzulassen. Donner schenkte ihm, wenn er sich nur verpflichtete, hier sechs Jahre auszuhalten, ein kleines, sehr hübsches Haus, und mit dem Kreis von Freunden, die er teils hier fand, teils gewann, öffnete sich ihm ein ruhiges und gemütliches Leben. Das aber kümmerte Doktor Hückler wenig. Er lächelte darüber, daß ein junger Mann, „der eben erst die Nase nach Amerika gesteckt" hatte und gar nicht wußte, wie der „Hase lief", mit ihm, dem alten Praktikus, in die Schranken treten wollte. Den gedachte er bald von hier wegzubeißen, denn daß sich die ganze amerikanische Praxis, zumal er selber eine Amerikanerin zur Frau hatte, ihm zuwenden mußte, verstand sich von selbst. Sobald das Haus eingerichtet und er mit seiner Familie eingezogen war, wirtschaftete er ein paar Tage in sehr geheimnisvoller Weise und überraschte dann eines Morgens die Eingeborenen vollendet.

Bunt genug sah die Geschichte aus, ganz nach amerikanischer Art natürlich, mit roten, blauen, gelben, grünen und sogar goldenen Plakaten, mit hübsch etikettierten Flaschen, Krügen und

Schachteln – jedes einzelne Stück ein Heilmittel gegen sämtliche Krankheiten und Gebrechen der Menschheit. Den Haupteffekt lieferte das sogenannte Schaufenster, das er sich besonders hatte herrichten lassen und in dem natürlich die mit buntgefärbtem Wasser gefüllten großen Gläser, hinter denen abends eine Lampe stand, einen hervorragenden Platz einnahmen. Dazwischen prangte eine ganze Ausstellung von in Spiritus gesetzten Scheußlichkeiten, und zwar nicht allein Schlangen, Eidechsen, Tausendfüßler und Hornfrösche – nein, auch neugeborene Kinder, Mißgeburten und andere Dinge, bei denen einem übel wurde, wenn man nur einen Blick darauf warf.

Das Nonplusultra für Donnersville blieb jedoch ein schon am ersten Tag hinausgeschobener hoher Glaskasten, der ein menschliches Gerippe enthielt und sämtliche Schulkinder veranlaßte, die erste Stunde um wenigstens zwanzig Minuten zu versäumen.

Neben dem Gerippe in der Tür stand Doktor Hückler, sehr elegant gekleidet, mit einem blauseidenen Tuch um den gefährlich gestärkten Hemdkragen, mit einem riesigen Amethyst als Tuchnadel und einer goldenen Kette, an der genug Material hing, um den ganzen Glaskasten eines Juweliers zu füllen, mit sehr bunter Weste, karierter Hose, blanken Stiefeln und einem sehr roten Gesicht, in dunkelblauem Frack und gesticktem Vorhemdchen, und die Haare in der Mitte des Kopfes auf das peinlichste gescheitelt – gewissermaßen, als ob er hätte zeigen wollen, was sich alles aus dem eigentlichen Gestell, dem nebenan stehenden Gerippe, machen ließ. Er schien auch die ihn umgaffende Schar von Schuljungen, die „Natur“ wie Kunst hier gleichmäßig bewundernd, ihn anstarrte, gar nicht zu beachten, sondern sah mit einem stillen, selbstzufriedenen Lächeln, indem er nachlässig mit seinen Uhranhängseln klimperte, über die ganze Welt weg.

Ihm gegenüber in seiner „Stube“, aber an der offenen Tür, saß Jakob Roßwein und betrachtete mit innigem Wohlgefallen den ihn allerdings gar nicht achtenden Doktor. Er merkte auch nicht, daß ein Reiter die Straße heruntersprengte, vor seiner Tür zügelte, aus dem Sattel sprang und sein Pferd an einen der zu diesem Zweck besonders angebrachten Pfosten band.

Erst als dieser in seine eigene Tür trat und ihm dadurch die Aussicht nach gegenüber versperrte, wandte er ihm den Blick zu.

„Hallo, Roßwein, wie geht's, was machen Sie? Warum sind Sie gestern nicht zu unserer Farm hinausgekommen? Helldorn war auch draußen, und wir hatten uns so auf Sie gefreut."

„Ich hatte keine Zeit", sagte Roßwein, indem er dem Reiter, seinem Freund Kellmann, die Hand reichte, wobei seine Brauen sich fast unter die Haare hinaufzogen, „ich muß Studien machen."

„Studien?" Kellmann lachte. „Inwiefern?"

„Ich sage Ihnen, Kellmann", erwiderte Roßwein, indem er aufstand und eine Flasche mit delikatem Magenbitter, den er selber herstellte, auf den Tisch und zwei Gläser danebenstellte, „ich habe jetzt eine Aussicht aus meinem Haus, die nicht mit Geld zu bezahlen wäre und die mich fast den ganzen Tag beschäftigt."

„So interessant ist sie? Was haben Sie denn mit Ihrem Haus vor? Lassen Sie es neu anstreichen?"

„Weiß", sagte Roßwein schmunzelnd, „und ich werde es nachher selber verzieren."

„Sie?"

„Gewiß – allerdings nicht mit der Zahnbürste, wie Ezra Ludkins Sohn das mit dem Schild getan hat. Wissen Sie nicht, daß ich einmal durch eine Malerschule gegangen bin?"

„Keine Ahnung. Weiß ist übrigens eine böse Farbe für die gegenüber wohnenden Nachbarn, besonders wenn die Sonne daraufscheint."

„Doktor Hückler und Herr von Passedow werden sich dann grüne Jalousien anschaffen müssen", meinte Roßwein trocken.

„Wie macht sich denn die junge Ehe?"

„Mit der Dicken? Famos! Gestern hat sie ihn wieder richtig gekeilt. Es war ein Vergnügen, zuzusehen."

„Es ist doch nicht zu Tätlichkeiten zwischen ihnen gekommen?" rief Kellmann.

Roßwein zuckte mit den Schultern. „Ich weiß nicht, was Sie Tätlichkeiten nennen", sagte er, „aber zwei Fensterscheiben sind dabei zu Bruch gegangen, und Herr von Passedow hatte heute morgen den Kopf verbunden."

Kellmann nickte still vor sich hin. „Das wird eine recht glückliche Ehe werden", sagte er nach einer Weile. „Daß es Menschen gibt, die sich das Leben auf so furchtbare Weise vergällen und unerträglich machen können!"

„Die Frau ist ein Satan und der Mann ein Esel“, sagte Roßwein. „Schon drei Tage nach der Trauung ging der Skandal los . . . Da, hören Sie, da beginnt es von neuem.“

Drüben ertönte ein wilder Lärm, so daß die Leute auf der Straße stehenblieben, als sich unten die Haustür öffnete und ein junges, dunkel und einfach gekleidetes Mädchen, ein Tuch um den Kopf geschlagen und ein kleines Bündel in der Hand, das Haus verließ.

„Die Köchin zieht aus“, sagte Kellmann lachend. „Na, wenn es der zu warm wird . . .“

„Bei Gott, das ist Helenchen!“ Roßwein fuhr hoch. „Das ist das arme, unglückselige Kind, das es in der Hölle nicht länger ertragen kann. Aber wohin, um Gottes willen, will sie gehen? Wenn ich Familie hätte, die dürfte mir nicht die Straße hinab. Und nun kann ich nicht einmal die verdammte Barbierstube verlassen, denn die Leitern stehen vor der Tür, und bis ich die wegräume, weiß kein Teufel, wo sie geblieben ist. Bitte, Kellmann, tun Sie mir den Gefallen und gehen Sie ihr nach, aber nicht so, daß sie es merkt. Sehen Sie, wo sie bleibt. Wir dürfen das arme, unglückliche Wesen nicht in Verzweiflung in die Welt hinauslaufen lassen. Wenn unser Friedensrichter nicht ein so heilloses Rindvieh wäre, hätte er schon lange Einspruch erheben müssen.“

Kellmann hatte seinen Hut genommen und schlug, ohne im geringsten zu zeigen, daß er auf sie achte, die gleiche Richtung ein, die das junge Mädchen genommen hatte, hielt sich aber auf der entgegengesetzten Seite der Straße und verschwand bald mit ihr um die nächste Ecke.

Roßwein sollte heute aus dem Ärger nicht herauskommen. Ihm war das vornehm dumme Gesicht nicht entgangen, mit dem Doktor Hückler das junge, arme Wesen, als Helene an ihm vorüberging, betrachtete und ihr den Rauch seiner billigen Kentucky-Zigarre entgegenblies. Aber ein spöttisches Lächeln legte sich gleich darauf um Roßweins Mund, und er sagte, vergnügt vor sich hinnickend: „Für dich habe ich eine Überraschung, mein Herzchen, und die sollst du gleich frisch und warm genießen.“

Er kroch in die eine Ecke, holte sich dort einen Topf mit schwarzer Farbe, in dem ein großer Pinsel steckte, und rückte sich dann die beiden am Haus stehenden Leitern so zurecht, daß sie nebeneinander etwa die Mitte des Hauses frei ließen. Um die genaue

Mitte zu bekommen, mußte er aber ein paarmal auf die Straße hinaustreten, um die gleichmäßige Entfernung besser beurteilen zu können, und Doktor Hückler war dadurch auf ihn aufmerksam geworden. Seine Zigarre im Mund, beide Hände in den Taschen, schlenderte er langsam heran.

„Na, Roßwein, wollen Sie Ihr Haus noch einmal übermalen?“ fragte er. „Das ist recht, das Weiß blendet schändlich, und wenn die Sonne darauf scheint, hält man's hier drüben nicht aus.“

„Ah, guten Morgen, Herr Doktor!“ sagte Roßwein, indem er sich umdrehte und artig die Mütze zog, was Hückler aber jedesmal ärgerte, hatte er doch den „Barbier“ im Verdacht, daß dieser sich über ihn lustig mache. „Haben Sie gut geruht?“

„Danke“, sagte der Doktor mit einem etwas verdrießlichen Gesicht. „Wie wollen Sie denn Ihr Haus anstreichen?“

„Hm“, meinte Roßwein, „anstreichen kann man das nicht gut nennen – malen will ich's . . . J. Roßwein, Bader und Barbier – lächerlich! Ist das ein Schild für Amerika? Drüben in Cincinnati der Doktor Taylor kann's, und Sie haben auch schon davon profitiert, aber ich denke, ich steche Sie jetzt alle zusammen aus, Sie sollen einmal sehen. Doch ich muß an die Arbeit gehen, ehe es zu heiß wird. Empfehlung, Herr Doktor.“

Da er die Mitte gefunden hatte, nahm er seinen Farbentopf und stieg die linke Leiter so hoch hinauf, daß es richtig lebensgefährlich aussah.

Da oben ging er nun daran, mit kühnen, wirklich künstlerischen Strichen einen Kopf zu zeichnen, der sich aber schon nach wenigen Minuten als Totenkopf herausstellte, und dem schloß sich ebenso rasch der knochige Hals und dann das rechte Schulterblatt an – kurz, es stellte sich heraus, daß er ein ganzes Gerippe über sein Haus zu malen gedachte, an dem er mit wahrem Feuereifer arbeitete.

„Roßwein, sind Sie des Teufels!“ rief der Doktor, der ihn anfangs lächelnd beobachtet hatte, dann aber zu seinem Entsetzen bemerkte, was für ein scheußliches vis-à-vis ihm zugedacht wurde. „Was, zum Henker, haben Sie vor? Sie wollen doch nicht meiner Frau gerade vor das Fenster ein Riesengerippe hinmalen? Das sieht ja gräßlich aus!“

Roßwein ließ sich nicht in seiner Arbeit stören, er hielt nur den

Kopf etwas zur Seite, um einen besseren Überblick zu bekommen, und sagte:

„Aber, bester Herr Doktor, Sie haben ja auch eins vor Ihrer Tür, und da wir ja doch ein Konkurrenzgeschäft errichten . . .“

„Aber ich habe ein kunstvoll hergestelltes“, rief Hückler entrüstet, „das zum Studium dient und für die Wissenschaft unumgänglich notwendig ist, und Sie wollen da ein vollkommen wertloses Scheusal hinmalen, nur um die Nachbarschaft zu ärgern und schwachnervige Damen mit Entsetzen zu erfüllen. Das dürfen Sie nicht, das ist polizeiwidrig, und wenn Sie das nicht augenblicklich wieder übertünchen, zeige ich Sie an.“

Roßwein war schon bis unter die Fenster und bis zum Becken des Gerippes gekommen. Die Ausführung ging ihm rasch von der Hand, da er nur die notwendigsten Linien, aber diese mit Meisterhand zog. Er stieg nun herunter, kümmerte sich aber nicht um den Doktor, zündete sich im Haus eine frische Zigarre an und stieg dann an der andern Seite wieder hinauf, um den nächsten Teil zu beenden. Mit Überredung war dem Mann nicht beizukommen, soviel fühlte der Doktor wohl, aber empört über diesen „Unfug“, wie er es nannte, stürzte er zurück in seinen Laden, griff seinen Hut, schloß die Tür und eilte, so rasch ihn seine Füße trugen, zum Friedensrichter, der hier im Ort die Polizei befehligte, um der Sache von vornherein ein Ende zu machen. Roßwein bemerkte wohl die Richtung, die er nahm, konnte sich auch etwa denken, was er beabsichtigte. Er schmunzelte nur still vor sich hin, unterbrach jedoch seine Arbeit keinen Augenblick.

In der Straße hatte sich unterdessen natürlich eine Menge von Neugierigen gesammelt, die der wunderlichen Malerei zuschauten, aber der Künstler kümmerte sich auch um sie nicht. Er hatte sein Gerippe nun vollendet und stieg nur noch einmal hinauf, um ein paar Stellen nachzubessern.

„Hallo, Roßwein! Um Gottes willen, was machen Sie da?“ rief eine lachende Stimme von der Straße aus. Roßwein war gerade dabei, mit gelber Farbe dem Gerippe in die linke Hand ein Barbierbecken zu malen, während die rechte schon ein geöffnetes Raisermesser hielt.

„Was ich mache?“ Roßwein wandte sich um und erkannte seinen Freund Helldorn. „Ich gebe Ihnen ein gutes Beispiel, Doktor, wenn Sie hier in Amerika Ihr Glück machen wollen. Es geht nichts über ein gutes Aushängeschild – ja, es ist in manchen Geschäften die Hauptsache, und Doktor Hückler da drüben und ich fangen die Sache gerade beim rechten Ende an."

Helldorn blieb kopfschüttelnd stehen und sah ihm zu, bis er sein Barbierbecken beendet hatte, dann herunterstieg, um sich sein Werk wohlgefällig zu betrachten.

„Famos!" rief er voller Selbstbewunderung. „Ganz famos, macht einen heillosen Effekt! Gerade ist die Schule aus, jetzt sollen Sie was erleben."

Er hatte nicht zuviel versprochen. Die Schule war aus; die Kinder kamen die Straße herunter, und die ersten schlenderten ahnungslos an dem Haus vorbei und wurden erst durch das wirkliche Gerippe, das in Hücklers Tür stand, angezogen. Plötzlich erschallte der Ruf eines schärferen Beobachters.

„Du – sieh mal!"

Als alle dem ausgestreckten Arm mit den Blicken folgten, erhob sich ein wahres Jubelgeheul unter dem kleinen, munteren Schwarm.

Das war ein Genuß: auf der weißen Wand das riesengroße Skelett und gegenüber das kleine in einem Glaskasten.

Andere Passanten wollten ebenfalls sehen, was da vorging, und innerhalb einer Viertelstunde war die sonst so stille, fast einsame Straße so gedrängt voll Menschen, daß Wagen und Reiter nicht mehr durchkamen und in eine Nebengasse einbiegen mußten.

Roßwein hatte mit innigem Vergnügen die Aufregung gesehen, die sein rasch entworfenes Kunstwerk hervorgerufen hatte, und erwartete mit Schmerzen die Rückkunft des Doktors, damit dieser auch seine Freude daran hätte. Doktor Hückler mußte aber dem Genuß noch längere Zeit entsagen, denn bei dem Friedensrichter, einem Amerikaner, bei dem er auf sichere Abhilfe gehofft hatte, fand er eine ganz unerwartete Abneigung, sich in die Sache zu mischen. Das Haus sei Roßweins Eigentum. Der Staat würde wohl das Recht haben, ihm ein unsittliches Aushängeschild zu verbieten, aber gegen eine Malerei, die auf seinen Beruf als Wundarzt Bezug hatte, könnte nicht eingeschritten werden.

Der Doktor stürzte voller Verzweiflung zu einem amerikanischen Advokaten, den er williger glaubte, eine Klage gegen einen

Deutschen anzustrengen als gegen einen Landsmann. Leider, hörte er, das Gerippe sei einfach eine Reklame, ein Aushängeschild, eine Empfehlung. Ein Gerippe auf einem Schild zu führen, verbot kein Gesetz, also war auch über die Größe, in der es gemalt werden durfte, nichts bestimmt. Doktor Hückler solle sich im guten mit seinem Gegenüber verständigen, und wenn es ihm gar zu unangenehm sei, würde er schon mit ihm ein Abkommen treffen können.

Doktor Hückler kehrte nach Hause zurück, beachtete aber Roßwein nicht, sondern drängte sich durch die Menschenmenge und begab sich augenblicklich zu seiner Frau, die er aber nur deshalb noch nicht in Krämpfen fand, weil sie vorher mit ihm reden und ihm auf das bestimmteste erklären mußte, daß sie keine Nacht länger in einem Haus bleibe, vor dem ein solches Schreckbild aufgestellt wäre.

Hückler hätte den „verdammten Barbier" mit Vergnügen vergiftet, wenn er nicht im voraus gewußt hätte, daß dieser keine von seinen Medizinen nehmen würde, und es blieb ihm in der Tat nichts übrig, als eine Kapitulation zu versuchen, obgleich er sich selbst davon nur geringen Erfolg versprach. Er ging zu ihm hinüber, und Roßwein, der ihn hatte kommen sehen, saß ganz ruhig in seinem Zimmer, als ob ihn die Welt nichts anginge, und zog seine Messer ab, während draußen vor seiner Tür halb Donnersville versammelt war, um teils sein Gerippe, teils das des Doktors zu bewundern.

„Herr Roßwein", sagte der Doktor, als er den Fuß über die Schwelle setzte, „Sie sehen, welchen Tumult Sie mit Ihrer Malerei erregen."

„Aber, mein bester Herr Doktor", entgegnete der Mann lächelnd, „das ist ja gerade, was wir bezwecken. Die Bewunderung teilt sich zwischen Ihrem und meinem Gerippe – dem künstlichen natürlich –, und die Leute müssen zuletzt kommen und unsere nichtsnutzigen Medizinen kaufen – ich habe freilich keine."

„Ja, bester Herr Roßwein", sagte der Doktor, „aber das nicht allein – meine Frau liegt drüben in Krämpfen über das Schreckbild da. Sie haben es auch mit einer entsetzlichen Treue ausgeführt, ich – ich hätte Ihnen eigentlich ein solches Talent gar nicht zugetraut."

„Wirklich nicht?" Roßwein lächelte. „Bekommt denn Ihre Frau

Gemahlin keine Krämpfe, wenn sie Ihr Gerippe sieht – ich meine das, welches Sie vor Ihrer Tür in dem Glaskasten stehen haben?"

„O nein", sagte Doktor Hückler. „Zum einen hat sie sich daran gewöhnt, und dann sieht sie es ja auch nicht, denn wenn sie ausgeht, dreht sie jedesmal den Kopf weg. Es läßt sich ja nicht ändern, es gehört mit zu meinem Beruf. Ihr Schreckbild schaut uns aber gerade in die Fenster hinein, und fatalerweise können wir es selbst in unserem Spiegel sehen."

„Nun gut, mein lieber Herr Doktor", sagte Roßwein ruhig, „wollen wir zusammen einen Vergleich schließen. Ihr Gerippe in der Straße geniert mich und viele andere Menschen, die da vorüber müssen, besonders die Frauen, die sich immer ekeln."

„Aber, bester Herr Roßwein, Sie verlangen doch nicht im Ernst, daß ich das Skelett entfernen soll?"

„Gar nicht, mein bester Herr Doktor, aber bevor es nicht fort ist, bleibt das da auch stehen."

„Und wenn ich Ihrem Wunsch willfahre?"

„Verwandelt sich mein Gerippe in einen wohlgekleideten Jüngling mit Raisermesser und Becken, den Ihre Frau Gemahlin mit Vergnügen ansehen wird. Genügt Ihnen das?"

Kunden betraten den Laden, die bedient sein wollten, und da Roßwein den Doktor stehen ließ und sich diesen zuwandte, verließ Hückler das Haus und kehrte in seine eigene Wohnung zurück.

Helldorn hatte noch eine Weile lachend das riesengroße Skelett betrachtet, das in Deutschland sofort polizeilich verboten worden wäre. Hier aber gehörte Derartiges zu den gewöhnlichen Reklamen und konnte nicht angefochten werden. Als Hückler die Straße querte, wandte er sich ab und ging seinen eigenen Geschäften nach.

In diesem Augenblick trat Herr von Passedow erregt aus seiner Haustür. Er hatte seinen Hut auf dem Kopf, schien aber die umherstehenden Menschen nicht zu beachten, sondern suchte augenscheinlich eine bestimmte Persönlichkeit, wie der fast angstvoll umherschweifende Blick nur zu deutlich verriet. Er drängte sich durch die Menge, und die Straße hinabeilend, holte er gleich darauf Helldorn ein, dessen Arm er sofort ergriff. Helldorn hatte seiner Frau schon einmal ärztliche Hilfe geleistet und kannte deshalb diese Familie.

„Doktor", sagte er und gab sich Mühe, ruhig zu bleiben, „ist Ihnen – ist Ihnen meine Helene nicht begegnet? Haben Sie das Mädchen nicht irgendwo gesehen?"

„Ihr Fräulein Tochter?" fragte Helldorn verwundert. „Nein, ist etwas vorgefallen?"

„Vorgefallen – nein", erwiderte Passedow zerstreut. „Sie fühlte sich etwas leidend, ist vorhin fortgegangen und noch nicht zurückgekehrt, weshalb ich ein wenig besorgt bin – Sie entschuldigen." Mit raschen Schritten eilte er die Straße hinab und bog in eine kleine Nebengasse ein, die zu einem Bach führte.

Helldorn sah ihm kopfschüttelnd nach, denn als liebender Vater war ihm Herr von Passedow bisher weder geschildert worden noch selber erschienen, aber er achtete nicht weiter darauf.

Er hatte in einem der Häuser einen Besuch zu machen, der ihn indes nicht lange in Anspruch nahm. Als er die Straße wieder betrat, kam Kellmann gerade herunter.

„Doktor, das trifft sich gut, daß ich Ihnen hier begegne. Haben Sie einen Augenblick Zeit, einer jungen Dame Hilfe zu leisten?"

„Dafür immer, Herr Kellmann, aber wo?"

„Sie kennen die Schmiede, wo Sie damals Ihr Pferd beschlagen ließen, bei Hamiltons, dort liegt sie."

„Eine junge Dame?" fragte Helldorn erstaunt.

„Fräulein von Passedow."

„In der Schmiede?"

„Sie wurde vor der Tür ohnmächtig, und ich trug sie hinein. Die Frau tut unterdessen alles für sie, was sie nur kann. Meinen Sie, daß ich vielleicht Roßwein herbeirufen soll, wenn ein Aderlaß notwendig wäre?"

„Hm – das könnten Sie tun. Es kann jedenfalls nicht schaden, und wir haben dann geschickte Hilfe gleich bei der Hand, in jeder Hinsicht."

„Also, Sie kennen das Haus, gleich dort unten. Ich will auch keine Zeit versäumen."

Rasch wandte er sich ab, als ihm Helldorn nachrief: „Der Vater des Fräuleins suchte sie eben. Sagen Sie es doch gleich oben, wo sie ist."

„Das hat Zeit", brummte Kellmann vor sich hin und beeilte sich, um Roßwein herbeizuholen.

In der Schmiede

Als Helldorn die Schmiede erreichte, fand er die Stätte, wo noch vor wenigen Wochen der alte Hamilton so fleißig gearbeitet hatte, fast verödet. Kein menschliches Wesen war auf dem Grundstück zu sehen, nur ein paar Hühner liefen herum, eifrig beschäftigt, sich ihr kärgliches Futter zusammenzusuchen. Ein kleiner schwarzer, zottiger Hund saß auf dem Hof und kratzte sich. Nicht einmal Rauch stieg aus dem Schornstein des Häuschens.

Helldorn erinnerte sich, daß der Schmied auf seine Auskunft hin ausgezogen war, um seine verlorenen Kinder aufzusuchen. Hatte er sie noch nicht gefunden, daß er so lange wegblieb? Aber die Sorge um die Kranke beschäftigte ihn doch für den Augenblick mehr, und mit raschen Schritten eilte er auf die kleine Wohnung zu.

Lieber Gott, wie ärmlich sah es in dem Raum aus, wie entsetzlich leer, aber auch wie sauber. Auf dem weißbezogenen Bett in der Ecke fand er rasch, wen er suchte. Bleich und regungslos wie eine Tote lag dort Helene von Passedow, und die alte Negerin, die ihr das Kleid gelöst hatte, kühlte ihre Schläfe mit nassen Tüchern und suchte, ihr den Puls reibend, sie zum Leben zurückzurufen.

„O Massa“, rief sie dem eintretenden jungen Mann zu. „Um des Himmels Barmherzigkeit willen, sie haben sie mir so ins Haus gebracht. Ich habe mein Bestes versucht, um sie zum Leben zurückzurufen, aber es ist alles vergebens. Das arme, junge Blut ist tot, sie rührt und regt sich nicht mehr!“

„Machen Sie sich keine Sorgen, liebe Frau“, sagte Helldorn. „Ich weiß alles, ich bin Arzt. Der Herr, der sie herbrachte, hat mich selber geschickt, um ihr Hilfe zu leisten.“

„Gelobt sei Gott“, seufzte die arme Frau. „Mich hat hier schon die Angst verzehrt, daß wieder neues Unheil hereinbrechen würde. Sie haben's ja nicht verschuldet, Massa, aber nun ist mein Mann auch fort, sicher haben sie ihn da unten wieder festgenommen und als Sklaven behalten, und ich bin jetzt ganz allein und verlassen in der weiten Welt."

„Unsinn!" sagte Helldorn, der sich mit dem bewußtlosen jungen Mädchen beschäftigt hatte und alles versuchte, um sie ins Leben zurückzurufen. „Das brauchen Sie wahrlich nicht zu fürchten. Wer weiß, wie lange er dort nach den Kindern suchen muß, auch wenn er schon ihre Spur gefunden hat . . . Darf ich Sie um etwas kaltes Wasser bitten – oder noch besser, hier ist Geld. Springen Sie doch einmal über die Straße und lassen Sie sich eine Flasche Kölnisches Wasser geben. Wenn nur Roßwein käme. Ein Aderlaß wird noch die beste Hilfe sein, und ich habe weder Lanzette noch Verbandzeug bei mir."

Die alte Frau schoß aus der Tür, um das verlangte Mittel zu besorgen. Helldorn ging mit raschen Schritten in dem kleinen, halbdüsteren Gemach hin und her. Unwillkürlich suchte sein Blick immer wieder die engelschönen Züge des Mädchens, die freilich jetzt nur denen einer Toten glichen. Wie voll und dunkel lagen die langen schwarzen Wimpern auf den bleichen Wangen – wie blaß waren diese schwellenden Lippen geworden, und doch blieb die ganze Gestalt entzückend.

Aber er durfte sich diesem Zauber nicht hingeben. Wieder tauchte er die Tücher, die er auf ihre Stirn gelegt hatte, in das Bekken, als die Tür aufging und Roßwein atemlos hereinstürzte.

„Ist sie tot?" waren die einzigen Worte, die er rief, als er mit fast fieberhafter Hast zum Bett eilte; so hatte Helldorn ihn noch nie gesehen.

„Nein", sagte Helldorn, „noch ist etwas Leben in ihr, aber ich fürchte, es ist höchste Zeit, daß etwas geschieht."

Roßwein hatte mit zitternder Hast sein Verbandzeug ausgepackt, streifte den Ärmel auf und wollte die Lanzette ansetzen, aber die Hand bebte, seine Glieder flogen. Er sah den Doktor an.

„Helldorn", sagte er, „tun Sie mir einmal den Gefallen und geben Sie mir ein paar richtige, aber derbe Maulschellen . . . Im vollen Ernst – langen Sie zu!"

„Was fehlt Ihnen denn, Roßwein?" sagte Helldorn verwundert.

„Ein paar tüchtige Maulschellen, weiter nichts, eine rechts und eine links, denn ich zittere wie ein Schuljunge. Es kann vielleicht vom Laufen kommen, aber ich glaub's nicht."

Die Alte kehrte in diesem Augenblick mit dem Kölnischen Wasser zurück. Helldorn nahm es ihr ab, goß sich einen Teil in die Hand, netzte Helenes Schläfe und rieb ihr davon unter die Nase. Roßwein ließ sich selber etwas auf sein Tuch gießen und roch daran. Dann trat er ruhig zum Bett, traf mit geschickter, fester Hand die Ader und rief einen Augenblick später: „Gott sei Dank, sie lebt! Das Becken her, Mistreß Hamilton. Wir werden sie bald wieder die Augen aufschlagen sehen."

„Sagen Sie mir eins, Roßwein . . .", begann Helldorn.

„Pst", sagte Roßwein, „jetzt keine Frage. Das arme Kind wird genug erschrecken, wenn es zu sich kommt und uns hier mit sich beschäftigt sieht. Das Blut fließt vortrefflich. Sie rührt sich, halten Sie nur leicht den Arm, Helldorn. Sehen Sie, sie zuckt schon mit den Wimpern."

Er schwieg plötzlich, denn Helene schlug die großen, dunklen Augen auf und sah den über sie gebeugten Mann starr und erstaunt an, dann ging ihr Blick umher in dem fremden Raum. Es war augenscheinlich, sie wußte nicht, wo sie sich befand, und suchte, ehe sie fragte, erst ihre Gedanken zu sammeln. Aber sie erkannte Helldorn und Roßwein. Was war mit ihr geschehen?

Auch die Negerin war an ihr Bett getreten und schaute mitleidig auf sie nieder, konnte aber einen Jubelruf nicht unterdrücken, als sie bemerkte, wie das Leben in die bisher starren Glieder zurückkehrte.

„Gott sei ewig gelobt und gedankt", rief sie, „das arme Kind kommt zu sich und kann mir jetzt bezeugen, daß ich ihr nichts zuleide getan habe!"

„Doktor Helldorn", sagte Helene leise, „Herr Roßwein, wie komme ich hierher? Was ist das für ein Haus? Warum halten Sie meinen Arm?"

„Bestes Fräulein", sagte Helldorn weich, „regen Sie sich jetzt nicht auf, Ihr Blut muß erst wieder zur Ruhe kommen. Sie sind unter Freunden, und jeder Ihrer Wünsche soll erfüllt werden. Sobald Sie sich erholt haben, geleiten wir Sie in Ihre väterliche Wohnung, und dort finden Sie dann die Pflege, die Sie brauchen."

„Ich kehre nie wieder in das Haus meines Vaters zurück", sagte Helene mit leiser, aber fest entschlossener Stimme, „nie wieder, und lieber will ich mein Brot vor fremden Türen erbetteln, ehe ich mich ..." Sie schwieg, aber ihr Gesicht hatte wieder Farbe bekommen, die rechte Hand ballte sich, und die feinen Lippen schlossen sich fest zusammen.

Roßwein hatte seinen Verband beendet und sagte nur, als er sein Zeug zusammenpackte: „So, lieber Helldorn, darf ich Sie nun bitten, noch kurze Zeit bei der jungen Dame zu bleiben. Ich will einige notwendige Dinge besorgen. Ich komme in einer Viertelstunde zurück und sehe, wie es geht. Ich werde auch etwas Sherry mitbringen, denn die Patientin bedarf einer Stärkung."

Er ließ Helldorn in einiger Verlegenheit zurück, denn was sollte er hier allein machen? Er begann sich unbehaglich zu fühlen, sein Beruf zwang ihn überdies, seine Zeit einzuteilen. Er versprach, in Kürze wieder vorbeizukommen und nach Helene zu sehen, dann verließ er das Haus.

Roßwein schien heute auf seinen Laden nicht die geringste Rücksicht zu nehmen. Als er daran vorübereilte, bemerkte er nicht einmal, daß Doktor Hückler sein Gerippe schon eingezogen hatte und nun die selbe Gefälligkeit von seinem Gegenüber verlangen konnte. Er eilte zu Ezra Ludkins, um eine Flasche von dessen bestem Sherry zu holen. Dann suchte er so lange nach Kellmann, bis er ihn ganz gemütlich bei Meier in der Stube bei einem Glas Bier fand.

„Kellmann", rief er, „ich bin Ihrer Fährte wie ein Indianer gefolgt."

„Aber, bester Freund", sagte Kellmann, „hier war doch der natürlichste Platz. Ich habe mich nur deshalb hierher gesetzt, um Sie zu erwarten, denn ich wußte, daß Sie Durst bekommen mußten."

„Mich haben Sie erwartet?"

„Ja. Aber weshalb haben Sie mich gesucht?"

„Kellmann", sagte Roßwein, indem er die Flasche Sherry auf den Tisch stellte, „wollen Sie mir einen Freundschaftsdienst erweisen?"

„Gern."

„Sie haben gesehen oder wissen wenigstens, welche Wirtschaft in der Familie dieses Herrn von Passedow herrscht."

„Lieber Roßwein", entgegnete Kellmann lachend, „das mag Sie überraschen, mich aber nicht, denn ich kenne die Dame von früher und weiß, welch ein Teufel in ihr steckt."

„Sie kennen den Fettfleck?"

„Allerdings, aber nicht in seiner jetzigen Ausbreitung."

„Schön, dann werden Sie auch begreifen, welches furchtbare Los jenes arme Kind getroffen hat, das verdammt wurde, diese Frau als Stiefmutter zu bekommen. Können Sie sich da hineindenken?"

„Nein", sagte Kellmann lachend, „und ich danke Gott, daß ich es nicht kann."

„Sie haben kein Herz", sagte Roßwein finster.

„Sagen Sie mir erst, was Sie von mir wollen", erwiderte Kellmann freundlich, „nachher findet sich das übrige."

Roßwein schüttelte den Kopf. „Nein", sagte er, „dann muß ich mich nach anderer Hilfe umsehen. Peters nebenan hat einen kleinen Wagen, den er mir gern für Geld und gute Worte leiht."

„Und was wollen Sie mit dem?"

„Selber zu Donner hinausfahren und mit ihm sprechen."

„Das tut mir leid", sagte Kellmann trocken, „den Wagen habe ich mir selber schon geliehen."

„Sie?" fragte Roßwein verwundert. „Wozu?"

„Um das junge Mädchen – Helene – mit zu meiner Frau hinauszunehmen."

Roßwein sah ihn starr an. „Sie wollen Helene mit sich zu Donners Farm hinausnehmen?"

„Gewiß will ich", sagte Kellmann. „Haben Sie was dagegen?"

„Kellmann – Johann!" rief Roßwein. „Sie sind ein Engel!" Er sprang auf den kleinen Mann zu und umarmte ihn.

„Roßwein, sind Sie des Teufels!" schrie Kellmann, indem er sich der stürmischen Umarmung zu entwinden suchte. „Ich heiße Jakob."

„Und der wahre Jakob sind Sie, Kellmann – ein wahres Juwel von einem Menschen, der das Herz auf dem rechten Fleck hat." Roßwein suchte in der Tasche nach seinem Korkenzieher und öffnete die Sherryflasche in fast fieberhafter Hast.

„Meier – zwei Gläser."

„He, Roßwein, bringen Sie Ihre Getränke mit ins Wirtshaus? Das ist bei uns nicht Sitte."

„Halten Sie das Maul, Meier. Bringen Sie drei Gläser her, denn das Zeug, was Sie hier unter dem Namen Sherry verkaufen, kann

Doktor Hückler nicht niederträchtiger herstellen. Es brennt einem die Kehle durch, und wenn man ihn einer alten Kuh über den Buckel gießt, brüllt sie den ganzen Tag. Drei Gläser her, es bleibt immer noch genug darin für eine Stärkung. Aber wo ist der Wagen, Kellmann?"

„Er fährt gleich hier vor."

„Kellmann, Sie sind bei Gott ein guter Mensch", sagte Roßwein gerührt. „Stoßen Sie mit uns an, Meier, obwohl Sie es nicht verdienen, in diesem Bund der Dritte zu sein. Aber Sie haben die Gläser geliefert – drum mag es sein. Unser Freund Jakob Kellmann soll leben!"

Meier machte ein verdutztes Gesicht, denn er hatte keine Ahnung, was das Ganze zu bedeuten hatte, aber der Sherry war ausgezeichnet, und mit vergnügtem Gesicht trank er sein Glas aus.

Dann rasselte das kleine Geschirr vor die Tür.

„Da, Meier, Ihr Korkgeld", rief ihm Roßwein zu, indem er ihm einen halben Silberdollar auf den Tisch warf. Er packte die noch halbgefüllte Flasche ein und fuhr wenige Minuten später mit Kellmann zusammen die Straße hinab der Schmiede zu.

„Kommen Sie mit hinaus, Roßwein?" fragte Kellmann, als das kleine Gefährt vor der Tür hielt.

„Nein", sagte Roßwein. „Sollte ihr dort noch etwas zustoßen oder der Verband sich lösen, versteht Donner genausogut damit umzugehen wie ich. Leider kann ich hier nicht fort, aber in – in einigen Tagen werde ich hinauskommen. Ich schließe meine Bude zu und hänge einen Rasierpinsel und ein Messer an die Klingel, daß sich die Bauernlümmel unterdessen selber den Bart abkratzen können. Ich werde das Geschäft überhaupt aufgeben und etwas anderes anfangen."

„Sie? Was?"

„Eine chemische Fabrik."

„Wissen Sie, daß Sie damit hervorragende Geschäfte machen werden?"

„Wir wollen es abwarten, aber wir sind da – und bei Gott, da kommt Herr von Passedow die Straße heraufgestürzt! Er hat wohl Wind bekommen."

„Wenn er uns nur da draußen keine Szene macht", sagte Kellmann. „Meine Frau kann das zur Zeit nicht vertragen."

„Wir werden das hier mit ihm abmachen“, flüsterte ihm Roßwein zu. „Er kommt direkt auf uns zu, er muß dafür einen zwingenden Grund haben, denn mir geht er sonst, wenn er das nur irgend kann, aus dem Weg.“

Das tat er freilich auch diesmal. Roßwein hatte ihn draußen erwartet, da er glaubte, daß er ihn anreden wolle. Herr von Passedow schien aber keine solche Absicht zu haben, denn ohne sich aufzuhalten, warf er nur einen Blick auf Hamiltons Schild und glitt dann augenblicklich in den schmalen Gang hinein, der, mit Umgehung der Schmiede, zu dem Wohngebäude des Schmieds führte. Unterwegs hatte er gehört, daß ein junges Mädchen auf der Straße ohnmächtig geworden und dann in dieses Haus hineingetragen worden wäre, und die Angst trieb ihn jetzt, sie dort aufzusuchen.

Roßwein und Kellmann folgten ihm augenblicklich. Roßwein, der eine unangenehme Szene fürchten mochte, voran, und er kam gerade noch zur rechten Zeit, um Zeuge der ersten Begegnung zu sein.

Helene hatte ihre Schwäche überwunden. Aufgerichtet saß sie auf dem Rand des Bettes, den verbundenen Arm in der Binde. Die gute alte Negerin bemühte sich, ihr das etwas wirr gewordene prachtvolle Haar so gut es ging zu ordnen.

„Helene!“ rief der alte Passedow, als er die Kranke erblickte, „um Gottes willen, was ist geschehen, was ist dir widerfahren – warum hast du das Haus verlassen?“

Roßwein hatte gefürchtet, daß sich die Kranke bei diesem Zusammentreffen gefährlich aufregen könne, sich aber gründlich geirrt. Um einen Schatten war sie vielleicht bleicher geworden, als sie ihren Vater erblickte, aber kein Muskel ihres Gesichtes regte sich. Mit eisiger Kälte schaute sie ihn an, und mit einem bitteren Zug um die Lippen sagte sie: „Warum? Die Frage, Herr von Passedow, dürfen Sie sich selber beantworten. Was ein Mensch ertragen konnte, habe ich ertragen, all die langen Jahre hindurch, jetzt kann ich's nicht mehr. In der Erinnerung an all das Entsetzliche überfiel mich eine Schwäche, ich brach zusammen, und gute Menschen schafften mich in dieses Haus zu dieser wackeren Frau. Es wird vorübergehen, ich werde mich wieder erholen, und da ich jung und kräftig bin und zu arbeiten gelernt habe, werde ich mir in dem weiten Land hier mein Brot verdienen.“

Ehe Passedow etwas erwidern konnte, war Roßwein schon im Zimmer.

„Ich habe Ihre Tochter zur Ader gelassen, Herr von Passedow", sagte Roßwein ruhig. „Wir fürchteten das Schlimmste, denn sie lag eine Zeitlang wie tot."

„Und fühlst du dich jetzt kräftiger, Helene?" fragte Herr von Passedow, ohne dem „Barbier" zu antworten. „Kannst du mit mir gehen?"

Die Augen des jungen Mädchens blitzten vor Zorn und Aufregung. „Mit Ihnen keinen Schritt weiter in diesem Leben", rief sie, „und wenn ich mir das Brot vor fremden Türen erbetteln müßte."

„Ich werde mich genötigt sehen, dich zu zwingen", sagte der Mann gereizt. „Du darfst dich meiner Autorität nicht widersetzen."

„Darf ich nicht?" Das junge Mädchen lächelte mit eisiger Kälte. „Welches Recht haben Sie über mich, Herr, wenn ich fragen darf? Daß Sie meine Mutter durch Lügen verlockten, Ihnen die Hand am Altar zu reichen? Und soll ich danach forschen, wie und woran sie starb, als jenes Weib, das Sie jetzt zu Ihrer Gemahlin genommen haben, damals unser Haus zuerst betrat? Ich verlange und kann verlangen, daß Sie mir das kleine Kapital auszahlen, das meine Mutter Ihnen zugebracht hat. Ich selber nehme meinen eigenen Namen wieder an, Helene Berger, weiter habe ich mit Ihnen oder jener Frau, in der Sie jetzt Ihre Strafe finden, nichts mehr zu tun, und Gott wird mir weiter helfen."

„Helene", sagte von Passedow, und man sah es ihm an, welche Mühe er sich gab, ruhig zu bleiben, „ich verlange von dir, daß du in dein väterliches Haus zurückkehrst. Du bist leidend, und hier ist auch nicht der Platz, wo wir eine Familienangelegenheit besprechen können."

Helene schüttelte langsam den Kopf. „Nein", sagte sie, „nie im Leben betrete ich wieder diese Schwelle, die jetzt dieses Weib ihr eigen nennt. Was aus mir wird, weiß ich nicht, aber ich werde gute Menschen finden, die mir wenigstens so lange ein Unterkommen geben, bis ich selber meinen Arm wieder rühren und mir mein Brot verdienen kann. Für die erste Zeit bin ich durch das kleine Vermögen meiner Mutter gedeckt, das Sie mir nicht verweigern dürfen."

„Helene!“ rief Passedow zornig auffahrend.

„Bitte, Herr von Passedow“, sagte Roßwein, der als aufmerksamer Zuhörer daneben gestanden hatte und nun rasch zwischen ihn und das junge Mädchen trat, „Sie sind jetzt fertig und haben weiter nichts zu tun, als der gerechten Forderung der jungen Dame zu genügen. Fräulein Helene wird, wenn sie das freundliche Angebot Herrn Kellmanns und dessen Familie annimmt, mit ihm zu Lobensteins Farm hinausfahren, um sich dort zu erholen. Das Weitere findet sich später.“

„Was haben Sie sich hier einzumischen?“ rief Passedow mit einem verächtlichen Blick auf den verhaßten Menschen; Roßwein war aber dadurch nicht außer Fassung zu bringen.

„Darüber hat wohl das Fräulein zu bestimmen“, sagte er, „das, wie ich höre, nicht einmal Ihren Namen trägt.“

„Mein liebes Fräulein“, nahm da Kellmann das Wort, indem er zu Helene trat, ihre rechte Hand faßte und in der seinen hielt, „was auch vorgefallen sein mag, wenn Sie mein Haus für einige Zeit als das Ihrige ansehen wollen, so können Sie sich fest darauf verlassen, daß meine Frau und meine Verwandten Sie mit offenen Armen empfangen werden. Sie sind uns so willkommen wie die Blumen im Mai.“

„Aber wie wäre ich denn imstande, das wiedergutzumachen!“ rief Helene.

„Darüber machen Sie sich keine Gedanken, Fräulein“, sagte Roßwein, „Sie sollen einmal sehen, wie wohl Sie sich da draußen unter guten Menschen fühlen werden. Herr von Passedow kann unterdessen hier seinen Drachen allein steigen lassen.“

Passedow hatte seine Unterlippe so fest mit den Zähnen gepackt, daß der Rand ganz weiß wurde, aber er fühlte auch, daß er hier weiter nichts ausrichten konnte. Vielleicht fürchtete er, daß Helene, rücksichtslos, wie sie sich in dieser Stunde gegen ihn gezeigt hatte, in ihren Anklagen noch weiter gehen könne, und Roßwein wäre ihm da der fatalste Zeuge gewesen. Der Bruch, den er übrigens schon lange hatte kommen sehen, war erfolgt, und nun mußten Mittel und Wege gefunden werden, um ihn wieder zu heilen. Die Schwierigkeit war jetzt nur, hier ungeschoren wegzukommen, denn seine Einwilligung konnte und wollte er nicht dazu geben, daß sie in solcher Weise sein Haus verließ.

„Du willst mir also nicht folgen, ungeratenes Kind? Gut, dann wirst du von mir hören!“ rief von Passedow und verließ mit eiligen Schritten das Haus.

Noch hatte Roßwein sein Haus nicht erreicht, als ihm Hückler schon entgegenkam.

„Herr Roßwein, Sie erinnern sich, was Sie mir heute morgen versprachen. Ich habe die mir gestellte Bedingung, so viel Überwindung es mich auch gekostet hat, erfüllt. Ich erwarte nun von Ihnen, daß Sie ...“

„Mein lieber Herr Doktor“, sagte Rowein, „heute ist es zu spät geworden, das werden Sie einsehen. Ich bin abgehetzt wie ein Windspiel, mir zittern die Knie, und wenn ich jetzt auf die verdammten Leitern stiege und herunterfiele, könnte ich den Hals brechen, was Ihnen doch unendlich leid tun würde, wie?“

„Aber morgen früh bestimmt?“ beharrte der Doktor.

„Mit Tagesgrauen. Sie können sich darauf verlassen. Und außerdem müssen wir doch einmal sehen, wie sich das Gerippe bei Mondlicht ausnimmt. Wir haben heute nacht Vollmond, und mein Haus liegt gegen Südosten; es muß wahrhaft geisterhaft aussehen.“

Ein Wiedersehen

Als die Nacht anbrach, der Mond in runder Scheibe aufging und sein volles Licht auf das weiß angemalte Haus warf, hob sich das Gerippe plastisch von dem Hintergrund ab. Riesengroß und furchtbar schien es frei dazustehen, statt der Sichel ein Rasiermesser, statt der Sanduhr ein Seifenbecken in der Hand, und grinste auf Doktor Hücklers verschlossene Jalousien.

Nur neben dem Haus, in dem der Doktor wohnte, war noch Licht. Oben in der ersten Etage, hinter den niedergelassenen Vorhängen, ging Herr von Passedow, in Pelz und Pantoffeln, einen alten, schmutzigen Fez auf dem Kopf und beide Arme verschränkt, die Brauen fest zusammengezogen, in seinem Zimmer auf und ab, während auf dem Sofa seine Gattin, Frau Therese von Passedow, man kann wohl sagen „ausgebreitet“ lag.

Die „jungverheirateten Eheleute“ schienen gerade eine Szene miteinander gehabt zu haben, in der, wie gewöhnlich, Madame Siegerin geblieben war. Sie hatte ihren Mann nun einmal geheiratet und gedachte ihn auch zu halten, und Vernunftgründe wirkten auf sie ungefähr so, als ob man eine wütende Kuh mit einer Rose vor den Kopf geschlagen hätte.

„Nun?“ sagte sie nach einer längeren Pause. „Bist du mit deinem Spaziergang bald zu Ende? Ich fange an, nervös zu werden.“

„Ich hindere dich nicht, zu Bett zu gehen“, sagte ihr liebender Gatte.

„Das weiß ich“, antwortete die Frau, „aber ich kann nicht schlafen, wenn noch ein Licht, besonders eine Petroleumlampe, im Haus brennt.“

„Du wirst dich daran gewöhnen müssen.“

„Ich denke gar nicht daran“, sagte Madame mit der größten Gemütsruhe. „Passedow, du weißt, wie weit du gehen kannst, du weißt ebenfalls, daß ich alles durchsetze, was ich will, also – blamiere dich nicht, das ist der beste Rat, den ich dir geben kann.“

„Und wie darf ich Helene ihr Erbteil verweigern, wenn sie darauf besteht?“ sagte der Mann. „Will sie nicht in unser Haus zurückkehren – und nach amerikanischen Gesetzen kann ich sie nicht dazu zwingen –, so bin ich verpflichtet, sie zufriedenzustellen.“

„Kannst du es?“ fragte die Frau mit einem höhnischen Blick auf ihren Gatten.

„Ja“, erwiderte Passedow finster, „wenn ich das Haus verkaufe, und du selber hast noch Geld von mir in Händen.“

„Weil ich die Wirtschaft führe.“ Sie lachte. „Aber alles, was du hast oder hattest, gehört jetzt ebensogut mir. Aber genug, laß mich nicht wieder von der Sache hören, oder ich tue etwas, was mir später leidtun könnte. Ich habe dich in Händen, und daß ich halte, was ich habe, dafür kennst du mich. Und nun geh zu Bett, es ist spät geworden. Wie hell der Mond . . . Jesus!“ rief sie, als sie den Vorhang etwas gelüftet hatte. Mit einem Aufschrei fuhr sie zurück, als ihr Blick drüben auf das hellbeleuchtete, riesengroße Skelett fiel. „Wenn es mich je gelüstet hat, einen Menschen umzubringen, dann ist es der schuftige Barbier da drüben, und ich will ihm nur wünschen, daß ich nie Gelegenheit dazu bekomme.“

*

Die Nacht lag auf dem weiten Land. Hell und klar stand der Vollmond am Himmel, nur dann und wann flogen leichte, lichte Wolkenschleier daran vorüber, die kaum einen flüchtigen Schatten auf die Erde warfen. Der Tag dämmerte; noch war im Osten kaum ein hellerer Rand am Horizont zu erkennen, aber die Hähne begannen zu krähen, antworteten einander aus den verschiedenen Gehöften, und in den Obstbäumen wurden die kleinen Vögel rege.

Die Stadt lag noch wie ausgestorben, und selbst die einzeln streunenden Hunde hatten sich an irgendeiner geschützten Stelle zum Schlafen gelegt. Nur vor dem Haus Jakob Roßweins bewegte sich eine dunkle Gestalt, rückte die Leitern und begann ihre geheimnisvolle Tätigkeit.

Es war Roßwein selber, der in einer Art von Galgenhumor im Begriff schien, sein Wort einzulösen und das Gerippe zu entfernen. Ganz einfach schien das nicht zu sein, denn vier oder fünf

Farbtöpfe hatte er schon aus dem Haus geschleppt, und er hatte Mühe, die schon vorher angerührten Farben zu unterscheiden. Endlich kam er aber doch damit zurande und begann nun, noch bei Mondenschein – wobei ihn sein eigener Schatten am meisten störte – die wunderliche Arbeit, bei der er das Skelett nicht etwa überstrich und unkenntlich machte, sondern es im wahren Sinn des Wortes bekleidete.

Solange ihm nur noch der Mond leuchtete, konnte das natürlich nur oberflächlich geschehen, indem er den Knochen unten vor allen Dingen eine Hose und Stiefel anzog. Aber je mehr der Tag anbrach, desto rascher ging ihm die Arbeit von der Hand, und mit dem ersten Sonnenstrahl bekam der noch nicht einmal übermalte Schädel einen hohen, sehr eleganten Zylinder auf.

Die Bauern, die vom Land herein und durch die Straße kamen, sahen das neu entstehende Kunstwerk, aber da sie nicht daraus klug werden konnten, was es werden solle, gingen sie eben weiter.

Doktor Hückler stand nicht gern sehr zeitig auf, indessen trieb ihn heute die Erwartung etwas früher von seinem Lager – oder vielmehr die Absicht, den „Barbier“ zur Arbeit anzutreiben, wenn er noch nicht begonnen haben sollte. Ein freundliches Lächeln flog aber über seine Züge, als er die Tür öffnete und das neue Gemälde schon so weit fertig fand.

Der untere Mensch war fertig, die blankgewichsten Stiefel, die karierten Beinkleider – Doktor Hückler trug genau solche –, der untere Teil der Weste, die beiden Hände mit Rasiermesser und Becken. Roßwein arbeitete sich gerade an der Weste zu den Hemdknöpfen in die Höhe.

„Bravo, Roßwein!“ rief Hückler, als er die Tür öffnete und den Künstler so emsig bei der Arbeit fand. „Das nenne ich Wort gehalten. Sie müssen ja um Mitternacht schon angefangen haben, sonst könnten Sie noch nicht so weit sein.“

„Mein guter Herr Doktor“, sagte Roßwein, ohne sich umzusehen, „ich halte immer Wort, im guten wie im bösen, aber es freut mich, wenn die Ausführung Ihren Beifall findet.“

„Jetzt“, sagte der Doktor, „sieht es fast noch scheußlicher aus als vorher, denn der Totenkopf mit dem Hut darauf, und die Rippen, die noch an der oberen Brust durchschauen, machen es einer halbverwesten Leiche ähnlich.“

Es war Sonntag, und ehe die Messe begann, ehe wenigstens der Geistliche vorüberkam, der sich übrigens nicht mehr von Roßwein rasieren ließ, sondern von einem Mulatten, sollte das Bild fertig sein.

Hückler stand in seiner Tür und sah der Arbeit selbstzufrieden zu. Er war natürlich schon wieder in voller Toilette, wie er immer von früh an ging, weil es eben „amerikanische Sitte" sei, und schien neugierig, wie sich das Aushängeschild ausnehmen würde. Als früherer Barbier hatte er immer noch Interesse daran, obgleich er sich nach Möglichkeit nichts anmerken ließ. Aus der Barbier-Raupe war in Amerika ein buntfarbiger Doktor-Schmetterling geworden, und der flatterte jetzt stolz um alle Blüten.

Roßwein ging nun an die bunte Weste, für die er sich verschiedene kleine Farbtöpfe zusammengebunden und mit nach oben genommen hatte; ein Bündel von Uhranhängseln kam an die dicke goldene Kette.

Hückler begann, mißtrauisch zu werden. Er warf einen verstohlenen Blick an sich hinunter und entdeckte, daß er selber ähnliche Hose und Weste trug, und jetzt – beim Himmel! – erhielt die Figur ein hellblaues seidenes Halstuch, dem mit wenigen Pinselstrichen die hohen, steifen Vatermörder folgten – und noch immer grinste der Totenkopf darüber. Endlich aber schwand auch dieser mehr und mehr unter der aufgetragenen Deckfarbe, die Backen wurden sichtbar, die Nase trat hervor, die blauen, wässerigen Augen gewannen Leben, die Stirn deckte den letzten Rest des Totenkopfs, während sich unter dem etwas zurückgesetzten Hut blondes, kunstvoll gelocktes Haar hervorringelte – mit einem Wort, Doktor Hückler stand dort oben, in der Rechten das Rasiermesser, in der Linken das Becken, wie er leibte und lebte, und wenn es auch nur rohe Dekorationsmalerei war, lässig hingeworfen, so blieb die Wirkung für die Straße desto kunstvoller berechnet und zeigte sich bald in vollem Glanz.

Hückler verschwand mit einem Dolchblick auf den Barbier in seinem Laden, die Kirchengänger aber, die nun vorüberkamen, vergaßen ihre Andacht und blieben mit offenem Mund vor dem Kunstwerk stehen. Selbst Pastor Besser hielt erstaunt an, schritt auf die andere Seite der Straße und betrachtete das neue Bild mit einem halb zweifelnden Blick zu Hücklers Haus hinüber.

„Ei ei, Herr Roßwein“, sagte er, indem er mißbilligend den Kopf schüttelte, „Sie arbeiten am heiligen Sonntag und noch dazu auf offener Straße, der Jugend dabei ein böses Beispiel gebend? Ich werde Sie zur Anzeige bringen müssen.“

„Tun Sie, was Sie nicht lassen können, Hochwürden“, sagte Roßwein trocken. „Bis jetzt haben Sie mich noch jeden Sonntag zur Arbeit verleitet, und Ihren struppigen Bart abzukratzen, ist wahrlich kein Vergnügen ... Herrgott, wer hat Sie denn heute morgen geschunden?“ Er stieg von der Leiter, betrachtete sein Bild und blieb vor dem Pastor stehen. „Oder haben Sie am heiligen Sabbat Selbstmordversuche angestellt?“

Pastor Besser hielt es für unter seiner Würde, darauf zu antworten. Er wußte überhaupt, daß er in einem Wortkampf mit dem unangenehmen Menschen stets den kürzeren zog, und mochte sich schon deshalb nicht weiter mit ihm einlassen. Außerdem hatte Roßwein leider recht – sein neuer Barbier, dem er gerade in einem Anfall von Fieber unter das Messer kam, hatte ihn heute morgen schauerlich zugerichtet.

Roßwein stand noch vor seinem Haus, als ein kleiner Wagen auf der Straße, die zu der nicht mehr so fernen Eisenbahnstation führte, herangerasselt kam. Im ersten Augenblick glaubte er, es sei das Fuhrwerk von Lobensteins Farm, und blieb abwartend stehen, bald erkannte er aber Negergesichter darauf, die ihn natürlich nicht interessierten, und trat eben an die beiden Leitern, um sie aus dem Weg zu bringen, als er seinen Namen gerufen hörte.

„Massa Roßwein – God bless you – wie geht's?“

Roßwein fuhr wie der Blitz herum. Auf dem Wagen saß ein kräftiger Neger, ein kleines Negermädchen neben sich, auf dem anderen Sitz lehnte ein anderes Negerkind, noch fest und warm in eine grobe, wollene Decke eingeschlagen.

„Hamilton!“ rief Roßwein. Mit einem Satz war er bei dem haltenden Gefährt und schüttelte dem Neger die Hand. „Haben Sie die Kinder gefunden? Gott sei Dank, Mann – Gott sei Dank! Aber Moment – Sie dürfen nicht gleich nach Hause, Ihre Frau würde sich zu sehr erschrecken!“

„Ist sie krank?“ fragte der Schmied besorgt.

„Sie war krank, Hamilton, jetzt geht's wieder gut. Sie hatte sich zu sehr um Sie gesorgt, weil Sie so lange wegblieben.“

„Meiner armen Polly ging es unterwegs so schlecht, daß ich mit ihr liegen bleiben mußte, denn allein zurücklassen wollte ich sie nicht, wenn ich sie auch bei guten Menschen wußte."

„Hätten Sie nur geschrieben!"

„Ich kann ja nicht, Massa", sagte der Neger traurig.

„Oder schreiben lassen!"

„Ich war bei farbigen Leuten, die es alle ebenfalls nicht konnten."

„Na, das ist jetzt vorbei", rief Roßwein geschäftig. „Aber warten Sie einen Augenblick, ich will erst meine Bude zuschließen, dann laufe ich voraus zu Ihrer Frau, um sie vorzubereiten. Kommen Sie nur langsam nach, aber nicht eher ins Haus, bis Sie mich pfeifen hören."

„Roßwein, ist der Sheriff hinter Ihnen her?" schrie ihm jemand lachend nach.

Roßwein sah sich im Laufen nach ihm um.

„Helldorn, kommen Sie mit – die Kinder sind gefunden."

„Welche Kinder?"

„Die des alten Negers, die Sie drunten im Süden getroffen hatten."

„Liddy?" rief Helldorn erfreut. „Wo sind sie denn?"

„Wir wollen die Mutter vorbereiten. Die Kinder kommen gleich nach."

Die Frau erschrak bei dem fast stürmischen Eintritt der beiden Leute, und Roßwein befand sich in der Tat in einer merkwürdig erregten Stimmung.

„Na, wie geht's, Mütterchen?" rief er ihr vergnügt entgegen. „Immer noch munter auf den Füßen? Das ist recht – Kopf hoch, die bessere Zeit folgt immer der schlimmen, und ich denke, die schlimme ist bald vorüber."

„Wie soll's gehen, Massa", seufzte die Frau; die Farbigen im Norden nannten die Weißen noch immer Massa oder Master, während sie im Süden schon lange nichts mehr davon wissen wollten. „Immer beim alten. Es wird auch nicht mehr besser, aber bald viel schlimmer werden. Er kommt eben nicht wieder, und wie soll ich arme Frau allein in die Welt hinausziehen und ihn suchen."

„Und wenn er schon unterwegs wäre – wenn er geschrieben hätte?"

„Wenn er geschrieben hätte?“ rief die Frau. „Wissen Sie von ihm, Massa? Oh, lassen Sie eine arme Frau hier nicht in Todesangst die Zeit verbringen! Haben Sie von ihm gehört?“

„Gewiß hab ich“, sagte Roßwein. „Ist das hier nicht der Mann, der ihnen gesagt hat, wo er die Kinder finden kann?“

„Oh, sicher ist er es . . .“

„Die Kinder sind gefunden, Mistreß Hamilton“, sagte Helldorn freundlich. „Das eine wurde nur krank und hat deshalb die Reise so lang verzögert.“

„Und sie kommen?“ Die Frau fuhr sich mit beiden Händen in das wollige Haar. „O Jesus, meine Zuversicht, sie kommen?“

„Sie sind schon von Louisville unterwegs und können morgen hier sein – vielleicht noch heute abend, wenn sie eine gute Reise haben.“

Die Frau war auf einem Stuhl niedergesunken, barg das Gesicht in beiden gefalteten Händen und betete – aber was? Sie wollte ihrem Gott danken, aber sie fand keine Worte. Helldorn fühlte, daß es besser sei, ihr lieber volle Gewißheit zu verschaffen, ehe sie sich in Zweifel und Erwartung aufrieb.

„Ich denke, Roßwein, wir lassen sie kommen. Sind sie in der Nähe?“

„Ja, gewiß – ich denke auch“, sagte Roßwein. „Bleiben Sie bei der Frau, ich will draußen das Zeichen geben.“

Sip, der frühere Negersklave und jetzige Mr. Hamilton, hatte sein Tier unterdessen langsam die Straße hinabgehen lassen. Wie ihm das Herz schlug, wie ihm die Pulse klopften!

Liddy hatte sich fest an ihn gedrängt.

„Wohnt hier unsere Mutter, Vater? Oh, weshalb läßt du das Pferd nicht rascher laufen, daß wir bald zu ihr kommen?“

„Gute Mutter – gute Mutter!“ klagte Polly. „Wie sie um uns geweint haben wird . . . Ach, Polly ist so froh und glücklich, daß sie wieder zu ihr kommt und fremde Leute sie nicht mehr schlagen.“

„Gleich, Kinder, gleich“, sagte Sip, dem die Worte in der Kehle quollen, daß er sie kaum herausbringen konnte. „Habt nur noch ein klein wenig Geduld. Wir dürfen Mutter nicht so erschrecken, wenn wir gleich zu ihr ins Haus dringen. Der weiße Mann ist vorausgegangen, um es ihr zu sagen.“

„Aber der weiße Mann tut ihr gewiß etwas“, klagte Polly. „Und wenn sie weint, schlägt er sie. Polly hat immer Schläge gekriegt, wenn sie weinte."

„Aber jetzt nicht mehr, Polly", sagte Sip. „Jetzt nicht mehr, und du sollst auch nicht mehr weinen, sondern gesund und fröhlich sein dein ganzes Leben lang. Die schwere Zeit ist vorüber, jetzt sind wir daheim. Siehst du das Haus, an dem das weiße Schild befestigt ist? Das gehört uns, und kein böser Mann darf uns hier . . ."

„O Vater!" flüsterte Liddy; sie klammerte sich wie in Todesangst an ihn an. „Das ist er!"

„Wer, Kind?" fragte Sip erstaunt. „Was hast du?"

„Siehst du ihn dort?" fragte Liddy, ebenso scheu und leise wie vorher. „Das ist der Mann, von dem Polly, wenn sie Fieber hatte, immer geträumt hat, daß sie manchmal laut im Schlaf aufschrie." Mit dem kleinen Zeigefinger der rechten Hand deutete sie auf einen weißen Gentleman, der, den Hut im Nacken, beide Hände in den Hosentaschen und eifrig sein Priemchen kauend, die Straße hinabschlenderte. Auf das kleine Geschirr, das ein Nigger führte, achtete er natürlich nicht.

„Wer ist das?" fragte Sip erstaunt. „Der Mann, von dem Polly geträumt hat? Was für ein Mann?"

„Ja." Liddy schmiegte sich fester an ihren Vater, denn der Amerikaner drehte gerade zufällig den Kopf nach dieser Seite. „Der Mann mit den bösen Hunden, der die armen Neger einfing, wenn sie einmal in den Wald laufen wollten."

„Und den habt ihr dort gesehen?" fragte Sip erstaunt.

„Ja, gewiß", flüsterte Liddy. „Er hat den armen Prediger gehetzt, und ich weiß nicht, was sie nachher mit ihm gemacht haben. Sie wollten ihn aufhängen. Das war ein schrecklicher Tag – bis die Weißen kamen und uns sagten, daß wir frei wären. Und dann ging der Jammer und das Elend an."

Sip drehte sich auf dem Wagen um und sah dem Mann nach. Er kannte ihn auch und hatte ihn schon früher hier gesehen. Das war derselbe, der große Plantagen im Süden verkaufte und Farmer und Indianer dazu verleitete, daß sie hinunter nach dem Süden zogen. Mit einem farbigen Mann sprach er aber nie ein Wort. Wo war er nur schon früher einmal dem Weißen begegnet?

Da schallte ein gellender Pfiff aus dem Haus herüber, vor dem er schon sein Tier gezügelt hatte.

Mit zitternder Hast sprang er vom Wagen herab, hängte die Zügel seines Tieres an einen dort eingeschraubten Ring – Liddy war ihm wie ein Reh nachgesprungen – und hob dann Polly herab. Roßwein traf ihn schon unterwegs.

„Da sind die Puppen!“ rief er ihm entgegen. „Nichts wie hinein, Mann, hinein. Geben Sie mir die Kleine. Sie brauchen jetzt Ihre Arme, um der Alten um den Hals zu fallen und sich auszuheulen. Na, fangen Sie nur nicht jetzt schon an – hier immer herein, meine Herrschaften, immer herein!“

Roßwein standen selber die Tränen in den Augen, aber er mochte sich das nicht anmerken lassen. Polly aufgreifend, die ihn verwundert und fast erschreckt ansah, lief er mit ihr mehr als er ging dem Haus zu.

Sarah konnte es nicht entgehen, daß etwas Außerordentliches geschah. Daß die Weißen es gut mit ihr meinten, hatten sie ihr schon oft bewiesen, und sie wären gewiß nicht so vergnügt gewesen, wenn sie ihr eine Trauernachricht gebracht hätten. Aber was denn sonst? Etwas Gutes? Klang es ihr aus einem Traum herüber, daß sie ihr gesagt, Sip sei mit den Kindern in Louisville eingetroffen? Louisville war ja gar nicht so weit von hier . . .

Da flog die Tür auf. Herr Roßwein kam herein, ein Kind auf den Armen, das ihr die Arme entgegenstreckte.

„Mutter!“

„Polly!“ schrie die Frau und knickte in die Knie.

„Mutter!“

Vier Kinderarme schlangen sich fest um ihren Hals.

Aber die Frau brach nicht unter ihrem Glück zusammen. Das Herz, das die langen Jahre hindurch furchtbares Leid ertragen hatte, erlag auch nicht der Seligkeit dieser Stunde. Die drei hielten sich gefaßt, als ob sie sich nie im Leben wieder loslassen wollten.

Sip drückte Helldorns Hand fest zwischen seinen beiden harten Händen. Reden konnte er nicht, das Herz war ihm zu voll, aber der Blick, mit dem er auf die Gruppe sah, die Tränen, die ihm in den Augen standen, sprachen heißeren Dank aus, als es tausend glühende Worte vermocht hätten.

Ein Skalp

Smithfield bestand jetzt aus etwa vierzig bis fünfzig Zelten und Holzhäusern, von denen wenigstens zwei Drittel Logier- und Wirtshäuser oder Schenkbuden waren. In ihnen wurde auch Glückspiel getrieben, und liederliches Volk beiderlei Geschlechtes hielt sich darin auf. Ein paar Ärzte und Advokaten zeigten ihren Beruf an den draußen befestigten Schildern an. Der Photograph machte hervorragende Geschäfte. Ansonsten bildeten ein paar Zimmerleute, Schuhmacher und Tischler den Kern der eigentlich arbeitenden Bevölkerung und, mit dem Friedensrichter und einigen anderen Beamten, auch den anständigen. Der Großteil war hergelaufenes Volk, das nur so lange bleiben wollte, bis sich die Verhältnisse besser überschauen ließen. Versprach Smithfield Zukunft, blieben sie hier, war das nicht der Fall, wie es mit diesen kleinen Städten oft geschah, daß sich der Knotenpunkt des Verkehrs weiter voraus oder zurück verlegte, dann packten sie ihre Häuser wieder auf einen Wagen und wechselten eben ihren Aufenthaltsort. Eine Heimat fanden sie nur dort, wo sie Geld, viel Geld verdienten – sonst nirgends.

In dieses Leben geriet Wolf vom Berge mit seinem zerschossenen Arm. Teuer genug war der Ort für jemanden, der nur eben existieren wollte und ärztliche Hilfe brauchte, während er auf Bequemlichkeiten keinen Anspruch erheben durfte. Aber was lag ihm am Geld? Er hatte sein eigentliches Kapital in New Orleans angelegt, aber doch reichlich mitgenommen, um sich hier eine Weile zu erhalten, und war das aufgebraucht, konnte er mehr holen. Jetzt aber mußte er erst wieder geheilt werden, und jeder Ort war ihm dazu recht.

Die Wunde erwies sich übrigens als nicht so schlimm, wie er anfangs geglaubt hatte. Der Knochen war geprellt, aber nicht gesplittert, und mit seiner gesunden Natur brauchte er kein langes Krankenlager zu fürchten. Schon nach vierzehn Tagen konnte er seine

Grasmatratze verlassen, auf der er bei einer Bäckerfamilie in Smithfield Platz gefunden hatte.

Gerade an dem Tage, an dem er sein Lager verließ, herrschte in Smithfield doppelte Aufregung, denn zum erstenmal war „die Bahn in Sicht gekommen“. Die Arbeiter waren bis auf kaum eine englische Meile an die beabsichtigte Station herangekommen, einzelne Beamte waren gestern abend hier eingetroffen, um für kurze Zeit Quartier zu nehmen, und dann setzte auch wieder – mittlerweile etwas ziemlich Gewöhnliches – ein Mord die Bewohner von Smithfield in Bewegung, den man anfangs herumstreifenden Indianern zuschrieb.

Ein Deutscher war vor wenigen Tagen mit der Absicht eingetroffen, sich einen Bauplatz zu kaufen, ein schon mitgebrachtes Haus zu errichten und eine großartige Bäckerei zu eröffnen, um später die durchfahrenden Züge mit frischem Brot versehen zu können. Seine Wagen waren mit Maultieren bespannt gewesen; eins aber, das sich in der Nacht losgemacht hatte, war in die Prärie hinausgelaufen, und er selber, als er nachritt, um es zu suchen, nicht wieder zurückgekehrt. Ein paar von seinen Landsleuten machten sich dann gut bewaffnet auf, um ihn zu suchen, fanden aber nur, durch Aasgeier aufmerksam gemacht, seine Leiche, und zwar skalpiert, in der Steppe.

Daß er beraubt worden war, verstand sich von selbst, und wer anders als Indianer konnten ihn überfallen haben. Die Deutschen merkten sich deshalb die Stelle und ritten nach Smithfield zurück, um dort ein paar Spaten zu holen und ihn gleich an Ort und Stelle zu beerdigen, erstatteten aber auch Anzeige beim Sheriff und baten ihn, ein paar Soldaten mitzuschicken, für den Fall, daß die Rothäute noch in der Nähe waren.

Der Sheriff beschloß, selber mitzugehen. In letzter Zeit hatte es in der Umgebung von Smithfield mehrere Morde gegeben, und es konnte nichts schaden, denen einmal etwas genauer nachzuforschen.

In dem Bäckerhaus mit Wolf vom Berge zusammen „boardete“, wie man es dort nannte, auch ein junger Amerikaner, das heißt er hatte Kost und Bett in dem Haus und bezahlte dafür wöchentlich eine bestimmte Summe.

Wolf hatte sich angezogen und wollte gerade der anrückenden

Bahn entgegengehen, um die Arbeiten dort zu sehen, als Tyrell, der Amerikaner, ihm begegnete.

„Wolf, gehen Sie mit?"

„Wohin?"

„Ein Landsmann von Ihnen ist draußen in der Prärie ermordet und skalpiert worden. Wir wollen hinaus, um ihn zu begraben."

„Ich kann ja nicht mithelfen."

„Das schadet nichts. Reiten Sie mit, mir zuliebe."

„Ich kann mir ja noch nicht einmal mein Pferd selber satteln."

„Mein Bursche tut das schon. He, John, sattle das Pferd des Gentleman. Du weißt, wo alles liegt?"

„Gewiß, Sir!" rief der Junge, ein Mulatte mit intelligentem Gesicht und Augen, die überall zu sein schienen. „Das wollen wir gleich besorgen." Kaum zehn Minuten später stand das Pferd bereit, und sie mußten dann schon ein wenig zureiten, um die anderen einzuholen.

„Haben Sie Ihre Revolver dabei?"

„Gewiß, immer. Glauben Sie, daß wir sie brauchen?"

„Nein", sagte Tyrell, während John ebenfalls hinter ihnen hergesprengt kam, „aber es ist immer besser, gerüstet zu sein. Kennen Sie einen von meinen Landsleuten hier, einen Mister Smith? Ich sah heute, daß Sie sich grüßten."

Wolf lachte. „Eine sehr kurze Bekanntschaft. Er traf an demselben Nachmittag in jener Hütte ein, wo wir von den Indianern bedroht und dann überfallen wurden, hielt es aber für zweckmäßiger, seine eigene Haut in Sicherheit zu bringen. Er brach, als er hörte, welchen Feind wir in der Nähe wußten, hierher auf."

„Sonst wissen Sie nichts von ihm?"

„Gar nichts. Mir liegt auch nichts daran, Umgang mit ihm zu haben. Wir hatten uns nur dort gesehen und grüßten uns deshalb. Er selber zeigte aber so wenig Interesse an der Sache, daß er mich nicht einmal gefragt hat, ob wir an dem Tag angegriffen wurden oder nicht, und doch sah er, daß ich den Arm in der Binde trug."

„Er verkehrt mit wenig Leuten."

„Mit sehr wenigen, scheint aber viele zu kennen."

„Meinen Sie wirklich?"

„Ach", sagte Wolf, „es ist jedenfalls einer von jenen Lumpen, die als stille Teilhaber eines Spielers gehen. Ich habe noch nie gesehon, daß er selber Bank hielt, aber schon ein paarmal beobachtet, wie er ‚Grüne' zutrieb, und die wurden dann regelmäßig gerupft. Ich möchte mal wissen, wovon er sonst lebt."

„Er hat sich die letzten Wochen nur sehr wenig hier aufgehalten und eigentlich erst seit drei Tagen eine Wohnung, und zwar bei dem neuen Advokaten, genommen."

„Bei welchem?"

„Gleich neben dem Zelt des Photographen."

„Hier in Smithfield hält sich eine schöne Bande auf."

Tyrell zuckte die Schultern. „Lieber Gott", sagte er, „das ist in allen Grenzdistrikten der Fall."

Sie hatten die vor ihnen ausgerittene Gruppe fast erreicht und zugleich auch die Grenze der Prärie, die sich nach Südwesten zu ausdehnte. Hier begannen einzelne Waldstreifen mit niedrigem Gestrüpp, das aber weiter nach Westen zu immer seltener wurde und zuletzt in die öde Steppe auslief, die erst am Fuße der Felsengebirge ihre Grenze fand.

Von herumstreifenden Indianern hatten sie kaum etwas zu fürchten. Die Gruppe bestand aus rund dreißig Mann. Die meisten von ihnen trugen nicht nur ihre Revolver, ohne die überhaupt niemand ausging, sondern auch noch ihre Büchsen am Sattelknopf und ihre schweren Messer an der Seite.

Die Deutschen, die den Leichnam gefunden hatten, sprengten voran. Als die Truppe den Waldstreifen gekreuzt und wieder offene Prärie vor sich hatte, konnte jeder selber deutlich die Stelle erkennen, wo das Opfer lag, denn Turquey-Bussarde kreisten darüber, andere hoben sich krächzend von ihrem Mahl empor, als sie durch die heransprengenden Pferde aufgeschreckt wurden.

Die Landsleute des Ermordeten hatten die Leiche, so gut das möglich war, durch ausgerissene lange Gräser und einzelne wilde Sonnenblumenbüsche, die in der Nähe wuchsen, geschützt, aber doch nicht verhindern können, daß sich die gierigen Vögel trotzdem Bahn zu ihrer Beute brachen.

Das Gestrüpp war bald weggeräumt, und ein halbes Dutzend junge Leute, die ihre Spaten mitgebracht hatten, gingen daran, dicht dabei eine Grube auszuwerfen, um den Ermordeten hineinzulegen. Der Sheriff untersuchte die Leiche, und ihm gesellte sich Tyrell zu, der mit ihm bekannt zu sein schien.

Der Tod war durch drei Revolverkugeln herbeigeführt, die in unmittelbarer Nähe abgefeuert worden sein mußten. Von einem Schuß war sogar der Rock versengt worden. Die Kugel war tödlich gewesen, denn sie hatte – von hinten gefeuert – dem Mann das Rückgrat gebrochen. Es war anzunehmen, daß er sich auf der Flucht befand und sein Verfolger auf einem schnelleren Tier – er selber ritt an dem Morgen ein Maultier – ihn überholt und getötet habe. Da man ihn aber skalpiert hatte, mußten es Indianer gewesen sein, und Revolver hatten viele der Häuptlinge, wie man recht gut wußte.

Der Sheriff hatte die blutige Skalpplatte untersucht, und Tyrell hatte ihn dabei unterstützt. Der Körper wurde noch einmal genau untersucht, aber man fand nichts von Wert. Nur um den Hals, an einer seidenen Schnur, trug er noch ein kleines Ledersäckchen, das aber nur ein Papier mit Nummern und einen kleinen Schlüssel enthielt. Das nahm der Sheriff an sich, dann hoben sie den Körper auf, trugen ihn an den Rand der ausgeworfenen Grube, senkten ihn langsam hinein und deckten ihn mit Erde zu. Die einzige Feierlichkeit war ein kurzes Gebet, das der Sheriff an dem Grab sprach, dann bestieg die Truppe ihre Pferde wieder und sprengte in die Stadt zurück.

Tyrell hatte sich auf dem Rückweg neben dem Sheriff gehalten und mit ihm gesprochen. Wolf war etwas rechtsab geritten, genau der Richtung folgend, die sie vorher auf dem Ausritt genommen hatten. Er erreichte dabei wieder das niedere Gestrüpp.

„Bitte, Tyrell“, rief er, „kommen Sie doch einmal hierher!“

„Was haben Sie da?“

Wolf antwortete nicht, hielt aber an der Stelle, und die beiden Leute, von dem Mulatten begleitet, folgten endlich seinem Ruf.

„Haben Sie eine Spur gefunden?“

„Nein“, sagte Wolf, „hier läßt sich nichts erkennen. Pferde haben diese Stelle gekreuzt, aber der Boden ist zu hart, um Einzelheiten zu erkennen. Als wir vorhin vorüberkamen, flog eine Krähe in den Baum, und jetzt eben habe ich sie wieder aufgescheucht. Ich kann nicht gut aus dem Sattel kommen. Lassen Sie doch John einmal nachsehen, ob er vielleicht etwas findet.“

John war aus dem Sattel geglitten, band seinem Tier die Vorderfüße zusammen und eilte der bezeichneten Stelle zu, wo er aber nichts entdecken konnte. Es war ein kleines, verwachsenes Dikkicht, von dornigen Schlingpflanzen durchflochten, zwischen denen noch zum Überfluß stachelbesetzte Kakteen wucherten, die ein Eindringen erschwerten.

„Siehst du etwas, John?“

„Nein, Sir. Ein Körper kann hier nicht gut hineingekommen sein, ohne die Dornen niederzureißen und eine breite Spur zu hinterlassen.“

Wolf war ebenfalls dicht herangeritten und suchte, mehr von oben, einen besseren Überblick zu gewinnen.

„Was ist denn das Rote, was dort an dem Zweig hängt“, sagte er plötzlich, mit dem Arm die Richtung deutend.

„Ach da!“ Der Mulatte versuchte einen Schritt hinein zu tun, riß sich aber an den Dornen und blieb hängen. Doch er hatte jetzt ein Ziel, und sein großes Bowiemesser ziehend, hieb er die Ranken rechts und links auseinander, bis er sich so weit durchgearbeitet hatte, um den Gegenstand mit dem ausgestreckten Arm zu erreichen. Schaudernd schleuderte er ihn von sich, fort ins Freie.

„Hu!“ rief er. „Der Skalp des Ermordeten!“

Tyrell war im nächsten Augenblick aus dem Sattel, hatte das weggeschleuderte Stück aufgehoben und betrachtete es mit größter Aufmerksamkeit.

„Sheriff“, sagte er, „unser Verdacht war begründet. An dem Schädel ließ es sich, des geronnenen Blutes wegen, nicht genau erkennen, hier aber ist es unverkennbar. Der Mann ist nicht von einem Indianer skalpiert worden, weil ein Indianer nie seine Siegestrophäe weggeworfen hätte. Übrigens sehen Sie hier ganz deutlich, wie der Skalp nicht mit den gewöhnlichen drei oder vier Schnitten abgelöst, sondern mit einem kleinen Messer und von ungeschickter Hand mühsam abgetrennt wurde, und zwar einzig und allein, um den Verdacht von der richtigen Spur abzulenken.“

„Haben Sie einen Verdacht?“

„Hm, ich weiß nicht“, meinte Tyrell. „Die Wahl wird einem schwer bei der Bande, die sich hier herumtreibt.“

Der Sheriff streckte die Hand nach dem Skalp aus, betrachtete ihn lange und aufmerksam, zog dann eine Zeitung hervor, wickelte ihn sorgfältig ein und steckte ihn in die Tasche.

„Appetitlich ist das gerade nicht“, sagte er, „läßt sich aber nicht ändern und kann vielleicht einmal später zur Entdeckung des Mörders führen. Ich bitte Sie, Gentlemen, kein Wort über diesen Fund zu erwähnen.“

„Gewiß“, sagte Wolf, „aber ich sehe nicht recht den Grund dafür ein. Sollte es nicht wahrscheinlicher sein, daß der wirkliche Täter entdeckt würde, wenn bewiesen werden kann, daß kein Indianer, sondern ein Weißer den Deutschen erschlagen hat?“

„Vielleicht ja“, sagte der Sheriff, „aber das haben wir ja dann immer in der Hand und können jeden Augenblick damit heraustreten. Vor allen Dingen müssen wir in der Stille zu erfahren suchen, ob der Ermordete nicht Gegenstände bei sich gehabt hat, die sich wieder auffinden lassen. So glaube ich, daß die in dem kleinen ledernen Beutel enthaltenen Nummern vielleicht die Nummern von Staatspapieren sind, die er möglicherweise bei sich getragen hat. Warnen wir deshalb den Mörder zu früh, daß der Verdacht der Tat nicht auf Indianern ruht, so wird es ihm ein leichtes sein, alles, was ihn gefährden könnte, zu beseitigen, während er jetzt noch im Gefühl vollständiger Sicherheit lebt und sorglos bleibt. Bei seinen deutschen Bekannten könnte unser Freund Wolf einmal nachforschen, was die Sache sehr vereinfachen würde.“

„Hat man denn sein Maultier gefunden?“ fragte Wolf.

„Nein“, sagte der Sheriff, „das verlorene und das, welches er geritten hat, sind noch nicht zum Vorschein gekommen, aber ich habe schon einen Deutschen, der beide Tiere genau kennt, zurück in die Ansiedlungen geschickt, um dort nachzuforschen. Ich glaubte von Anfang an nicht an einen indianischen Überfall und bin jetzt überzeugt, daß mein Mißtrauen vollkommen gerechtfertigt war. Wir wollen uns den übrigen wieder anschließen, damit wir keinen Verdacht erregen ... Wer kommt denn da?“

Der Ausruf galt einer kleinen Gesellschaft von Damen und Herren, die zu Pferde aus der nahen Stadt herausgesprengt kamen und auf einem Spazierritt begriffen schienen.

Genauer gesagt waren es Männer, die sich mit liederlichen Weibern aus den Staaten einließen – wurde doch Geld hier leicht und in Menge verdient und mußte ebenso wieder durchgebracht werden.

„Kannten Sie die Herren?“ fragte Tyrell, der an Wolfs Seite ritt.
„Wenn ich mich nicht sehr irre, war es das Spielergesindel aus den

verschiedenen Zelten in Smithfield. Wo mögen die nur hin wollen?"

„Es würde mich nicht wundern", erwiderte Wolf, „wenn sie den gleichen Platz aufsuchten, den wir eben verlassen haben. Welches bessere Vergnügen kann sich diese Gesellschaft von Frauenzimmern wünschen, als die Stelle zu betrachten, auf der ein gemeiner Raubmord verübt wurde."

„Sie gingen sehr elegant gekleidet", sagte Tyrell.

„Ja", erwiderte Wolf, „und ich frage mich oft, wenn ich an so manches Indianerdorf zurückdenke, wer da roher und gemeiner lebt, diese weiße Rasse mit ihrem Zivilisationsfirnis oder der einfache Wilde, der eine solche Existenz für eine Schmach des ganzen Stammes halten und mit dem Tode bestrafen würde."

„Wir leben in einem großen Land", meinte Tyrell, und ohne sich weiter um die Herrschaften zu kümmern, trabten sie der Stadt entgegen.

In der Spielbude

Der unmittelbar in der Nachbarschaft von Smithfield verübte Mord würde zu anderen Zeiten wohl die ungeteilte Aufmerksamkeit des kleinen Ortes gefordert haben, heute dagegen beschäftigte sich nur ein verschwindender Bruchteil der Bewohner damit, denn: die Bahn kam. Der lang ersehnte Augenblick war da, näher und näher rückten die Arbeiten. Der für die Schienen aufgeworfene Erddamm erreichte schon den Ort, und mit fabelhafter Schnelligkeit wurden die Schwellen gelegt und glitten die Schienen darüber hin. Die Eisenbahnarbeiter setzten aber auch einen Stolz darein, es den „Städtern" zu zeigen, wie sie schaffen könnten, und fast zusehends verlängerte sich der Schienenstrang, bis noch etwa eine halbe Stunde vor Sonnenuntergang die Bahn wirklich die ersten Häuser gewann. Nun erst, wie nach stillschweigendem Übereinkommen, wurde Feierabend gemacht.

Und das gab Leben heute in der Stadt, denn daß sich die Beamten und Arbeiter sogleich in die verschiedenen Restaurants und Schenklokale begaben, verstand sich von selbst. Waren sie doch draußen in der Prärie immer auf sich selber und ihren Lebensmittelwagen angewiesen und durften nicht wagen, ihn sogar am Tag außer Sicht zu verlieren, aus Furcht, von Indianertrupps abgeschnitten zu werden. Hier dagegen fanden sie nicht allein Sicherheit, sondern auch ein wild geselliges Treiben, das ihnen besonders zusagte.

Die Leute verdienten bei dieser Arbeit in der Wildnis, in der sie sich oft in Lebensgefahr befanden und ihre Waffen stets bei sich führen mußten, viel Geld und hatten draußen wenig oder gar keine Gelegenheit, es auszugeben. Fast wie Matrosen auf offener See arbeiteten sie einem bestimmten Ziel entgegen, kamen sie dann einmal in einen Hafen, dann wurde, was sie verdient hatten, auch ebenso rasch wieder verjubelt.

Smithfield war ein solcher Hafen – für sie eine Oase in der Wüste, und daß sie ihr Geld dort rasch anbringen konnten, dafür sorgten zur Genüge die Schenk- und Spielbuden mit ihren Insassen von falschen Spielern und leichtfertigen Dirnen.

Für das Vergnügen der Gäste hatte man nichts vergessen. Kaum war ein Obdach notdürftig hergerichtet, als die Wirte Kegelbahnen und Billardtische aufstellten. Alle nur erdenklichen Getränke, vom Champagner und Rheinwein bis zum gemeinen Fusel, waren zu haben, Bier in Fässern, Porter und Ale und alle Delikatessen, die sich überhaupt in verschlossenen Blechbüchsen transportieren lassen. Raub und Betrug lauerte überall, und Arm an Arm stand in den gedrängt vollen Zelten der gemeine Dieb neben dem ehrlichen Arbeiter.

Tyrell und Wolf hatten sich heute abend diesen Plätzen ferngehalten und noch einen Spaziergang an dem frisch gelegten Gleis entlang gemacht.

Anfangs beschäftigte das Werk die Aufmerksamkeit der jungen Leute, als sie aber eine Strecke daran entlanggegangen waren und jetzt wieder umdrehten, denn die Nacht brach ein, sagte Tyrell plötzlich: „Mister Wolf, ich denke, Sie sind ein rechtschaffener Mann."

Wolf lachte. „Haben Sie mich bisher für das Gegenteil gehalten?"

„Nein", sagte Tyrell und doch etwas zögernd, „aber es ist unter den hiesigen Verhältnissen immer ein gewagtes Ding, einem Fremden zu vertrauen. Ich kann Ihnen gestehen, daß ich Vertrauen zu Ihnen habe, und will Ihnen das beweisen. Ich bin Detektiv."

„In der Tat? Vermuten Sie, daß ich Ihnen nützen kann?"

„Ja", sagte Tyrell. „Sie haben mit diesem Mister Smith, wie er sich hier nennt, eine flüchtige Bekanntschaft im Wald angeknüpft. Sollte sich keine Gelegenheit bieten, die weiter zu verfolgen?"

„Haben Sie denn irgendeinen Verdacht?"

„Allerdings. In New Orleans wurde ein Raubmord verübt, und zwar in einem Haus, das ich schon länger im Auge hatte, weil mir der etwas rätselhafte Insasse ein alter Bekannter schien, dessen Identität ich aber nicht herausbekommen konnte, bis es zu spät war. An demselben Tag, an dem ich die Gewißheit erhielt, daß der Bursche, der sich dort unter dem Namen eines Mister Broadwell einquartiert hatte, ein schon seit einem Jahrzehnt verfolgter Verbrecher sei, der sich in jener Zeit Goodly nannte, war das Unglück geschehen und der Bursche verschwunden. Monatelang habe ich nach ihm den ganzen Westen abgesucht, bis ich diesen Mister Smith traf und jetzt meiner Sache immer sicherer werde, obgleich er alles getan hat, um sich unkenntlich zu machen. Er trug in New Orleans einen vollen weißen Bart, den er aber mittlerweile abrasiert und dadurch ein ganz anderes Aussehen gewonnen hat, aber die grauen Haare konnte er trotzdem nicht wegbringen. Hinten im Nacken hat er, was ihm jedenfalls selber entgangen ist, ein paar auffallend weiße Locken, und an denen glaube ich den Burschen wiederzuerkennen."

„Und was soll ich dabei tun?"

„Er wird sich heute abend, wie er es alle Abende tut, wieder in dem großen Spielzelt, in dem hinten auch das Billard steht, herumtreiben."

„Heute wohl schwerlich, die Stadt hat zu viel Zuzug bekommen."

„Gerade deshalb. Die Leute sind alle mit Geld versehen, und ich müßte mich sehr in meinem Mann irren, wenn Mister Smith da fehlte."

„Und dann?"

„Ich möchte gern Gewißheit haben, ob er auf den Namen Goodly hört. Wir gehen nachher zusammen hinüber. Wollen Sie, wenn die Gelegenheit günstig ist, hinter ihn treten und ihn leise und vorsichtig bei dem Namen nennen?"

„Können Sie das nicht selber tun?"

„Das allerdings, aber ich möchte beobachten, wie er sich dabei benimmt. Geben Sie ihm dann, wenn er sich nach Ihnen umdreht, ein Zeichen, daß er Ihnen folgen soll."

„Und wenn er das tut?"

„Habe ich schon die Gewißheit meines Verdachtes, aber wir bekommen vielleicht noch mehr aus ihm heraus. Sie sind nicht auf den Kopf gefallen, Wolf, Sie werden sich schon zu benehmen wissen."

„Aber muß er nicht gleich Verdacht gegen mich schöpfen, da ich, wenn ich ihn wirklich kenne, ihm doch schon mehrmals begegnet bin und ihn nicht angeredet habe?"

„Sie sind durch den Bart getäuscht worden, das macht ihn nur so viel sicherer. Wenn wir nur dazu kommen, ihn verhaften zu können, daß wir sein Gepäck in die Hände kriegen und es nachsehen können!"

„Aber das hätten wir besser an jedem anderen Abend getan als gerade heute, wo die Stadt so gedrängt voll Menschen ist."

„Mit all dem Spielergesindel hier herum dürften wir nie wagen, ihn anzugreifen – sie hätten ihn in der nächsten Stunde befreit", sagte Tyrell. „Heute haben wir aber die Übermacht. Alle Arbeiter und Beamten stehen auf unserer Seite, wenn es gilt, das Gesetz zu schützen. Nur den richtigen Zeitpunkt müssen wir abwarten, und den zu bestimmen, überlassen Sie mir."

Das war ein wilder Abend in Smithfield, und ein Teil der Eisenbahnleute, von ihrer schweren Arbeit am Tag ermüdet, suchte endlich in einem der Logierhäuser ein Lager, um wenigstens ein paar Stunden Schlaf zu finden. Darin sahen sie sich aber getäuscht.

Die Schlafsäle dieser großen Bretterhäuser, die man zum Übernachten bestimmt hatte, waren genauso wie ein großes Zwischendeck eingerichtet, mit Kojen, in denen je zwei übereinander, in einigen sogar drei Schlafstellen aufgeschichtet standen. In diesen befand sich eine Matratze und eine wollene Decke, und für ein solches Bett mußte man in der Nacht einen Dollar bezahlen, ohne daß je frisches oder überhaupt Leinenzeug aufgelegt wurde. Die Unglücklichen aber, die sich in dieser Nacht dort befanden und ihren Dollar wirklich aus dem Fenster geworfen hatten, durften wahrlich nicht an Schlaf denken, denn wie in einem Bienenschwarm ging es aus und ein.

Manchmal warfen sich ein paar in ihr Bett, zwischen andere hinein, die sich fluchend auf ihrer harten Matratze umherrollten, und fielen vielleicht, wenn sie Glück hatten, in Schlaf. Jauchzend und kreischend wälzte sich bald darauf ein anderer Schwarm herein. Es wurde gesungen und gegrölt, die Leute waren halbtrunken und brachten außerdem ihre Whiskyflaschen gleich noch mit.

„Gentlemen", sagte der Wirt, der zu ihnen trat, „das Schenkzimmer ist draußen – die Herren hier in den Betten möchten gern schlafen."

„Die Herren sollen verdammt sein!" brüllte ein baumlanger Mensch, mit der Faust auf den Tisch schlagend, daß die Gläser klirrten. „Wir verwehren es ihnen doch hier bei Gott nicht! So here goes, boys!“ Mit näselnder Stimme begann er zu singen: „Giles Scroggins courted Molly Brown, fal – di – dera di da!“

„Da soll der Teufel ein Auge zutun bei dem Krach!“ schrie ein anderer und warf sich aus seiner Koje. „Ist denn heute abend die Hölle los?“

„The fairest wench in all our town, fal-dideridded fallera!“ sang der erste wieder.

„Hallo, Tom!“ rief ihn ein anderer an. „Schon so früh auf? Die Hähne fangen eben erst an zu krähen. Komm her, alter Junge, ein Glas?“

Das sogenannte Bentley-Zelt war das größte und am elegantesten eingerichtet, da dort auch „weibliche Bedienung“ nicht fehlte, denn ein paar sehr auffällig gekleidete junge Damen verabreichten den die Schenktische umlagernden Männern die gewünschten Getränke und nahmen das Geld dafür in Empfang, gaben aber nur darauf heraus, wenn sie deshalb gemahnt wurden.

Hinten in einem Anbau standen zwei Billards, auf denen halbtrunkene Männer die Elfenbeinbälle umherstießen und eben mit dem Wirt Streit bekommen hatten, weil der eine mit seiner Zigarre ein Loch in das Tuch gebrannt haben sollte. Vorn, etwas seitwärts von den Schenktischen, damit die Spieler von den Trinkern nicht zu sehr gestört wurden, befanden sich in zwei Reihen sechs viereckige Tische, an denen sich immer je zwei Spieler, die zu dem Tisch gehörten, gegenübersaßen. Einer zog die Karten ab, während der andere den Satz und die Zahlung überwachte.

Das Spiel war das aus den spanischen Provinzen, aus Mexiko und Texas sowie aus Kalifornien eingeführte Monte, ein Glückspiel wie unser „Landsknecht“, nur mit vier, statt mit zwei aufgelegten Karten, und die Sätze im ganzen und unter dieser Bevölkerung nicht hoch, aber das Tempo, mit dem man jeden Satz erledigte, förderte doch auch. Die Gerupften zogen sich gewöhnlich zurück, andere nahmen sofort ihren Platz ein, und wenn die eigentlichen Spieler an einen verloren, gewannen sie an sechs anderen.

Tyrell und Wolf hatten sich dem Spiel ferngehalten. Es war schon lange nach neun Uhr abends, ehe sie das große Zelt betraten, ihrer Verabredung nach aber nicht zusammen, sondern einzeln, obgleich wohl schwerlich jemand darauf geachtet hätte.

Mr. Smith hielt sich wie alle Abende hier auf und schien keinen aktiven Anteil am Spiel zu nehmen, obgleich er, wenn er einmal setzte, fast stets gewann.

Am Tresen stand eine kleine Gruppe von Ingenieuren. Sie waren reichlich mit Geld versehen, schienen aber am Spiel nicht teilzunehmen. Sie beschäftigten sich eine Zeitlang mit Billard und schlenderten dann langsam von Zelt zu Zelt, um das Treiben zu betrachten. Wo sollten sie sonst den langen Abend verbringen!

Jetzt standen sie wieder dort, um mit dem jungen Mädchen zu plaudern und eine Tasse Tee oder einen Grog zu trinken, als Mr. Smith, den die hier ansässigen Ingenieure kannten, wieder zum Tisch kam und eine Handvoll Goldstücke darauflegte.

„Hallo, Smith", fragte einer der Ingenieure, „gut bei Kasse heute abend?"

„Habe eben wieder einen Zug gemacht", sagte der Amerikaner mit vergnügtem Schmunzeln. „Wenn man seine Zeit abwartet, schlägt es selten fehl, aber wenn die Leute wie blind und toll setzen, müssen sie verlieren."

„Alle Wetter", meinte ein anderer, „das ist ja ein ganzer Haufen Gold. Wenn man sich auch so was holen könnte . . ."

„Da liegt's", entgegnete Smith lachend.

„Du", flüsterte dem Spiellustigen ein anderer zu, „laß die Hand davon, das ist ein ‚Whipper in', der treibt nur bei, und wenn sie dich gerupft haben, kannst du wieder gehen."

„Bah", sagte er erste wieder, „mich leimen sie nicht, soviel ist sicher. Ich habe doch Augen im Kopf."

„Wir wollen einmal ein paar Dollar dafür opfern", schlug einer vor. „Der Teufel soll die Kosten holen, es geht jetzt doch alles in einem hier."

Tyrell hatte sich ihnen beigesellt, ohne sich jedoch in das Gespräch einzumischen. Er trank an der Bar ein Glas Brandy und folgte ihnen dann langsam an den Tisch, wie es Neugierige und Leute taten, die keine bestimmte Absicht hatten, als eben zu sehen und sich zu unterhalten.

Smith wandte sich ebenfalls jenem Kreis zu, drang aber nicht mit bis zum Tisch vor, oder es lag ihm nichts daran. Er blieb an dem äußeren Rand stehen und suchte nur einen Blick über die Schultern der anderen zu gewinnen.

Tyrell hatte sich langsam dem Eingang des Zeltes zugearbeitet, trat hinaus in die freie Luft und wandte sich dem kleinen Haus des nicht fern davon wohnenden Sheriffs zu, den er auch daheim fand.

Mr. Bolton, wie der Sheriff hieß, hatte seine Frau mit nach Smithfield gebracht und sich dadurch gewissermaßen eine Heimat in dieser rauhen Umgebung gegründet.

„Ah, Mister Tyrell", sagte sie, als der junge Mann das Zimmer betrat, „das ist gescheit, daß Sie kommen. Guter Gott, heute abend ist es ja gerade, als ob wir einen ganzen Stamm von Indianern in Smithfield zu Gast hätten. Ich bin wirklich nicht ängstlicher Natur, aber ich fürchte mich doch, denn der Lärm klingt zu unheimlich."

„Sie haben aber keine Ursache dazu, Mistreß Bolton", sagte Tyrell lächelnd, „denn es verläuft alles so ruhig wie nur möglich. Daß Sie sich an dieser Stelle aber nicht wohl fühlen können, begreife ich recht gut. Ich verstehe nur nicht, wie Sie sich überhaupt hierher gewagt haben. Das ist kein Platz für Ladies."

„Wir wollen alle unsere Lage verbessern, Mister Tyrell", sagte die junge Frau, „und ich glaube, wir sind dabei. Der Platz scheint wirklich Bestand zu haben. John hat eine Anzahl Bauplätze zu mäßigen Preisen gekauft, die schon jetzt um das Dreifache gestiegen sind. Haben wir nachher, was wir brauchen, so kehren wir in die Staaten zurück – oder gehen vielleicht noch ein bißchen weiter hinaus."

„Die echte Pionierin", meinte Tyrell lachend. „Aber wo ist Ihr Gatte?"

„Eben hinausgegangen, um etwas Feuerholz hereinzuholen. Da kommt er schon wieder. Sie trinken doch eine Tasse Tee mit?"

„Mit Vergnügen, wenn ich auch nicht lange Zeit habe. Bolton, wie geht's?"

„Wie Sie sehen", sagte der Sheriff. „Ist etwas vorgefallen?"

„Noch nicht, aber ich hoffe, wir werden heute abend zum Ziel gelangen. Haben Sie etwas erfahren?"

„Ja, und gerade etwas, das Ihren Verdacht bestätigt", erwiderte der Sheriff. „Smith ist, der Aussage des Deutschen zufolge, der Mann, der jenem Unglücklichen den Ort angegeben hat, auf dem er sein Maultier gesehen haben wollte, und auf dessen Aussage hin ritt er hinaus, um es zu suchen."

„Das gibt uns einen Beweis mehr. Aber weiß niemand etwas Näheres über das Eigentum des Ermordeten, so daß man einzelne Stücke erkennen und damit die Tat beweisen könnte?"

„Er hat eine goldene Uhr getragen, auf die der eine Deutsche schwören will, wenn er sie wiedersieht, denn er ist selber Uhrmacher und behauptet, sie genau zu kennen."

„Das wäre etwas – und sonst nichts?"

„Der Ermordete trug auch eine Tuchnadel, die wir an der Leiche nicht mehr gefunden haben. Er soll Wertpapiere bei sich gehabt haben."

Tyrell starrte eine Weile schweigend vor sich hin. „Wir müssen jedenfalls den Versuch machen", sagte er endlich. „Wieviel Soldaten haben Sie hier im Ort?"

„Augenblicklich verwünscht wenig. Heute morgen mußte erst wieder eine größere Patrouille ausreiten, weil sich Indianer in der Nähe gezeigt haben. Ich glaube nicht, daß wir im Augenblick über mehr als etwa fünfzehn Mann verfügen."

„Und können die rasch alarmiert werden?"

„Jeden Augenblick."

„Gut, weiter brauchen wir nichts. Aber was machen wir mit ihm, wenn wir ihn wirklich festhaben? Morgen früh kann ich ihn leicht mit einem rückkehrenden Bauzug nach Leavenworth und von da nach New Orleans schaffen, aber über Nacht wird es schwer sein, ihn unterzubringen."

„Wir stecken ihn in das kleine Fort", sagte der Sheriff nach kurzem Überlegen, „und geben ihm außerdem noch einen von meinen Leuten als Wache bei."

„Gut." Tyrell nahm seinen Hut auf. „Dann überlassen Sie das andere nur mir."

Als er den inneren Raum des Zeltes betrat, kam ihm Wolf gerade entgegen.

„Hol's der Böse!" sagte Wolf. „Es ist nicht länger in dem Dunst auszuhalten. Ich sah Sie nirgends mehr und wollte eben fort."

„Gab es Streit?"

„Der gewöhnliche Lärm, wenn einer verliert. Es ist schon vorbei."

„Spielen die Leute noch?"

„Sie sind geradezu versessen darauf. Sie glauben, daß der eine

Bankhalter betrügt, und wollen ihm auf die Finger sehen. Einer setzt, und die anderen stehen alle darum her."

„Das ist unsere Zeit", sagte Tyrell. „Ist Smith noch da?"

„Mitten unter den Ingenieuren. Er setzt mit ihnen."

„Wollen Sie ihn anreden?"

„Er wird jetzt keine Zeit haben."

„Wenn er den Namen hört und stört sich nicht daran, habe ich mich geirrt. Aber machen wir wenigstens den Versuch."

Die beiden Männer hatten sich bald verständigt, und während Tyrell zur Seite trat und so an Smith heranzukommen suchte, daß er ihn beobachten konnte, ohne von ihm gesehen zu werden, arbeitete Wolf sich zu Smith vor und blieb hinter ihm stehen.

Die Karten waren eben abgezogen und ein paar kleine Sätze gewonnen worden, es wurde neu gemischt, und die Spiellustigen drängten wieder zum Tisch.

„Goodly", flüsterte Wolf dicht hinter dem Amerikaner mit unterdrückter Stimme, aber doch so, daß es der andere deutlich hören mußte, aber er rührte sich nicht und gab kein sichtbares Zeichen, daß er den Namen beachte.

„Goodly!" flüsterte Wolf noch einmal. „Sind Sie's?"

Mr. Smith drehte sich langsam um, sein Blick streifte den jungen Deutschen, der den Finger an die Lippen legte, als ob er hier ein Gespräch scheue.

Smith sah ihn erstaunt an. Er kannte das Gesicht, konnte es jedoch nicht einordnen. Wolf, dem Rat Tyrells folgend, drehte sich ruhig um und schritt der Tür zu, ohne anscheinend von dem Mann weiter Notiz zu nehmen. Smith warf noch einen Blick auf den Spieltisch, löste sich dann ebenfalls aus der Menschenmasse und folgte Wolf, der ihn am Ausgang erwartete.

„Sind Sie's wirklich?" raunte Wolf. „Sie haben Ihren Bart abgeschnitten. Acht Tage lang bin ich um Sie herumgegangen wie die Katze um den heißen Brei und getraute mich nicht, Sie anzureden."

„Für wen halten Sie mich, Sir?" fragte der Mann und betrachtete ihn forschend. „Mein Name ist Theodor Smith."

„Pst", flüsterte Wolf. „Der Name tut nichts zur Sache. Ich heiße jetzt Wolf – übrigens hieß ich auch einmal Smith. An die Zeit erinnern Sie sich wohl noch, wie? Denken Sie an New Orleans."

Smith sah ihn forschend an – er war seiner Sache nicht sicher, in seinem bewegten Leben aber auch mit so vielen Menschen unter den verschiedensten Namen zusammengekommen, daß er einige Zeit brauchte, um sich nur auf die zahlreichen Smiths zu besinnen.

Im Lokal entstand plötzlich wilder Lärm, Fluchen und Schreien tönte durcheinander – ein Schuß fiel, und Smith rannte hinein, um zu sehen, was da vorgehe.

Es war eine der gewöhnlichen Szenen, wie sie bei dem Spielergesindel nur zu häufig vorkamen. Ein Verlierer hatte – aller Wahrscheinlichkeit nach mit Recht – den Bankhalter beschuldigt, eine Karte unterschlagen zu haben. Als der Spieler in der Furcht, daß es zu einem Ausbruch kommen könnte, sein Geld zusammenraffen wollte, griff der andere – der, wie er meinte, durch Betrug verloren hatte – nach dem Geldhaufen, um sich sein Eigentum zurückzunehmen, und das verstieß gegen die Spielregel, die sich hier nun einmal gebildet hatte.

Es war ein wildes Land und verlangte wilde Gesetze. So hatte – stillschweigend – jeder das Recht, jeden, der sich, noch dazu mit Gewalt, an seinem Eigentum vergriff, niederzuschießen, und jedes Gericht in diesen Distrikten würde ihn freigesprochen haben.

Kaum streckte der Ingenieur deshalb die Hand aus und griff in das Gold hinein, als der Spieler, ohne selbst einen Versuch zu machen, ihn daran zu hindern, den Revolver zog und auf seinen Gegner feuerte. Der Bursche fühlte sich in seinem sogenannten Recht und handelte danach – aber die Verhältnisse heute abend waren anderer Art als sonst.

Der Ingenieur ließ die Hand von dem Gold und taumelte zurück. Ehe aber der Spieler einem zweiten Gegner die Stirn bieten konnte, fühlte er die Hand, in der er die Waffe hielt, wie von einer eisernen Klammer gepackt und zugleich einen Faustst0ß zwischen die Augen, daß er in die Knie brach. Sein ihm gegenübersitzender Komplice hatte keine Zeit, ihm beizuspringen – vielleicht auch keine besondere Lust dazu. Er raffte die über den Tisch geworfene Serape zusammen, um das darauffliegende Geld zu bergen.

In diesem Augenblick kehrte Smith, den Tyrell nicht aus den Augen ließ, in das Zelt zurück und versuchte sein Bestes, um nach vorn und zum Tisch zu kommen, was ihm aber nicht gelang, denn das Gedränge war dort zu groß. Ein paar der Eisenbahnarbeiter

hatten den Verwundeten aus dem Gewühl getragen, andere schrien nach einem Arzt. Der größte Teil jedoch hatte sich auf den Schützen geworfen und schnürte ihm die Hände auf den Rücken, während die Spieler, die aus den übrigen Zelten herüberströmten, umsonst versuchten, den Kameraden wieder zu befreien. Der befand sich in festen Händen, und um dem Gesindel auch die letzte Möglichkeit zu nehmen, gewalttätig einzuschreiten, sandte der Sheriff nach einer Militärpatrouille und ließ ihn dann in das Fort bringen, wo er von Posten mit scharfgeladenen Gewehren bewacht werden sollte. Heute war es zu spät geworden, um etwas mit ihm anzufangen, obgleich einige der Leute lautstark verlangten, man solle die Kanaille an den nächsten Baum hängen – als Beispiel für andere – und Miene machten, zur Selbstjustiz zu schreiten.

Smith hatte sich bis zu der Stelle vorgedrängt, wo man den Mörder festhielt, sich aber merkwürdigerweise, obgleich ihn Tyrell dabei scharf beobachtete, nicht seiner angenommen oder auch nur ein Wort zu seinen Gunsten gesprochen. Es konnte doch keiner von seinen intimen Freunden sein, oder er hielt sich vorsichtig zurück. Als der Ruf laut wurde, ihn zu hängen, sah er sich nach dem Sheriff um, und es schien, als ob er sich an diesen wenden wolle. Das anrückende Militär mochte ihm jedoch die Gewißheit geben, daß die Gesetze die Oberhand behielten, und er sah deshalb, wenn er es überhaupt gewollt hatte, von einem solchen Versuch ab.

Durch diesen Zwischenfall war die Harmonie in Smithfield gestört worden, denn während auf der einen Seite die Arbeiter an dem Schmerzenslager des Verwundeten standen und schon dadurch in immer größere Erbitterung gegen die Spieler und ihren Anhang gerieten, sammelten sich diese selber in der etwas abgelegenen Hütte eines der Genossen, um mit Entrüstung den Fall zu besprechen, der für sie eine Lebensfrage zu werden drohte.

Mr. Theodor Smith hatte sich dieser Versammlung allerdings ferngehalten, dagegen den Versuch gemacht, in die Nähe des Gefangenen zu kommen, was ihm aber nicht gelang. Nicht einmal das kleine Fort durfte er betreten und mußte unverrichteter Dinge wieder abziehen.

Ertappt

Die Nacht verging trotz all der Aufregung, die im Lager herrschte, ohne weitere Unruhen. Die erschöpften Körper verlangten zuletzt ihr Recht, und gegen zwei Uhr morgens lag der Ort in tiefer Stille – aber auch nicht länger, als die Dunkelheit anhielt.

Schon vor Sonnenaufgang kam Tyrell in das Haus des Sheriffs, um ihn herauszuklopfen. Er hatte eine lange und eifrige Unterredung mit ihm. Er verlangte nämlich die Verhaftung Smiths, um dessen Sachen untersuchen zu können. Bolton verweigerte das auf das entschiedenste, da sie nicht den geringsten Beweis in Händen hatten und nur noch mehr böses Blut in dem ohnedies erregten Lager gemacht haben würden.

Der Ingenieur, den der Spieler in die Brust geschossen hatte, starb gegen sieben Uhr morgens, und die Aufregung und Wut der Eisenbahnarbeiter ließ sich kaum beschreiben. Alle ohne Ausnahme weigerten sich, wieder eine Spitzhacke in die Hand zu nehmen, bis der Fall erledigt wäre. Ein Gericht sollte zusammentreten und den Mörder verurteilen, sonst würden sie die Sache selber in die Hand nehmen, und das war eine gefährliche Drohung, denn die Leute waren alle schwer bewaffnet. Es wären gefährliche Gegner gewesen, und der Friedensrichter, Major Golly, so friedliebend er sonst war, sah doch zuletzt ein, daß er nicht gut anders konnte, als die fatale Sache zu erledigen.

So rasch war das aber nicht abgemacht. Eine Wahl der Geschworenen konnte nicht stattfinden, der Richter selber ernannte sie. Der Gefangene hatte aber das Recht, zweimal sechs Geschworene abzulehnen. Das erstemal wurden sechs neue von dem Richter ernannt, dann lehnte der Gefangene wieder sechs ab, denn er sah keinen seiner Gefährten darunter und wußte wahrscheinlich recht gut, welchen Urteilsspruch er von ehrlichen Leute zu erwarten habe. Nur als der Richter zum drittenmal die Geschworenen vollständig ernannte, mußte er sich fügen. Damit war allerdings viel Zeit versäumt, und es war fast Mittag geworden, ehe das eigentliche Gericht zustande kam.

Solange hatte Body, wie der gefangene Spieler hieß, auch noch Hoffnung gehabt, bei der Wahl dieser Geschworenen aber ließ sich die Entscheidung leicht voraussehen.

Bolton war noch einmal nach Hause gegangen, um ein paar Bissen zu essen, weil er wahrscheinlich für längere Zeit nicht wieder dazu kommen würde, und Major Golly, der Richter, der ein Junggesellenleben führte, begleitete ihn.

Eben hatte sich die kleine Gesellschaft zu Tisch gesetzt, als es an die Tür klopfte. Zu Boltons Erstaunen stand Mr. Smith auf der Schwelle und sagte mit der größten Höflichkeit: „Mister Bolton, entschuldigen Sie, wenn ich Sie in Ihrer Häuslichkeit störe. Da aber der Fall dringend ist und ich den Major, der sich, wie mir gesagt wurde, hier befindet, sprechen muß, habe ich es in Erwartung Ihrer freundlichen Einwilligung gewagt."

„Bitte, Sir", sagte Bolton, aber doch etwas befangen, „nehmen Sie sich einen Stuhl. Haben Sie unter vier Augen mit Major Golly zu sprechen?"

„Nein", sagte Smith nach einigem Zögern und mit einem Blick auf die Dame, „es ist eine Geschäftssache, zu der Sie, Mister Bolton, ebenfalls gehören. Erlauben Sie, daß ich zur Sache komme."

„Wir bitten Sie darum", sagte der Major, der sich nicht gern beim Essen stören ließ, indem er anfing, zuzulangen, „das heißt, wenn die Sache dringend ist, sonst möchte ich Sie ersuchen, es bis auf heute abend zu verschieben, das Verhör wird gleich beginnen."

„Eben deshalb komme ich her", erwiderte Smith. „Ich würde sonst nicht gewagt haben, Sie gerade jetzt zu belästigen."

„Also, worum geht es?"

„Ich habe mich Ihnen vorher vorzustellen", sagte Mr. Smith. „Sie wissen, daß ich mich seit einiger Zeit in dieser Gegend aufhalte und schon vor einigen Wochen Smithfield besuchte – aber nicht zum Vergnügen oder in Geschäften . . . Ich bin Beamter der Vereinigten Staaten."

„In der Tat?" sagte der Major. „Und in welcher Stellung?"

„Ich bin Detektiv", erwiderte Smith ruhig und griff in die Brusttasche, aus der er ein zusammengefaltetes Papier nahm.

„Detektiv?“ rief Bolton erstaunt.

„Von New Orleans abgesandt, um einem schweren Verbrecher nachzuforschen, dessen Spur ich bis hierher verfolgte. Anfangs war ich meiner Sache nicht sicher, gestern nachmittag oder vielmehr gestern abend bekam ich aber die Gewißheit, und merkwürdigerweise ist es der nämliche Bursche, der seine böse Leidenschaft nicht mäßigen konnte und den Mann erschoß.“

„Das trifft sich ja merkwürdig“, sagte Major Golly. „Aber was wünschen Sie da von mir? Hat er schon früher ein Verbrechen verübt, wird das jetzt wahrscheinlich mitgesühnt werden, denn wenn ich mich nicht sehr irre, bricht ihm die gestrige Geschichte den Hals.“

„Und um gerade das zu verhindern, habe ich Sie aufgesucht, Major“, sagte Smith. „Der Prozeß in New Orleans ist nämlich sehr verwickelter Art, und ein Beweis wird nicht allein sehr schwierig, sondern sogar vielleicht unmöglich, wenn ich nicht diesen Burschen einbringe. Daß er vor die Geschworenen kommt, ist ja ganz in der Ordnung, aber ich möchte Sie dringend bitten, ja muß sogar darauf bestehen, daß er mir anschließend ausgeliefert wird, um die Beweisführung in New Orleans zu ermöglichen.“

„Dürfte ich Sie einmal um Ihre Legitimation bitten?“ Major Golly streckte die Hand aus, um das Papier in Empfang zu nehmen.

„Mit Vergnügen, Sir.“ Mr. Smith reichte sie ihm hin, und Bolton war aufgestanden, um ebenfalls einen Blick in das Papier zu werfen.

Es stellte sich unzweifelhaft als eines jener gedruckten Exemplare heraus, wie sie den in solcher Mission tätigen Männern in den verschiedenen Städten oder Staaten ausgestellt wurden. Der Stempel war der der Stadt New Orleans, und die Unterschrift schien ebenfalls echt zu sein.

„Hm“, sagte der Major, der das Dokument eine Weile betrachtet und dabei mit Bolton einen Blick gewechselt hatte, „und auf was lautet die Anklage in New Orleans?“

„Das schwerste Verbrechen, dessen sich ein Mensch schuldig machen kann: er hat seinen eigenen Vater erschlagen und beraubt, und der Galgen erwartet ihn. Aber seine Zeugenaussage brauchen wir noch, um die Mitschuldigen auszufinden, von denen er, wie es sich nach der ersten Untersuchung ergibt, drei gehabt hat. Können wir ihn nicht dort vor Gericht stellen, so ist es gewiß, daß die anderen Schuldigen gar nicht zur Rechenschaft gezogen würden."

„Und was verlangen Sie da von uns?"

„Daß mir der Verbrecher ausgeliefert wird", sagte Mr. Smith bestimmt. „Ist es ausführbar, so würde ich darum bitten, noch ein oder zwei Mann zur Eskorte mitzubekommen, läßt sich das aber nicht gut machen, bin ich auch erbötig, ihn allein mitzunehmen, was mit der Bahn sehr leicht geht. Von hier bis Junction City würde ich den Bauzug benutzen, von da bis Leavenworth den Personenzug, und dann bekomme ich leicht einen Polizeibeamten, der mich wenistens bis Saint Louis begleitet. Kann ich also darin auf Ihre Hilfe rechnen?"

„Wenn sich die Sache so verhält", sagte Major Golly, „wird uns allerdings nichts anderes übrigbleiben – vorausgesetzt, daß wir nicht auf unverhofften Widerstand bei der Bevölkerung stoßen."

„Sie haben das Militär zu Ihrer Verfügung", warf Smith ein.

„Ja, das ist wahr", bemerkte der Richter, „aber – nicht ganz sicher. Doch wir wollen sehen, was sich tun läßt. Jedenfalls hätte ich nur gewünscht, daß Sie sich früher bei mir gemeldet hätten, Mister Smith, es – würde die Sache vielleicht vereinfacht haben."

„Verehrter Herr", sagte Smith, „Sie wissen selber, je weniger jemand in meinem Beruf mit anderen darüber spricht, desto besser. Das geringste unbedachte Wort kann unsere ganze mühevolle Arbeit verderben. Dürfte ich Sie um das Papier bitten, es ist die einzige Legitimation, die ich bei mir führe."

Der Richter hielt das Blatt noch immer zwischen den Fingern und schien unschlüssig, was zu tun sei. Bolton kam ihm zu Hilfe.

„Sie werden uns erlauben, Ihre Legitimation noch hierzubehalten. Wenn Ihnen der Verbrecher ausgeliefert wird, bekommen Sie das Papier zurück."

„Das – möchte ich nicht gern", sagte Mr. Smith nach kurzem Zögern. „Man kann nie wissen, was passiert, und ich würde es deshalb vorziehen, das Dokument selbst aufzubewahren. Es ist, wie gesagt, die einzige Legitimation, die ich besitze, und ohne sie könnte ich in eine sehr mißliche Lage geraten."

„Sie kann uns ja auch nichts nützen, Mister Bolton", sagte der Richter.

„Vorderhand müssen wir sie prüfen, ob sie echt ist. Sie entschuldigen, Mister Smith", sagte der Sheriff, „aber es ist Vorschrift. Es wird allerdings schwer sein, die Echtheit des Dokuments festzustellen, da wir keine Gelegenheit haben, die Unterschrift zu vergleichen. Ich persönlich zweifle auch nicht daran, habe aber als Sheriff die Pflicht, jede nötige Form zu beachten. Betrachten Sie das Ganze, wenn Sie wollen, nur als eine Formsache, die sich jedoch nicht mehr umgehen läßt."

Mr. Smith schien von dem halb ausgesprochenen Mißtrauen nicht besonders erbaut zu sein, mochte aber wohl fühlen, daß er die Sache nur noch schlimmer machte, wenn er dagegen Einspruch erhob. Er verbeugte sich leicht und sagte: „Wie Sie wünschen. Das Ganze wird rasch erledigt sein, denn wie die Jury ausgefallen ist, zweifle ich nicht daran, daß der Verbrecher augenblicklich schuldig gesprochen wird. Hat er einen Verteidiger?"

„Sicher", sagte der Richter. „Unter seinen Freunden befindet sich auch ein Advokat, der es übernommen hat, ihn zu verteidigen. Jedes Recht, das ihm das Gesetz gibt, soll ihm zugestanden werden."

„Sehr schön. Ich ersuche Sie dann nur, beizeiten die nötigen Vorkehrungen zu treffen, daß dem Gefangenen nach dem Urteilsspruch kein Leid geschieht. Ich muß Sie sonst für die Folgen dem Louisiana-Gericht gegenüber verantwortlich machen."

„Mein bester Mister Smith", sagte Bolton, „daran würden wir nicht besonders schwer zu tragen haben, denn wir leben hier an der Grenze von Kansas, haben also gegen Louisiana, noch dazu in unseren jetzigen wilden Verhältnissen, nicht einmal eine Verpflichtung. Nichtsdestoweniger wird ein Gericht in den Vereinigten Staaten immer Rücksicht auf das andere nehmen und es soviel als möglich unterstützen. Jetzt müssen Sie uns aber entschuldigen. Ich möchte noch einen Bissen essen, denn das Verhör beginnt gleich, und ich weiß nicht, wann ich wieder Zeit dafür bekomme."

„Mister Sheriff", sagte Mr. Smith mit einer raschen, abwehrenden Verbeugung, „ich würde unendlich bedauern, Sie belästigt zu haben." Mit einem Gruß gegen die Dame und den Richter verließ er das Haus.

Es war eine gewisse übertriebene Höflichkeit in seinem Benehmen, man sah, daß der Bursche jede Form wahren wollte, die er wirklichen Gentlemen abgesehen hatte. Aber selbst in der Weise, wie er es tat, lag ein Hohn, eine Art, als ob er sagen wollte: Wenn du mich nicht ebenso höflich und achtungsvoll behandelst, jage ich dir eine Revolverkugel in den Leib. Und daß er dazu fähig gewesen wäre, zeigte jeder Zug seines frechen Gesichtes.

Kaum hatte er das Haus verlassen, eilte Bolton an den Tisch, nahm sich etwas Brot und Fleisch, um nur einen Imbiß zu haben, und sagte dann zu dem Richter: „Major, frühstücken Sie nur in aller Ruhe mit meiner Frau, ich selber habe einen wichtigen Weg zu gehen. Geben Sie mir einmal das Papier dieses Mister Smith. In der Stadt befindet sich ein wirklicher Detektiv aus New Orleans, der gerade in diesem Herrn den Mann erkannt haben will, den er sucht. Ist das Dokument falsch, woran ich keinen Augenblick zweifle, haben wir den Burschen, aber es ist keine Zeit zu verlieren. In spätestens einer Viertelstunde bin ich wieder da."

Bolton eilte zu dem Bäckerhaus, wo Tyrell und Wolf wohnten. Tyrell war eben im Begriff, die Wohnung zu verlassen, um Zeuge der Verhandlung zu sein.

„Auf ein Wort, Tyrell!" rief Bolton. „Kommen Sie noch einmal mit hinauf, ich habe Ihnen etwas Wichtiges zu zeigen."

„Mir?"

„Ja, Ihnen. Wissen Sie, wer der Gentleman ist, den Sie im Verdacht hatten, ein sehr gefährliches Subjekt zu sein?"

„Ich gäbe viel darum, wenn Sie es mir sagen könnten, aber ich bezweifle es."

„Na, dann hören Sie: es ist ein Detektiv aus New Orleans."

„Der Teufel ist er!" entgegnete Tyrell. „Wer sagt Ihnen das?"

„Hier habe ich seine Legitimation!"

„Bolton", sagte Tyrell, „ist das wahr?"

„Auf mein Ehrenwort! Er hat eben den Gefangenen reklamiert."

„Dann haben wir ihn!" Tyrell schlug mit der rechten Faust in die linke Hand. „Denn wenn das ein wirklicher Detektiv ist, fresse ich ihn mit Haut und Haaren. Aber wo haben Sie das Dokument?"

Während sie zusammen ins Haus zurückschritten, reichte es ihm Bolton. Tyrell öffnete es und betrachtete es aufmerksam.

„Verdammt", brummte er nach einer Weile vor sich hin, „das sieht – hol mich der Henker – auf den ersten Blick echt aus, kann's aber nicht sein, denn woher hätte es der Schuft! Von der Polizei im Leben nicht."

„Kennen Sie die Unterschrift?"

Tyrell nahm statt aller Antwort sein eigenes Papier heraus, faltete es auseinander und legte es neben das neue.

„Mister Wolf", sagte der Sheriff, indem er dem jungen Deutschen, der eben eintrat, die Hand reichte, „wie geht's mit Ihrem Arm?"

„Danke, besser", sagte Wolf. „Eigentlich recht gut, wenn ich den Arm auch noch nicht frei bewegen kann. Ich bin jetzt wenigstens sicher, daß er nicht steif bleibt. Aber was haben Sie da?"

Tyrell saß kopfschüttelnd über den beiden Papieren und verglich sie miteinander, das eine sah aber genauso aus wie das andere, und er konnte keinen Unterschied finden.

„Das weiß der Teufel", knurrte er dabei, „wo der Schuft das Papier her hat, das auf einen Mister Theodor Smith ausgestellt ist! Die Unterschrift muß echt sein, der Stempel ist auch genau wie meiner. Ich will gehängt werden, wenn ich mich da hineinfinde."

„Wollen Sie es mir einmal erlauben?" fragte Wolf.

„Mein lieber Freund", meinte Tyrell, „wenn ich da keinen Unterschied finde, werden Sie's wohl auch nicht herauskriegen. Ich habe von den Dingern viele unter den Händen gehabt."

Wolf trat mit den beiden Papieren ans Licht, betrachtete und verglich sie aufmerksam, und in der Tat, wenn hier eine Fälschung vorlag, so war sie meisterhaft. Schließlich leckte Wolf mit der Zunge erst über den einen, dann über den anderen Stempel und sagte lachend: „Soll ich Ihnen einen Unterschied zeigen?"

„Nun?" Tyrell kam begierig näher.

„Einfach der: das Papier selber ist echt, aber Ihr Stempel ist mit gewöhnlicher fettiger Schwärze abgedruckt, und dieser hier mit chinesischer Tusche künstlich nachgemalt. Sehen Sie, da? Die Tusche löst sich auf und verwischt sich, die Druckerschwärze bleibt unter der Feuchtigkeit unverändert."

„Pest!" rief Tyrell erstaunt. „Daran hatte ich nicht gedacht. Also doch! Aber jetzt, Kanaille, haben wir dich! Wolf, Sie sind ein Goldmann. Und nun, Bolton, ersuche ich Sie, Mister Smith sofort im sicheren Gewahrsam zu nehmen. Sie verhaften ihn vor allen Dingen wegen gefälschter polizeilicher Dokumente, das übrige findet sich, und daß wir nun ohne weiteres seine Sachen beschlagnahmen, versteht sich von selbst. Sind die des Gefangenen schon nachgesehen?"

„Nur oberflächlich. Er hat übrigens ebenfalls Wertpapiere bei sich."

„Haben Sie die Nummern mit jenem Zettel verglichen, den wir bei dem Ermordeten gefunden haben?"

„Daran habe ich nicht mehr gedacht", sagte der Sheriff. „Aber der Lump wird doch damit nicht auch in Verbindung stehen?"

„Wer kann es sagen", meinte Tyrell. „Da sich aber dieser Smith jetzt so für ihn interessiert, daß er sich selber mit seinem Dokument vorwagt, macht ihn jedenfalls verdächtig, und darüber müssen Sie Gewißheit haben, wenn er vor Gericht steht."

Der Sheriff lachte. „Er wird doch gehängt, und auf ein bißchen mehr oder weniger kommt es dabei nicht an. Aber ich muß weiter. Tun Sie mir nur einen Gefallen, Tyrell, gehen Sie mit in mein Haus, vergleichen Sie die Papiere mit den Nummern, und kommen Sie dann zu Bentley hinüber, um mir Antwort zu bringen. Ich muß den Gefangenen vorführen, denn die Zeit ist um, und mein Publikum wird mir sonst ungeduldig. Die Leute wollen wieder an ihre Arbeit."

„Aber wo sind die Papiere?"

„Ich gebe sie Ihnen."

„Dann kommen Sie mit, Wolf, wir machen das zusammen ab."

*

Die Menge vor Bentleys Zelt, wo die Sitzung abgehalten werden sollte, war in der Tat ungeduldig geworden, denn die Sonne hatte schon eine ganze Weile den Zenit passiert, und noch ließ sich weder der Richter noch der Sheriff blicken. Allerdings war die Zeit bis dahin zum großen Teil durch das Begräbnis des Kameraden ausgefüllt worden, für den die Zimmerleute einen rohen Sarg angefertigt und den sie in seine stille Grube gelegt hatten. Nun aber wollten sie auch den Mörder bestraft sehen, und schon wurde die Furcht in ihnen rege, daß er ihnen am Ende noch entwischen könne.

Endlich kam Major Golly, von Sheriff Bolton begleitet, die

Straße herauf. Hinter ihnen brachte ein kleiner Trupp Soldaten den Gefangenen, und am Weg standen die Spieler und ihr Anhang und warfen der Gruppe nicht gerade freundliche Blicke zu; aber das half ihnen nichts. Wohin sie auch blickten, überall sahen sie einzelne Gruppen bewaffneter Arbeiter, die Revolver im Gürtel, die Büchsen auf der Schulter. An Gewalt war da nicht zu denken, und sie mußten geschehen lassen, was sie doch nicht ändern konnten.

Die Sache nahm ihren erwarteten Verlauf, der sich noch dazu sehr einfach herausstellte, da jeder die Tatsachen genau kannte. Nach einer kurzen Einleitung von Major Golly, der den Fall nur als eine Formsache ansah, und der kurzen, bündigen Anklage des Staatsanwaltes, ergriff gleich der Verteidiger das Wort und hob besonders hervor, daß hier in diesem wilden Landstrich jeder einzelne auf sich selber angewiesen sei, um Eigentum und Leben zu wahren. Würde eins oder das andere angegriffen, so sei man berechtigt, sich seiner Haut zu wehren, und der Angeklagte habe nichts anderes tun können, als seinen Gegner, der ihm an Kräften weit überlegen gewesen sei, niederzuschießen.

Der als Staatsanwalt fungierende Advokat erwiderte nur wenig. Er berief sich auf den Mord, der vor ihrer aller Augen geschehen war. Der Ermordete habe sich nicht das Eigentum seines Mörders aneignen, sondern nur das zurücknehmen wollen, was ihm seiner Ansicht nach, wie nach dem Zeugnis vieler Umstehenden, in betrügerischer Absicht abgenommen worden war. Hätte sich der Angeklagte unschuldig gewußt, so genügte es, sich an die Gerichte zu wenden, die ihm schon zu seinem Recht verholfen hätten.

„Oho!“ riefen einige der Spieler.

„Ruhe! Ruhe!“ schrien die Zuhörer. Und als der Verteidiger noch einmal, aber ebenfalls sehr kurz, dargelegt hatte, was in diesem Fall den Angeklagten erwarte, wenn sie ihr „Schuldig“ über ihn sprächen, zog sich die Jury zurück, um ihr Urteil abzugeben.

„Major Golly“, flüsterte Smith, der jetzt wohl sehen mochte, wie die Sache stand, dem Friedensrichter zu, „ich glaube, es wird Zeit sein, daß Sie erklären, der Gefangene müsse noch eines größeren Verbrechens wegen an Louisana ausgeliefert werden.“

„Ich denke, wir warten erst den Ausspruch der Jury ab“, erwiderte Golly, ohne sich nach dem Mahnenden umzusehen.

Die Jury beriet sich kaum zehn Minuten, als sie auch schon zurückkehrte und der Vormann mit monotoner Stimme erklärte: „Schuldig! Die Jury war einstimmig!"

„Major Golly", flüsterte Smith wieder, „erlauben Sie mir vielleicht, daß ich die Versammlung anrede?"

Der Major erhob sich.

„Wenn die Geschworenen den Angeklagten für schuldig erklärt haben", sagte er, „so hat er verdient, daß er am Hals aufgehängt werde, bis er tot, tot, tot ist."

„Fort mit ihm!" schrie und tobte die Menge. „Viel zu lange Zeit haben wir schon mit dem Schuft vertrödelt – hinaus mit ihm unter den nächsten Baum."

„Gentlemen!" schrie da Smith in größer Aufregung. „Erlauben Sie mir nur ein einziges . . ."

Er fühlte eine schwere Hand auf seiner Schulter, und als er den Kopf erstaunt umwandte, sah er Bolton an seiner Seite.

„Mister Smith oder Goodly oder Broadwell oder wie Sie sonst heißen, Sie sind mein Gefangener im Namen des Gesetzes!"

Der Mann war leichenblaß geworden, aber mit beherrschter Stimme sagte er: „Mister Bolton, die Zeit ist schlecht gewählt zum Scherzen. Sie haben meine Legitimation in Händen – entziehen Sie jenen Menschen seinem wirklichen Richter nicht!"

„Fort mit der Kanaille – hängt ihn!" schrie indes der Schwarm der Arbeiter, die auf das Zwischenspiel gar nicht geachtet hatten und nur den Mörder zum Galgen schleppen wollten.

„Halt, Gentlemen!" rief Bolton mit donnernder Stimme dazwischen. „Ich habe nicht das geringste dagegen einzuwenden, daß Sie mir in diesem Fall mein Amt abnehmen . . ."

„Hurra für Bolton!" jubelte die Menge.

„. . . aber ist es möglich, daß Sie gleich doppelte Arbeit bekommen. Hier dieser Bursche hat sich als Detektiv ausgegeben und verlangt den Gefangenen, um ihn an die Gerichte in Louisiana auszuliefern."

„Was geht uns hier Louisiana an?" schrie ein langer Kentuckier.

„Aber das Dokument, das er vorgezeigt hat, ist gefälscht!" überschrie Bolton den Lärm. „Und als wir jetzt die bei dem Verurteilten beschlagnahmten Sachen nachsahen, kamen wir noch auf eine andere Spur. Der gestern in der Nachbarschaft ermordete

Deutsche trug einen kleinen Lederbeutel um den Hals, in dem sich nur ein mit Nummern beschriebenes Blatt fand, und zwar acht Nummern. Der Verurteilte hatte in seinem Besitz vier Staatspapiere, die merkwürdigerweise die Hälfte der Nummern bilden. Ich verlange, daß dieser Mann hier, der sich fälschlicherweise für einen Detektiv ausgegeben hat, genau untersucht wird, ob wir nicht die anderen Papiere bei ihm finden."

„Zieht ihn aus!" schrie ein langer Hoosier. „Reißt ihm die Fetzen vom Leib, wenn er sich nicht gutwillig durchsuchen läßt!"

„Gentlemen!" rief Smith, aber seine Stimme war heiser geworden, und die Worte rangen sich ihm angstvoll aus der Brust. „Das ist eine nichtswürdige Verleumdung – ich bin ein Ehrenmann – viele Gentlemen hier kennen mich von früher her . . . Dort der Herr kann Bürgschaft für mich stellen." Der ausgestreckte Arm deutete auf Wolf, den er, als sein Blick angstvoll umherschweifte, unter der Menge erkannt hatte.

„Wer?" riefen die aufmerksam gemachten Leute. „Es wäre ganz gut, Ihre Freunde kennenzulernen. Hallo, Fremder, was wissen Sie von dem Herrn da?"

„Sehr wenig", entgegnete Wolf lächelnd. „Eigentlich weiter nichts, als daß er uns vor einiger Zeit im Wald, wo wir von Indianern bedroht wurden, ausriß und gestern, als ich ihn auf Wunsch eines Beamten leise mit dem Namen eines Gauners anredete, auf den Namen hörte."

„Das ist eine erbärmliche Lüge", schrie Smith. „Jener Mensch . . ." Aber er kam nicht weiter, denn die Nächststehenden hatten ihn schon gepackt. Im Nu waren ihm die Hände auf den Rücken gebunden und wenige Minuten später seine Taschen von allem geleert, was sie enthielten. Man machte einen weit größeren Fund, als man erwartet hatte.

Um den Leib trug er nicht allein eine schwere Rolle mit Banknoten, sondern auch ein Paket mit Staatspapieren, und als das geöffnet wurde, rief der Sheriff: „Halt! Gentlemen, sehen Sie nach, ob sich unter den Papieren vier Staatenbonds mit den fehlenden Nummern finden."

Er las die Nummern ab.

„Halt, langsam, Sheriff!" rief jemand. „Wie waren die Nummern?"

„12 114 . . .“

Augenblickliche Stille folgte. Alles drängte heran, um mit nachzusehen.

„Hier ist sie!“ schrie plötzlich eine Stimme.

„21 209 . . .“

„Hier!“

„Und das ist die Uhr, die der Unglückliche getragen hat, als er am Morgen ausritt, um sein Maultier zu suchen“, rief ein Deutscher. „Ich bin jeden Augenblick bereit, darauf zu schwören, denn ich habe sie noch am Abend vorher genau gesehen.“

„Und hier an dem Messer“, rief Tyrell, „klebt noch Blut. Das ist jedenfalls das kleine Messer, mit dem er den Unglücklichen skalpiert hat.“

Die Aufregung war furchtbar. Alles schrie und lärmte durcheinander, bis ein lauter Aufschrei das Toben unterbrach. Von den Spielern hatte nämlich einer versucht, während sich alle um Smith sammelten, die Fesseln des Verurteilten mit einem scharfen Messer zu durchschneiden und ihm vielleicht Gelegenheit zur Flucht zu geben. Die Wachen ließen ihn aber nicht aus den Augen, und der Büchsenkolben eines der Arbeiter traf den unberufenen Befreier dermaßen in den Nacken, daß er mit einem kläglichen Aufschrei zusammenknickte.

Die Arbeiter fegten zwischen die Spielerbande, und der Raum war im Nu von ihnen gesäubert.

„An den Baum mit beiden!“ tobte es von allen Seiten.

„Gentlemen“, rief der Richter, indem er auf eine Bank sprang, „das geht nicht. Wir müssen die Gesetze beachten und jedenfalls erst eine andere Jury über diesen neuen Fall vernehmen.“

„Hol Sie der Teufel, Judge!“ schrien einige Bewohner von Smithfield. „Was sollen wir noch lange Umstände mit dem Schuft machen. Fort mit den beiden Halunken – an den Baum! An den Baum!“

Noch fanden sie Widerstand.

„Gentlemen!“ rief Tyrell, der sich eine Bank quer vor den Eingang geschoben hatte, daraufgestiegen war und ein Papier emporhielt. „Wollen Sie mich einen Augenblick anhören?“

„Was gibt's? Bahn frei!“ riefen andere. Sie können nachher sprechen – alle Worte helfen ihnen nichts.“

„Gentlemen!" Tyrell wich nicht von seinem Platz. „Ich berufe mich auf das Zeugnis unseres Richters und Sheriffs, denen ich meine Papiere vorgelegt habe. Ich bin Detektiv aus New Orleans und . . ."

„Noch ein Detektiv?" schrie eine Stimme dazwischen. „Auch wieder so einer? Hängt doch den Kerl gleich daneben – laßt ihn nicht entkommen!"

Als die Menge mit einem lauten Hurra heranstürmte, warf sie die Bank um und stürzte über Tyrell her, der nur in dem Gewirr, das entstand, ernstlichen Mißhandlungen entging. Bolton und Wolf hatten mit Hilfe des Richters die größte Mühe, ihn der aufgeregten, überreizten Volksmenge zu entziehen, denn ein Teil schien es sich nun einmal in den Kopf gesetzt zu haben, daß er mit zu der „Bande" gehöre, und wollte mit allen auf gleiche Weise verfahren.

Da war kein Halten mehr. Der Richter machte noch einen Versuch, wenigstens Mr. Smith seiner Strafe zu entziehen. Bolton, als ein energischer Mann bekannt, auf dem nicht der Schatten eines Verdachtes haften konnte, verbürgte sich mit allem, was ihm gehörte, dafür, daß der Verbrecher seiner Strafe nicht entgehen solle. Es blieb aber alles umsonst. Der Mord mit seinen Einzelheiten, der abgezogene Skalp, das alles war mit den neu eingetroffenen Arbeitern schon den Tag über besprochen worden und hatte sie aufs schwerste erbittert. Nun wußten sie die beiden Mörder in ihrer Gewalt und sollten vielleicht einen von ihnen wieder herausgeben? Sie dachten gar nicht daran.

Smithfield lag, wie erwähnt, am äußersten Rand eines breiteren Waldstreifens, hinter dem eine weitgedehnte Prärie begann. Einzelne Besitzer hatten klugerweise auf ihren Grundstücken die alten Eichen stehen lassen und sich ihr Feuerholz lieber von weiter her geholt, um nicht jeden Schatten in der Nachbarschaft der Stadt zu zerstören. An der Ecke der Straße befand sich ein solcher Platz, auf dem ein Yankee eine Wirtschaft angelegt hatte, und dahin wälzte sich jetzt der Zug. Ein Mann brachte aus dem Handwerksmagazin ein paar Stricke, ein anderer ein Talglicht, womit die Stricke unterwegs von den Leuten eingerieben wurden. Smith wehrte sich wie ein Verzweifelter. Zu rasch war das alles gekommen, so daß er nicht einmal an die Möglichkeit eines solchen Schicksals glauben wollte. Aber was halfen ihm die Ausbrüche seiner Wut – die Ellenbogen wurde ihm fest auf den Rücken geschnürt, so daß er sich kaum noch rühren konnte. Nur seine Füße konnte er noch gebrauchen, und vorwärtsgestoßen von der erbarmungslosen Menge, gingen sie ihrem Opferplatz entgegen.

„Gentlemen!" rief ein alter Herr, als sie mit entsetzlicher Hast über einen ziemlich niedrigen, mächtigen Ast einer Eiche die Stricke geschlungen hatten und die Opfer jetzt herbeiführten. „Gönnt den Unglücklichen um Himmels willen nur soviel Zeit, um ihre Gedanken Gott zuzuwenden und ein kurzes Gebet zu sagen."

„Soviel Zeit, wie sie sich bis jetzt zum Gebet genommen haben, sollen sie auch haben", rief einer der Arbeiter, „und das ist ungefähr so viel, wie jemand braucht, um Quatsch zu sagen. Fort mit ihnen – alles fest, Bill? Wirf das Ende hier herunter – wir bringen sie schon in die Höhe."

„Halt, Gentlemen!" rief da ein Mann, der atemlos mit einem großen Kasten und einem Gestell angerannt kam, während ein junger Bursche mit einem anderen Kasten hinter ihm drein stürzte. „Einen Augenblick!"

„Hat noch jemand Lust, mit zu hängen?" schrie jemand. „Verdammt will ich sein, wenn ich nicht dem ersten, der uns jetzt noch in die Quere kommt, den Strick selber um den Hals ziehe. Vorwärts, Jungen, es hat lange genug gedauert!"

„Ich bin der Photograph!" rief der Mann mit dem Kasten. „Ich möchte die Aufnahme machen. Warten Sie nur so lange, bis ich einen passenden Platz gefunden habe, und wenn die Kerle hängen – bitte, stehen Sie einen Augenblick alle still."

Wieherndes Gelächter folgte der Aufforderung, aber es lag Humor in der Sache, und die Leute wußten, daß der Mann mit diesen Bildern viel Geld verdienen konnte, wollten sie doch alle eins davon haben. Unter dem Baum selbst wurden die Unglücklichen festgehalten. Dort sollte die erste Aufnahme stattfinden. Der erste Verurteilte, völlig gebrochen, hätte sich in sein Schicksal gefügt, aber Smith, fast zur Raserei getrieben über eine derartige Schmach, warf sich mit einem solchen Ungestüm gegen seine Wächter, daß diese kaum imstande waren, ihn zu halten. An eine Aufnahme war unter solchen Umständen nicht zu denken. Der Photograph geriet in Verzweiflung, und die Leute wurden ungeduldig.

„Hoch mit ihnen!“ forderten verschiedene Seiten. „Wir kommen jetzt schon wenigstens zwölf Stunden später nach San Francisco.“

Zwanzig, dreißig Mann zerrten zugleich an den Seilen, und blitzschnell stiegen die schweren, zuckenden Körper in die Luft. Wenige Minuten später war alles vorüber, und der Photograph konnte in Ruhe wenigstens die Leichen auf seine Platte bannen.

Tyrell war außer sich, daß ihm seine Beute so unter den Händen fortgerissen worden war. Wenn der Bursche auch seine Strafe empfangen hatte, genügte ihm das doch nicht, weil ihm dadurch die Ehre entging, ihn selber aufgespürt und den Gerichten in New Orleans überliefert zu haben.

Er machte sich auch fertig, um mit dem nächsten Bauzug, der Schwellen und Schienen gebracht hatte, nach St. Louis und von da nach New Orleans zurückzukehren. Nur eine Photographie der Hinrichtung wollte er noch mitnehmen. Das war der einzige Beweis, den er über seine Tätigkeit liefern konnte.

„Wann gehen Sie, Tyrell?“ fragte Wolf, als sie in die Hauptstraße einbogen.

„Morgen früh – eher bekomme ich die Photographie nicht, und früher geht auch kein Zug. Aber ich dachte, Sie wollten noch länger hier bleiben?“

„Mir ist die Lust vergangen“, sagte Wolf. „Ich habe ein wildes, aber kein wüstes Leben gesucht, und das hier ist ekelhaft. Nein, mein Arm ist soweit geheilt, und Bolton hat mich schon gefragt, ob ich ihm mein Pferd nicht verkaufen könne. Ich zweifle nicht, daß hier Geld zu verdienen ist, wenn man bei diesem Volk ausharren kann, aber das kann ich eben nicht. Morgen früh fahren wir zusammen.“

Ein Heiratsantrag

Auf „Lobensteins Farm“ bei Donnersville wurde ein kleines Familienfest gefeiert, und zwar die Verlobung Katharinas, Georg Donners jüngster Schwester, mit dem jungen Doktor Helldorn aus Donnersville.

Helldorn hatte sich als ein so tüchtiger Arzt gezeigt und war nicht allein in Donnersville, sondern auch in der ganzen Gegend so beliebt, daß er sich entschloß – noch dazu mit dem liebenswürdigen Umgang, den er überall fand –, sich hier niederzulassen. Ein Arzt muß aber, wie man im gewöhnlichen Leben sagt, selber eine Frau haben, wenn die übrigen Frauen Vertrauen zu ihm haben sollen, und das reizende Töchterlein des alten Pastors Donner hatte es ihm auch bald angetan. Katharina gewann ihn seines tüchtigen, immer freudlichen Wesens wegen lieb, wie ihn die ganze Familie Donner liebgewonnen hatte. Die beiden jungen Leute fühlten sich zueinander hingezogen, und als der Doktor um Katharinas Hand anhielt – er war seiner Sache ziemlich gewiß, daß Katharina nicht „nein“ sagen würde –, umarmte ihn der alte Herr mit Freudentränen in den Augen.

Die Angelegenheit hatte nichts Romanhaftes. Keine Schwierigkeiten waren zu überwinden, kein langer und vielleicht ungewisser Brautstand lag vor ihnen. Die beiden jungen Leute schienen deshalb um so glücklicher, und blau und sonnenklar spannte sich der Himmel über ihnen.

Ein bunter, prächtiger Kreis hatte sich um sie versammelt und belebte den weiten, wohnlichen Raum, in dem es von Kindern und Enkeln wimmelte. Auf fast allen Gesichtern lag ein freundliches, glückstrahlendes Lächeln. Und doch bewegte sich eine Gestalt in dem Kreis, die an Lieblichkeit den anderen nichts nachgab, aber ernst in ihrem ganzen Wesen war, ja mit einem Zug von Schmerz und Bitterkeit um die feingeschnittenen Lippen, der nur zu scharf gegen das sie umgebende fröhliche Leben abstach.

Es war Helene Berger, die Stieftochter Herrn von Passedows, die in der Familie Kellmann nicht allein herzliche Aufnahme gefunden hatte, sondern in den wenigen Monaten ein Liebling der ganzen Farm geworden war, so daß die Kinder mit unendlicher Liebe an ihr hingen. Sie tat alles, was sie den kleinen Wesen an den Augen absehen konnte, und wenn es möglich gewesen wäre, ein Lächeln auf die feingeschnittenen Lippen zu rufen, so hätten sie es vermocht, aber selbst ihnen gelang es nicht.

Der alte Herr von Passedow kannte zwar den Aufenthalt seiner Tochter und war einmal herausgekommen, um noch einen Versuch zu machen, sie zurückzuholen. Sie begegnete ihm aber mit so eisiger Kälte und erklärte ihm so bestimmt, daß sie lieber als Dienstmagd zu einem deutschen Bauer ziehe, ehe sie sein Haus je wieder betrete, daß er sich bestürzt zurückzog und den Versuch auch nicht mehr erneuerte.

Kellmann richtete bald darauf in Helenes Namen die Aufforderung an ihn, ihr von ihrer Mutter zustehendes Vermögen an sie auszuliefern, aber ohne Erfolg. Aller Wahrscheinlichkeit nach hatte er es selber verbraucht, und daß seine jetzige Frau nichts von ihrem Geld herausgab, ließ sich denken. Möglich war auch, daß sie ihr wie sein Vermögen in Händen hatte und dann ebensowenig willens war, sich von einem Teil zu trennen; das Resultat blieb dasselbe.

Roßwein hatte Kellmann geraten, die ganze Gesellschaft zu verklagen; zum einen aber war ein Prozeß in Amerika, wo nicht einmal die Beweise geliefert werden konnten, sehr unsicher in seinem Erfolg, zum zweiten weigerte sich Helene auf das entschiedenste, einen solchen Schritt zu tun. Sie sei, wie sie erklärte, jung und kräftig und könne sich ihr Brot selber verdienen, und das Vergangene sollte vergessen und begraben sein.

Helene war die letzte halbe Stunde beschäftigt gewesen, den großen Tisch zu decken, wobei ihr Katharina und Marie Donner halfen. Georg schleppte, von seinem Bruder unterstützt, den Wein herbei, und alles deutete darauf hin, daß bald gegessen werden sollte.

Als Georg eben wieder das Zimmer betrat, sagte Marie: „Wo nur Herr Roßwein bleibt. Jetzt ist es schon Viertel nach eins, und wir könnten essen, wenn er da wäre!“

„Ist es ihm denn ausgerichtet worden?" fragte Georg.

„Ich habe ihn selber eingeladen", sagte Helldorn, „und er hat mir fest versprochen, pünktlich zu kommen. Irgendeine Sache muß ihm dazwischen gekommen sein, sonst wäre er gewiß schon da, und geschäftlich kann die nicht gewesen sein, denn seine Barbierstube hat er seit gestern geschlossen, um sich ganz dem Bau seiner neuen Fabrik zu widmen. Ein reizendes, kleines Häuschen baut er sich daneben. Die Lage an dem Bach und unter dem Wald ist wirklich wundervoll, noch dazu, da er jetzt die Gewißheit hat, daß er, in kaum zehn Minuten Entfernung von der Bahn, dort später eine Haltestelle für Güterzüge bekommt."

„Also er hat seine Barbierstube tatsächlich aufgegeben? Er sprach schon längere Zeit davon."

„Ja, und was ihn bewogen hat, sie je zu öffnen, kann ich mir wenigstens nicht denken."

„Sie kennen ihn von Deutschland her?"

„Gewiß – und genau. Er war einer der tüchtigsten und sogar berühmtesten Ärzte in Sachsen."

„Habe ich es mir doch gedacht", sagte Donner, vor sich hin nikkend. „Und hier hat er nie bewogen werden können zu praktizieren. Er wurde sogar wütend, wenn man ihn nur Doktor nannte."

„Er verheiratete sich vor etwa sechs oder sieben Jahren mit der Tochter eines reichen Gutbesitzers – er war selber sehr wohlhabend – und hatte eine Praxis, die er kaum bewältigen konnte. Da erkrankte seine Frau, eins der liebenswürdigsten Wesen, die ich je kannte, gleich nach dem ersten Wochenbett am Nervenfieber und starb mit dem Kind. Sofort gab er seine Praxis auf und verließ kaum vier Wochen später die Stadt, ohne auch nur einem Menschen zu sagen, wohin er sich wenden würde. Er war plötzlich verschwunden, und niemand hörte wieder von ihm, bis ich, höchst erstaunt, ihn hier in Donnersville als Barbier wiederfand. Ich hätte eher den Einsturz des Himmels vermutet."

„Hückler hat er fortgebissen", sagte Georg Donner lachend.

„Auf eine prächtige Weise", stimmte Helldorn zu. „Übrigens wußte ich selber nicht, daß Roßwein ein so ausgezeichneter Freskomaler ist. Sie haben doch das Bild gesehen?"

„Gewiß – oft, es war von sprechender Ähnlichkeit."

„Sobald Hückler sich in seiner Tür zeigte, blieben die Jungen stehen und verglichen beide miteinander. Übrigens hat der Bursche Schaden genug in Donnersville angerichtet. Er hat zum Beispiel zwei von meinen jetzigen Patienten, denen eigentlich sonst gar nichts gefehlt hatte, dermaßen mit Kalomel angefüllt, daß sich die bösen Folgen sicher noch in späteren Jahren zeigen werden. Ich habe einige seiner Medizinen untersucht und begreife nicht, wie eine menschliche Natur solche Dosen von Quecksilber ausgehalten hat."

„Wohin ist er?"

„Kein Mensch weiß es. Er verkehrte in der letzten Zeit viel mit einem Yankee-Agenten, der Emigranten für den Süden warb. Möglich, daß er sich hat beschwatzen lassen, dort hinunterzugehen. Wir sind froh, daß wir ihn los sind, denn er war einer von diesen unausstehlichen Deutsch-Amerikanern, die sich ihrer Abstammung schämen und den wirklichen Amerikaner spielen."

Helene, die mit einem Kind auf dem Schoß dabeigesessen hatte, konnte von ihrem Platz aus den Eingang des Gartens übersehen. Indem sie aufstand und das Kind an die Hand nahm, sagte sie: „Da kommt Herr Roßwein mit noch einem Herrn."

Kellmann hatte kaum einen Blick hinausgeworfen, da rief er auch schon: „Ledermann! Bei Gott!"

„Ledermann", sagte Georg Donner, „wer ist das?"

„Oh, Fortmann wollte ich sagen – aus Covington. Ein lieber alter Freund noch von Deutschland her, der mir schon lange versprochen hatte, mich einmal zu besuchen. Das trifft sich heute wundervoll. Roßwein hat ihn jedenfalls gleich mit herausgebracht."

„Onkel Roßwein!" schrien die Kinder und stürmten alle an die Tür. „Onkel Roßwein ist wieder da! Spiel ein bißchen mit uns – komm – komm hier herein, Onkel!"

„Halt!" befahl Marie Donner als Wirtin. „Erst wird gegessen. Herr Roßwein, wir fürchteten schon, daß Sie gar nicht kämen."

„Ich habe Sie lange warten lassen, beste Frau Donner", sagte Roßwein, ihr die Hand bietend, die sie lächelnd nahm. „Seien Sie mir nicht böse – aber dieser verzweifelte Mensch, den ich mit herausbringen mußte, hörte kaum, daß hier ein Familienfest gefeiert würde, als er es sich, weiß Gott, in den Kopf setzte, er könne dabei nicht ohne Glacéhandschuhe erscheinen. Und da haben wir natürlich eine Menge kostbare Zeit vergeudet, um die aufzutreiben."

Die Familienmitglieder – die Kinder hingen bereits an ihm herum – kamen herbei, um ihn zu begrüßen. Des Händeschüttelns war auf dieser Seite schier kein Ende, während an der anderen Kellmann seinen Freund Fortmann erst aufs herzlichste selber begrüßte und dann ebenfalls vorstellte.

Roßwein hatte Helene Berger begrüßt, die sich, als die Herren eintraten, scheu zurückzog.

„Mein liebes Fräulein", sagte er herzlich, „ich kann Ihnen gar nicht sagen, wie ich mich freue, Sie so wohl zu sehen. Nur recht ernst sehen Sie aus, das müssen Sie noch ändern. Sie sind hier unter Menschen, die es gut mit Ihnen meinen, lassen Sie auch die trüben Gedanken und Erinnerungen hinter sich."

„Wohl bin ich unter guten Menschen", sagte Helene mit ihrer tiefen, klangvollen Stimme, „aber doch immer nur eine Fremde. Gerade die überaus große Liebe und Güte, die mir von allen Seiten entgegengebracht wird, drückt mich fast mehr, als sie mich hebt."

„Eben darin haben Sie unrecht, liebes Fräulein", sagte Roßwein, der Helene gegenüber sein sonst sarkastisches, oft sogar bitteres Wesen abgelegt hatte und ihr dabei treuherzig in die Augen sah. „Wir hier in Amerika sind ein ganz anderes Volk als daheim, wir haben uns nicht allein körperlich, sondern wohl auch geistig geändert, und zwar auf eine ganz wunderbare Weise. Was wir nämlich in Deutschland selber nie waren, das sind wir plötzlich hier alle miteinander geworden: wirkliche Deutsche, und die alten, elenden Vorurteile der Heimat konnten gleichfalls das Seewasser nicht vertragen. Wir wurden nicht allein Deutsche, sondern auch Menschen, mit dem Bewußtsein der Gleichberechtigung bei allen, die auch etwas leisten, und damit erwachte, was viele daheim kaum dem Namen nach kannten: unser Selbstgefühl. Der gewöhnliche Arbeiter hier, wenn er ein rechtlicher und braver Mensch ist, hat denselben Wert wie der Arbeitgeber. Er füllt seine Stelle aus, und das ist alles, was von ihm verlangt werden kann und verlangt wird."

„Essen! Essen! Essen!" jubelte die Kinderschar dazwischen.

„Meine Herren, wählen Sie sich eine Dame!" rief Georg, und Roßwein bot Helene den Arm.

Das junge Mädchen blickte schüchtern umher, Roßwein aber nahm ihre Hand, zog ihren Arm ruhig in den seinen und schritt dann mit ihr zur Tafel hinüber.

Es war ein fröhlich-heiteres Leben, das bei Tisch herrschte. Zahlreiche Trinksprüche wurden ausgebracht, zuerst auf den Verlobten, dann auf den Letztgeborenen der Frau Kellmann, dann auf die beiden „Patriarchen“: den Pastor Donner und Professor Lobenstein – schließlich aber kam, von Helldorn ausgebracht, ein „Pereat“*) den Junggesellen und all denen, die es bleiben wollten.

Als die Gläser ausgeklungen hatten, stand Roßwein auf und sagte mit ernsthafter Miene: „Wenn ich etwas auf der Welt hasse, so sind es die Renegaten. Kaum hat dieser junge Mensch – und noch nicht einmal mehr als einen halben Schritt aus seinem Junggesellenstand, in dem er sich doch bis dahin wohl gefühlt hat, getan . . .“

„Das leugne ich!“ rief Helldorn.

„. . . als er sich auch schon umdreht“, fuhr Roßwein fort, „und die beiden einzigen Repräsentanten desselben, die sich hier am Tisch befinden – und beide sind nicht einmal Junggesellen, sondern Witwer –, verunglimpft. Außerdem ersuche ich ihn, uns zu beweisen, daß wir die Schuld unseres ledigen Standes tragen, oder ob wir nicht die besten Absichten hegen, uns – sagen wir es geradeheraus – zu verbessern, und ob nicht vielleicht allein unglückselige Umstände oder angeborene Schüchternheit uns gehindert haben, einen derartigen Schritt zu tun.“

„Sind Sie schüchtern, Roßwein?“ fragte Georg lachend.

„Wenn Sie es nicht glauben“, sagte Roßwein mit dem ernsthaftesten Gesicht von der Welt, „dann ersuche ich Sie, die anwesenden Damen einzeln zu fragen, ob mich eine von ihnen haben möchte, und Sie sollen sehen, wie bereitwillig ich mich ihnen stelle.“

Die jungen Mädchen und Frauen hatten über die ernsten Reden gekichert, und selbst um Helenes Lippen legte sich ein leises Lächeln. Nun blieben nur noch die Frauen in ihrer heiteren Stimmung. Die jungen Damen, unter denen sich mehrere Freundinnen Katharinas befanden, waren auf einmal feuerrot geworden und schwiegen still.

*) „Nieder mit ihm“; früherer studentischer Schimpfruf.

„Hallo!" rief Helldorn. „Das ist eine direkte Aufforderung, meine Damen! Sie sind um Ihre Stimmenabgabe ersucht."

„Darf ich auch mitstimmen?" fragte schelmisch Katharina.

„Halt, nein!" rief der junge Doktor, „dagegen muß ich protestieren."

„Sehen Sie, das ist mein gewöhnliches Pech", sagte Roßwein. „Wie damals bei jenem Examen der Student erklärte, er habe gewußt, woher das Nordlicht entstände, es aber wieder vergessen. Der einzige Mensch auf der ganzen Welt, der es gewußt hat – so ist auch hier die einzige Dame, die, wie es beinahe scheint, Lust hatte, nicht mehr in der Lage, sich frei auszusprechen, und dann will uns so ein Doktor auch noch Vorwürfe machen?"

„Dann versuchen Sie selber Ihr Glück, Roßwein!" sagte Georg. Der genossene feurige Wein hatte sie alle ein wenig aufgeregt. „Und fragen Sie bei den verschiedenen Damen an. Wir unterstützen Ihre Werbung."

Roßwein war plötzlich merkwürdig rot geworden. Er preßte die Lippen zusammen, und seine Augen bekamen ein ganz eigentümliches Feuer.

„Gut!" sagte er auf einmal. „Ich nehme Sie beim Wort. Dann fange ich aber gleich bei meiner Nachbarin zur Rechten an. Also, liebe Helene, hier ist ein armer, allein in die Welt gestoßener Mensch . . ."

„Herr Roßwein", entgegnete Helene, der das Blut in die Schläfen stieg, ihre Wangen aber fast farblos ließ, „mit einem solchen Scherz sollten Sie nicht bei mir beginnen."

„Wenn es ein Scherz wäre, Helene", fuhr Roßwein in voller Ruhe fort, „würde ich das nie gewagt haben, aber es ist mein bitterer und heiliger Ernst. Sie können mir nicht vorwerfen, daß ich die Sache heimlich betrieben habe – hier vor all den werten Gästen – und so frage ich Sie, ob Sie mir vertrauen, daß ich Sie glücklich machen und wieder ein Lächeln auf Ihre Züge zurückrufen könnte?"

Totenstille herrschte in dem weiten Saal. Besonders die jungen Damen wagten kaum zu atmen, und selbst Georg Donner sah den Freund gespannt an. Das klang nicht wie ein Scherz.

Helene stand plötzlich auf und wollte den Tisch verlassen, Roßwein ergriff ihre Hand und sagte herzlich: „Ich verlange jetzt keine Antwort von Ihnen. Sprechen Sie erst mit Frau Kellmann oder anderen FreundInnen, die Sie haben – morgen frage ich dann wieder."

Ihren Arm losreißend, eilte das junge Mädchen, wie mit Blut übergossen, aus dem Saal.

„Roßwein, sind Sie denn des Teufels?" fragte Helldorn, als Helene die Tür hinter sich geschlossen hatte. „War denn das Ernst?"

Roßwein warf ihm einen ruhigen, fast strafenden Blick zu, aber das Lächeln kehrte rasch auf seine Lippen zurück, und sich zu dem übrigen jungen Volk wendend, sagte er: „Meine Damen, Sie müssen mich für heute entschuldigen, aber ehe ich nicht eine entscheidende Antwort von Fräulein Berger habe, kann ich natürlich meine Werbung nicht fortsetzen. Doktor Helldorn wird mir das Zeugnis geben, daß ich keine Zeit versäumt habe, seiner Aufforderung Folge zu leisten."

„Nein, wahrhaftig nicht", entgegnete Helldorn, der sich noch immer nicht von seiner Überraschung erholen konnte, „aber das arme Mädchen haben Sie auf den Tod erschreckt."

„Bin ich denn wirklich so entsetzlich?" fragte Roßwein mit einem halb lächelnden Zug um den Mund, aber doch auch wieder mit so rührender Stimme, daß der leicht erregbaren jungen Frau Donner schon die Tränen in die Augen kamen. Ihre Schwester, Anna Kellmann, war, als Helene den Saal verließ, rasch aufgestanden und ihr nachgeeilt. Kellmann erhob sich ebenfalls – das arme, junge Wesen konnte das alles als Spott aufgenommen haben und tief verletzt sein.

„Roßwein", sagte er, „war das wahrhaftig Ihr Ernst?"

„Trauen Sie mir zu, Kellmann, daß ich Helene gegenüber auch ein einziges unwahres Wort sagen könnte?"

„Bravo!" Kellmann drückte ihm hastig die Hand und eilte dann, so rasch er konnte, seiner Frau nach.

Natürlich war dies das Zeichen zum Aufbruch von der Tafel. Georg Donner bat: „Sagen Sie mir, um Gottes willen, Roßwein, ist Ihnen der Wein zu Kopf gestiegen, oder wie kamen Sie plötzlich auf diese Wendung? Lieben Sie wirklich Helene, ist sie vielleicht schon eine alte Flamme von Donnersville her?"

„Lieben?" Roßweins Augen funkelten. „Mein Leben gäbe ich für sie hin, und wenn ich so viele Leben hätte wie Plutarch, ich riskierte sie alle. Übrigens", setzte er mit unterdrückter Stimme hinzu, „werde ich mir ein Beispiel an den alten Römern nehmen, wie wir überhaupt in der römischen Geschichte – in der alten, meine ich – Vorbilder für alle Wechselfälle unseres Lebens finden."

„Inwiefern?" fragte Helldorn.

„Erinnern Sie sich noch, Doktor", fuhr Roßwein fort, „was die Römer taten, als sie die Sabinerinnen raubten?"

„Nun, außer dem Raub selber weiß ich nichts. Sie führten sie nach Rom und machten sie dort zu ihren Frauen. Schönes Lumpengesindel und saubere Nachbarn."

„Ja", entgegnete Roßwein, „aber sie ließen sämtliche Schwiegermütter zurück, und so werde ich es ebenfalls machen. Die Tochter ist ein Engel, aber ihre Stiefmutter ein Satan, und wenn mir der alte Esel, der Freiherr von Passedow, einmal über die Schwelle käme, bände ich ihm die Hände auf den Rücken und gäbe ihn dann den Jungen preis. Aber für heute entschuldigen Sie mich; vor allen Dingen muß ich noch einmal meine kleine Frau Kellmann aufsuchen, mit der ich Wichtiges zu besprechen habe, und dann mache ich, daß ich hinein nach Donnersville komme, denn heute möchte ich Helene nicht mehr begegnen."

„Aber Kaffee trinken Sie doch noch mit uns?"

Roßwein schüttelte den Kopf. „Heute nicht, nur eine Zigarre will ich mir anstecken, damit ich irgendwelche Beschäftigung habe und mir die jungen Damen damit ein wenig vom Leib halten kann, denn daß die noch nicht über mich hergefallen sind, ist ein wahres Wunder. Dort kommt Frau Kellmann. Leben Sie wohl, Donner, morgen früh komme ich wieder heraus und hole mir Antwort, wenn die Luft klar ist." Eilig fuhr er aus der Tür.

„Mein bester Herr Roßwein", redete ihn die junge Frau, als er ihr draußen an der Tür begegnete, halb vorwurfsvoll an, „was machen Sie für Streiche! Man weiß ja wahrhaftig nicht . . ."

„Liebste, beste Frau", unterbrach sie Roßwein, indem er ihren Arm in den seinen schob und mit ihr in den kleinen Garten ging, „vor allen Dingen habe ich mit Ihnen ein paar Worte allein zu reden . . . Da kommt Ihr Mann, den nehmen wir mit. Kellmann, bitte, kommen Sie einmal hierher. Und vor allem eine Frage – ist Helene böse auf mich?"

„Sie sitzt in ihrem Zimmer und weint bitterlich", sagte die junge Frau.

„Das schadet nichts", meinte Roßwein, „das ist sogar ein gutes Zeichen."

„Roßwein, Sie sind wie ausgewechselt."

„Bin ich auch", bestätigte der frühere Barbier. „Um Ihnen das aber zu erklären, muß ich Ihnen die Lösung des Rätsels oder doch einen Teil meiner früheren Geschichte geben. Ich war in Deutschland Arzt, und meine Patienten, die nichts davon verstanden, meinten, ich sei außerordentlich geschickt. Ich war noch jung und besaß ein nicht unbedeutendes Vermögen. Ich gewann die Schwester eines Freundes lieb, sie mich auch, und ich nahm sie zur Frau – ein Jahr später vergiftete ich sie."

„Herr Roßwein!" schrie Anna Kellmann entsetzt, und selbst Kellmann sah den Freund bestürzt an. Roßwein war sehr ernst geworden, und ein schwerer Seufzer hob seine Brust, aber er schüttelte langsam den Kopf und lächelte wehmütig.

„Nicht in dem Sinn, den Sie zu glauben scheinen. Gott weiß es, ich hätte gern mein eigenes Leben geopfert, um das meiner Hedwig zu retten, es sollte nicht sein. Nach dem ersten Wochenbett erkrankte sie, wahrscheinlich infolge einer Erkältung, schwer am Nervenfieber. Das Kind starb zuerst. Ich wich nicht von ihrem Lager Tag und Nacht und tat alles, was in meinen Kräften stand, sie mir am Leben zu erhalten, aber ich behandelte sie selber, ich rief keinen anderen Arzt dazu und glaubte, ein wirksames Mittel gefunden zu haben, der Krankheit zu begegnen. Pfuscher, die wir alle sind . . . Am neunten Tag starb sie in meinen Armen."

Er schwieg, die Zähne fest aufeinandergebissen und starrte eine Weile vor sich hin. Er kämpfte gegen die alten Erinnerungen an, die ihn zu übermannen drohten. Dann fuhr er ruhiger fort: „Von dem Augenblick an, wo ich meine Frau begraben hatte, gab ich meine Praxis auf. Ich hielt mich und tue es noch für einen Pfuscher und weiter nichts und war fest entschlossen, mir selbst die schwerste Strafe dafür aufzuerlegen. Das habe ich getan, ich ging nach Amerika und wurde Barbier, was ich fünf Jahre durchhielt. Wie mir dabei manchmal zumute war, können Sie sich denken, aber ich hielt die Zeit, die ich mir gestellt hatte, wacker aus, und vorgestern ist sie abgelaufen. Praktizieren werde ich nie wieder, denn ich habe das Vertrauen zu mir selber verloren und kann deshalb nicht von anderen verlangen, daß sie mir vertrauen. Aber ich bin imstande, meine Kenntnisse in anderer Weise zu verwerten, die noch dazu hier in Amerika besseren Nutzen und größeren Ertrag bringt als eine ärztliche Praxis, wenn man sich eben nicht auf Schwindelmedizinen wirft, und dazu passe ich nicht. Ich bin im Begriff, eine chemische Fabrik anzulegen. Meine Mittel reichen dazu aus – ja, ich brauche nur einen Teil meines Vermögens darin anzulegen. Die Aussichten mit dem Absatz nach Cincinnati und Louisville sind glänzend – und daß es mir Ernst ist, Helene zu heiraten, brauche ich Ihnen nicht mehr zu versichern."

Die beiden Gatten drückten dem Mann herzlich die Hände, und Frau Kellmann meinte erstaunt: „Daß das so rasch, so merkwürdig rasch gekommen ist!"

Roßwein schüttelte lächelnd den Kopf. „Nein", sagte er, „nicht so rasch, wie Sie vielleicht denken. Weit über zwei Jahre habe ich dem Mädchen gegenüber gewohnt und sie nicht nur alle Tage gesehen und ihr stilles, anspruchsloses Wirken und Schaffen, ihre rastlose Tätigkeit beobachtet, sondern sie früher, ehe ich mich mit dem aufgeblasenen Freiherrn verfeindet habe, einmal, als sie sich einen Arm gebrochen hatte, ärztlich behandelt. Schon damals gehörte ihr mein Herz. Was hat das arme Kind nicht alles arbeiten müssen, und wie nett und sauber, aber auch wie unendlich einfach sah sie immer aus. Ich hätte auch schon lange um ihre Hand gebeten, denn ich glaube, daß sie mir auch ein bißchen gut ist – aber als Barbier konnte und wollte ich nicht um sie werben. Jetzt bin ich frei, und wenn ich Ihnen auch gestehen will, Frau Kellmann, daß ich vielleicht noch eine ganze Weile mit meinem Antrag gezögert hätte, weil mir der Mut fehlte, so kam die Gelegenheit vorhin zu prächtig, um sie zu versäumen. Behaupten will ich nicht, daß ich dabei mit klarem Bewußtsein – oder gar mit Überlegung gehandelt habe, es fuhr mir nur so heraus. Als es aber heraus war, hätte ich auch laut aufjubeln mögen vor Lust und Seligkeit, daß es geschehen war. Und jetzt bitte ich Sie freundlich, seien Sie meine Fürsprecherin bei Helene – bitten Sie sie wenigstens, daß sie mir nicht böse sein solle über die tolle Weise, in der ich um ihre Hand geworben habe. Erzählen Sie ihr alles, was ich Ihnen hier erzählt habe, und sagt sie ja, dann gebe ich Ihnen mein Wort, daß sie es nie bereuen soll, ihr ganzes Leben lang."

„Sie wollen fort?"

„Nach Donnersville zurück. Und heute abend gehe ich zu Ezra Ludkins und trinke mir einen Rausch an, vor lauter Vergnügen. Sorgen Sie dafür, daß ich morgen keinen Katzenjammer bekomme.“ Er schüttelte dem Ehepaar noch einmal herzlich die Hand und verabschiedete sich.

Von den Damen im Stich gelassen, hatten die Herren oben im Saal ihre Zigarren angezündet und sich so lange zum Wein gesetzt, bis der Kaffee gebracht werden würde, der heute aber auf sich warten ließ. Natürlich drehte sich das Gespräch um nichts anderes als den unerwarteten Heiratsantrag. Fortmann zeigte sich ganz besonders interessiert und ließ sich die früheren Lebensverhältnisse des Herrn von Passedow, die Helldorn ziemlich genau in Donnersville erfahren hatte, erzählen.

„Der alte Passedow“, sagte endlich Georg Donner, „ist nach allem, was ich bis jetzt von ihm gehört habe, entweder ein Lump oder ein Schwachkopf – beides gleich schlimm für ihn wie für seine Umgebung. Daß er sich die Frau in das Haus genommen hat, wenn nicht noch andere, dunklere Gründe ihn dazu bewogen haben – auch davon spricht man ja –, beweist das letztere, und daß er dem armen Kind, das sich den unerträglich werdenden Zuständen daheim endlich durch die Flucht entzog, nicht das Geld auszahlen will, das ihm die Mutter hinterlassen hat, das erstere.“

„Er weigert sich?“ fragte Fortmann.

„Er hat sich eigentlich nicht direkt geweigert“, sagte Donner, „aber er gibt keine Antwort, und das ist genau dasselbe. Roßwein selber ist, wie ich bestimmt weiß, so gestellt, daß er das Geld nicht braucht – er denkt auch gar nicht mehr daran, nimmt aber Helene die Werbung – was ich fast fürchte – nicht an, so muß das Mädchen sich weiterhin unter fremden Menschen durchs Leben schlagen, und was ihr rechtmäßig gehört, verpraßt diese dicke Dame mit ihrem frechen Gesicht – es läßt sich aber nichts dagegen machen.“

„Hm, wer weiß.“ Fortmann lächelte still vor sich hin. „Das käme vielleicht auf einen Versuch an.“

„Es hilft nichts“, sagte auch Helldorn, „die Frau hat das Geld in Händen, wie ich aus ziemlich sicherer Quelle weiß, und die gibt nichts heraus, wozu sie nicht durch das Gericht gezwungen werden kann.“

„Und wenn man es bei ihr in aller Güte versuchte?“

Helldorn lachte. „Kommen Sie der mit Güte, wenn Sie die schönsten Grobheiten haben wollen. Die Frau kennen Sie noch nicht."

Fortmann rieb sich, still vor sich hinlächelnd, die Hände, erwiderte aber nichts darauf. Er sah sich nur in der Stube um und sagte: „Wo mag denn nur Herr Roßwein stecken? Kellmann ist auch verschwunden, und die Damen schwärmen da unten in größter Aufregung im Garten herum. Herr Doktor, Ihr Toast hat eine wahre Bombe in die Gesellschaft geworfen und nach allen Seiten gezündet."

„Auch bei Ihnen?" Der Doktor lächelte.

„Nein", sagte Fortmann, „ein gebranntes Kind scheut das Feuer."

„Was? Bös angekommen?"

„Leidlich", sagte Fortmann.

Pelz und Maulbeere

Tyrell, der nach jenem Broadwell alias Goodly alias Smith ausgesandt war, mußte, ohne sein eigentliches Ziel erreicht zu haben, nämlich den Verbrecher den New-Orleans-Gerichten zu stellen, wieder heimkehren. Den Verbrecher hatte allerdings seine Strafe endlich erreicht. An der Sache ließ sich nichts mehr ändern, der Prozeß mußte gegen die beiden Verbrecher Pelz und Steinert allein geführt werden.

Bei Steinert stellte es sich bald heraus, daß er eigentlich mehr ein verbummelter Lump ohne alle Grundsätze als ein wirklicher Bösewicht war. Es war einer von jenen Menschen, die, in anderen Verhältnissen und im Reichtum geboren, wohl immer liederliche Gesellen geworden wären, aber sicher nicht geraubt und gestohlen hätten. Ohne eigentlichen Charakter suchte er „sein Leben zu machen“ – wie, das blieb sich gleich, solange er nicht hart dafür zu arbeiten brauchte. Er wurde dadurch in den Händen von Leuten, die ihn zu ihren Zwecken brauchbar fanden, wie Wachs.

Mit Pelz war das eine andere Sache, die auch längere Zeit in Anspruch nahm, denn alte Akten mußten hervorgesucht, Zeugen wieder vernommen werden, und da kamen denn freilich eine Menge von Dingen zutage, die seinem Ruf nicht förderlich schienen.

Das Resultat viele Monate langer Untersuchung blieb endlich, daß Steinert unter dem Zugeständnis mildernder Umstände zu sechs Jahren Zuchthaus, Pelz dagegen zum Tode durch den Strick verurteilt wurde. Heute sollte das Urteil vollstreckt werden, das dann auch eine Menge von Neugierigen herauslockte, um Zeuge von dem Ende eines Elenden zu sein.

Zachäus Maulbeere hatte sich ebenfalls verleiten lassen, dem Schauspiel beizuwohnen. Er empfand noch von Bord des Schiffes her einen Haß gegen den früheren Mitpassagier, und so freute er sich wirklich darauf, mit eigenen Augen zu erleben, was er dem Burschen ins Gesicht hinein wie auch heimlich prophezeit hatte.

Er zog seine besten Kleider an, band sogar eine von seinen alten, früher gebrauchten weißen Halsbinden um. Daß er Pelz damit ärgerte, wenn dieser seiner ansichtig wurde, wußte er – und sein ganzes Leben hindurch hatte er weiter nichts getan, als Menschen geärgert.

Der Richtplatz lag draußen vor der Stadt, aber bis auf eine halbe englische Meile führte die Straßenbahn dorthin. Ihre Wagen konnten in der Tat heute die Menschenmenge nicht fassen, die hinausströmte.

Um zehn Uhr morgens hatte sich eine kaum überschaubare Menschenmenge angesammelt und hielt alle Bäume und Erhöhungen in der Nachbarschaft dicht besetzt, bis endlich lautes Hurra den Augenblick verkündete, wo ein verbrecherisches Menschenleben ausgelöscht werden sollte.

Maulbeere wußte sich den besten Platz zu sichern, und zwar an der Ecke der Straße und des offenen Platzes, der um den rasch aufgerichteten Galgen freigehalten wurde. Möglich, daß seine weiße Halsbinde ihn dabei unterstützte, da ihn die Konstabler wohl nicht kannten und ihn für einen Geistlichen, vielleicht den Geistlichen hielten, der dem Verurteilten die letzten Trostworte spenden sollte. Während sie die übrigen zurückdrängten, ließen sie Zachäus Maulbeere immer unbelästigt, ja halfen ihm sogar seinen Platz behaupten, was er mit mildem Lächeln geschehen ließ.

Jetzt nahte der Karren, auf dem der Verbrecher mit einem Geistlichen, die Arme auf dem Rücken zusammengeschnürt, saß. So viel und so salbungsvoll aber auch der junge Priester in ihn hineingesprochen hatte, Pelz bewahrte ein finsteres, mürrisches Schweigen, und seine kleinen Augen starrten unentwegt auf die Fußbank vor ihm, als ob er von der ganzen Welt nichts mehr wissen wollte; sie konnte seinethalben zum Teufel gehen. Aber bleich sah er trotzdem aus, fast aschfahl, denn der scheu aufgeschlagene Blick hatte ihm das dicht vor ihm stehende Gerüst gezeigt, und er wußte, daß er dort das Ziel seiner letzten Fahrt finden sollte.

„Ergebenster Diener, Mister Müller", sagte da eine laute, etwas näselnde Stimme an seiner Seite, „befinden sich doch wohl? Sehr angenehmer Morgen!"

Langsam drehte der Verurteilte den Kopf der Stimme zu, und im ersten Augenblick schien es, als ob er den, der ihn anredete, gar

nicht erkannte – seine Gedanken weilten auch wohl bei anderen Bildern. Plötzlich aber zuckte ein wildes Lächeln über seine Züge. Er hatte vielleicht die Worte nicht verstanden, aber er sah die hämisch-ehrfurchtsvolle Verbeugung, die der Mann machte. Er wußte aus der Untersuchung, daß er diesem seine Gefangennahme verdankte, und sich halb gegen ihn wendend, denn die gefesselten Arme gestatteten ihm keine weitere Bewegung, schrie er mit fast heiserer Stimme: „Haltet den da fest – er hat den Mann mit erschlagen. Der in der weißen Binde und dem breitrandigen Hut! Laßt ihn nicht fort, er ist einer der Mörder!"

Nun wußte das Gericht recht gut, daß Maulbeere an dieser Sache völlig unschuldig war, ja daß er die Polizei erst auf die Spur des Mannes gebracht und dann als Zeuge gegen ihn mit seinem ganzen Personal vor Gericht gestanden hatte – aber die neugierig herbeigeströmte Menge wußte das nicht, und ehe Maulbeere auch nur einen Versuch zu seiner Verteidigung machen konnte, hielten ihn auch schon kräftige, derbe Fäuste gepackt.

„Das ist er! Das ist er!" jubelte Pelz. „Ich bin unschuldig, der da hat es getan! Schlagt ihn nieder, wenn er sich wehrt!"

Der Karrenführer hatte unwillkürlich seinen Karren angehalten, denn von allen Seiten drängten die Leute heran, um den zu sehen, der als Mörder bezeichnet worden war.

„Zum Henker!" rief Maulbeere, indem er sich freizumachen suchte. „Ich bin der Zeuge gegen ihn gewesen." Er wandte all seine nicht unbeträchtliche Kraft an, um wenigstens die eine Hand von seiner Kehle zu reißen.

Der aber, der ihn hielt, fühlte kaum, daß er gezwungen wurde, von seinem Griff loszulassen, als er aus vollem Hals schrie: „Schlagt ihn nieder, laßt ihn nicht fort – das ist der Mörder!"

„Die Kanaille!" schrie ein anderer. „Läuft mit einer weißen Halsbinde herum wie ein Prediger! Schlagt den Hund auf den Kopf!"

„Mörder! Mörder!" Andere dahinter drängten herbei, aber die Nächsten begnügten sich nicht mehr mit leeren Worten.

„Warte, du Schuft!"

„Schlagt ihn zu Boden!"

Von so viel Händen ergriffen, wie nur zu ihm gelangen konnten, gerissen, gestoßen und geschlagen, hielt Maulbeere sich noch einen Augenblick aufrecht und suchte mit seinen Armen die auf ihn einstoßenden Fäuste abzuwehren, aber lange war das nicht möglich. Ein paar Fausthiebe trafen ihn gegen den Kopf und betäubten ihn halb. Er sank in die Knie und wurde im nächsten Augenblick unter die Füße der wütenden Menge getreten.

Glücklicherweise stürmte endlich der Sheriff mit Konstablern und einer Truppe Soldaten heran, denn im ersten Moment hatte er geglaubt, die Menge wolle den Verurteilten befreien. Die Beamten fanden den Unglücklichen, der mit zerrissenen Kleidern, bewußtlos, vielleicht tot unter den Füßen der Menge lag.

„Was ist mit dem Mann?“ rief der Sheriff, der ihn in diesem Zustand nicht wiedererkannte. „Wer ist es?“

„Der Mörder!“ keifte jemand. „Der da auf dem Karren hat ihn erkannt. Hängt ihn gleich daneben. Fort mit dem Schuft, mit der ganzen Bande! Hängt ihn!“

„Kennt jemand den Mann?“ wandte sich der Sheriff an die Umstehenden.

„Ja, Sir“, sagte ein hagerer Mensch. „Es ist der Wirt Maulbeere vom ‚Methodisten-Prediger‘.“

„Der Wirt? Der hat doch gegen den Schuft gezeugt!“ rief der Sheriff. „Ich weiß selber, daß der unschuldig ist. Um Gottes willen, wie haben sie den Menschen zugerichtet!“

Wieherndes, fast unheimliches Gelächter schlug in diesem Augenblick der Verurteilte an, so daß einige der Gaffer erschrocken vor ihm zurückwichen, aber der Sheriff durchschaute sogleich die Bosheit des rachsüchtigen Burschen.

„Fort mit ihm!“ rief er. „Ein Mord mehr oder weniger macht leider keinen Unterschied mehr bei der Kanaille. Er kann nicht mehr als hängen. Und ihr, Leute, die ihr den armen Menschen mißhandelt habt, tragt ihn jetzt wenigstens in seine Wohnung.“

„Wir legen ihn gleich auf den Karren“, rief einer, „wenn Sie den da abgeliefert haben. Es ist zu weit zum Tragen.“

Das war ein Vorschlag zur Güte. Der Karren rasselte weiter, und draußen spielte sich bald darauf eine Hinrichtung ab. Ehe die aber nicht vorüber war, verließ keiner von den Leuten den Schauplatz. Erst als der Gerichtete kein Lebenszeichen mehr gab, hob man Maulbeere auf den gleichen Karren, der Pelz herausgebracht hatte, und fuhr ihn in die Stadt und in seine Wohnung zurück.

Doppelhochzeit

Frühling lag über dem schönen Land. Der Winter mit seinen bitterkalten Nordweststürmen, mit denen er über die weiten Prärien fegte, war vorüber. Der Hickory zeigte schon sein saftgrünes Laub, der Dogwood blühte im Wald, überall entfaltete sich der bunte Blumenschmuck. In den Büschen und Wipfeln zwitscherte und flatterte es, aus dem Süden kamen schon in langen Ketten und Zügen die gefiederten Sommergäste, um ihre Nester zu bauen, und reges Leben herrschte überall.

Es war wieder ein Sonntagmorgen, und Donnersville trug mehr den Charakter einer südlichen als nördlichen Stadt, da sich außergewöhnlich viele farbige Leute, alle in ihrem höchsten Staat, auf den Straßen zeigten. In der Tat waren sämtliche Neger und Mulatten aus der ganzen Umgegend zusammengekommen, denn Reverend Hills, ein sehr begabter und überall bekannter Mulatte, predigte heute.

Aber auch die Kirche der Deutschen war außergewöhnlich stark besucht, und zwar von viel mehr gebildeten Deutschen, als sonst das salbungsvolle Nichts, das der Pastor predigte, in seine Kirche locken konnte. Beinahe niemand von ihnen fehlte, aber nicht etwa der Predigt, sondern einer Doppeltrauung wegen, die darin vorgenommen wurde.

Roßwein hatte gesiegt, war ihm auch Helene wegen der ersten überraschenden Werbung bei Tisch fast böse geworden. Immerhin gelang es ihm, sie zu überzeugen, daß er sie liebte. Kellmann und besonders Helldorn, der den wunderlichen Menschen von früher genau kannte, redeten ihr ebenfalls zu. Als er dann aufs neue mit herzlichen Worten zu ihr trat, als er in halb komischer und halb rührender Weise sich selber anklagte und doch auch wieder um ihr Vertrauen und um ihre Liebe bat, da gab sie endlich seinem Drängen nach, und wenn von dem Augenblick an ein ausgelassener und glücklicher Mensch existierte, so war es Roßwein.

Seinem Wunsch nach hätten die beiden Paare, die sich einigten, ihre Trauung auf einen Tag zu legen, nur den Zivilakt vornehmen sollen, denn mit dem Geistlichen stand er seit jenem Sonntagmorgen auf keinem guten Fuß. Katharina Donner aber, deren Vater selber Geistlicher gewesen war, wünschte den Segen der Kirche.

Die Trauung war vorüber. Roßwein hatte es sich nicht nehmen lassen, Helldorn mit seiner jungen Frau und sämtliche Zeugen einzuladen. Er war so oft, wie er meinte, auf der Farm draußen gewesen, daß er die Familien Donner und Lobenstein jetzt auch einmal „abfüttern" müsse, um sich zu revanchieren, eine bessere Gelegenheit als diese käme im Leben nicht wieder. Sein eigenes kleines Haus aber, das er sich gebaut hatte, bot keine Räumlichkeiten für so viele Gäste, deshalb mietete Roßwein sämtliche oberen Räume des Hotels und ließ von Ezra Ludkins nach besten Kräften ein Dinner herrichten.

Zu den Gästen gehörte auch Julius Fortmann aus Covington, der Kellmann fest versprochen hatte, herüberzukommen und mitzufeiern. Er tat das um so lieber, wie er schrieb, da er noch ein Geschäft abzumachen habe.

In der Kirche, bei der Trauung, war er auch anwesend, wartete aber nur das Ende der feierlichen Handlung ab, flüsterte Kellmann zu, er habe noch einen Weg zu besorgen und würde ihnen dann augenblicklich in das Hotel nachfolgen, und verließ den Platz, ehe er den beiden jungen Paaren seine Glückwünsche darbrachte.

*

In dem Haus des Herrn von Passedow hatte sich wieder eine kleine Szene zugetragen, wie sie eigentlich zu den Alltäglichkeiten gehörten.

Die Streitfrage hatte sich schon einige Tage hingezogen, bis Madame endlich – wie immer – ihren Willen durchsetzte. Die Auseinandersetzung betraf wieder einmal das Helene gehörige Vermögen.

Nun gedachte Herr von Passedow selber nicht, das ganze, Helene von Gott und Rechts wegen zustehende Vermögen an sie auszuliefern. Er wünschte ihr aber einen Teil auszuzahlen, während seine Gattin auf das bestimmteste erklärte, daß auch nicht ein Cent von dem Geld über ihre Schwelle ginge, um dem „Barbier" zugutezukommen.

Der Freiherr von Passedow ging in dem kleinen, aber elegant ausgestatteten Zimmer, die Hände auf dem Rücken, die Brauen zusammengezogen und den Kopf gesenkt, mit raschen Schritten auf und ab, und die gnädige Frau saß bequem auf dem Sofa, breit ausgedehnt, die Arme von sich gestreckt, und sah so aus, als ob sie in die Ecke hineingegossen wäre. So füllte sie alles aus, was in ihren Bereich kam. Ihr Gatte hatte, zuletzt sehr gereizt, das Wort „Autorität" fallen lassen, und das schien den Zorn seiner Therese zu mildern, denn es kam ihr zu lächerlich vor.

„Du und Autorität!" sagte sie und zuckte verächtlich mit dem nicht unschönen Munde, um den sich aber ein häßlicher und sogar frecher Zug gelegt hatte. „Es wirkt wirklich komisch, Kuno, wenn du von Autorität sprechen willst. Eben wird deine Tochter in der Kirche mit einem gewöhnlichen Barbier getraut, und du bist nicht einmal dazu eingeladen."

„Frau", sagte Passedow mit vor innerer Aufregung fast tonloser Stimme, „geh nicht zu weit – du weißt nicht, wessen ich fähig bin!"

„Wessen du fähig bist?" fragte die Frau verächtlich. „Ich denke, ich weiß es, aber glaubst du, daß ich mich davor fürchte? Der geringste Verdacht, den ich schöpfe ... Aber wozu die Reden", unterbrach sie sich selbst, „du kennst mich, und es ist nicht nötig, noch ein Wort zu verlieren. Ich will hier nicht auf langsame Weise zu Tode gequält und geärgert werden. Hätte deine Tochter auch nur einen Funken von Pflichtgefühl, so würde sie uns nicht in so schnöder Weise verlassen haben, und aus Dankbarkeit dafür verlangst du auch noch, daß wir ihr das einzige Geld ausliefern, das ich hier im Haus vorgefunden habe. Glaubst du, daß ich dich deiner Schönheit wegen genommen habe? Übrigens versteht es sich von selber, daß wir jetzt dieses langweilige Nest verlassen. Mit Frau Roßwein zusammen bleibe ich nicht an einem Ort, denn daß die Ehe ein jämmerliches Ende nimmt, versteht sich von selbst, und nachher liegen sie dir ewig auf dem Hals."

„Und wo wolltest du hin?" fragte Passedow finster.

„Hast du nicht selber gesagt", bemerkte seine liebende Gattin, „daß du nach Cincinnati ziehen wolltest, um eine Agentur oder sonst etwas zu errichten und endlich einmal auch eine Beschäftigung zu bekommen? Du weißt, daß Doktor Taylor sein Haus an den Vogelhändler verkauft und Mistreß Goodpart geheiratet hat."

„Ja", sagte Passedow finster, „und wer dabei die größte Dummheit begangen hat, Doktor Taylor oder Frau Goodpart, muß erst die Zeit lehren."

„Sie ist das Muster einer Frau", rief Frau von Passedow.

„Sicher", sagte der Freiherr, „so wie er das Muster eines Mannes ist."

„Du kannst den Doktor nicht leiden", sagte seine Gattin, „aber du kommst hier auch gar nicht in Betracht. Ich will in einer Stadt leben, wo ich wirklich mit Menschen verkehren kann, nicht in dem Nest hier, und dort sind wir auch vor deiner sauberen Tochter sicher."

„Therese", sagte Passedow finster, „Helene hat dir nie Ursache zu irgendeiner Klage gegeben."

„Ich will den Namen des Frauenzimmers nicht mehr hören", rief das Weib; sie schlug mit ihrer dicken, fetten Faust auf die Sofalehne. „Hörst du? Wenn du mir . . ."

Draußen wurde plötzlich sehr entschieden an die Tür geklopft, und Frau von Passedow zuckte zusammen, als ob sie eine Kugel getroffen hätte. Sie war leichenblaß geworden, was aber ihr Gatte nicht bemerkte, da er bei dem Klopfen ebenfalls herumfuhr und die Tür jetzt öffnete, um zu sehen, wer da sei. Jede Unterbrechung kam ihm im Augenblick erwünscht. Doch etwas überrascht sah er sich Friedensrichter Fortmann von Covington gegenüber, der ihn und seine Frau getraut hatte.

„Herr von Passedow", sagte Fortmann mit einer höflichen, aber auch kühlen Verbeugung, „sehr angenehm, Sie wieder einmal begrüßen zu können. Es geht Ihnen doch gut? Da ich gerade nach Donnersville zur Trauung Ihrer Tochter kam, mochte ich mir das Vergnügen nicht versagen, Sie aufzusuchen."

„Sehr angenehm", sagte Passedow, der nicht wußte, was er aus der Anrede machen sollte, denn daß ihm die Erwähnung der Trauung seiner Stieftochter, bei der man es nicht einmal der Mühe wert gehalten hatte, ihn davon zu benachrichtigen, nicht besonders angenehm sein konnte, ließ sich denken.

„Gnädige Frau – blühend wie eine Rose – ich hoffe doch nicht, daß ich störe?“

Fortmann hatte sehr unrecht mit dem letzten Vergleich, denn so rot und erhitzt Frau von Passedow bis zu diesem Augenblick ausgesehen, jetzt hatte fast jeder Blutstropfen ihr Antlitz verlassen, und aus der lässigen Stellung hob sie sich ebenfalls empor und starrte den Besucher an, als ob sie einen Geist gesehen hätte. Und war es nicht wirklich einer?

So – genauso hatte ihr erster Mann, der Aktuar Ledermann, geklopft, wenn er aus seinem Büro nach Hause kam, um sich von der anderen Partei, die mit ihnen die Etage bewohnte, zu unterscheiden, und eine dumpfe Befürchtung, die schon damals bei der Trauung kurz in ihr aufgestiegen war, erwachte plötzlich aufs neue und ließ ihr Herz in fieberhaften Schlägen pochen.

Herr von Passedow hatte einen etwas besorgten Blick auf seine Frau geworfen, da er nicht wußte, in welcher Laune sie den etwas ungewöhnlichen und keineswegs glücklich gewählten Besuch empfangen werde. Er selber erschrak aber über die Veränderung, die mit der Dame in den wenigen Augenblicken vorgegangen war. Was ihn dabei am meisten beunruhigte, war, daß sie kein Wort über die sonst wahrhaftig nicht scheuen Lippen brachte.

Fortmanns Blick haftete fest auf ihr. Er legte seinen Hut auf den nächsten Stuhl und ließ sich neben dem Sofa, Frau von Passedow gegenüber, ohne irgendwelche Einladung abzuwarten, nieder. Passedow selber bemerkte das alles nicht. Er sah seiner Frau an, daß etwas Außerordentliches geschehen sein mußte, denn der Besuch des ihnen sonst fremden Friedensrichters hätte sie nie so bewegen, so erschrecken können.

Fortmann sagte lächelnd: „Sie kennen mich vielleicht gar nicht mehr, verehrte Frau. Erinnern Sie sich vielleicht noch an Heilingen – komischer kleiner Ort, wenn man dagegen hier das großartige amerikanische Leben nimmt . . . Da war ein intimer – ein sehr intimer Freud Ihres seligen Mannes, meines guten Julius Ledermann, eigentlich der beste Freund, den er in der ganzen Stadt hatte, denn er führte, unter uns gesagt, ein Hundeleben und hielt das auch, wie Sie recht gut wissen, auf die Dauer nicht aus. Ich erinnere mich nicht mehr genau – brachte er sich um oder ging er nach Amerika?“

Er rieb sich die Hände, und der Frau war es, als ob ihr jemand mit eiskalter, eiserner Hand das Herz zusammenpreßte. Das war ihr Mann, das war Ledermann, den sie tot geglaubt hatte, und war sie früher überzeugt gewesen, daß er sich selber das Leben genommen hatte, so saß er jetzt gesund und munter vor ihr und hielt ihr Geschick in seinen Händen. Sie brachte kein Wort über die Lippen, die Gedanken jagten sich wild hinter ihrer Stirn. Ein Glück, daß sie saß, denn auf ihren Füßen hätte sie sich in diesem Augenblick nicht halten können.

Herr von Passedow fühlte sich äußerst unbehaglich. Etwas war da vorgefallen, wenn er auch nicht die entfernteste Ahnung hatte, was es sein könnte. Aber etwas Gewöhnliches konnte seine Frau nicht so außer Fassung bringen. Fortmann blieb indessen die Freundlichkeit selber. Er erzählte, wie unglücklich er sich in schauerlichen Familienverhältnissen in Deutschland gefühlt habe, und wie gut es ihm jetzt gehe und wie friedlich er lebe – alles Dinge, die Herrn von Passedow nicht interessierten (seine Frau desto mehr, denn sie erhielt immer bestimmter die Gewißheit ihres Verdachts) und ihn zuletzt verwirrten.

Zehn Minuten hatte Fortmann auf diese Weise erzählt, als er plötzlich nach der Uhr sah und sich von seinem Stuhl halb erhob. „Ich habe Ihre Zeit schon zu lange in Anspruch genommen, verehrte Frau, aber was mich hergeführt hat, ist eine kleine Geschäftssache, die unsere Zeit kaum fünf Minuten in Anspruch nehmen wird. Ich möchte Sie nämlich, verehrter Herr, im Auftrag Ihrer Tochter, der jetzigen Frau Roßwein, ersuchen, mir das hinterlassene Vermögen ihrer seligen Mutter von viertausend Dollar auszuhändigen. Sie wünscht es heute, am Tag ihrer Trauung, in die Hände ihres Mannes zu legen."

Von Passedow warf einen bestürzten Blick auf seine Frau, denn er befürchtete nicht ohne Grund einen Ausbruch des Vulkans, der bis dahin so überraschend lange geschwiegen hatte – aber er kam nicht. Frau von Passedow saß, kaum einer Bewegung mächtig, noch immer in der Sofaecke der „Erscheinung" gegenüber, und erst als Fortmann aufstand, mit einer deutlichen Bewegung, daß er ihr nur Platz machen wollte, sich ebenfalls zu erheben, folgte sie fast willenlos seinem Beispiel und verließ ohne ein einziges Wort das Zimmer.

Passedow sah ihr voll Erstaunen nach. Was, um Gottes willen, hatte die Frau in den wenigen Minuten so verändert? Wohin wollte sie jetzt, und in welcher Beziehung stand sie zu dem Friedensrichter, der eine so unerklärliche Macht über sie ausübte? Fortmann freilich schien sich nicht im geringsten befangen zu fühlen und die Rückkehr der Dame geduldig zu erwarten. Er sprach von vollkommen gleichgültigen Dingen, vom Wetter, von der diesjährigen Einwanderung, von den Korn- und Butterpreisen, und daß Donnersville eigentlich noch ein außerordentlich preisgünstiger Ort wäre. Damit brachte er von Passedow nur in noch größere Verlegenheit, da er nicht wußte, was er für ein Gesicht dazu machen sollte. Von dem Geld erwähnte Fortmann kein Wort mehr, als ob die Sache bereits so weit erledigt wäre, daß er nur zu warten brauchte, die Summe auch ausgehändigt zu bekommen.

Endlich kehrte die Frau zurück. Sie hielt ein in Papier geschlagenes Paket in der Hand, mit dem sie auf Fortmann zuging und sagte: „Ich glaube, dies wird alles enthalten, was Sie wünschen. Dürfte ich Sie um eine Quittung bitten?"

„Dann werde ich genötigt sein, das Paket erst zu öffnen."

„Nein – bescheinigen Sie mir nur, von mir ein Paket für Helene Berger übernommen zu haben. Um die Quittung lasse ich dann Frau Roßwein ersuchen. Hier ist Feder, Tinte und Papier."

„Mit dem größten Vergnügen", sagte Fortmann, bescheinigte den Empfang des Paketes und überreichte ihr das Papier. Sie nahm es und betrachtete es eine Weile forschend und aufmerksam, dann hob ein tiefer Seufzer ihre Brust, und sie händigte ihm die Papiere aus. Die Quittung trug nur die Unterschrift Julius Fortmann.

Indem er das Paket in seine Tasche schob, sagte Fortmann: „Ich muß noch um Entschuldigung bitten, Sie belästigt zu haben, Herr von Passedow. Ich wünsche Ihnen einen recht vergnügten Abend. Gnädige Frau, ich habe die Ehre, mich Ihnen gehorsamst zu empfehlen."

Damit nahm er seinen Hut, verbeugte sich achtungsvoll und verließ das Haus.

„Therese", sagte Herr von Passedow, der fast sprachlos vor Staunen die kurze Szene beobachtet hatte, „was geht hier vor? Was wollte der Mann? Was war in dem Paket?"

„Das Erbteil deiner Tochter“, erwiderte seine Frau, „aber frag nicht weiter. Dir ist ein Angebot auf dein Haus gemacht worden, wie?“

„Allerdings, aber . . .“

„Verkaufe es morgen – frage mich nicht weiter“, unterbrach sie ihn barsch, als er eine Einrede wagen wollte. „Der Mann weiß mehr von uns, als uns nützt. Wir gehen den Strom hinab.“

Passedow sah sie verdutzt an. Er hatte wohl selber kein reines Gewissen, aber die Frau ließ ihm auch keine Zeit, sie wieder anzureden. Sie ging in ihr Zimmer und schloß sich ein.

*

Indessen hatte der Zug aus der Kirche Ezra Ludkins' Hotel erreicht, und der Wirt hatte sein Bestes getan, um alles so freundlich als möglich herzurichten. Musik empfing sie, Jakob Roßwein strahlte vor Freude und Seligkeit und brachte Lust und Leben in die ohnedies schon fröhliche Gesellschaft.

Oben im großen Saal war die lange Tafel für die Gäste gedeckt. Drei Köchinnen hatte Ezra Ludkins angestellt, um all die Delikatessen zuzubereiten, die heute aufgetragen werden sollten: Schildkrötensuppe, frische Fische aus den Seen und Canvass-Enten, Wildbret und wilde Truthühner, Früchte aus allen Zonen, Wein aus Kalifornien und vom Rhein sowie aus Frankreich – kurz, was es an Gutem und Teurem gab, hatte Roßwein anfahren lassen und dabei Telegraph und Eisenbahn in Anspruch genommen, um sich das Beste zu sichern.

Allerliebst sah Helene heute aus. Sie war sehr schlicht gekleidet und sah von der Aufregung der letzten Tage noch etwas leidend aus, aber trotzdem erschien sie wie die Königin des Festes.

Die Gäste nahmen Platz, nur Fortmann fehlte noch, bekam aber seinen Stuhl reserviert, während Ezra Ludkins in seinem Kauderwelsch von Pennsylvanisch-Deutsch alle Leute duzte. Ein Bote ließ ihn wissen, daß er einmal hinabkommen möge, es sei jemand da, der ihn zu sprechen wünsche.

Als er in den Schankraum trat, lehnte an der Theke ein Mann, den er gut kannte – Mr. Sherard aus Connecticut, der Yankee, der sich als Landagent für den Süden hier herumtrieb.

Sherard, ein grobknochiger Mensch mit unverhältnismäßig breiten Schulterknochen und einem langen hageren Gesicht, einen Priem Tabak in der linken Backe, rekelte sich mit dem einen Ellenbogen, die Beine übereinander geschlagen, an der Bar und bekam eben von dem Keeper einen Gin-Cocktail vorgesetzt, den er gegen das Licht hielt und in der Sonne funkeln ließ.

„Hallo, Ludkins, alter Freud, wie geht's? Was trinken Sie? Boy, ein anderes Glas für Ezra . . ."

Ezra zeigte mit einem Kopfschütteln seinem Barkeeper an, daß er mit dem Gast nicht trinken wolle und deshalb auch kein Glas brauche.

„Wer hat mich denn rufen lassen?" fragte er dann seinen Ausschenker.

„Mister Sherard wünschte Sie zu sprechen."

„Ja, Ludkins", meinte Sherard, „Sie haben jetzt gerade, wie ich höre, zu tun. Ich muß zu Lobensteins Farm hinaus und wollte Ihnen nur sagen, daß Sie mir für die Nacht ein Zimmer freihalten, denn ich werde wieder ein paar Tage in Donnersville bleiben."

Ezra Ludkins hatte ihn, während er sprach, nicht besonders freundlich angesehen. Jetzt sagte er: „Mister Sherard, wie lange Sie in Donnersville bleiben wollen, weiß ich nicht, geht mich auch nichts an, soviel weiß ich aber, daß Sie keinen Fuß mehr in mein Haus setzen . . . Bill", sagte er zu seinem Ausschenker, „wenn der Bursche wieder hereinkommt und etwas zu trinken haben will, führst du ihn an den Trog draußen. Aus einem von meinen Gläsern ist das hier der letzte Trunk."

„Hell and damnation!" fuhr der Yankee auf.

„Jawohl, Hölle und Verdammnis", sagte Ezra. „Wissen Sie, was Sie sind, Sherard? Ein ganz gemeiner, nichtswürdiger Lump, den ich, wenn er sich wieder hier über meine Schwelle wagt, hinausjage wie einen Hund."

„Verdammt", fluchte der Yankee, „das brauche ich mir nicht gefallen zu lassen. Bin ich Ihnen jemals ein Glas Whisky schuldig geblieben?"

„Nein", sagte Ezra, „darin liegt auch die Lumperei nicht allein. Aber von den Leuten, die Sie nach dem Süden gelockt haben, ist ein Teil zurückgekehrt und hat erzählt, unter welche nichtsnutzige Bande sie geschickt wurden und wie Sie sie außerdem noch mit Ihren Schilderungen betrogen haben. Ich weiß jetzt auch, was Sie früher waren – ein ganz gemeiner Sklavenhändler, den die südlichen Pflanzer, wenn sie Sie auch zu ihrer schmutzigen Arbeit benötigten, nicht einmal an ihren Tisch ließen. Und nun trinken Sie Ihr Glas aus und machen, daß Sie fortkommen. Geld will ich nicht von Ihnen."

„Ludkins!" Sherard ballte die Hände zu Fäusten und ging langsam auf den Wirt zu. Ezra wich aber keinen Zollbreit, nur leicht hob er beide Arme und setzte den rechten Fuß etwas zurück, so daß das rechte Bein sprungfederartig den Körper trug und zu jeder Bewegung nach vorn oder zurück bereit hielt. Er wartete aber vergebens auf einen Angriff. Sherard mußte sich anders besonnen haben. Das Glas ließ er unberührt auf den Tresen stehen, und mit einem halbgemurmelten Fluch drehte er sich auf dem Absatz herum und verließ das Haus.

Noch während dieser Szene und fast mit Ezra Ludkins zugleich waren zwei junge Negermädchen, beide sauber und hübsch gekleidet, eingetreten und scheu vor dem Zank an der Tür stehengeblieben. Jede von ihnen trug einen frischen Blumenstrauß in der Hand, und sie drückten sich jetzt fest aneinander, aus Furcht vor den beiden Männern. Ezra Ludkins hatte aber seine gute Laune schon wiedergewonnen, und als sein Blick auf die beiden Kinder fiel, sagte er gütig: „Was wolltet ihr, Kinder – für wen sind die Blumen?"

„Für Massa Roßwein und Massa Helldorn", sagte die Ältere von ihnen schüchtern. „Sie waren gut mit uns, und wir haben weiter nichts, was wir ihnen geben könnten."

„Ihr kommt mit hinauf", sagte Ezra Ludkins bestimmt. „Das wird sie freuen. Und habt nur keine Furcht, euch geschieht nichts. Seid ihr aus Donnersville?"

„Die Töchter des Schmieds – Hamilton heißt er."

„Ihr seid die beiden, die sich Hamilton wiedergeholt hat?" rief Ezra erfreut und wandte sich schon an den Barkeeper, um ein paar Gläser aufzusetzen. Es fiel ihm aber noch rechtzeitig ein, daß die Kinder keinen Alkohol vertragen konnten, und so nickte er ihnen nur freundlich zu und sagte: „Na, dann kommt!" Er schritt ihnen voran die Treppe hinauf.

Fortmann war noch immer nicht da. Die Suppe wurde schon

nach deutscher Sitte herumgereicht, und für den Augenblick klapperte alles mit den Löffeln, als Ezra mit den Kindern den Saal betrat und sie, ohne daß jemand weiter auf sie achtete, oben an die Tafel, wo die Brautleute saßen, führte. Polly, die Jüngere, schien allerdings den Mut verloren zu haben und wollte scheu zurückweichen, ihre Schwester Liddy sprach ihr aber zu und zeigte ihr den Herrn, dem sie die Blumen übergeben und es genauso machen sollte wie sie. Erst dann, als sie sich der Schwester sicher wußte, trat sie an Helldorns Seite und sagte leise, während sie ihm den kleinen Strauß hinhielt: „Massa – Sie haben recht viele Menschen glücklich gemacht – seien Sie selber glücklich!"

„Liddy!" rief Helldorn überrascht, als er die Kleine erkannte. „Kind, du hast mir eine große, große Freude gemacht, und ich werde dir das nicht vergessen. Reiche auch meiner jungen Frau die Hand, und wenn du je etwas brauchst oder Rat und Hilfe willst, dann komme zu uns, du sollst uns immer als treue Freunde finden."

Zu Roßwein war Polly getreten und hatte ihm ebenfalls ihren Strauß, aber mit so leise geflüsterten schüchternen Worten gegeben, daß er keine Silbe davon verstand; das war aber auch nicht nötig, denn er verstand die Gabe in ihrer vollen Bedeutung.

Er gab dem kleinen, bestürzten Mädchen einen derben Kuß und sagte dann, den Strauß Helene reichend: „Heb ihn auf, Schatz. Das ist eine Gabe reiner Dankbarkeit aus treuem Herzen gebracht, und tausend Dank dafür, mein prächtiges, kleines Ding. Aber jetzt wartet einmal . . . Hallo, Ezra, haben Sie einen großen Bogen Papier – oder noch besser, kann einer von Ihren Leuten einmal einen Weg mit den Kindern gehen und einen Korb mitnehmen?"

„Gewiß, Mister Roßwein", sagte der Wirt, „du brauchst nur zu sagen, was er tragen soll."

„Na, dann vorwärts", erwiderte Roßwein lachend, indem er mit dem Wirt nach der Vorratskammer ging und einen ganzen Korb voll Wein und Kuchen, Braten und Eingemachtes für die Kinder einpackte. „So, und das, Polly", sagte er, „nimmst du deinen Eltern mit und grüß sie schön von uns und sagst ihnen, daß wir ihnen soviel Glück wünschen, wie uns der Himmel heute selber beschert hat."

Die Kinder waren glücklich, als sie ihren Auftrag ausgeführt hatten, und ihre Augen leuchteten, als sie den Saal verließen. Schon war die Suppe abgetragen, und Ezra Ludkins hatte eben den ersten Toast auf die beiden jungen Paare ausgebracht, als der Barkeeper in den Saal kam, Ezra leise anstieß und sagte: „Mister Ludkins, es ist wieder ein Mann unten, der Sie absolut sprechen will – sieht aber etwas ruppig aus."

„Schön, Bill", sagte Ezra Ludkins, indem er mit dem noch halbgefüllten Glas seinem Barkeeper zutrank, „dann ersuchen Sie ihn mit meiner besten Empfehlung, daß er sich doch gefälligst zum Teufel schere, denn ich hätte heute keine Zeit."

Der Barkeeper, der eine ähnliche Antwort erwartet haben mochte, verließ den Saal, kehrte aber schon nach wenigen Minuten zurück und zupfte Ezra Ludkins wieder am Ärmel.

„Well", sagte Ezra, ärgerlich werdend, „ich will doch von Grashüpfern zu Tode getreten werden, wenn das nicht zu toll ist! Was wollen Sie denn nun schon wieder?"

„Nun – Mister Ludkins", stammelte der Bursche, „er sagte, da käme er eben her."

„Wer? Von wem reden Sie denn?"

„Nun, der Fremde unten . . ."

„Vom Teufel kommt er?" sagte Ludkins erstaunt. „Da muß ich doch einmal hören, was der von mir will." Er eilte die Treppe hinunter, wo er im Barzimmer einen etwas bleichen Menschen mit einem sehr großen Bart fand, der eben in aller Ruhe hinter dem Schenktisch die Brandyflasche heruntergeholt hatte und eben beschäftigt war, sich ein großes Glas voll einzuschenken.

„Hallo, Mister!" sagte Ezra, indem er erstaunt in der Tür stehenblieb. „Genieren Sie sich nicht, tun Sie ganz so, als ob Sie zu Hause wären."

„Bin eben dabei", sagte der Mann, holte ein anderes Glas unter dem Schenkstand vor, drehte es um, schob es Ezra hin und sagte: „Was trinkst du, Vater?"

Der Barkeeper sah erst diesen, dann den Wirt verwundert an. Ezra aber, die Augen weit aufgerissen, starrte zu dem Bärtigen wie auf eine Erscheinung hinüber.

„Johnny?" rief er, noch immer zweifelnd und seinen Augen nicht trauend.

Doch dann hielt es Ezra Ludkins nicht mehr. Mit einem Satz war er, den rechten Arm auf den Schenktisch stemmend, darübergeflankt, und streckte dem schon totgeglaubten Sohn die rechte Hand entgegen, ergriff mit der linken Hand die Brandyflasche, schenkte sich ein und sagte, indem er diesem zutrank: „Johnny, ich bin verteufelt froh, daß du wieder da bist!"

Der Mann war in diesem Augenblick fast außer sich vor Glück und Seligkeit über den wiedergefundenen einzigen Sohn. Er hielt dessen Hand umspannt, als ob er sie in seinem Leben nicht wieder loslassen wolle, und seine Augen blitzten und funkelten dabei, aber äußerlich merkte man ihm sonst auch nicht das geringste an.

Jetzt wollte der Sohn zur Mutter, aber das litt Ezra nicht, denn wie er sagte, der Schreck konnte ihr schaden. Sie mußte erst gründlich auf die Freude vorbereitet werden.

Während Ezra Ludkins unten in Glück und Jubel den schon verloren geglaubten Sohn der Mutter wieder zuführte und dieser sich nur damit entschuldigte, daß er so lange nicht geschrieben habe, weil er „eben einmal" nach Texas und Mexiko gegangen wäre, um zu sehen, wie es dort unten aussähe, betrat Julius Fortmann das Haus und stieg in den Saal hinauf.

„He, Fortmann", rief ihm Kellmann entgegen, „wo, um Gottes willen, bleiben Sie? Suppe und Kaviar haben Sie glücklich verpaßt, außerdem einen Toast von Roßwein, der sich gewaschen hatte."

„Ich bitte die Herrschaften recht freundlich, mich zu entschuldigen", sagte Fortmann, indem er ein Paket aus der Tasche nahm und damit auf Helene zuschritt. „Zuerst, meine Damen, nehmen Sie meinen herzlichen Glückwunsch zu dem heutigen Tag, und auch Sie, lieber Herr Roßwein und Herr Doktor." Er schüttelte den beiden Paaren herzlich die Hände. „Und nun, meine gute Frau Roßwein, wie ich Sie ja jetzt nennen darf", fuhr er dann fort, indem er Helene das kleine Paket überreichte, „habe ich noch die Freude, Ihnen zu dem heutigen Tag das zu überreichen, was Ihnen von Gottes und Rechts wegen gehört – die Erbschaft Ihrer seligen Mutter, die Ihnen Frau von Passedow schickt mit den besten Wünschen für Ihr Wohlergehen."

„Frau – von Passedow?" rief Roßwein in grenzenlosem Erstaunen. „Das ist doch wohl ein Irrtum."

„Wenn Sie sich vielleicht selber überzeugen wollen."

Helene hatte das Paket geöffnet – es enthielt viertausend Dollar.

„Und die haben Sie dem Drachen aus den Zähnen gerissen?" rief Roßwein.

„Meine Herrschaften", sagte Fortmann, indem er zu seinem Platz trat, ein dort für ihn gefülltes Glas ergriff und in die Höhe hob, dabei Kellmann aber einen halb lächelnden Blick zuwarf, „ich ersuche Sie, mit mir auf das Wohl der Frau von Passedow anzustoßen."

„Die Schwiegermutter soll leben", rief Roßwein in fast übermütiger Laune, „wenn ihr das Geld nicht das Herz abdrückt!"

Schluß

In das kleine, unscheinbare Häuschen hinter der Schmiede, das der Neger Eduard Hamilton mit seiner endlich wieder vollzähligen Familie bewohnte, war Glück und Frieden eingekehrt. Polly, das jüngste Kind, hatte sich unter der Pflege der Eltern und mit Helldorns Hilfe vollständig erholt, und der Vater hatte seine Arbeit so tüchtig und mit so gutem Willen aufgegriffen, daß er bald nicht mehr allein fertig werden konnte, sondern noch ein paar Gesellen, ebenfalls Farbige, einstellen mußte.

Heute ruhte die Arbeit; es war Sonntag, und der Wanderprediger Reverend Hills, der heute hier gepredigt hatte, war mittags sein Gast.

Gerade kehrten die beiden Kinder reichbeladen mit guten Dingen von dem Hochzeitsfest aus der „Meermaid" zurück. Das war ein Jubel, als sie alles auspackten und dabei erzählten, wie prächtig es dort sei und wie gut die Weißen zu ihnen gewesen wären.

Hamilton hatte dem Prediger vorher nur ein sehr einfaches Mahl vorsetzen können, nun aber sollte die Nachfeier folgen. Gläser wurden herbeigebracht, und während die Mutter den Kuchen auf einer Schüssel aufschichtete und dann den Kindern reichlich davon gab, füllten die Erwachsenen ihre Gläser und tranken nicht allein auf die beiden Brautpaare, sondern auf das Wohl aller guten Menschen, ob sie nun eine farbige oder weiße Haut trugen.

Liddy hatte, während die beiden Männer ihre Unterhaltung fortsetzten, sich an die Mutter angeschmiegt und aufmerksam zugehört. Plötzlich beugte sie sich vor und flüsterte: „Er ist hier."

„Wer, mein Kind?" fragte die Frau, die nicht verstand, was sie meinte.

„Der Mann – der Weiße."

„Welcher Weiße?"

„Von dem Massa Hills erzählt. Ich war auch dabei, als sie ihn mit den Hunden gehetzt hatten und gebunden hereinbrachten."

„Du, Kind?“ rief die Mutter erstaunt.

„Ja, Mama, ich und Polly – sie kamen bei Massas Plantage vorbei.“

„Und wer ist jetzt hier?“

„Der Mann, der die Hunde hatte.“

Hills war aufmerksam geworden.

„Was sagt das Kind?“ fragte der Mulatte, indem er nach Liddy hinüberschaute.

„Sie hat Sie damals gesehen, Mister Hills“, sagte die Mutter. „Sie ist dabei gewesen, als sie Sie gebunden in die Stadt führten. O Gott, was für ein Jammer muß das gewesen sein!“

„Ja“, sagte der Geistliche, und sein Blick wurde finster. „Daß der elende Schurke damals entkam, ist in der Tat alles, was mich noch bis auf den heutigen Tag schmerzt – trag ich doch das Schrot, das er auf mich so gemein abgeschossen hat, noch in den Gliedern.“

„Und Liddy hat ihn gesehen“, sagte die Mutter.

„Natürlich“, sagte der Mulatte finster, „als sie damals da unten war. Der Schuft ritt ein großes, starkes Pferd.“

„Nein, heute – hier in Donnersville.“

„Hier in Donnersville?“ fragte der Mulatte leise und lauernd.

„Ja, Mister Hills“, erwiderte die Kleine, „oben im Gasthaus von Massa Ludkins – aber Massa Ludkins wollte ihn nicht im Haus haben und schickte ihn fort. Der Mann war sehr böse darüber, und ich glaubte schon, sie würden übereinander herfallen. Ich wollte mit Polly weglaufen – aber er fürchtete sich wohl vor Massa Ludkins, denn als er ihn eine Weile recht böse angesehen hatte, ging er fort.“

„Wohin ging er, Liddy?“ fragte der Mulatte leise und freundlich. „Hast du es nicht gesehen, Herz?“

„Nein“, sagte das Kind, „ich war so froh, daß er fortging, der böse, häßliche Mann, daß ich Polly gleich an der Hand nahm und mit ihr die Treppe hinauflief, denn dorthin durfte er uns ja nicht folgen.“

„Ist er noch in der Stadt?“ fragte Hills, ohne das Kind dabei anzusehen.

„Ich weiß es nicht, Mister Hills“, erwiderte das Mädchen, „ich weiß nur, daß er zu Massa Ludkins sagte, er wolle ein paar Tage hierbleiben und heute einmal zu Lobensteins Farm hinausgehen. Wenn er nur bald wieder fortginge!“

Reverend Hills erwiderte nichts darauf, aber er schien von der Zeit an zerstreut und erklärte dann, daß er noch einiges zu erledigen habe.

*

Die fröhliche Zusammenkunft der Hochzeitsgäste in der Meermaid dauerte bis in die Nacht. Als die Deutschen hörten, daß Ezra Ludkins' Sohn plötzlich zurückgekehrt sei, wollten sie auch ihn an der Tafel haben, um seine Rückkehr mitzufeiern – aber die Mutter ließ ihn nicht, und auch Johnny wollte heute nicht unter fremde Menschen.

Es war schon lange acht Uhr vorbei, als die Gäste endlich an den Aufbruch dachten. Die beiden Paare blieben allerdings in Donnersville, aber die Donners und Lobensteins traten endlich, nach dem üblichen Abschied, den Heimweg an. Die jungen Leute hatten ein paar Fackeln von langgespaltenem Kienholz hergerichtet, mit denen sie zu Pferd den nachfolgenden Wagen leuchten wollten.

Die kleine Kavalkade war bald gerüstet. Die Farm lag nicht weit von der Stadt, nur daß man dabei auf etwa tausend Schritt einen Waldstreifen passieren mußte, der Donner gehörte und in dem das Holz nicht geschlagen werden durfte. Dort in den Schatten der Bäume drang nicht einmal das Sternenlicht durch, und die Fackeln erwiesen sich als überaus nützlich.

Fritz Donner, Georgs Bruder, und der junge Karl Lobenstein leiteten mit ihren Fackeln den Zug. Schon sahen sie die Lichtung vor sich, mit der auch die Außenfelder der Farm begannen, als plötzlich Karls Pferd einen wilden Seitensprung machte, der den jungen Reiter beinahe aus dem Sattel geworfen hätte.

„Was hast du, Karl?“ rief Fritz lachend, indem er seine Fackel emporhielt. „Ist dein Brauner gestolpert?“

„Ich weiß nicht, was das Tier hat“, rief Karl, „aber ich glaube, es scheut vor etwas. Halt – fahrt nicht weiter! Ich will erst einmal mit der Fackel nachsehen.“

Er sprang aus dem Sattel, warf Fritz den Zügel seines Tieres zu, hob seine Leuchte hoch empor und schritt vorsichtig der Richtung zu, von der das Pferd offenbar eine unangenehme Witterung bekommen hatte. Er suchte die Gegend sorgfältig ab, bis er einen dunklen Fleck fand und einen fremdartigen, unangenehmen Geruch wahrnahm. Er leuchtete mit der Fackel den Boden ab, und schon im nächsten Augenblick rief er: „Blut! Komm mal her, Georg – hier ist eine ganze Lache!“

Georg war sofort aus dem Sattel und eilte der Stelle zu. Es war in der Tat ein großer Blutfleck, der sich links hinab von der Straße in den Graben und dann in den Wald hineinzog. Und dort, im dichten Busch, fanden sie den Leichnam eines furchtbar verstümmelten Menschen, der in seinem Blut schwamm.

Was war zu tun? Einen von ihren Wagen konnten sie nicht dazu benutzen, um diese schreckliche Masse in die Stadt zurückzuschaffen. Den Frauen mußte dieser schauerliche Anblick erspart werden. Fritz wurde beordert vorzureiten, die Wagenpferde führte man indes an der Stelle vorbei, ihm nach, und dann kehrten Kellmann und Georg Donner mit Karl, der die andere Fackel trug, im scharfen Trab nach Donnersville zurück, um dort die Polizei zu verständigen.

Der Friedensrichter von Donnersville, der gerade zu Bett gehen wollte, mußte wieder heraus. Er nahm zwei Konstabler mit, und einzelne Bewohner der kleinen Stadt, die zufällig davon gehört hatten, schlossen sich dem Zug an. Unter ihnen waren Hamilton, der Schmied, und Charles Bankroft, der Mulatten-Tischler.

Als die Leute den Ort erreichten, wo sich die ersten Blutspuren auf der Straße fanden, untersuchten die Beamten die Stelle genau. Ein Kampf schien nicht stattgefunden zu haben; Spuren ließen sich wenigstens in dem ziemlich tiefen Sand nicht erkennen. Der Mörder konnte sein Opfer nur hinter einem dicken Baumstumpf, dessen Wipfel der Blitz oder ein Sturm gefällt hatte, erwartet haben. Dann war der Körper augenscheinlich durch den Graben in das Gebüsch hineingezerrt worden; die tiefe Blutspur und scharf in den Boden eingepreßte Schuhabdrücke, die das Zeichen derber Nägel trugen, ließen darüber keinen Zweifel.

Jetzt galt es, den Leichnam zu identifizieren, und das bot keine Schwierigkeit. Der Unglückliche hatte sich, allerdings in Abständen, längere Zeit in Donnersville aufgehalten, da aber sein Gesicht wenig oder gar nicht entstellt war, erkannten ihn fast alle der Umstehenden.

„Sherard! Der Landagent von Georgia!“

Hamilton kniete nieder und untersuchte seine Taschen. Er hatte seine Uhr, seine Brieftasche und sein Geld noch bei sich, also war ein Raubmord ausgeschlossen. Aber was war das Motiv dann? Der Sheriff nahm die Sachen in Gewahrsam, und der mitgebrachte Karren wurde herbeigefahren, um die verstümmelten Überreste aufzunehmen. Dann kehrte der Zug, ohne die Bewohner von Lobensteins Farm, die sich nach Hause begaben, langsam in die Stadt zurück.

Hamilton und Bankroft, die beiden Farbigen, schlossen sich zuletzt dem Zug an. Hamilton war recht still geworden, so daß sein Begleiter endlich sagte: „Haben Sie eine Ahnung, wer den Mord verübt haben kann?“

„Glauben Sie an eine göttliche Vergeltung, Nachbar?“ erwiderte der Schmied, ohne die Frage zu beantworten.

„Glauben Sie nicht daran?“ fragte Bankroft zurück. „Wenn wir es auch manchmal nicht erkennen, aber die Vergeltung lebt gewiß.“

„Kannten Sie den Mann?“

„Nicht mehr, als ich hier von ihm gesehen habe. Er warb weiße Leute für den Süden, sagte ihnen aber nicht, was sie dort erwartete.“

„Er war ein Sklavenhändler, ehe die Nordstaaten die farbigen Leute befreiten.“

„Das trau ich ihm zu – er sah mir wenigstens danach aus.“

„Wissen Sie, wer ihn erschlagen hat?“

„Wissen Sie es?“

„Ich glaube, ich weiß es – Hills, der Geistliche.“

„Der Geistliche?“ rief Bankroft kopfschüttelnd. „Nachdem er uns heute erst eine solche Predigt gehalten hat?“

„Der tote Mann“, sagte Hamilton, „hielt in Georgia Bluthunde für die Farbigen, und am letzten Tag, ehe die Unionstruppen einzogen, hatten sie Hills mit den Hunden auf einen Baum gehetzt und führten ihn dann gebunden in die Stadt, um ihn dort zu hängen.“

„Und er wußte, daß Sherard hier war?“

„Nachbar", sagte Hamilton mit leiser, heiserer Stimme, „der Mann, den sie da als verstümmelte, blutige Masse vor uns herfahren, war in jener Nacht, als mir meine Kinder genommen wurden, an Bord des Dampfers. Ich zweifle keinen Augenblick, daß er an jenem furchtbaren Abend meine beiden Kinder von unserem Massa gekauft und an Land gelockt hat. Und wissen Sie, wer seinen Mörder heute auf die richtige Spur setzte? Liddy, mein Kind, ohne natürlich eine Ahnung zu haben, daß ihre Worte so furchtbare Folgen nach sich ziehen würden. Es gibt eine Vorsehung, Bankroft – es gibt eine Vergeltung. Wir können ihr aber nicht immer mit unseren schwachen, sterblichen Augen folgen."

„Und der war sein Mörder?" flüsterte der Mulatte scheu zurück. „Bruder Hills – der Geistliche . . ."

„Pst", warnte der vorsichtigere Sip, „keinen Namen, Nachbar. Ich weiß von nichts. Dieser böse weiße Mann hätte den armen Farbigen wohl mit seinen Bluthunden zu Tode gehetzt – aber ich weiß von nichts. Der Erschlagene ist nicht beraubt worden – er kann im Kampf gefallen sein, aber wollen Sie sich hier mit den Gerichten der Weißen einlassen, daß die Copperheads in den Staaten wieder ihre Köpfe erheben? Die sollen selber nachforschen und suchen. Der böse weiße Mann hat viele Deutsche nach dem Süden geschickt. Denen haben sie dort ihre Pflanzungen angezündet und andere Verbrechen verübt, so daß manche von ihnen ganz verarmt hierher zurückgekehrt sind. Es kann auch einer von denen gewesen sein, und verdient hat der Mensch seine Strafe. Lassen Sie uns nicht über die Sache reden, die uns nichts kümmern und nur in Gefahr bringen kann."

Hamilton hatte recht, und Bankroft sah es ein.

Die Untersuchung über diesen Mord ergab übrigens kein Resultat. Der Methodisten-Prediger Hills wurde von da an in der Nachbarschaft nicht mehr gesehen, und da keiner der Beamten die Beweggründe kannte, die Hills zu einem Akt der Rache getrieben haben könnten, fiel natürlich auch kein Verdacht auf ihn. Man glaubte allgemein, daß einer der durch diesen Burschen betrogenen Deutschen ihm begegnet sei und ihn im Zorn erschlagen habe, aber wer es gewesen war, kam nie ans Tageslicht.

Ende